# FAKE PARADOX

Von Allan Rexword

## Impressum

1. Auflage Juli 2024
Erschienen bei 8280-edition.ch

ISBN 978-3-03977-002-1


Lektorat: Stephan Militz

Umschlaggestaltung: Allan Rexword. Die Bilder wurden mit Hilfe künstlicher Intelligenz erstellt (Adobe Firefly).

Druck und Bindung: Online-Druck GmbH & Co. KG,
Printed in Germany

*In Zeiten der Täuschung ist das Aussprechen der Wahrheit ein revolutionärer Akt.*

George Orwell

# Inhaltsverzeichnis

# Prolog

## 1. Dezember 2099

### Arac

Er schlich langsam durch den feuchten Wald und folgte dem grün leuchtenden Pfeil auf den Erdboden. Seine Schritte wurden von den Nadeln der jungen Fichten gedämpft. Der Geruch von frischer Erde und Moder hing in der Luft. Die dicht stehenden Nadelbäume boten seinem Trupp optimale Deckung. Er hielt seine MG5-Maschinenpistole schussbereit, denn Ärger war hier noch nicht zu erwarten. Hinter sich hörte er das Atmen und die leisen Bewegungen von Maroni, dem erfahrensten seiner vier Begleiter. Sie hatten Funkstille vereinbart, um sich nicht zu verraten.

*»500 Meter bis zur Grenze des Zielobjekts«*, zeigte die freischwebende Anzeige seines taktischen Headsets. Es überlagerte die Realität mit hilfreichen Hinweisen. Bisher kein Feindkontakt. Die Brille würde Maschinen oder menschliche Körper entdecken, falls diese ihm entgingen.

*»50 Meter.«* Der Wald endete wie abgeschnitten vor einer betonierten Straße. In den Pfützen spiegelte sich das kalte Licht der LED-Straßenbeleuchtung. Sie erhellte einen vier Schritt hohen Zaun aus massiven Gitterelementen mit einer Krone aus gewickeltem Klingendraht. Ein olivgrüner Militärjeep bog um die Ecke und hielt auf sie zu. Sein Puls

schnellte in die Höhe. Er ließ sich auf den Boden fallen und nahm die Maschinenpistole in den Anschlag. Die Reifen des Fahrzeugs zerteilten platschend die Pfützen. Dann zog es harmlos surrend davon. Erst jetzt stieß er seinen angehaltenen Atem aus. Eine Minute später und man hätte sie direkt aufgegriffen, noch bevor ihre eigentliche Mission anlief.

Arac hielt inne. Alle 250 Meter waren jeweils ein Paar Überwachungskameras auf die Umgebung ausgerichtet. Ohne die Augen von der Straße zu lassen, holte er ein anachronistisch wirkendes Kästchen aus seinem Rucksack. Sein Auftraggeber hatte es ihm zusammen mit seiner Bezahlung in einer versifften Kneipe in Lion über den Tisch geschoben. Mit dem Daumen legte er einen mechanischen Schalter um und platzierte es am Fuß einer der Büsche. Ab diesem Moment sollte die Sicherheits-KI, eine künstliche Intelligenz, die den Bereich überwachte, nur noch einen leeren Weg sehen. Zumindest, sofern diese uralt erscheinende Technik funktionierte.

Einen halben Kilometer hinter dem Zaun erhob sich die Kuppel eines zwei Stockwerke hohen Gebäudes. Weißer Dampf stieg aus Abzugsrohren in den klaren Nachthimmel.

Mit einem Wink gab er seinen vier Begleitern zu verstehen, dass die Luft rein war und es weiterging. Geduckt näherten sie sich im Laufschritt dem Begrenzungszaun. Schwarz-gelbe Schilder mit einem grinsenden Totenkopf wiesen auf die radioaktive Gefahr hin. Maroni holte einen Power-Cutter aus seiner Tasche und zerschnitt die massiven Gitterelemente der Umzäunung wie Butter. Keine zehn Sekunden später hoben sie das schwere runde Teilstück aus der Begrenzung. Mit einem minimalen Klirren legten sie es auf den Betonboden ab. Kein Alarm. Sie rannten geduckt in Richtung der mit grellen Scheinwerfern beleuchteten Kraftwerksanlage.

Es handelte sich um ein neueres SMR-Atomkraftwerk, einen Small-Modular-Reactor. Die stromhungrige Meute an Drohnen und Hochleistungsrechenzentren der ZEU, der Zentralen Europäischen Union, war unersättlich. Aber auch ein »kleines« Kraftwerk konnte ordentlich krachen, falls die Kühlung ausfiel. Das war der Sinn ihres Auftrags. Er war fest entschlossen, bereits weit entfernt zu sein, wenn der Ernstfall eintreten würde. Alle kannten ihre jeweiligen Zielorte auf dem Kraftwerksgelände und sprinteten wortlos los. Sie hatten den Ablauf vorab minutiös geplant. Aracs Herz hämmerte, während er über den flachen Rasen rannte und der Vorgabe seiner taktischen Anzeige folgte. Aufgepeitscht vom Adrenalin des Kampfeinsatzes nahm er seine Umgebung in jedem Detail wahr: Die Feuchtigkeit in der Nachtluft, die trappelnden Schritte seiner Kameraden, das Brummen der Turbinen.

Ein rotes Viereck flackerte in seinem Sichtfeld auf. Aus Reflex hob er die MP5, zielte grob in die entsprechende Richtung und drückte den Abzug. Seine MP war mit der Brille gekoppelt, sodass die Maschinenpistole die Schüsse erst auslöste, sobald diese ihr Ziel sicher trafen. Das harte Hämmern der Waffe schüttelte seinen Arm. In der Entfernung stoben Funken auf. Zu hören waren dank des Schalldämpfers nur ein kaum hörbares Rattern und metallisches Krachen, als seine panzerbrechenden Patronen den mechanischen Gegner durchsiebten.

Den Angreifer, eine moderne Militärdrohne, wie ihm die taktische Brille mitteilte, hatte er rechtzeitig ausgeschaltet. Ansonsten wäre er jetzt tot. Ohne innezuhalten, rannte er weiter.

Zwanzig Meter. Noch zehn. Noch fünf. Ziel erreicht. Schwer atmend hockte er sich vor eine unscheinbare Betonwand. Dahinter war eines der vier redundanten Kühlsysteme verbaut. Der Rucksack glitt von seiner Schulter und er holte den vorbereiteten Pack C6-Plastiksprengstoff heraus. Das reichte garantiert, um die Mauer sowie die dahinterliegende Maschinerie zu erledigen.

In diesem Moment drang ein Sirren in seine Wahrnehmung. Eine Drohne? Warum hatte ihn die verfluchte Brille nicht gewarnt? Mit einem Ruck riss er sein MG herum. Zu spät. Die Wucht der Einschläge großkalibriger Projektile warf ihn gegen die Wand. Blendender Schmerz durchdrang seinen Oberkörper und entrang ihm einen Schrei. Rote und schwarze Flecken flackerten durch sein Sichtfeld. Mit zitternden Fingern tastete er nach dem Timer des Sprengstoffs. Sie glitten ab, ohne den Schalter umzulegen. Die Taubheit schwappte durch seine Glieder und verdrängte den Schmerz. Während er in die Finsternis des Vergessens sank, erkannte er die Militärdrohne, die ihn auflauerte. Eine tödliche Falle. Er war mitten hineingetappt.

# Abweichende Lebenswelten

## 1. Dezember 2099

### Peter

»Alle Ziele neutralisiert, Peter. Die Kollegen vor Ort übernehmen«, sagte der Einsatzleiter mit gelassener Stimme.

In dem Moment blinkten an verschiedenen Stellen vor dem Gelände rot-blaue Lichter auf und Polizeifahrzeuge näherten sich den fünf bewusstlosen Angreifern.

»Sehr gute Arbeit, Pascale. Debriefing morgen früh um zehn Uhr«, gab er zurück und beendete die Verbindung.

Endlich geschafft. Die wochenlange Observierung und detaillierte Vorbereitung hatten sich ausgezahlt. In der Welt gab es fünf Terroristen weniger und die Bevölkerung der ZEU, der Zentralen Europäischen Union, war dank seiner Hilfe einem weiteren Super-GAU entkommen. Er hatte mit seinen Kollegen einen hinterhältigen Anschlag auf eines der zweihundertfünfzig Kraftwerke auf dem Kontinent verhindert. Über zwölf Stunden der Einsatz gedauert. Das war es wert, trotzdem wurde es Zeit, dass er nach Hause und zu seiner Familie kam.

Mit einem kurzen Kommando loggte er sich aus. Der weiche Schaum, der seinen Körper umschlossen hatte, zog sich sanft zurück. Das Auftauchen aus der VR, virtuellen Realität, hatte für ihn jedes Mal etwas vom Aufwachen aus einem wohligen Traum. Einmal verfügte man über Superkräfte – im nächsten Moment hatte einen die harte Realität wieder im Griff.

Als sich der VR-Sitz öffnete, kippte er vorwärts. Er stolperte und konnte sich nur mit Mühe am Metallgestell festhalten. »Verrückte Maschin', verdammte!«

Beinahe wäre er der Länge nach hingefallen. Das Ding hatte ihn nicht wie üblich senkrecht stehend entlassen, sondern in einem schrägen Winkel. Er musste dringend ein Ticket beim IT-Support aufmachen. Die anderen fünf Kollegen der Spätschicht hingen in ihren Schaumkokons eingebettet wie lebensgroße Marionetten in den Gestellen ihrer VR-Seats. Sie saßen oder liefen und waren in ihre jeweilige virtuelle Realität vertieft. Bis heute hatte er nicht kapiert, warum die Teile »Seats« hießen. »VR-Stands« wäre passender – oder »VR-Fall-nach-vorne«.

Minuten später trat er aus der Tür des zweihundertfünfzig Jahre alten, klimatisierten Gebäudes seiner Behörde am Odeonsplatz. Wärme schlug ihm wie eine Wand entgegen. Es war erst der dritte Mai und die Temperaturen in München lagen am Abend über dreißig Grad. Ob Klimawandel oder Wetter, da waren sich die Kommentare in den News-Streams uneinig. Nicht anders als in den letzten hundert Jahren. Immerhin hatte die Regierung endlich anerkannt, dass die rund fünf Meter gestiegenen Meeresspiegel tatsächlich ein Problem darstellten. Zumindest für den Teil der Einwohner der ZEU, die nicht in einer Großstadt wie München wohnten, die fünfhundert Meter über dem Meer lag. Dafür schlug das Wetter hier umso heftigere Kapriolen. Aber man gewöhnte sich an alles und den Großteil des Tages verbrachte er sowieso in der VR, so wie die meisten Menschen.

Zu beiden Seiten vier- bis fünfstöckige Altbauten im romanischen Stil, die von unsichtbaren Strahlern erhellt wurden. Vor ihm breitete sich der kilometerlange, schmale Odeonspark mit seinen indirekt beleuchteten Büschen und Bäumen aus. Ein Café mit schicken Neon-Hologrammen und einzelne nächtliche Spaziergänger komplettierten das Bild. Nur das ewige Surren und Brummen der Lieferdrohnen und Flugtaxis über den Baumkronen störte die innerstädtische Idylle. Noch vor siebzig Jahren war das nicht mehr als eine viel befahrene Straße gewesen. Er wandte sich nach rechts in Richtung Feldherrnhalle.

Die zentrale Statue unter deren Alkoven vor etwas mehr als zweihundert Jahren der bayrischen Armee gewidmet worden war. Er schüttelte den Kopf. Wie klein die Welt damals gewesen sein muss. Trotzdem war es heute nicht ähnlich? Nur in einer größeren Dimension. Früher war es Bayern, heute war es die ZEU, die versuchte, sich gegen den Rest der Welt abzugrenzen.

Nach einem kurzen Fußmarsch durch die frisch gereinigten Seitenstraßen erreichte er sein Appartement. Es war für ihn lediglich ein Ort zum Essen, Schlafen und zur VR-Nutzung. Sowohl dienstlich als auch privat lebte er in der virtuellen Realität, der VR. Damit war er mit neunzig Prozent der europäischen Einwohner in guter Gesellschaft.

Als er das Haus betrat, informierte ihn eine rote Laufschrift auf der blank polierten Fahrstuhltür, dass aktuell eine Wartung durchgeführt wurde.

»Kruzifix. Muss das jetzt sein?«, schimpfte er lautstark, bekam jedoch keine Antwort von der Haus-KI.

Erst der vermaledeite Seat und nun der Lift. Das erledigten doch Roboter, warum mussten die das unbedingt zu

Feierabend machen und konnten es nicht auf die Nachtstunden verschieben? Grummelnd und schnaufend stieg er die Stufen in den dritten Stock hinauf. Oben angekommen legte er eine kurze Pause ein, um durchzuatmen.

Vor ein paar Wochen hatte der MediDoc herausgefunden, dass seine leichte Kurzatmigkeit nicht von den zu vielen Pfunden kam. Die hatte er in den letzten Jahren weitestgehend losgeworden. Es war ein angeborener Herzfehler, der bei der Vorsorgeuntersuchung entdeckt wurde. Neue Herzen wuchsen leider auch an der Schwelle zum 22. Jahrhundert nicht an den Bäumen. Zumindest noch nicht. Also würde er mit der leichten Herzschwäche vorerst leben müssen.

Zum Glück stellte sein Job als Ermittler höchste Ansprüche an den Intellekt, aber nicht an die Ausdauer. In der VR brauchte man weder Kondition noch Muskeln. Normalerweise war das kein Thema, nur in Situationen war es lästig.

Ein paar Minuten später trat er schwer atmend durch die Tür in sein Appartement.

»Hallo, Peter«, sagte Jana, seine virtuelle Assistentin. »Dein Puls ist stark erhöht. Brauchst du ärztliche Hilfe?«

»Nein, Herrgott, ich bin drei Stockwerke hochgestiegen. Das ist alles.«

»Dein MediDoc empfiehlt ein regelmäßiges Sportprogramm. Soll ich dir einen Trainingsplan erstellen und an deine dienstliche Assistenz übermitteln?«

»Nein, verdammt, du bist doch nicht meine Mutter. Mach mir lieber was zu essen, das in meinen Ernährungsplan passt. Ich will mich einloggen.«

»Kein Problem, Lasagne Zero ist in acht Minuten fertig.«

Er wusste ja, dass das Zeug aus dem Food-Printer helfen würde, seine Figur zu halten. Aber das hieß ja nicht, dass er sich damit wohlfühlen musste. Auch KI-optimierter Käse schmeckte einfach nicht. Während er wartete, holte er sich ein Bier aus dem Kühlschrank und checkte die News. Da er sein privates VR-Headset weiterhin trug, wurden sie ihm direkt in sein Gesichtsfeld projiziert. Wenn man sich nicht in der VR bewegte, wechselte das Gerät in den Augmented-Reality-Modus, kurz AR. Damit überlagerte es seine aktuelle Sicht mit 3-D-Projektionen, die sich nahtlos in die Umgebung einbetteten. Er kannte es nicht anders.

Eine adrette, blonde Nachrichtensprecherin mit geradem Rücken materialisierte sich auf seinem Sofa und fasste die wichtigsten Neuigkeiten zusammen: »Hallo Peter, hier sind deine Abend-News: Erneut sind im April Hunderte Flüchtlinge aus Nordafrika in Malta, Sizilien und an der spanischen Südküste bei Almería gelandet. Der ZEU-Grenzschutz scheint der Flut nicht Herr zu werden. Trotz des massiven Einsatzes teurer Drohnen und Marineschiffe, die die Menschen in ihre Heimatländer zurückbringen, schaffen es immer mehr an die europäische Küste…«

Er wischte weiter. Neben ihm erschien ein Rentner in Lebensgröße, der zornig rief: »Wo soll´n das noch enden? Was´n Wahnsinn! Baut ´n Wall wieder auf! Das sind alles Diebe, Mörder und Vergewaltiger! Gestern haben sie in Malta ein junges Mädchen entführt und sind zu fünft über sie hergefallen, hab´ ich gehört. Was für Tiere! Zu fünft!«

Er wischte weiter.

Auf seinem Wohnzimmertisch marschierte eine Menschenmasse wie eine Ameisenkolonie mit Schildern mit

Schriftzügen: »Baut den Wall wieder auf! – Auffanglager, JETZT! – Vergast sie! - Wer schützt uns vor denen?«

Er wischte weiter.

Die andere Ecke des Zimmers verwandelte sich in ein paar verfallene Gebäude. Eine Stimme aus dem Off gab das Intro: »In den wilden Flüchtlingslagern an der spanischen Südküste greift das Verbrechen um sich! Unbescholtene Bürger, die den mittellosen Flüchtlingen ehrenamtlich helfen, können sich ihrer Haut nicht mehr sicher sein. Sehen Sie selbst! – Hinweis: Das Material ist für Minderjährige nicht geeignet.«

Auf der einen Seite der Straße spazierte ein Paar mit einem maximal vierjährigen Jungen auf den Schultern des Vaters. Der Optik nach waren sie nordafrikanischer Abstammung. Und das sollten ehrenamtliche ZEU-Helfer sein? Mit einem Kind? Sie wirkten eher wie Einwohner. Auf der anderen Straßenseite saßen drei tätowierte halbstarke Kerle und ein dazu passendes Mädel.

»Hey, hey, wo will denn die junge Familie hin?«, rief die Frau mit einer Stimme, die vor Gehässigkeit troff.

Oh, man. Das gab sicher Ärger. Kurz darauf spielte sich eine Szene ab, wie er sie befürchtet hatte: Erst wurden die drei angepöbelt und von den Mitgliedern der Gang gestellt. Sie forderten Geld, das die Familie nicht hatte. Als der Vater mit seinem Sohn auf den Schultern verzweifelt versuchte zu fliehen, verfolgte ihn ein narbiger Kerl mit einem Messer.

Das Bild fror ein und ein Schriftzug erschien: »Hinweis: Die folgenden Ereignisse wurden aufgrund der bisherigen realen Begebenheit prognostiziert. Sie entsprechen nicht der Realität – aber hätten genauso stattfinden können.«

Die Szene lief weiter: Der Vater rannte davon. Erfolglos. Der Angreifer rammte ihm sein Messer mehrfach in den Rücken. Keuchend fiel der arme Mann nach vorne. Der Junge knallte ungebremst auf die Pflastersteine und schrie wie am Spieß. Eine Blutlache sickerte unter der weißen Trainingsjacke des Vaters hervor und breitete sich aus. Im gleichen Moment stürzte die Mutter panisch zu ihrem Kind und ihrem schwer verletzten Ehemann. Doch der gruselige Typ wendete sich grinsend den beiden zu. Von seinem Messer tropfte das Blut des regungslos am Boden Liegenden.

»Jana, hör sofort auf damit! Ich kann das nicht anschauen.« Er war der Meinung, dass nicht jedes Übel dieser Welt im Detail gezeigt werden musste. Auf gar keinen Fall würde er sich das freiwillig ansehen.

»Kein Problem, Peter. Benötigst du einen Termin beim Augenarzt?«

»Nein!« Verdammte KI! Sie nahm alles wörtlich, aber verfügte über keinerlei emotionale Intelligenz.

Für ihn waren ein paar Hundert Flüchtlinge pro Monat kein großes Thema. Die konnte man doch wohl problemlos in der ZEU mitversorgen, oder? Es wurden ja auch vierhundertfünfzig Millionen andere Bürger versorgt, von denen ein Großteil dank künstlicher Intelligenz und Automatisierung den ganzen Tag nichts zu tun hatte. Warum wurden gerade diese Neuankömmlinge in abgelegenen Lagern ausgegrenzt? Das war doch nicht gerecht! Das führte zu nichts als Ärger.

Sein Wohnzimmer war wieder leer. Diese Art von Nachrichtenauswahl durch seine eigene KI fand er äußerst bedenklich. Am meisten störte ihn diese animierte »Prognose«. Ereignisse, die in der Realität nicht eins zu eins stattgefunden hatten. Die KIs der News-Streams produzierten diese, falls ihre Drohnen zerstört wurden, um das restliche Geschehen zu zeigen. Oder besser: Zu erraten, wie es eventuell ausgegangen wäre. Das war höchst seltsam. Nach der Zerstörung der Mediendrohne sah es bis zum Zeitpunkt der gezeigten Voraussage nicht aus. In letzter Zeit gab es viele dieser Prognosen in den Nachrichten. Es war aber nicht anzunehmen, dass mehr Fluggeräte demoliert wurden als früher.

Das waren müßige Gedanken. Er schaufelte die Reste seiner Lasagne zügig in sich hinein und stellte seinen Teller in die Spülmaschine. Zeit, um sich mit den schönen Dingen des Lebens zu beschäftigen. Seine Freundin Kristina hatte ihn bereits virtuell angestupst und wartete, dass er nach Hause kam. Mit einem Lächeln auf den Lippen warf er sich in seinen persönlichen VR-Seat und loggte sich ein.

Der Flur ihres im asiatischen Stil eingerichteten Hauses, begrenzt von Papierwänden, breitete sich vor ihm aus. Er roch sofort das edle Holz und die Räucherstäbchen. Ihr gemeinsames Domizil – zumindest in der VR.

»Schatz! Ich bin wieder da!«, rief Peter, während er sich auf den Weg ins Wohnzimmer begab. Kristinas volles Lachen mischte sich mit dem hellen Quietschen ihrer Tochter.

Sein Lächeln wurde breiter.

Als er den Wohnraum betrat, saßen die beiden auf dem Boden zwischen dem Futon und einem kniehohen Tisch. Die Wände waren mit Samuraischwertern und antiken Bildern dekoriert. Der Avatar seiner Freundin bildete einen deutlichen Kontrast. Er war der einer nordischen Göttin nachempfunden, mit langen blonden Haaren und der kräftigen Figur einer Kriegerin. Sein Avatar hatte asiatische Züge und entsprach einem japanischen Krieger.

»Hallo, Schatz«, wiederholte er, setzte sich neben Kristina und gab ihr einen Kuss. Davon spürte er nicht mehr als einen kurzen Druck auf seinen Lippen. Für ein realeres Erlebnis hätte er vorab die Sexualerweiterungen seines Sitzes aktivieren müssen. Aber der kräuterartige Duft ihres Haares wurde von der VR perfekt simuliert.

Hedda schaute ihn aus ihren blauen Augen an und krabbelte direkt zu ihm. Laufen konnte sie noch nicht. »Dada, Dada …« Er hob sie auf seine Arme und lachte. Sie jauchzte und strahlte ihm ins Gesicht. Ihr Gewicht und die Wärme ihres Körpers erdeten ihn wie bei jedem Besuch. Die gemeinsamen Stunden waren eine willkommene Abwechslung zu seinem Job, bei dem er es meist mit Terroristen, Psychopathen und sonstigen Staatsfeinden zu tun hatte. Sein Familienleben faszinierte ihn jeden Tag aufs Neue. Hedda war ihr leibliches Kind. In der Realität, nicht nur in der VR. Kristina wohnte auf dem Land in Schweden, er in der Innenstadt von München. Vor knapp zwei Jahren haben sie beschlossen, Nachwuchs zu zeugen, obwohl ihre Beziehung rein virtuell war. In der Real-Welt hatten sie sich nie getroffen und planten auch nicht, das zu ändern. Ihre Eizelle wurde mit seinem Sperma künstlich befruchtet. Hedda wuchs bei Kristina auf und er verbrachte jede freie Minute mit den beiden. In rund zwei Jahren, sobald sie einen eigenen Kinder-VR-Seat nutzen konnte, würden sie sogar zusammen Wochenendausflüge machen können.

»Da Da«, wiederholte die Kleine, während sie ihm ins Gesicht patschte.

Was er aktuell sah, war seine Tochter, die physisch neben ihrer Mutter in ihrem gemeinsamen Heim saß. Peters Körper war vor Ort ein menschenähnlicher Roboter, der ihm ermöglichte, mit den beiden zu spielen und sie anzufassen. Kristina sah anstelle der Maschine ebenfalls seinen Avatar, dank des AR-Modus ihrer Brille. Für Hedda war das noch nicht möglich, aber in dem Alter waren die Kinder unkritisch und demnächst würde sie ihr eigenes Headset bekommen.

Er spielte mit seiner Tochter und seine Freundin klagte ihm ihr Leid bei der Arbeit. Sie arbeitete für PeaSecure, dass trotz des Desasters mit dem Wall vor vier Jahren weiterhin zu Europas größten Sicherheitskonzernen zählte. Die von ihr geplante Marketingkampagne lief nicht wie erwartet. Er hörte ihrer Geschichte nur mit einem halben Ohr zu. Etwas nagte in seinem Hinterkopf. Irgendwas hatte er heute gesehen, was sein Unterbewusstsein ihn wissen lassen wollte. Ein beständiges, geistiges Zupfen.

Dann hatte er es: Die kleine Hedda … der arme Junge im letzten News-Stream … PeaSecure … der Wall … die Eltern, die einem Verbrechen zum Opfer gefallen waren …

Verdammt! Die Erinnerungen durchschlugen als eiskalte Welle seine Gedanken und eine Gänsehaut raste seinen Rücken hoch. Er kannte die beiden, auch wenn sie im Stream meistens nur von hinten zu sehen waren: Das war das Flüchtlingspärchen, das vor vier Jahren Diego Morales und seiner Hacker-Gruppe geholfen hatte. Die Truppe, die die Grenzanlage im Mittelmeer, den Wall, mit einer massiven Cyber-Attacke zerstört hatte! Er hatte sie damals aufgespürt, den Algerier verhört und später mit seiner Frau im Krankenhaus gesprochen. Die Ermittlungen wurden am Ende aus politischen Gründen eingestellt und die beiden nach Algerien abgeschoben.

Er erinnerte sich an den Namen des Mannes: Jacques Morau. Ohne dessen Mithilfe wäre der Wall nicht vernichtet worden. Wenn die animierte Prognose stimmte, wäre das eine Art biblische Gerechtigkeit. Durch Moraus Mitwirkung kamen damals zahlreiche Unschuldige zu Tode. Die Folgen seiner Machenschaften hatten ihn jetzt eingeholt. Welch Ironie! Nur für den Jungen tat es ihm leid. Wäre das seine kleine Hedda auf den Schultern gewesen ...

Er würde sich morgen schlaumachen, was bei dem gezeigten Ereignis in der Realität passiert war und was die beiden in dem Lager trieben. Als Beamter beim Verfassungsschutz hatte er dafür die Mittel und Befugnisse.

## Jacques

»Papaaa!« Lucas warf sich jauchzend in seine Arme, als er von der Schaukel sprang. Jacques war beeindruckt, mit welchem Urvertrauen sein Sohn davon ausging, dass man ihn auffing und er sich kein blutiges Knie auf dem kaputten Straßenbelag holte.

»Es geht los! Le grand carrousel!«, rief Jacques. Nun war er an der Reihe, den Kleinen herumzuwirbeln, während er ihn fest unter den Schultern gepackt hielt.

»Huiiii, noch mal, noch mal!«, rief Lucas begeistert, als seine zum Schluss Füße den Boden berührten.

Sie lachten beide, als sich sein Sohn wieder der Schaukel zuwendete. Der Kleine, der für seine dreieinhalb Jahre ein ordentliches Gewicht auf die Waage brachte, wurde ihm langsam zu schwer für dieses Spiel.

»Mach erst mal allein weiter!«, rief Jacques zurück und winkte ab.

Damit wandte er sich um und ging zu Kara, die auf einem halbzerbröselten Betonklotz am Rande ihres Spielplatzes neben anderen Eltern saß. »Spielplatz« war gut: Sie befanden sich in einem zerfallenen Hinterhof. Trotz ihrer Versuche, die Häuser wieder bewohnbar zu machen, lugten unter abgefallenem Putz graue Ziegel hervor. Die Fensterrahmen waren von Jahrzehnte alter Farbe blätterig und intakte Gläser gab es auch keine mehr. Die Schaukel war eine einzige Katastrophe. Sie bestand aus einem vermoderten Brett, das mit zerfasernden Seilen an einer verrosteten Metallstange verknotet war. Den Sandkasten hatten sie mit verdrecktem Kies vom Stadtrand aufgefüllt. Aber wenn er ehrlich war, sah es in seiner Heimat Algerien in den Hinterhöfen vieler Städte nicht anders aus. Nur, dass sie sich hier in Europa befanden. Dem grünen Kontinent! Von wegen! Ihr Städtchen Cabo del Gata, benannt nach dem felsigen Kap, das zwei Kilometer entfernt in das Mittelmeer ragte, lag mitten in der südspanischen Steppe. Es war eine natürliche Anlaufstelle für Migranten, die die beschwerliche Reise über das Wasser überstanden hatten.

»Wow, wie der Kleine wächst.« Jacques stöhnte übertrieben und rieb sich theatralisch den Rücken, während er sich neben Kara auf den Stein fallen ließ. »Ich frage mich, wie wir ihn hier später zu einer Schule schicken können. Vermutlich müssen wir dafür zurück nach Algerien.«

»Tja, das ist eine gute Frage.« Seine Frau schaute nachdenklich zu Lucas. »Wir haben es uns so ausgesucht. Vom Zauber des Anfangs ist nicht viel übrig geblieben. Fast täglich kommen neue Menschen mit Booten an. Außerdem lassen uns die Behörden neuerdings in Ruhe. Es gab schon seit Monaten keine Abschiebungen mehr. Alejandro und Olivia haben keine Ahnung, wie sie uns alle versorgen sollen.«

Er war sich nicht sicher, wie die Geschichte weitergehen würde. Bisher hatten sich Neuankömmlinge und Rückführungen durch die Behörden die Waage gehalten. Dabei kam es nur selten zu gewaltsamen Auseinandersetzungen. Fast immer hatten sich genügend Freiwillige gefunden, die erkannt hatten, dass sie in der ZEU keine echte Zukunft hatten. Die politische Stimmung in der ZEU wurde im Laufe der letzten vier Jahre jedoch zunehmend fremdenfeindlicher. Und aus unerklärlichen Gründen hatten die Abschiebungen vor einigen Monaten aufgehört. Die Stadt platzte inzwischen aus allen Nähten.

»Lass uns ins Centro gehen. Es ist kurz nach Mittag.« Kara riss ihn aus seinen Gedanken. Ohne eine Antwort abzuwarten, stand sie auf. »Lucas, kommst du mit? Wir gehen ins Centro zu deinen Freunden!«

Das ließ sich der Kleine nicht zweimal sagen. Im Zentrum des verfallenen Städtchens war immer was los. Auch war es kein Problem, die Kinder dort in einer Art lockeren Tagesbetreuung mit anderen spielen zu lassen, ohne dass groß was passieren konnte.

»Papa! Wir spielen Hoppe, Hoppe Reiter! Du bist das Pferd!«

Sie spazierten die zerlöcherten Straßen mit den zweistöckigen Häusern in Richtung Centro entlang. Ihm fiel auf, wie sehr sich die Stadt im Laufe der letzten vier Jahre verändert hatte. Die ehemals verfallene, halbversunkene Geisterstadt war in eine quirlige Flüchtlingsmetropole mit über zweitausend Einwohnern mutiert. Die beigen Fassaden wurden ausgebessert, löchrige Dächer geflickt und Fensterläden repariert. Bei ihrer ersten Ankunft waren sie in den einsamen Gassen und Ruinen vor der Polizei und Killerdrohnen auf der Flucht gewesen. Heute hatten sie hier ihr eigenes Heim, Freunde und Nachbarn. Sie halfen Alejandro und Olivia, die Stadt mit ihren neuen, weitläufigen Gewächshäusern für die Neuankömmlinge bewohnbar zu machen. Es gab Strom, Wasser und Essen. Mehr nicht.

»Hey, hey, wo will´n die junge Familie hin?«, hörte er eine weibliche Stimme von hinten auf Arabisch rufen.

Als er sich umwandte, sah er auf der anderen Straßenseite eine tätowierte Frau, die sie zusammen mit drei Halbstarken beäugte. Alle deutlich jünger als er mit seinen vierundzwanzig Jahren, dennoch gefährlich. *Ganger*. Er hatte damals in Algerien üble Erfahrungen mit diesem Gesindel gemacht. Im Grunde taten sie ihm leid. Jugendliche, die nichts mit ihrem Leben anfangen konnten und keine Perspektive hatten. Die Gangs gaben ihnen zumindest ein gewisses Gefühl der Zugehörigkeit – und der Macht, wenn es darum ging, scheinbar Schwächere zu belästigen oder zu bestehlen.

Er ignorierte sie, nahm Kara an die Hand und wechselte zügig auf die andere Straßenseite. Trappelnde Schritte folgten ihnen und kamen näher. Mit seinem Sohn auf den Schultern konnte er vergessen wegzurennen. Es half nichts, also blieb er zusammen mit seiner Frau stehen und drehte sich um. Die drei Ganger, in kaputten Jeans mit fleckigen T-Shirts und Jacken sowie schlechten Zähnen, die sie jetzt grinsend zeigten, waren auf fünf Meter herangekommen.

»Is´ aber unhöflich, einfach so weiterzugeh´n, ohne uns zu grüßen.« Es war wieder das Mädel, das sie mit falschem Lächeln ansprach. »Wenn ihr schon nicht mit uns sprechen wollt, habt ihr doch bestimmt ein paar Gutscheine oder Eurodollars für uns.«

Kara blieb gelassen und ging nicht auf die Provokation ein: »Wenn ihr euch ein paar Gutscheine verdienen wollt, dann kommt einfach ins Centro. Dort gibt es genug Arbeit.«

Das würde nicht funktionieren. Jacques musste schlucken und sein Herz pumpte mit schweren Schlägen rauschendes Blut in seinen Schädel. »Al´dä! Sehen wir aus wie Bauarbeiter, die Bock ha´m, in der Hitze Pissrinnen für die Neuen zu buddeln?« Sie baute sich vor Kara auf und streckte die Brust vor, während einer ihre Kumpane ein langes Messer aufblitzen ließ.

»Papaaa!«, mischte sich Lucas ängstliche Kinderstimme über seinen Kopf ein. »Ich habe Angst! Lass uns gehen. Ich mag die böse Frau nicht!« Mist, er musste ihn hier wegbringen.

»Oh, wie süß«, ätze die Tätowierte, »pass´ bloß auf, dass dem Kleinen nichts passiert, ´ne? Also? Was is´ jetzt?«

»Wir haben keine Gutscheine oder Geld«, stellte Kara klar. »Ich würde euch gerne helfen, aber ich habe nichts dabei.«

Das entsprach leider der Wahrheit. Sie hatten nichts Nennenswertes dabei.

»Rafael, gib dem Alten und dem Kleinen mal ´nen Piecks, vielleicht überlegt die Schlampe ´s sich dann anders«, wandte sich die Frau an den Kerl mit dem Messer. »Hey, jetzt lasst mal gut sein!«, rief Jacques dazwischen. Lucas begann, ihm ins Ohr zu brüllen. »Wir besorgen euch ja was, aber wir haben wirklich nichts dabei.«

»Los, Rafael, mach hin.« Sie gab dem Bewaffneten einen Wink. »Verpass dem Alten ein nettes Andenken von uns. Und stopf dem schreienden Balg das Maul! Danach schau´n wa´ mal, was die dabeihaben.«

Jacques wirbelte herum, um trotz der schlechten Chancen das Heil für sich und Lucas in der Flucht zu suchen. In diesem Moment hörte er ein deutliches Surren über sich. Alle stoppten in ihren Bewegungen wie eingefroren und hoben die Köpfe. Dort schwebte schräg hinter ihnen eine Media-Drohne mit ihrem Kameraauge. Am Logo konnten sie sehen, dass diese von einem der bekannten Nachrichten-Streams kam. Sie hatte die ganze Szene aufgezeichnet und wollte sich gerade in eine bessere Position bringen, um die kommende Action aufzuzeichnen.

»Mist! Was ist das denn?«, kam der Ausruf von dem zweiten Typen, der bisher geschwiegen hatte. »Bitte recht freundlich. Eure Gesichter laufen jetzt in allen großen Nachrichtenportalen.« Es war Kara, die geistesgegenwärtig den Spieß umdrehte und verblüffend cool blieb. »Seht zu, dass ihr Land gewinnt! Gleich ist hier mit Sicherheit die Hölle los, die Stadtpolizei hat das bestimmt auch live gesehen.«

Die Tätowierte schubste missmutig ihre Kameraden an, damit diese abdrehten. Nicht, ohne Kara und ihm einen Blick zuzuwerfen, der nichts Gutes verhieß. »Los, verzieh´n wir uns. Hab´n ja nichts gemacht, oder? War nur´n Späßchen zwischen Freunden.«

Deutlich hörbar stieß Jacques seinen Atem aus. »Merde. Das war haarscharf.« Zügig lief er weiter und holte Lucas von seinen Schultern. Er gab ihn Kara auf den Arm, die versuchte, den Kleinen zu beruhigen. Die Media-Drohne flog den Ganger hinterher. Als diese mit Steinen und Müll nach ihr warfen, drehte sie ab.

Das mit der Polizei war ein Bluff. Die gab es hier nicht. Aber dass sie in diesem Augenblick in irgendwelchen Nachrichten-Streams erschienen, war leider nicht unwahrscheinlich.

»Moment, warte«, meinte Kara. Sie blieb zwei Blocks weiter stehen und setzte sich auf die Stufen eines Hauseingangs. Lucas war von dem ganzen Stress in ihren Armen eingeschlafen. »Bevor wir zu Olivia und Alejandro gehen, müssen wir uns überlegen, wie wir für unsere eigene Sicherheit sorgen können.«

## Olivia

Sie stand auf dem Dach des höchsten Gebäudes von Cabo del Gata. Es hatte vier Stockwerke, mehr brauchte es nicht, um sich einen Überblick über das Umland der Stadt zu verschaffen. Die brennende Sonne störte Olivia nicht im Geringsten. Rund um die Ortschaft erstreckten sich in einem Radius von einem Kilometer mit Plane bespannte weiße Flächen. Dahinter folgten Sand, verkrüppelte Bäume und in der Ferne die Silhouetten schroffer Hügel. Unter den Folien befanden sich Gewächshäuser für Obst und Gemüse. Alejandro und sie hatten diese gemeinsam mit frühen Migranten im Laufe der ersten drei Jahre zu Selbstversorgung – und ehrlicherweise zur Selbstbeschäftigung – aufgebaut.

Vor vier Jahren haben Peter und seine Mitstreiter den Wall zerstört. Seitdem nutzen die Menschen in Nordafrika die neu gewonnene Freizügigkeit. Sie erreichten zu Tausenden die europäische Südküste. So wie hier in Cabo del Gata, dem Kap der Katzen, hatten Alejandro und sie es sich zur Aufgabe gemacht, zumindest eine Grundversorgung aufzubauen. Im Gegensatz zu den Bewohnern dieser Stadt waren sie reguläre ZEU-Bürger. Und somit waren sie die Einzigen, die in der Lage waren, Dinge des täglichen Bedarfs, Medikamente, Baumaterial, Strom und Wasser zu besorgen. Ehrenamtliche Hilfsorganisationen, die sich darum kümmern könnten, waren in der ZEU verboten. Genauso wie das Sammeln von Spenden und jede andere Aktivität, die der Staat für sich beanspruchte – und unter Kontrolle halten wollte. Trotz aller Restriktionen hatte sich inzwischen eine Art Schattenwirtschaft aus freiwilligen Helfern etabliert, die diese Aufgaben übernahmen. Bisher ließ man sie gewähren.

Aktuell richtete sie ihre Aufmerksamkeit auf einen Bereich, der einen halben Kilometer weiter vor der Stadtgrenze lag. Dort wirbelten grobschlächtige Baudrohnen, Bagger und Roboter eine Menge Staub auf, während sie einen fünf Meter hohen Pfahl im Boden verankerten. Es war einer von Hunderttausenden, die mit drei bis vier Schritt Abstand die gesamte Stadt umzingelten. Wie eine Kette schwarzer Zahnstocher schlängelten sie sich scheinbar endlos in beide Richtungen an der Küste entlang.

Sie hob den Feldstecher, den sie um den Hals trug, und zoomte den Bereich bei den Baumaschinen heran. Der hohe

Zaun war dort fertiggestellt, zwischen den Pfählen spannten sich vertikale Stahlstreben wie bei einem Gefängnis. Zu eng, um sich hindurchquetschen zu können. Zu glatt, um hinaufzuklettern. Den Abschluss bildete mehrfach gewickelter Klingendraht. Sie hatte gehört, dass eine Mauer mindestens viereinhalb Meter hoch sein müsse, damit man aufgibt, hinüberklettern zu wollen. Da war was Wahres dran.

»Was meinst du, wie lange brauchen die noch, bis der Zaun fertig ist?« Sie wandte sich mit besorgter Mine an Alejandro, der neben ihr stand. Seine wirren Haare und der melierte Vollbart gaben ihrem Mann etwas Messiashaftes.

»Keine Ahnung. Aber das wird unsere Situation nicht verbessern. In den Häusern ist kaum noch Platz für Neuankömmlinge.« Er zuckte ratlos mit den Schultern. »Die Stimmung hat sich gewandelt. Am Anfang hatte man sich bemüht, die Erstaufnahmelager zu vergrößern und aus denen mit Potenzial gute ZEU-Bürger zu machen. Später haben sie begonnen, sie mit Schiffen wieder zurückzubringen. Und heute …«

»... heute ist jeder Migrant ein Mörder, ein Vergewaltiger oder eine Prostituierte, wenn man den Streams Glauben schenkt«, beendete sie seine Ausführung. »Ich weiß. Daher wird jetzt der Zaun gebaut. Die Grenzanlage liegt nun nicht mehr in der Mitte des Meeres, wie damals der Wall, sondern hier am Ufer. Die ZEU hat auch die Rücktransporte mit den Schiffen eingestellt. Die ankommenden Menschen sollen einfach elendig davor verrecken.«

Nicht nur ihre Stadt, die gesamte Südküste würde mit der massiven Grenzanlage vom Rest Europas abgeschnitten.

»Ja, das ist die Strategie unseres neuen Innenministers Theo Mäuser«, stimmte er ihr zu.

»Das wird auf Dauer nicht gut gehen. Früher oder später wird jemand schwere Waffen aus Algerien mitbringen und ein Loch in den Zaun sprengen.«

»Hm ...« Er strich über seinen Bart. »Das ist durchaus möglich. Ich glaube, Mäuser wartet nur darauf und will es bewusst eskalieren lassen. Bisher wurden die Migranten als arme, aber harmlose Menschen wahrgenommen. Eher lästig als störend. Was wäre, wenn man sie in Zukunft als gewaltbereite Terroristen abstempeln würde?«

Darüber wollte sie nicht nachdenken. Mäuser spuckte bereits heute martialische Töne. Das konnte nicht gut ausgehen.

Wenige Minuten später spazierten sie durch die Straßen mit den Häusern, die langsam von den Einwohnern der ehemaligen Geisterstadt instandgesetzt wurden. Überall sahen sie neue Gesichter. Kinder rannten durch die Gassen. Einige Familien versuchten, an kleinen Ständen etwas dazu zu verdienen. Den Centraleuro, kurz CE, die offizielle ZEU-Währung, konnte niemand von ihnen verwenden, da er nur digital existierte. Das Bargeld war vor Jahrzehnten abgeschafft worden. Und man brauchte für alles eine ZEU-Identität, die keiner der Migranten besaß. Sie konnten in der ZEU nichts kaufen und hier weder arbeiten noch eine Wohnung mieten. Auch die Cloud war für sie gesperrt. Selbst einfache Telefongespräche in die Heimat waren fast unmöglich. Zudem benötigte in der heutigen ZEU niemand mehr ihre Arbeitskraft, da alles automatisiert war. Daher tauschten sie Waren und Comunidad-Gutscheine oder nutzten Eurodollars, die Währung ihrer Heimatländer, die im Rest der ZEU nicht anerkannt wurde. Das war auch der

Grund, warum nahezu alle Neuankömmlinge schnell erkannten, dass eine Weiterreise ins Inland sie nicht weiterbrachte. Dort würden sie direkt von der Polizei aufgegriffen und zurückgeflogen. So waren sie hier gestrandet und auf Almosen und Hilfe angewiesen – die sie offiziell ebenfalls nicht erhielten.

Nach einer Weile erreichten sie ihr Haus. Früher hatte es vermutlich auf einem erhöhten Abschnitt der Küste gelegen, während davor ein weiter Sandstrand zum Faulenzen und Spielen einlud. Durch den angestiegenen Meeresspiegel lag es jetzt direkt am Ufer und wurde bereits von Wellen umspült. Im ersten Stock befand sich die *Alte Bodega*, eine ehemalige Bar mit grandiosem Blick über den Ozean, die sie wieder in Schuss gebracht hatten. Inzwischen war es ein lebhafter Treffpunkt für die Mitglieder ihrer neuen Gemeinde. Dort warteten Kara und Jacques mit besorgten Gesichtern auf sie.

»Alejandro, Olivia!« Die junge Frau kam mit wehenden Haaren direkt auf sie zugestürzt. »Das kann so nicht weitergehen! Vorhin wären wir fast von ein paar Gangern aufgeschlitzt worden!«

Olivia war ehrlicherweise nicht überrascht. »Ja, tut mir leid. Wir kennen das Problem. Für viele finden wir sinnvolle Beschäftigungen – es gibt schließlich immer was zu tun. Aber die Stadt ist inzwischen so groß, dass das kaum noch zu überblicken ist. Vor allem, da wir keine offiziellen Strukturen wie eine Polizei oder Sozialarbeiter haben.«

Kara stemmte ihre Fäuste in die Hüften und fuhr fort: »Egal, was der Grund ist, das Ganze kann sich jederzeit wiederholen. Wir haben hier, wie du gerade bemerkt hast, weder Polizei noch Soldaten wie in Algerien, die halbwegs für Ordnung sorgen. Wir haben darüber nachgedacht und eine Entscheidung getroffen ...« Sie brach ab.

»Wir haben beschlossen, Cabo del Gata zu verlassen und wieder nach Algerien zurückzukehren«, sagte Jacques bestimmt.

Olivia war sprachlos. Sie kannte sie inzwischen vier Jahre. Seitdem Jacques bei ihnen aufgeschlagen war, um Kara zu retten. Aus der Gefangenschaft als Sexsklavin des Theo Mäusers, der heute ZEU-Innenminister war. Später haben die beiden bei ihrer damaligen Schlepperin Jawaria angeheuert und dabei geholfen, die ersten Migranten nach Cabo del Gata zu verschiffen. Mit der Geburt ihres Sohnes Lucas waren sie hier sesshaft geworden und halfen seitdem, die Gemeinschaft am Laufen zu halten.

»Aber ihr seid doch extra bei uns geblieben, damit ihr nicht mehr die gefährlichen Schlepperfahrten für Camila machen müsst! Ihr könntet höchstens in euer Heimatdorf zurück. Hier können wir jede Hand gebrauchen.«

»Oui, das stimmt schon.« Jacques war sichtlich unwohl. »Wir müssen vor allem an Lucas denken. Hier ist er auf Dauer nicht sicher. Demnächst muss er zur Schule gehen. Dafür gibt es hier keine Lösung. Die Stadt hat keine Regeln, keine Verwaltung, keine Bildungsmöglichkeiten und keine Polizei. Sie ist nicht wie andere Städte.«

Sie konnte ihm nicht widersprechen.

Alejandro, der sich als eine Art Stadtvater sah, schaute die beiden betroffen an. »In unserer ersten Comunidad hat das Zusammenleben doch immer funktioniert. Gemeinsam bekommen wir das hin. Wir müssen nur aktiv mit den neuen Menschen sprechen. Und vielleicht wählen wir eine

Art Stadtrat. Und wir könnten eine Schule aufbauen. Und eine Bürgerwehr gründen. Wir haben alle Möglichkeiten!«

»Tut mir leid.« Kara schüttelte den Kopf und konnte ihm nicht in die Augen schauen.

Lucas spielte zwischen ihren Beinen mit den scharfkantigen Resten einer rostigen Dose.

# Stumme Zeugen

## 2. Dezember 2099

### Jacques

Er hatte seinen Körper eingeseift und drehte den Wasserhahn der rostigen Dusche auf. Anstelle des Wasserschwalls erklang nur ein trockenes Röcheln. Mist. War wieder irgendwo die Leitung kaputt? Das wäre leider nicht das erste Mal. Die Häuser und damit die Rohre in Cabo del Gata waren uralt und größtenteils marode.

»Merde.« Grummelnd stieg er aus der Dusche, während die Seife in seinen Augen brannte. Aus dem Waschbecken kam ebenfalls nichts. Er wischte mit dem Handtuch Schaum und Seifenreste von Gesicht und Körper, so gut es ging. Was für eine Schweinerei! Heute Mittag wollten sie mit Matías und Lorenzo, zwei Brüdern, die sie aus dem Schlepper-Geschäft kannten, zurück nach Oran überzusetzen. Daher hatte er die Chance nutzen wollen, sich vor der anstrengenden Fahrt nochmals gründlich zu reinigen. Wer weiß, wann sich die nächste Gelegenheit dafür ergäbe.

Im Erdgeschoss wäre er beinahe über Maria gestolpert, eine quirlige Zwölfjährige aus der Nachbarschaft, die mit ihrer Familie vor vier Wochen aus Oran angekommen war. Sie saß mit Lucas auf dem Boden und bastelte Automodelle aus alten Blechbüchsen. »Oh, hallo Maria – und entschuldige. Ich muss die Seife loswerden. Das Wasser funktioniert nicht.«

Sie kicherte und hielt sich eine Hand vor den Mund, als sie ihn nur mit einem Handtuch bekleidet sah. »Alles klar, Jacques. Ich sage es nachher meinen Eltern.«

Bevor er hinaustrat, rief er ins Treppenhaus: »Kara! Das Wasser ist mal wieder ausgefallen, ich gehe zum Meer! Maria passt auf Lucas auf!«

»In Ordnung«, kam ihre gedämpfte Antwort aus dem anderen Stockwerk.

Zügig ging er nach draußen und schaute sich um. Es standen bereits weitere Nachbarn auf dem kaputten Straßenbelag und diskutierten. Scheinbar betraf es nicht nur ihr Haus.

Er musste das Zeug von seinem Körper waschen. Fluchend watschelte er in Richtung Meer. Einen Strand gab es nicht mehr. Der Meeresspiegel war seit Anfang des Jahrhunderts um fünf Meter gestiegen. Dafür war das Ufer nicht weit. Als er um die nächste Straßenecke bog, sah er, wie Wellen auf die Straße zwischen den halbversunkenen Häusern plätscherten. Ein Müllteppich bedeckte die ersten zwei Schritte. Es half nichts. Er watete durch den Unrat, bis er hüfthoch in halbwegs klarem Wasser stand und sich problemlos untertauchen konnte.

Kurz darauf war es erledigt. Die Klamotten würden in der Hitze trocknen, allerdings würde er wie ein nasser Hund riechen. Während er sich zu Hause nochmals umzog, bemerkte er, dass der Strom ebenfalls ausgefallen war. Beides gleichzeitig? Ein flaues Gefühl breitete sich in seiner Magengegend aus. Besser sie waren vorbereitet.

Eilig verabschiedete er Maria, stieg mit Lucas die Treppe hinauf und erläuterte Kara die Situation.

»Mist«, war ihr erster Kommentar. »Wir hätten gestern direkt nach dem Überfall der Ganger verschwinden sollen. Packen wir das Nötigste und informieren Alejandro und Olivia. Dann suchen wir die Brüder und schauen, dass wir loskommen. Wie geplant.«

Gemeinsam packten sie zwei Rucksäcke, Brot, Obst und andere haltbare Lebensmittel sowie Flaschen mit Frischwasser. Zum Schluss holte er eine schlanke Pistole aus dem Dielenschrank und steckte sie hinten in den Hosenbund.

»Ich wusste gar nicht, dass du die noch aufgehoben hast«, sagte Kara mit einem vorwurfsvollen Unterton in der Stimme.

»Man weiß ja nie. Ich dachte mir, sicher ist sicher.«

»Meinst du nicht, dass eine Waffe Ärger provoziert?«

Er presste die Lippen aufeinander. Was sollte er dazu sagen? Als sie damals die Schlepper-Touren für Camila erledigt hatten, war er nie unbewaffnet gefahren – und Kara wusste das. In Oran hatte man ihnen beiden beigebracht zu schießen. Zum Glück musste er zu dieser Zeit nie mehr als Warnschüsse abgeben. »Es sieht ja niemand und ich habe nicht vor, sie zu benutzen«, antwortete er knapp.

Sie schulterten ihre Rucksäcke und Lucas hielt sie an der Hand. Der Kleine trat von einem Bein auf das andere und bemerkte ihre Unruhe.

Auf dem Weg in Richtung Centro mussten sie sich durch Menschentrauben schlängeln. Es roch nach Schweiß und ungewaschenen Körpern, während sie ein Gemisch aus

Arabisch, Französisch und Spanisch begleitete. Die Blicke der Nachbarn ruhten auf ihnen. Vielen war bewusst, dass sie mit den Gründern der Nuevo Comunidad eng befreundet waren. Aber sie hatten keine Lust, sich in Diskussionen verwickeln zu lassen. Also hielten sie ihre Augen gesenkt und liefen zügig durch die Menge.

Unterwegs blickte Jacques auf, als er hörte, dass die Nachrichtendrohnen ihre Runden zogen. Wie die Aasgeier. Was wollten sie hier? Wussten die News-Streams mehr als sie?

Den zentralen Platz erreichten sie zwei Blocks weiter.

»Hey, Jacques! Was ist los?«, rief jemand kurz vor dem Centro von links. Von der anderen Straßenseite kam eine ältere Frau in löchriger Kleidung herübergelaufen. »Wasser und Strom sind aus. Sind da wieder irgendwelche Leitungen kaputt gegangen?«

»Ja, das ist möglich, Madame.« Er wandte sich zu ihr um, konnte sich aber nicht an ihren Namen erinnern. »Keine Sorge, das wird schon wieder.«

Er war leider kein guter Lügner und bemerkte, wie die Frau auf ihre gepackten Rucksäcke schielte.

»Und … wo wollt ihr mit dem Gepäck hin?«, bohrte die Madame nach.

Inzwischen sammelten sich Neugierige um sie. Diese Aufmerksamkeit würde er gern vermeiden, sonst käme noch jemand auf die Idee, ihnen zu folgen. Er wollte ihnen natürlich die Überfahrt gönnen, aber das Boot der Brüder hatte nur Platz für maximal acht Personen. Wenn es um die Sicherheit seiner Familie ging, war er bereit, egoistisch zu sein. Später am Ufer würden sie weitere Passagiere aufnehmen, falls sich welche fanden.

»Wir…«, begann er und schaute hilfesuchend zu Kara.

»… wollen draußen vor der Stadt nach dem Umspannwerk schauen. Wahrscheinlich hat es dort einen Kurzschluss gegeben. Deswegen wird vermutlich auch kein frisches Wasser mehr in die Stadt gepumpt«, sagte sie mit einer Selbstverständlichkeit, die ihn überraschte. Er hatte nicht erwartet, dass sie so schnell und so gut auf seine Lüge reagieren würde. Im Grunde war diese Antwort Blödsinn. Es gab weder ein Umspannwerk noch irgendwelche Frischwasserpumpen. Er zog sie am Arm weiter. Sie kapierte den Impuls und folgte.

»Aber…«, hörte er die Madame hinter ihnen herrufen und ignorierte sie bewusst. Ihre Erklärung schien die Leute drumherum zumindest so weit beruhigt zu haben, dass sie nicht mehr aufgehalten wurden.

Am Centro bildeten die Menschen eine dicht gepackte Traube vor dem renovierten Gemeinschaftshaus, einer Halle, in die zweihundert Personen passten. Auf dem Platz tummelte sich mindestens die doppelte Anzahl. Gemurmel und einzelne Rufe erfüllten das Areal. Die Ausdünstungen der Masse verschlugen ihm den Atem. Eine ungesunde Anspannung war zu spüren, wie die knisternd aufgeladene Luft vor einem kräftigen Gewitter. Er hob Lucas auf seine Schultern, damit er nicht angerempelt wurde.

»Siehst du Alejandro oder Olivia?«, fragte Kara Jacques, da er sie um eine halbe Haupteslänge überragte.

»Nein, aber die Leute drängen alle zur Halle, vielleicht sind die beiden da drin. Da kommen wir nicht durch. Keine Chance.«

Über ihnen zogen Nachrichtendrohnen ihre Kreise. Schatten mit bereiten Propellerflügeln, die wie Adler lauerten. Nur, wer oder was war ihre Beute? Oder waren sie eher Aasgeier?

In diesem Moment erhielt er eine Antwort: Eine der Drohnen schoss sirrend herab! Die Menschenmenge duckte sich und ein kollektiver Aufschrei folgte. Arme deuteten nach oben. Aus dem erschrockenen Rufen wurden zornige: »Hey, was sollte das?« »Scheiß Streams!« »Holt das Teil runter!«

Altes Obst, Steine und Müll flogen in Richtung der Flugobjekte. Das war nicht clever. Die Wurfgeschosse landeten im Bogen auf den Köpfen der Umstehenden. Flüche und Schreie erklangen. Fäuste wurden geschüttelt. Das reichte der Drohne nicht: Erneut kam sie herabgeschossen wie ein Kamikazeflieger. Sie wollte eine Reaktion der Menge provozieren. Was zum Teufel sollte das? Für die konkurrierenden Streams wäre das ein gefundenes Fressen. Die zeichneten alles auf und es hätte sicherlich ein rechtliches Nachspiel.

Erneut schoss die fette Drohne herab. Dieses Mal bremste sie nicht.

Sein Herz setzte einen Schlag aus und er wollte einen Warnruf ausstoßen. Zu spät. Das kiloschwere Fluggerät krachte mit über fünfzig Kilometern pro Stunde in die Menschenmasse. Selbst auf die Distanz konnte er das Geräusch von hartem Metall, das auf weiches Fleisch klatscht, sowie das Splittern von Knochen und Plastik vernehmen. Es wäre ein Wunder, falls es keine Schwerverletzten oder Tote gab. Mit leichter Verzögerung zog sich eine Gänsehaut über seinen erstarrten Rücken.

In diesem Moment folgte eine zweite Drohne, die mit einem Schmatzen und Bersten in menschliche Körper einschlug. Damit hatten die Streams ihr Ziel erreicht: Panische Schreie erklangen und die Menschen flohen.

Vor wenigen Sekunden verharrte er noch mit seiner Familie am Rande einer Menge, die besorgt in Richtung Zentrum drängte. Jetzt brach die Hölle los. Hektisch versuchten Männer, Frauen und Kinder mit aufgerissenen Augen und Mündern den Platz zu verlassen. Ein Junge stolperte. Die nachfolgenden Menschen trampelten rücksichtslos über seinen Rücken und Kopf. Erst in diesem Moment löste er sich aus der Erstarrung und sein Überlebensinstinkt übernahm die Kontrolle.

»Los, rein in das Gebäude da vorne!«, brüllte Jacques über die Schreie hinweg zu Kara.

Mit dem Finger deutete er auf einen Hauseingang keine zwanzig Meter hinter ihnen und sprintete los. Jemand rempelte ihn an und er verlor beinahe das Gleichgewicht. Den schreienden Lucas balancierte er auf den Schultern, während er mit den Händen dessen Beine umklammerte. Er stolperte mehr, als dass er rannte. Nach wenigen Sekunden hatte er den Eingang erreicht und drückte sich in den Flur. Kara wetzte auf ihn zu. Strauchelte. Im letzten Moment fing er sie mit einer Hand auf und zog sie mit hinein. Dann warf er die Tür in Schloss. Für einen Augenblick schien das Chaos draußen ausgesperrt zu sein und Ruhe kehrte ein. Ein paar Staubflocken taumelten im scharfen Lichtkeil, der durch ein Fenster fiel. Und jetzt? Für eine Pause zum Durchatmen war keine Zeit.

»Los, die Treppe hoch!«, trieb er Kara drei Herzschläge später an, da jederzeit weitere Flüchtende hier hereinpreschen könnten.

Gemeinsam hasteten sie die Stufen nach oben in den ersten Stock. Dort holte er Lucas von den Schultern auf den

Arm. Seine Frau war bereits einige Schritte vorgelaufen und öffnete eine der Holztüren auf dem schimmeligen Flur. Als er außer Atem mit seinem Sohn folgte, fand er im dortigen Zimmer ein Elternpaar mit ihrer vielleicht zehnjährigen Tochter. Der Vater stellte sich schützend vor die beiden. Alle drei starrten sie mit angstgeweiteten Augen an.

»Keine Angst«, sagte Jacques mit fester Stimme. »Ihr kennt uns doch. Ich bin Jacques. Das ist Kara. Und das hier ist Lucas.«

Es half. Nach einigen Sekunden verflog der Schrecken ihres überfallartigen Eintretens. Die Tochter fasste sich als erste: »Was ist denn da draußen los?«

Er ließ seinen Sohn herunter, schritt zum Fenster und schob den schmuddeligen Vorhang einen Spalt breit zur Seite. Mit Bedacht schaute er hinaus auf den Platz.

»Die Leute fliehen«, kommentierte er das aktuelle Geschehen mit einer Stimme, die in seinen eigenen Ohren erstaunlich ruhig klang. »Zwei der Drohnen sind in die Menge gekracht. Die anderen schwirren jetzt dicht über den Köpfen. Wer kann, flieht. Was zum Teufel soll das nur?«

Er schaute sich um und ließ den Vorhang zurückgleiten. Sperrte die Bilder von niedergetrampelten Frauen, blutenden Kindern und Männern aus, die sich einen Weg rücksichtlos bahnten.

Erst eine gefühlte Ewigkeit später verebbte das Geschrei und Getrappel. Er schaute erneut aus dem Fenster. Das hätte er nicht tun sollen. Es bot sich ein grauenhafter Anblick: Dutzende Menschen lagen kreuz und quer verteilt auf dem Pflaster vor dem Gemeinschaftshaus. Einige regten sich, andere nicht mehr.

Er spürte eine Bewegung an der Hose. Das Mädchen wollte ebenfalls einen Blick nach draußen erhaschen. Zügig hockte er sich vor sie und versperrte den Ausblick.

»Tut mir leid. Das ist kein Anblick für dich.« Er nahm sie bei den Schultern und schob sie zu ihrer Mutter zurück, die sie zitternd umarmte. Sie beruhigten sie und versicherten ihr, dass nun nichts mehr passieren konnte und alles gut werden würde.

Ein kurzer Blick zu Kara zeigte ihm, dass sie ebenso wenig wie er, daran glaubte. Minuten später stieg er die Treppe herunter. Seine Frau blieb mit Lucas in der Wohnung. Die Kinder sollten das nicht ansehen müssen. Als er die Tür öffnete, erwarteten ihn Schmerzensschreie und Gewimmer. Drohnen surrten knapp außer Reichweite über den Platz. Wie Vampire, die sich am Leid der Menschen ergötzten.

Als klar wurde, dass die akute Gefahr gebannt war, folgten auch Kara und die Mutter, deren Namen er immer noch nicht kannte. Der Vater blieb oben bei dem Mädchen und Lucas. In den nachfolgenden Stunden halfen sie den Anwohnern dabei, die Platzwunden zu verbinden und gebrochene Gelenke zu schienen. Die Toten trugen sie an den Rand des Platzes, wo sich deren Familien versammelt hatten. Ihr Weinen und Wehklagen vermischten sich mit den Wimmern der Verletzten zu einer herzzerreißenden Kakofonie. Dort lagen bereits zwanzig Körper, die notdürftig mit fleckigen Laken bedeckt waren. Frauen, Männer und Kinder.

Ein Schrecken durchzuckte ihn, als er die todesstarren Augen in einem bekannten Gesicht sah, das unter einem blutigen Fetzen hervorschaute: Maria.

Das quirlige Mädchen aus der Nachbarschaft, das vorhin mit Lucas Fahrzeuge aus alten Blechbüchsen gebastelt hatte. Sie hockten sich wortlos neben ihren schmächtigen Körper, während jetzt zum ersten Mal Tränen über ihre Wangen liefen.

»Zut! Pourquoi seulement?«, fragte er mit flüsternder Stimme. »Warum? Warum haben die Drohnen das gemacht?«

## Peter

»Die Zustände in den Flüchtlingslagern an der spanischen Südküste sind chaotisch. Die Menschen leiden Hunger und Durst. Marodierende Banden plündern und vergewaltigen die armen Migranten, die in der Hoffnung auf ein besseres Leben nach Europa gekommen sind. Heute Morgen gab es bei der Essensausgabe durch ehrenamtliche Helfer der ZEU in Cabo del Gata Rangeleien zwischen den Flüchtlingen. In der Folge kam es zu einer Massenpanik mit mehreren Toten und Verletzten«, berichtete die Nachrichtensprecherin. Ihr Avatar war maximal Anfang dreißig, schlank, blond, ebenmäßig – so platt und langweilig wie nahezu alle Nachrichtensprecherinnen.

Im Hintergrund zeigten Luftbilder einer Nachrichtendrohne, wie Menschen vor einem ausladenden Gebäude anstanden. In der Mitte der Menschentraube kam Unruhe auf. Die Massen wogten von links nach rechts. Warum, war nicht zu erkennen. Am Ende brach Panik aus. Die Umstehenden versuchten zu fliehen, wurden aber von den anderen blockiert. Die nachfolgenden Szenen waren schockierend und nichts für zarte Nerven. Panisch strömten die Migranten von dem Platz. Drängelten, schubsten und trampelten übereinander hinweg. Wie Tiere, die rein ihrem Instinkt folgten. Nach einigen Minuten war die Fläche verlassen. Aus der Perspektive der Drohne sah man Dutzende verstreuter Körper von Toten und Verletzten auf dem Kopfsteinpflaster liegen. Es waren verstörende Szenen.

Peter stand in der Kaffeeküche beim Dienst und wartete, dass der kochend heiße Soja-Kaffee abkühlte. Er schaltete die News zügig ab und überlegte. Die Bilder gingen ihm nicht aus dem Kopf und er wunderte sich, was die Massenpanik ausgelöst hatte. War das nicht im gleichen Lager wie der Gangüberfall auf die Familie? War das ein Zufall?

Er wechselte von seinem privaten auf das Behörden-VR-Headset. Ein paar Minuten später leerte er das Getränk und wanderte zum Arbeitsplatz zurück. Kurz darauf umschloss der zugewiesene VR-Seat seinen Körper wie lauwarmes Wasser in einer Badewanne. Sanft tauchte er in die virtuelle Realität des GovNet ein.

»Guten Morgen, Peter«, begrüßte ihn seine dienstliche Jana, die aus rein pragmatischen Gründen genauso hieß, wie seine private. »Du hast dreihundertdreißig neue Nachrichten in deinem Postfach. Soll ich sie für dich beantworten?«

Er stand in seinem VR-Arbeitszimmer. Wie früher bei der Bundespolizei war es komplett leer mit weißen Wänden und Waschbeton-Pfeilern, ohne Türen oder Fenster. Eine Handvoll Whiteboards und braune Pinnwände waren die einzigen Einrichtungsgegenstände. Eine zweckmäßige Umgebung, um sich auf seine Arbeit zu konzentrieren. Alles andere konnte er sich bei Bedarf einblenden.

»Ja, wie immer. Falls etwas Wichtiges dabei ist, gib mir Bescheid.« Die Begrüßung schenkte er sich. Eine KI war eine Maschine. Mehr nicht. Er hatte in einer Studie gelesen, dass die Umgangsformen der heutigen Kinder verrohten. Als Grund wurde genannt, dass sie viel mit KIs kommunizierten, die nicht eingeschnappt reagierten, wenn man sie ständig anpappte. Nun, das erging ihm ähnlich.

Auch fragte er sich, ob seine Kollegen genauso wie er Nachrichten beantworteten. Am Ende würden sich dann ausschließlich KIs miteinander über die alltäglichen Dinge ihrer Arbeit austauschen und selbstständig entscheiden. Zumindest die, die sie für nicht relevant genug erachteten. Irgendwann, wenn ihm mal ganz langweilig war, würde er sich den Spaß machen und all die Mitteilungen im Postfach persönlich durchlesen und die Antworten der KIs kontrollieren. Aber nicht heute.

»Jana, ich habe gestern etwa um 22:30 Uhr einen News-Stream auf MyNews gesehen. Es ging um eine Familie in einem Flüchtlingslager. Angeblich freiwillige Helfer, die von einer Gang angegriffen wurden. Das Ende wurde prognostiziert. Such mir den Clip raus.«

»Natürlich. Ich habe ihn gefunden«, meldete sie unmittelbar und spielte zur Bestätigung die Zusammenfassung auf einem der Whiteboards ab.

»Okay, das ist er. Führe eine Gesichtserkennung für die Familie durch.«

»Es handelt sich um Kara Tengour und Jacques Morau. Beide in der ZEU registriert. Ehemalige Verdächtige im Fall der Zerstörung der zentralen Grenzanlage im Mittelmeer im Juni 2095. Das Kind war bisher nicht registriert.

Das habe ich nachgeholt. Alle drei befinden sich illegal in der ZEU und haben keine ID.«

Na bitte, er hatte doch geahnt, dass sie es waren. Und es handelte sich definitiv nicht um ehrenamtliche Helfer, wie die Nachrichtensprecherin ihm hatte weiß machen wollen.

»Gibt es reales Bildmaterial, das nach dem Zeitpunkt der Prognose aufgenommen wurde?«, hakte er nach.

»Unbekannt. Das Bildmaterial liegt beim Sender und ist nicht öffentlich verfügbar.«

»Na, dann frag halt nach.«

»Anfrage wurde abgelehnt«, beschied sie ihm sofort.

In dieser Geschwindigkeit mussten das die KIs direkt miteinander ausgehandelt haben. Er fügte hinzu: »Entsprechend §763a ZEU-Verfassungsschutz-Berechtigungsgesetz Zugriff nehmen.« Damit hatte er Zugriff auf alle Daten.

»Bitte spezifiziere deinen Anfangsverdacht und erstelle zunächst eine Fallakte.«

Ja, stimmt. Noch ermittelte er nicht offiziell. Er hasste KI-Klugscheißerinnen. Daher beschrieb er ihr den Verdacht auf terroristische Aktivitäten im Lager von Cabo del Gata und eröffnete eine neue Akte.

»Die Akte wurde angelegt«, bestätigte Jana leidenschaftslos. »Ablehnung des Zugriffs. Verweis auf den Quellenschutz im Pressefreiheitsgesetz«, kam die sofortige Antwort.

Insbesondere, wenn es darum ging, Quellen zu schützen, also Personen. Diese wären möglicherweise staatlicher Strafverfolgung ausgesetzt oder hätten sonstige Nachteile zu befürchten. Das war vielen Politikern ein Dorn im Auge, speziell Theo Mäuser. Aber bisher hatte keiner von denen eine Mehrheit gefunden, um das in der ZEU-Verfassung verankerte Grundrecht zu eliminieren.

Allerdings konnte er in diesem Clip beim besten Willen nicht erkennen, welche Quelle hier geschützt werden müsste. Es klang wie eine dreiste Ausrede. Nach der Ausrede einer KI, bei der Geschwindigkeit der Antworten. Langsam wurde ihm das zu bunt.

»Jana, ich will mit dem verantwortlichen Redakteur sprechen.«

»Mit dem Menschen oder der KI?«

»Mit dem Menschen natürlich, mit wem sonst?«

»Deine Anfrage war nicht eindeutig. Die menschliche Redakteurin ist Camila Diaz. Ich stelle eine Gesprächsanfrage.«

Einen Moment später erschien der Avatar einer schlanken Frau Mitte dreißig in Trenchcoat mit langen roten Haaren und Humphrey-Bogart-Schlapphut. Sehr stilecht. Aber das musste nichts mit der realen Person zu tun haben, auch wenn diese zumindest dem Namen nach weiblich war. Für sich hatte er wie üblich »Mr. Smith« gewählt, inklusive Anzug und Sonnenbrille. Einen Bösewicht aus einem 2D-Filmklassiker. Er mochte es, zunächst als »Bad Guy« aufzutreten.

»Guten Tag«, begrüßte er sie mit fester Stimme auf Englisch, »mein Name ist Peter Hessler, ZEU-Verfassungsschutz.«

Sekundenlang schaute sie sich in seinem kahlen Raum um und betrachtete seinen Avatar eingehend, ohne etwas zu sagen. Die hatte Nerven.

»Guten Tag Herr Hessler«, begann sie, »es ist ziemlich trist hier. Fast wie im Gefängnis.«

»Es hilft, mich zu konzentrieren«, antwortete er knapp und fügte mit Nachdruck hinzu: » Ich hätte eine Bitte an Sie.«

»Oh! Der Verfassungsschutz braucht meine Hilfe«, sagte sie mit einem frechen Grinsen, »das ist ja mal spannend. Worum gehts?«

»Sie wissen, dass Sie das Gespräch weder aufzeichnen, noch zitieren dürfen?«, stellte er die Gegenfrage.

»Jaja«, antwortete die mit einer wegwerfenden Handbewegung. »Also, wie kann ich helfen?«

Mit einem Wisch holte er das Video hervor und zeigte die Zusammenfassung des Angriffs auf die Familie.

»Es interessiert mich, warum der Rest der Szene prognostiziert wurde und ob es Real-Aufnahmen ab diesem Zeitpunkt gibt.«

»Puh… keine Ahnung, bei mir läuft so viel Zeug durch. Das hat meine Media-KI zusammengestellt. Einen Moment bitte.«

Ihr Bild fror ein. Vermutlich sprach sie parallel mit ihrer KI. Es dauerte mindestens ein oder zwei Minuten. Erstaunlich lange. Eigentlich war das eine simple Frage gewesen.

»Ähm…«, ihr Avatar wachte wieder auf und ein verlegenes Lächeln zog sich über ihre weinroten Lippen, »meine KI beruft sich auf den Quellenschutz. Tut mir leid.«

»Moment!« Er wollte keine Ausflüchte hören. »Was soll das denn bitte für eine Quelle sein? Das war ein einfacher Überfall einer Gang auf eine Familie. Und warum wurde überhaupt eine Ereignisprognose erstellt?«

»So ganz genau kann ich Ihnen das auch nicht erklären«, antwortete sie schulterzuckend.

»Dann versuchen Sie es doch bitte ungefähr.«

Sie trat von einem Fuß auf den anderen und rieb ihre Hände am Mantel ab. Von der anfänglichen Selbstsicherheit, die sie zur Schau gestellt hatte, war nicht mehr viel übrig. VR-Avatare übertrugen menschliche Körpersprache erstaunlich präzise.

Bevor sie antworten konnte, setzte er hinzu: »Moment, warten Sie. – Jana, bitte nimm offiziell zu Protokoll, dass Frau Diaz in diesem Fall als Zeugin aussagt. Sie wird von Strafmaßnahmen ausgenommen, sofern sie aktiv dazu beiträgt, ein Verbrechen gegen den Staat zu verhindern.«

Damit hatte er ihr einen Freibrief gegeben, über eventuelle eigene Vergehen zu berichten. Sie hatte so nicht mehr zu befürchten, dass er diesbezüglich gegen sie ermitteln würde – oder musste. Zumindest solange es sich nicht um Kapitalverbrechen handelte.

Sie holte sichtbar Luft und schien mit sich zu ringen, ob sie wirklich etwas sagen sollte. Am Ende siegte ihr Gewissen, da sie mit keinen persönlichen Konsequenzen rechnen musste.

»Also gut«, begann die Rothaarige und rang mit ihren Händen, »es existiert weiteres Bildmaterial. Und es gibt keine Quelle, die ernsthaft eines Schutzes bedarf.«

Peter jubelte innerlich, ließ sich aber nichts anmerken.

Die Redakteurin fuhr fort: »Die Auslegung meiner KI war fragwürdig. Die Prognose wurde erzeugt, um intensiveres Feedback der Zuschauer zu erhalten. Je emotionaler das Erlebnis ist, desto eher bleiben sie am Ball. Werbung lässt sich besser platzieren und so weiter. Sie wissen schon …« Sie verstummte.

Das war eine Hausnummer. Eine KI ließ eine reale Szene unter den Tisch fallen und ersetzte diese durch einen Fake, um höhere Werbeeinnahmen zu erzielen?! Okay, das entsprach den Zielen der KI. Die Art und Weise, wie sie diese erreichen wollte, war illegal. Insbesondere ohne die verantwortliche Redakteurin in Kenntnis zu setzen. Und sich als KI später dreist auf den Quellenschutz zu beziehen ... das war eine Unverschämtheit. Bei dieser Media-KI schien einiges schief zu laufen.

»Okay, kapiert«, bestätigte er ihr, nachdem er das Ganze kurz hatte sacken lassen. »Dann übermitteln Sie mir bitte das Real-Bildmaterial. Ihre KI wird beschlagnahmt. Sie müssen sich leider eine neue besorgen.«

Die Frau sackte sichtbar in sich zusammen. Verständlich. Das war ein schwerer Schlag für sie. KIs für einen speziellen Zweck zu trainieren, war langwierig und teuer. Außerdem lernten sie im Laufe der Monate, sich an ihren Besitzer anzupassen. Denkbar, dass sie dafür ihren Job verlor.

»Jana«, wendete er sich an seine Assistentin und ließ den Kanal zur Redakteurin bewusst offen. »Lege einen entsprechenden Aktenvermerk an. Beschlagnahmung und Sperrung des KI-Algorithmus, den Camila Diaz verwendet hat. Übermittlung an die Datenforensik zur weiteren Untersuchung.«

Er richtete seine Aufmerksamkeit wieder auf den Avatar der Frau. Sie tat ihm leid. Zumindest ein wenig. Am Ende hatte sie sich auf ihre KI verlassen, genauso wie neunundneunzig Prozent der arbeitenden Bevölkerung der ZEU. Dabei schloss er sich ein.

»Keine Sorge, Sie haben trotz des Versäumnisses der persönlichen Kontrolle Ihrer KI nichts zu befürchten, da Sie dazu beigetragen haben, diesen Fall aufzuklären.«

»Aber…«, begann sie stockend.

Er beendete die Verbindung mit einem Wink, damit sie nicht doch noch auf die Idee kam, daraus eine Story zu machen. Anschließend schaute er sich den Rest des Real-Bildmaterials an und war verblüfft: Die Drohne hatte die Familie gerettet. Im Zusammenspiel mit der erstaunlichen Coolness von Kara Tengour traten die Ganger den Rückzug an. Wenig spektakulär, aber es gab keine Toten oder Verletzten. Somit existierte kein Grund für die erlogene Prognose der Media-KI, die die Stimmung gegen Flüchtlinge weiter angeheizt hatte. Das war eine klare Fehlleistung.

Diese Art der erfundenen Berichterstattung war seit vielen Jahrzehnten strikt verboten. Anfang des 21. Jahrhunderts hatten Fake News ihre Hochzeit, das lernte heute jedes Kind in der Schule. Damals wurden damit ganze politische Systeme ausgehebelt. Anonyme Massen trollten lautstark durch das Netz. Beleidigungen, Beschimpfungen, Aufrufe zu Gewalt – all das war keine Seltenheit. Häufig folgte in der Realität eine entsprechende Tat durch irgendeinen Wirrkopf. Erst mit Einführung des rein personalisierten Zugangs zur VR und der Abschaffung jeglicher Anonymität wurde das besser. In der neuen ZEU-Cloud, die man früher Internet nannte, sowie mit konsequenter Strafverfolgung wurde das Übel am Ende komplett ausgemerzt. Gesetze, die diese Berichte verboten, existierten bereits damals.

In der heutigen Zeit ging man davon aus, dass sich in der ZEU keine Fake News mehr verbreiteten. Wurden diese aufgedeckt, waren journalistische und politische Karrieren schnell zu Ende und die Personen endeten im Gefängnis. Daher war diese Redakteurin nochmals mit einem blauen Auge davongekommen.

Aber das Verhalten der KI war nicht das Werk seiner Zeugin. Camila Diaz war in der Kette nur ein Mittel zum Zweck. Da musste mehr dahinterstecken.

»Peter«, riss ihn Jana aus den Gedanken, »gibt es weitere Schritte, die du im Rahmen der Ermittlung zu dieser Akte unternehmen möchtest?«

»Gottverdammich. Worauf′n loass′n kannst.«

# Harte Schläge

## 3. Dezember 2099

### Peter

Es war kurz vor Mittag. Peter hatte sich mit Roland aus der Daten-Forensik zum Mittagessen verabredet. Dieser hatte praktischerweise ebenfalls nahe der Innenstadt seinen Dienstsitz. In der Real-Welt. Sich physisch zu treffen und auszutauschen, wusste er speziell mit Kollegen zu schätzen. Dabei erhielt er häufig eine offenere und ehrlichere Meinung als bei einem Chat in der VR, bei dem man immer von Avataren repräsentiert wurde. Außerdem war die Wahrscheinlichkeit geringer, dass sie hier von einer KI beobachtet wurden. Letzteres gab den Ausschlag. Roland hatte heute Morgen angedeutet, dass er seine Analyseergebnisse der Presse-KI beunruhigend fand. Daher hatten sie sich im Sky-Café am Stachus verabredet. Die Viertelstunde Fußmarsch vom Odeonsplatz würde ihm guttun, denn er arbeitete daran, seine Pfunde in den Griff zu bekommen – ohne explizit Sport zu treiben.

Als er seine Dienststelle verließ, war es weiterhin schwülwarm, aber es blies ein kräftiger Wind und die Sonne wurde verdeckt. Finstere Wolken zogen zusammen mit den Drohnenschwärmen über ihn hinweg. Für das kurze Stück sollte das Wetter halten. Zurück konnte er ein Robo-Taxi nehmen. Die Münchener U-Bahn war 2072, pünktlich zum hundertjährigen Jubiläum, außer Betrieb gegangen, da die meisten Menschen ausschließlich von zu Hause aus arbeiteten. Und dank perfekter VR-Erlebnisse kamen auch kaum noch Touristen in die Stadt. Zügig lief er die Brienner Straße mit ihren alten Bauten entlang. Als er am Denkmal der Opfer des Nationalsozialismus mit seiner ewigbrennenden Flamme abbog, blendete sich ein rotes Warndreieck in sein Sichtfeld ein.

*»Achtung, Hagelschlag! Begeben Sie sich SOFORT in einen geschützten Bereich! Lebensgefahr!«* Der Text wurde in rot-pulsierenden Lettern eingeblendet. Ein Pfeil zeigte auf die andere Straßenseite mit dem Hinweis, dass die nächste Schutzzone fünfhundert Meter entfernt war. Mist, er hätte ein Robo-Taxi nehmen sollen.

Damit sprintete er los. Leider hatte er keine brauchbare Kondition, aber die Strecke sollte zu schaffen sein. Sein Ziel war laut Anzeige ein historisches Gebäude an der Ecke zum Oskar-von-Miller-Ring. Glücklicherweise musste er auf Autos nicht achten, bis auf ein paar Taxen war hier am Boden nichts mehr los. Während er sich der Bürofassade näherte, prasselten die ersten kleinen Hagelkörner nieder und bildeten einen weißen Teppich. Er sah, dass die Drohnen sich in Schutzhangars in den oberen Stockwerken zurückzogen. Sie schienen von den Gebäuden wie fette dunkle Nebelfinger aufgesaugt zu werden.

Erneut beschleunigte er seine Schritte und bekam bereits nach hundert Metern Seitenstechen. Die Körner wurden dicker und piksten wie Nadelstiche auf Kopf und Händen.

Das würde knapp werden.

Und es kam, wie es kommen musste: In der Eile übersah er unter dem weißen Kugelteppich einen Bordstein. Sein rechter Fuß blieb hängen und der linke knickte ein. Mit einem kurzen Schrei schlugen Knie und Handballen auf das Pflaster. Brennender Schmerz zog sich wie Feuer über die abgeschürften Stellen. Die Hagelkörner hatten den Sturz gedämpft. Fluchend rappelte er sich auf. Das Missgeschick hatte ihn lebenswichtige Sekunden gekostet. Erneut sprintete er weiter zur rettenden Schutzzone. *Zack.* Ein massiver Brocken knallte schmerzhaft auf seine Schulter. Vor ihm krachten erste, tischtennisballgroße Kugeln auf den Boden.

Noch hundert Meter. Seine Lungen brannten und er hatte das Gefühl, man hätte ihm ein Messer in die Seite gerammt. Zack, zack. Zwei harte Eisbrocken hämmerten wie Stahlkugeln auf seinen Rücken und ließen ihn straucheln. Die Hagelkörner hatten inzwischen Tennisballgröße. Zack – zack, zack. Dumpfe Schläge prasselten auf ihn ein, während er seine Arme schützend über den Kopf hielt. Das würde üble Prellungen geben.

Zwanzig Meter. Weitere Kugeln schlugen auf ihn ein. Halbblind stolperte er erneut, schien eine Sekunde in der Luft zu schweben, dann krachte er ungebremst mit dem Oberkörper auf harten Beton.

Schlagartig wurde es still.

Mit seinem Sturz hatte er es unter die Überdachung am Zielgebäude geschafft. Er war fertig, aber er würde nicht aufgeben. Mit letzter Kraft kroch er vorwärts und ließ sich mit dem Rücken an der Wand nieder. Seine Arme und sein Kreuz waren vom Hagel sicherlich grün und blau geschlagen. Das Seitenstechen sowie Knie und Handballen brannten wie Feuer. Draußen prasselten die Hagelkörner als undurchdringlicher Schauer herunter. Eine Sekunde später und …

»Hallo? Bist du in Ordnung?«, fragte eine weibliche Stimme von der Seite auf Englisch mit deutlichem spanischem Akzent.

Jemand berührte ihn an der Schulter. Noch immer auf dem Boden sitzend schaute er sich um und stöhnte auf. Neben ihm hockte eine Frau mit gewellten dunkelbraunen Haaren und grünen Augen, die ihn groß ansahen.

»… Grmpf ... Ah ... Gottverdammich ...« Im ersten Anlauf brachte er vor Schmerz keinen einzigen sinnvollen Satz heraus. Aber er raffte sich zusammen und versuchte es erneut – auf Englisch. »Ja, danke. Geht schon. Nichts gebrochen, denke ich.« Er klang mehr, als dass er überzeugend klang.

»Ich rufe den Sanitätsdienst«, sagte sie.

»Nein danke. Ich brauche nur Ruhe. Das wird schon wieder. Ich wohne nicht weit weg.« Mühsam erhob er sich und schwankte einen Schritt vorwärts. Er wollte ihr zeigen, dass es ihm besser ging. Beinahe wäre er gefallen, hätte die Fremde ihn nicht abgestützt.

»Also ich weiß nicht … Weißt du was«, schob sie mit fester Stimme hinterher, »ich bringe dich nach Hause. Dann kann ich sicher sein, dass du heil ankommst. Ich rufe ein Robo-Taxi.«

»Ich … aber …« Er gab seinen Widerstand auf und ließ sie gewähren.

Während sie auf das Taxi warteten und die Fremde ihn stützte, war der Spuk draußen vorbei. Die Körner wurden erst kleiner und verebbten komplett. Nach einem nachfolgenden Regenschauer trat die Sonne hinter den Wolken hervor, als wäre nichts geschehen.

Sie bugsierte ihn durch den schmelzenden Hagelmatsch ins vorgefahrene Taxi. Behutsam setzte er sich und nannte der KI des Autos seine Adresse. Die Fremde stieg ungefragt auf der anderen Seite ein. Während der Fahrt spürte er jedes Ruckeln in allen Gliedmaßen.

»Wie heißt du eigentlich?« Das war der erste klare Gedanke, den er nach ein paar Sekunden zustande brachte.

Sie lächelte. »Carmen.« »Freut mich, dich kennenzulernen, auch wenn das nicht die besten Umstände sind. Und du?«

»Peter. Peter Hessler. Vielen Dank nochmals.«

Er hob die Hand, bereute die Bewegung sofort und erwiderte ihre Geste mit einem Lächeln: »Gern geschehen.«

Sie war dem Akzent nach Spanierin, Mitte dreißig und außerdem verdammt attraktiv. Ehe er den Gedanken vertiefen konnte, waren sie an seiner Wohnung angekommen und er mühte sich aus der Tür des Autos. Carmen kam ihm erneut zur Hilfe. Er fühlte sich, wie ein alter Mann.

»Danke, danke. Geht schon«, versuchte er es allein und wäre beinahe wieder gestürzt.

»Nein. Es geht nicht«, sagte sie mit fester Stimme und half ihm weiterhin. »Ich helfe dir zur Wohnung, ansonsten kippst du mir noch um. Vermutlich ist dein Kreislauf im Keller und du hast eventuell einen leichten Schock.«

Am Ende bemühte er sich nicht, sie abzuschütteln, und war im Grunde dankbar für die Hilfe. Sie begleitete ihn bis an die Wohnungstür – und kam ungefragt mit hinein. Langsam bugsierte sie ihn in sein Schlafzimmer und legte ihn vorsichtig auf sein Bett. Dabei drehte sie ihn auf den Bauch. Er stöhnte, da jeder Knochen in seinem Leib zerschlagen schien. Trotzdem war das eine clevere Idee.

»Keine Sorge!«, rief sie aus dem Wohnzimmer von hinten, während er mit dem Gesicht auf der Decke lag. »Ich habe eine medizinische Ausbildung und bestelle dir etwas, das gegen die Schmerzen und blauen Flecke hilft.«

Minutenlang dämmerte er mit pochenden Rücken und Armen vor sich hin. Warme Hände schoben sich unter seinen Pulli und T-Shirt.

»Was ...?« Er war irritiert.

»Ich bin es nur«, hörte er Carmens sanfte Stimme hinter sich. »Die Medizin ist angekommen. Um sie aufzutragen, muss ich dir erst mal die nassen Klamotten ausziehen. In einer halben Stunde wirst du dich wie neu geboren fühlen. Glaub mir.«

Er ließ es geschehen und half mit. Angenehme, warme Hände zogen ihn behutsam aus. Am Ende saß er in Boxershorts auf dem Bett. Sie stand im weißen geblümten Sommerkleid vor ihm. Es war genauso klitschnass wie seine Kleidung. Trotz seiner Schmerzen konnte er nicht umhin, ihre sportliche Figur und Unterwäsche zu bemerken, die sich unter dem feuchten Stoff überdeutlich abzeichneten.

»Starr nicht so«, maßregelte sie ihn, aber ein Lächeln zeigte, dass sie das nur halb ernst meinte. »Umdrehen und hinlegen.«

»Jawohl, Frau Doktor.« Stöhnend und leicht enttäuscht drehte er sich wieder auf den Bauch.

»Ich habe keinen Doktortitel. So. Jetzt kommt die Creme. Ich bin vorsichtig. Die enthält ein stärkeres

Schmerzmittel und einen mRNA-Wirkstoff, der die Heilung deutlich beschleunigen wird. Echtes Wunderzeug.«

Langsam und behutsam trug sie die Salbe auf. Die Schmerzen verklangen fast sofort zu einem dumpfen Pochen, das kaum störte und Peter entspannte sich. Kurz darauf war er eingeschlafen.

Als er immer noch auf dem Bauch liegend aufwachte, waren nach wie vor hundemüde. Wie kam er ins Bett? Ach ja, der Hagel und die Prellungen. Und Carmen. Er drehte sich vorsichtig um. Auf seinem Rücken spürte er kaum Schmerzen, das war offenbar eine Wundercreme. Langsam öffnete er seine müden Lider und schrak zurück. Ein Paar großer grüner Augen mit winzigen goldenen Sprenkeln sah ihn scheinbar belustigt an. Carmen lag direkt neben ihm im Bett und hatte sich mit der Decke – seiner Decke – eingehüllt. Nur ihre nackte Schulterpartie und Arme lugten hervor.

»Öhm… habe ich etwas verpasst?«, war das Erste, was ihm dazu einfiel.

Sie lächelte. »Ich habe die Situation nicht heimlich ausgenutzt, während du geschlafen hast. Das funktioniert bei Männern nicht besonders gut, ohne dass sie aufwachen.«

Sein Gesicht glühte auf und Peter wusste nicht, was er erwidern sollte. Seit einer sprichwörtlichen Ewigkeit hatte er keine Frau mehr im Bett gehabt. Besser gesagt: in der Real-Welt. In der VR mit Kristina war das etwas anderes.

»Aber …«, setzte er an und brach wieder ab. Diese Situation schien ihm absurd.

Carmen lachte glockenhell auf. »Du bist ja süß. Ich ziehe dich doch nur auf. Meine Klamotten waren nass und mir war kalt. Eine zweite Decke gibt es hier nicht. Was macht denn der Rücken?«

Heilfroh, das Thema wechseln zu können, antwortete er: »Viel besser! Danke. Deine Creme hat Wunder gewirkt.«

»Sehr schön, trotzdem solltest du noch etwas schlafen.«

Auch wenn ihm in diesem Moment, mit dieser wunderschönen Frau an seiner Seite, andere Gedanken als ans Schlafen durch den Kopf gingen, hatte sie recht. Er war noch immer vollkommen zerschlagen und sein Körper teilte Carmens Meinung.

»Hm ... wenn du meinst ...« Damit bettete erneut sein Haupt auf das Kissen und betrachtete ihr Gesicht. Etwas daran kam ihm bekannt vor. Aber ehe er es zufassen bekam, hüllte ihn die dämmrige Wärme der Decke und der Wundercreme ein und zogen ihn in einen traumlosen Schlaf.

Peter erwachte. Nackt. Es war immer noch hell und die Sonnenstrahlen fielen schräg durch das Fenster. Das Bett neben ihm war leer. Seine nassen Klamotten lagen zerknüllt daneben.

»Carmen?«

Keine Antwort.

Stille durchzog die Wohnung. Seltsam, dachte er, als er aufstand und sich umschaute. Keine Carmen, keine Nachricht, nichts! Als hätte er alles nur geträumt. War das denkbar? Er hatte einen ziemlichen Schock und starke Schmerzen nach dem Hagelschauer. Sein Rücken pochte. Er sah sich nochmals genauer um und roch an seinem Kissen. Hm … schwer zu sagen. Er meinte, den Shampoo-Duft ihrer

Haare wahrzunehmen, aber vielleicht bildete er sich das ja auch nur ein.

Zum Schluss setzte Peter sein VR-Headset auf und prüfte seine Daten. Das Robo-Taxi und die Medikamente hatte er aus eigener Tasche bezahlt. Die Wohnung hatte er persönlich aufgeschlossen. An weitere Überwachungsdaten kam er zumindest von zu Hause nicht ran. Auf eine Kamera oder KI-Überwachung seines Wohnraumes verzichtete er bewusst. Und ganz ehrlich: Würde eine umwerfend attraktive Frau nackt unter seine Decke schlüpfen? Einen langweiligen Beamten, der aus gutem Grund auf das andere Geschlecht nur in der VR zuging? Eher nicht. Außerdem war ja gar nichts passiert.

Er schüttelte den Kopf. Nein. Das musste definitiv eine Einbildung gewesen sein. Der Schock, die Schmerzen, der Stress – das passte zusammen. Alles andere war Wunschdenken. Außerdem war es besser so, schließlich hatte er Kristina und Hedda, die auf ihn warteten. Im Moment fühlte er sich noch nicht in der Lage, mit ihnen zu sprechen.

Er ging duschen und machte sich einen starken Kaffee, um wieder klar zu werden. Anschließend entschuldigte er sich bei Roland und berichtete von seinem Missgeschick mit dem Hagelschauer. Sie verabredeten sich erneut, diesmal für den frühen Abend, und er versprach, ein Robo-Taxi zu nehmen.

Diese heftigen Wetterumschwünge gab es bereits vor hundert Jahren in München. Damals wurden einmal pro Jahrzehnt Autos, Rollläden und Häuserfronten vom Hagel zerschlagen. Heute passierte das monatlich. Die Münchener hatten sich im Laufe der Zeit daran gewöhnt und ihre Häuser und Fahrzeuge gesichert. Nur wer dumm genug war, zu Fuß unterwegs zu sein, musste bei Bedarf schnell eine Schutzzone erreichen.

Gegen 18:00 Uhr betrat er den gläsernen Aufzug. Zwischendurch hatte er noch kurz Kristina und Hedda in der VR besucht und ihnen von seinem Missgeschick mit dem Hagel berichtet. Seine seltsame Carmen-Halluzination überging er dabei geflissentlich. Der Lift rauschte an der Fassade eines der neuen Glastürme am Rande des Karlsplatzes in die Höhe. Das Sky-Café lag auf dessen Dach im fünfzehnten Stock. Nicht sehr hoch, wenn man es mit den Wolkenkratzern am Stadtrand verglich. Vor fünfzig Jahren war die Beschränkung gefallen, nicht höher zu bauen als die Türme der Marienkirche. In der Innenstadt waren daraufhin diverse Bürotürme entstanden. Ein Fehler, wie die Investoren nur ein Jahrzehnt später feststellen mussten. Zu diesem Zeitpunkt hatte sich die Arbeit im Büro nahezu vollständig in die virtuelle Realität und die eigenen vier Wände verlagert. Heute standen die meisten dieser Bausünden leer. Es war in der heutigen Zeit niemand bereit, sie abzureißen und etwas Neues zu investieren.

Oben angekommen, öffneten sich die Glastüren und gaben den Blick auf ein Café-Restaurant frei, von dem aus man eine grandiose Aussicht über die Münchner Innenstadt hatte. Rote und schwarze Dächer erstreckten sich zu beiden Seiten, während Drohnenschwärme unmittelbar über sie hinwegzogen. Der Gastraum war komplett mit einer Glaskuppel überdacht, sodass Hagel hier lediglich ein nettes Schauspiel gewesen wäre. Die Tische waren einladend weiß gedeckt, aber nur vier besetzt. In einer entfernten

Ecke saß Roland und winkte ihm zu. Sein Kollege war um die vierzig und hatte schütteres schwarzes Haar sowie eine Halbglatze. Er bemühte sich, seine Platte mit einer Handvoll Haarsträhnen zu kaschieren, was diese im Grunde umso mehr betonte.

Peter setzte sich gegenüber und verzog das Gesicht, als er die blauen Flecken auf seinem Rücken und Unterarmen spürte.

»Servus«, grüßte er seinen Kollegen auf Deutsch, »und sorry, dass ich das verschieben musste. Ein Hagelschauer hat mich voll erwischt.«

Roland schaute ihn besorgt an und legte seine Stirn in Falten. »Grüß dich. Wir hätten uns auch morgen treffen können.«

»Na´, passt schon. Du hast was Spannendes entdeckt?«, kam er direkt zur Sache, um nicht weiter über seinen Nachmittag sprechen zu müssen. Sein Kollege warf einen kurzen Blick in die Runde, bevor er fortfuhr: »Die Presse-KI, die du mir geschickt hast, ist im Grunde nur ihrem Training gefolgt. Sie hat von den Drohnen Bildmaterial gesammelt, es bewertet, geschnitten und bei Bedarf Prognose-Animationen hinzufügen lassen. Ihr Hauptziel war dabei, eine möglichst große Zuschauerzahl zu erreichen, ohne ihre ethische Grundprogrammierung zu verletzen.«

»Okay, das ist klar. So funktionieren die Teile halt.«

»Genau. Aber diese KI hat sich im Laufe der Zeit das amerikanische Journalistenmotto ›Only bad News are good news‹ zu eigen gemacht. Daher zog sie reißerische, emotionale Bilder den harmlosen, langweiligen vor. Präferierte somit den Überfall einer Gang, dem fröhlich lachenden Jungen auf dem Spielplatz.«

Bisher erzählte ihm Roland nichts Neues. »Ja, ist klar. Komm zum Punkt.«

»In diesem Fall ist sie über das Ziel hinausgeschossen. Sie hat sich eine Prognose erstellen lassen, die mehr Zuschauer verspricht als das tatsächliche, harmlose Ende. Das sollte ihrer einprogrammierten Ethik widersprechen. Tat es auch.« Sein Kollege beugte sich vor und sprach im verschwörerischen Tonfall: »Jetzt kommt der Clou: Die KI hat selbstständig einen Weg gefunden, diese Sperre zu umgehen. Sie hat die Ganger schlicht als schützenswerte Quellen eingestuft. Dafür hat die KI folgende Begründung erfunden: Die Drohne wurde am Ende des Clips mit Steinen angegriffen. Das war versuchte Sachbeschädigung. Um die Quellen – hier die Ganger – vor Strafverfolgung zu schützen, hat die KI dann den Rest des Videos fallen gelassen und durch die Prognose-Animation ersetzt.«

»Halt, Augenblick amoi!« Peter konnte kaum glauben, was er da hörte, und hob abwehrend seine Hände. »Das ist ein ziemlicher Schmarrn und kann niemand für voll nehmen. Die Nötigung der Familie vorher war genauso eine Straftat.«

In dem Moment kam die Bedienung. Sie bestellten beide Soja-Schnitzel Wiener Art mit Pommes und Weißbier. Das Bier hatte er dringend nötig. Erst diese Carmen-Halluzination und jetzt das.

»Denk mal drüber nach.« Roland holte ihn aus seinen Gedanken zurück. »Aus Sicht eines holistisch denkenden Menschen hast du recht. Aber die Presse-KI ist im Grunde ziemlich beschränkt. Sie verfolgt nur ihre antrainierten Ziele: Mehr Zuschauer sind gleich mehr Werbeeinnahmen. Dem ordnet sie alles andere unter, natürlich ohne gegen die Ethikregeln zu verstoßen.«

Peter pfiff leise durch seine Zähne. »Verstehe. Du meinst also, die Presse-KI war vermutlich sogar stolz auf sich, eine clevere Lösung gefunden zu haben, die beide Zielstellungen erfüllt?«

Roland nickte. »Korrekt. Diese Erkenntnis habe ich in ihrem internen Belohnungssystem nachvollziehen können. Diese Methode hat sie im Laufe der Zeit perfektioniert.«

So weit, so schlecht: Die KI hatte gelernt, sich selbst auszutricksen. Doch eine wichtige Frage blieb offen: »War das ein Einzelfall bei dieser KI?«

»Nein und ja.« Sein Kollege schüttelte vehement den Kopf. »Also nein: Diese KI hat dieses Prinzip schon zigmal angewendet und mit jedem Erfolg gelernt, dass sie auf dem richtigen Weg war. Das ist eindeutig auszulesen. Ich kann dir nicht sagen, was genau sie in der Vergangenheit getrieben hat. Du hast mir nur den KI-Algorithmus geliefert, nicht die gesamte Datenhistorie.«

»Mist, daran habe ich nicht gedacht. Ich weiß, dass diese Historie nicht mehr existiert.« Er hätte anstelle der Redakteurin im Nachgang alles radikal gelöscht, was mit dieser KI zu tun haben könnte. »Und wieso, das Nein?«, hakte Peter nach.

»Nun ja ... weil die KI nicht grundsätzlich negative Nachrichten bevorzugt und entsprechende Prognosen erstellt hat.«

»Nicht?« Was kam jetzt?

»Nein. Sondern nur bei Migrations- und Fluchtthemen. Es macht für mich den Eindruck, dass das bereits in Grundtraining der KI verankert wurde.«

Den Gedanken verfolgend stellte Peter klar: »Wer auch immer diese Presse-KI ursprünglich trainiert hat, hat sie also von Anfang an mit massiven Vorurteilen gegenüber Flüchtlingen ausgestattet?«

»So sieht es für mich aus. Da es sich um Training, nicht um Programmierung handelt, dürfte das schwer nachzuweisen sein.« Roland zuckte mit den Schultern. »Tut mir leid, das ist eine Schweinerei, aber wird sich kaum beweisen lassen. Mehr habe ich nicht für dich.«

In diesem Moment kam ihr Schnitzel, das die Pommes wie eine Bettdecke unter sich versteckte. Sie verbrachten den Rest des Essens mit unverfänglichen Themen. Peter war nicht mehr bei der Sache. Er hatte es eilig, nochmals ins Büro zu kommen, um ein paar Thesen nachzuprüfen, die ihm durch den Kopf geisterten.

Spät in der Nacht hatte sich sein Verdacht bestätigt. Im ersten Jahr nach der Zerstörung des Walls wurden positive Dinge rund um die offene Grenze im Mittelmeer hervorgehoben: neue Absatzmärkte in Afrika, die Einbürgerung besonderer, talentierter Menschen und so weiter. Diese Welle war schnell abgeflaut. Gleichzeitig stieg die Anzahl von prognostizierten Enden, Fake-Animationen und negativen Nachrichten massiv an. Auch die öffentlich verfügbaren Statistiken waren eindeutig: Die Zahl der Zuschauer, die sich kurz nach der Wall-Zerstörung für das Positive und Neue interessierten, war im Laufe der Zeit gesunken. Um das Publikum am Ball zu halten, brauchte es »Bad News«, wie es Roland formulierte. Die KIs suchten explizit nach schlechten Ereignissen. Sie begannen, den Flüchtlingen Verbrechen anzudichten, oder provozierten diese absichtlich. So wie im Fall der Massenpanik in Cabo del Gata von gestern.

Er fand bei seiner händischen Recherche Hunderte ähnlicher Fälle. Es existierten auch positive Meldungen, in der Flut von automatisch generierten, negativen News gingen diese allerdings komplett unter. Leider war nicht festzustellen, welcher Anteil der Berichte von KIs oder realen Personen erstellt worden war. Er konnte es sich vorstellen.

Gänsehaut überzog seinen Rücken wie eine Schicht Raureif im Zeitraffer: Diese neue Art legaler Fake News, die sich gegen die Flüchtlinge richteten, hatte Methode. Und es war nicht eine Presse-KI, deren moralischer Kompass zu wünschen übrig ließ: Es waren *alle*.

## Olivia

»RUHE! ALLE MAL HERHÖREN! RUUUHE!«, brüllte Alejandro.

Es half nichts. Gegen den Tumult der rund zweihundert Menschen im Gemeinschaftshaus hatte er keine Chance. Die Stimme ihres Mannes ging komplett unter. Kurzerhand hob Olivia eine Eisenstange sowie ein loses Blech vom Boden auf. Mit kräftigen Schlägen prügelte sie so lange auf das dröhnende Metall ein, bis ihre Ohren klingelten und die Diskussionen verebbten.

»Vielen Dank«, sagte er mit einem kurzen Seitenblick auf sie und dann lauter: »Ich weiß, dass ihr alle aufgebracht seid. Durch den Unfall gestern ...«

Erneut stieg der Lärmpegel und Rufe erklangen aus den hinteren Reihen:

»Das war kein Unfall!«

»Spinnst du?!«

»Meine Tochter ist tot!«

»Bitte!« Er hob beschwichtigend die Hände. »Hört mir doch erst mal zu! Gestern ist eine Media-Drohne abgestürzt. Ja – abgestürzt. Es gibt keinen Grund, warum die Presse absichtlich eine in die Menge hätte steuern sollen.«

Sie hatten vorher darüber gesprochen und waren beide nicht überzeugt von dieser Argumentation. Nur mussten sie die Leute beruhigen und ihnen halbwegs zufriedenstellende Antworten bieten. Sie sah ihrem Mann an, dass er sich in seiner Haut alles andere als wohlfühlte. Und jede alternative Erklärung wäre noch unglaubwürdiger gewesen.

»Mir ist klar«, setzte Alejandro erneut an, »dass viele von uns verletzt wurden und gestorben sind. Auch ich habe Freunde unter den Toten. Aber nochmals: Das war ein Unfall.«

Das Gemurmel stieg wieder an. Richtig überzeugt war hier niemand.

»Warum haben wir dann immer noch kein Wasser und keinen Strom?«, kam eine Stimme aus dem Hintergrund. Leider konnte sie nicht sehen, von wem. Allerdings war das eine berechtigte Frage.

»Das wissen wir noch nicht«, antwortete der Comunidad-Gründer. »Wir haben bei den Stadtwerken von Almería nachgefragt. Ich denke, die werden es so schnell wie möglich beheben.«

Streng genommen stimmte das. Man hatte sie vertröstet, dass es eine technische Störung wäre, die man schnellstmöglich reparieren würde. Aber sie hatte latente Zweifel, dass das bedeutete, dass es kurzfristig passieren würde.

»Woher bekommen wir Wasser für unsere Kinder? Die wollen uns hier elendig verdursten lassen!« Diesmal kam die Frage von einer Frau, die auf der anderen Seite saß.

»Wir zeigen euch gleich, wie ihr eine simple Anlage bauen könnt, um Kondenswasser zu sammeln. Damit muss niemand verdursten.«

Das war etwas optimistisch von Alejandro, aber irgendwo mussten sie starten.

Eine tätowierte Frau in der ersten Reihe antwortete direkt und hob dabei ihre Faust: »Vergiss es! Ich will nicht deinen Kondens-Scheiß! Die Fucking-Z-E-U-ler sollen gefälligst das Wasser wieder andrehen!«

Olivia erkannte die Sprecherin: Das war die Gangerin, die Kara und Jacques angegriffen hatte. Es war durch alle Nachrichten-Streams gegangen.

Alejandro wendete sich direkt an die Frau: »Keine Sorge. Das wird passieren. Wir müssen uns nur etwas gedulden.«

»Fick dich!«, spie sie ihm wütend entgegen und zeigte den Mittelfinger. »Nichts werden die! Oder werden die auch diesen verkackten Zaun wieder abreißen? Hä?! Werden sie? Wohl kaum!«

Der Geräuschpegel stieg erneut und sie konnte die aufkeimende Aggression beinahe körperlich spüren, wie die elektrische Ladung in der Luft vor einem heftigen Gewitter.

»Mir reichts! Lasst uns diesen Fucking-Zaun niederreißen! Jetzt!«, schrie die Tätowierte über den Lärm hinweg.

So viel zu ihrer Deeskalationsstrategie.

Die Gangerin stieg auf einen Stuhl und brüllte in die Menge: »Wir sind nicht hierhergekommen, um uns einsperren zu lassen! Wir holen uns das Wasser zurück! Und auch alles andere!«

Ein zweiter Ganger aus ihrer Truppe sah seine Chance für einen großen Auftritt, kletterte ebenfalls auf eine Sitzgelegenheit und skandierte: »Fuck-king-Zaun. Nieder mit dem Zaun. Fuck-king-Zaun. Nieder mit dem Zaun!«

Andere stiegen mit ein und reckten ihre Fäuste, der Sprechgesang wurde von den paar Hundert Kehlen vor dem Haus aufgegriffen und weitergetragen. Die Menge wogte langsam in Richtung der Ausgänge, nachdem die Ganger ihr ein klares Ziel gegeben hatten, um ihren hilflosen Zorn zu entladen. Nach und nach zogen die Ersten vom Platz und marschierten zum Stadtrand.

Das wars. Olivia kniff die Lippen zusammen und fuhr sich durch die Haare. Auch Alejandro schüttelte den Kopf. Sie hatten versucht, die Lage für ein paar Tage zu besänftigen, bis ihnen eine bessere Lösung einfiel oder Wasser und Strom wiederkamen. Aber die Menge wollte sich nicht beruhigen lassen – und im Grunde konnte sie die Leute verstehen.

»Verdammt!«, meinte er zu ihr, während die Halle sich leerte. »Was soll das alles? Es ist ja nicht nur die Presse, die bewusst eine Massenpanik mit Toten verursacht hat. Erst bauen sie einen neuen Grenzzaun und dann stellen sie Wasser und Strom ab.«

»Ich befürchte, es ist, wie du vermutet hast: Irgendjemand will, dass die Lage eskaliert. Komm«, sie zog ihn am Arm, »wenn wir schon die Heißsporne nicht aufhalten können, lass uns wenigstens schauen, was passiert und ob wir noch das Schlimmste verhindern können.«

Er rührte sich nicht und antwortete: »Nein. Ich will nicht als Voyeur auf dem Dach hocken und mir anschauen, wie die Menschen in ihr Verderben rennen.«

»Aber wer, wenn nicht wir«, gab sie zu bedenken, »soll darüber berichten, was hier passiert? Also in der Realität meine ich. Nicht in irgendwelchen frei erfundenen KI-Prognosen.«

## Jacques

Jacques stand am Fenster und beobachtete, wie die Menschen wütend »Fuck-king-Zaun« skandierend an ihrer Wohnung vorbei in Richtung Stadtrand zogen. Nicht wenige hatten ihre Kinder auf den Schultern dabei, als spazierten sie zu einem Volksfest. Er drehte sich zu Kara um, die auf dem Bett saß und versuchte, den quietschenden Lucas mit einem selbst gebastelten Springteufel zu erschrecken.

»Sind die alle durchgeknallt?« Er wendete sich ab. »Das ist doch keine Kirmes, sondern eine Grenzanlage.«

Sie schaute ihn ernst an und schluckte schwer. »Wenn ich nur daran denke. Die vielen Toten gestern und Maria ...«

»Ist Maria auch tot?«, wollte Lucas wissen und spielte weiter mit dem Teufelchen.

»Lucas ...«, setzte Jacques an. Wie sollte er es ihm erklären? »Maria kommt nicht wieder.«

»Okay.« Der Kleine hielt in seinem Spiel inne, sah auf und fragte: »Und warum?«

Er schluckte und merkte, wie es ihm die Kehle zuschnürte. Ihr Sohn war in den letzten Tagen mehrfach in Lebensgefahr geraten. Mit seinen vier Jahren war er in der Lage, den Ernst dieser Situationen zu erfassen, auch wenn er die Konsequenzen noch nicht verstand.

Kara übernahm: »Sie hatte gestern in dem Gedränge beim Centro einen ganz schlimmen Unfall. Dabei ist sie gestorben. Ihr Körper hat aufgehört zu funktionieren, verstehst du?«

»Nicht so richtig, Mama. Kommt sie denn wieder, sobald man sie repariert hat?«

»Nein, Lucas«, erklärte sie ihm bestimmt, »wenn ein Mensch stirbt, kann man ihn nicht mehr reparieren. Du kennst das doch auch schon von den toten Fischen und Vögeln hier in der Stadt«, sagte sie.

»Oh ja. Du hast recht.« Ihm stiegen Tränen in die Augen und sie drückte ihn fest an sich.

Jacques setzte sich mit dazu auf das Sofa und streichelte seinen Arm. Nach einigen Minuten hatte sich ihr Sohn gefasst und spielte weiter, als wäre nichts geschehen.

Kara griff das Thema wieder auf: »Wir müssen hier weg. Allein schon wegen Lucas. Aber Matías und Lorenzo haben sich genauso wie alle anderen Schlepper nach der Massenpanik schlagartig verzogen.«

»Ja, ich weiß«, bestätigte er frustriert und fuhr sich durch die Haare. »Jetzt sitzen wir hier fest. Gemeinsam in einer Stadt voller Irrer, die sich mit der ZEU anlegen wollen. Ich habe heute Morgen über Seefunk mit den Brüdern gesprochen. Cabo del Gata ist für Schlepper und Schmuggler aktuell eine Zone à risque. Zu viel Aufmerksamkeit durch die Behörden.«

»Dann wandern wir halt an der Küste zur nächsten Stadt.«

Kara tendierte wie immer zur naheliegendsten Lösung, aber so einfach war das leider nicht. Die Möglichkeit hatte er bereits mit den Brüdern besprochen.

»Das ist schwierig. Der Zaun umschließt uns komplett. Wir kommen an der Küste im Osten maximal drei bis vier Kilometer weit.«

»Besser als nichts. Zumindest haben wir Abstand zur Stadt. Außerdem kommen nachts doch ständig neue Migranten am gesamten Küstenabschnitt an. Vielleicht nehmen uns deren Schlepper mit zurück.«

»Das ist riskant. Wir sollten hierbleiben, bis sich die Lage beruhigt hat.«

»Ohne Wasser und Strom? Und schau nach draußen! Da wird sich nichts beruhigen. Im Gegenteil.«

Die Idee, auf gut Glück mit Lucas die Küste entlangzuziehen, ohne dass sie wussten, was sie erwartete, gefiel ihm nicht. Eine bessere hatte er ebenfalls nicht anzubieten. Und die Zeit drängte.

»D´accord«, lenkte er ein, »lass es uns versuchen. Allerdings werden dort Grenzpatrouillen unterwegs sein. Außerdem muss ich mit Matías sprechen. Eventuell ist er bereit, uns ein paar Kilometer weiter östlich aufzugabeln. Nicht mehr heute, aber morgen Nacht. Ansonsten müssen wir auf unser Glück hoffen.«

»Genau. Und nach Cabo del Gata zurückkehren können wir immer noch, falls es nicht klappt«, auch Kara bemühte sich, es positiv zu sehen.

Blieb zu hoffen, dass Karas Optimismus sich als begründet erweisen würde.

## Olivia

Sie hielten sich mit Alejandro hinter der Menschenmasse, die wie eine Flutwelle zum Stadtrand schwappte. Dort kletterten sie erneut auf das hohe Gebäude, von dem sie einen guten Überblick hatten. Olivia holte ihren Feldstecher hervor.

Sie sah, wie die Menschen zwischen den Häusern hervorströmten und lautstark »Fuck-king-Zaun« skandierend in Richtung der massiven Grenzanlage marschierten. Viele von ihnen hatten Eisenstangen oder Steine dabei. Media-Drohnen beobachteten surrend das Schauspiel, aber hielten Abstand.

»Dahinten!« Olivia zeigte nach links und übergab Alejandro das Fernglas.

In einiger Entfernung konnte sie auf der anderen Seite des Zauns ein panzerähnliches Gefährt sowie mindestens dreißig ruhende Militärroboter erkennen. Wie schlafende Riesenheuschrecken, die jederzeit zu unheiligem Leben erweckt werden konnten. Das war schweres Gerät und sah nicht danach aus, dass die mit Tränengas die Menschen der Grenzanlage fernhalten wollten.

»Verdammt, die lauern bereits. Das ist ein abgekartetes Spiel.« Aus Alejandros Stimme klang Entsetzen. »Wir müssen unsere Leute vor der Gefahr warnen!«

»Keine Chance. Schau sie dir an, wenn du da jetzt runtergehst und versuchst, sie davon abzubringen. Sie gehen in ihrer blinden Wut direkt auf dich los.«

Sie konnte ihn verstehen. Alles in ihr drängte danach, die Menschen anzuschreien, sie zu warnen, wachzurütteln und zurückzuhalten. Das war genauso aussichtslos, wie eine rollende Berglawine mit bloßen Händen aufzuhalten. Beides wäre glatter Selbstmord.

Olivia holte sich den Feldstecher zurück und drückte einen Knopf. Ein roter Punkt erschien in ihrem Blickfeld. Die Aufnahme war gestartet, um die Geschehnisse zu dokumentieren. Besser als nichts, da sie nicht in der Lage waren, den Lauf der Ereignisse zu verhindern.

Die Protestierenden näherten sich schreiend und brüllend dem Zaun. Das Militär hatte sich bewusst außerhalb ihrer Sichtweite platziert. Es war klar, dass es so kommen würde. Erste Eisenstangen schlugen gegen die Gitter. Immer mehr Menschen sammelten sich, es waren sicherlich schon über fünfhundert.

Als hätten sie auf dieses Signal gewartet, kam Leben in die Militärtruppe. Die Roboter richteten sich mit eckigen Bewegungen auf und reckten ihre insektenartigen Köpfe und Gliedmaßen. Das Fahrzeug rollte los und die dreißig Kampfmaschinen stakten erstaunlich flink im Gleichschritt hinterher. Sie würden maximal zwei Minuten bis zur Menschenmenge benötigen.

Das Gefährt, ein Panzer ohne Kanone, trug die Kennzeichnung der ZEU-Grenzsicherung. Die Truppe der heuschreckenähnlichen Militärroboter baute sich zwischen der rollenden Festung und dem Zaun auf. Maschinengewehrläufe ragten aus ihren Rücken hervor.

»Hier spricht der ZEU-Grenzschutz!«, tönte es blechern aus dem Fahrzeug. »Treten Sie von der Grenzanlage zurück. Ihnen ist es nicht erlaubt, ZEU-Hoheitsgebiet zu betreten. Eine Beschädigung von ZEU-Eigentum wird nicht geduldet!«

Olivia konnte nicht hören, was die Demonstranten vor dem Zaun schrien, aber die beleidigenden Gesten waren eindeutig. Zurücktreten würde niemand. Sie wunderte sich über die Wortwahl. Wieso befanden sie sich nicht mehr auf ZEU-Hoheitsgebiet? Das wäre ihr neu. Wo denn sonst? Vielleicht hätte sie aufmerksamer die Nachrichten schauen sollen.

»Kehren Sie in Ihr Lager zurück, oder wir werden Waffengewalt einsetzen! Die Beschädigung der Grenzanlage oder das Betreten des ZEU-Hoheitsgebietes ist Ihnen nicht gestattet!«

Der Tonfall der Lautsprecherstimme wurde aggressiver. Lager? Seit wann war ihre Stadt ein Lager?

Erleichtert erkannte sie, dass sich viele der Demonstranten vom Zaun entfernten. Aber es verblieben immer noch ein- bis zweihundert vor dem Gitter. Insbesondere die jungen Leute in der Masse wollten sich nicht beruhigen. Erste Steine flogen – und trafen einen der Roboter an der Schulter.

Dieser schulterte sein Gewehr in einer mechanisch-fließenden Bewegung und schoss eine Salve in die Luft. Ein Schreien ging durch die Menge und weitere Protestierende liefen zu den Häusern.

»Das ist die letzte Warnung! Kehren Sie in das Lager zurück. Falls Sie angreifen, werden wir scharf schießen.« Damit legten alle Roboter gleichzeitig mit einem metallischen Krachen, das bis zu ihnen hinaufscholl, mit ihren Maschinengewehren an. Weitere Menschen zogen sich zurück. Olivia atmete auf. Aber immer noch verblieben sicherlich fünfzig vorrangig jüngere Demonstranten vor dem Zaun und warfen mit Steinen.

Es peitschten mehrere kleinkalibrige Schüsse über das Gelände. An den Robotern und am Fahrzeug stoben

Funken auf. Kam der Angriff aus der Menge? Sie hatte kein Mündungsfeuer gesehen. Einige der Menschen schauten irritiert nach oben.

Dann brach die Hölle los.

Krachende Maschinengewehrsalven fegten in die wehrlose Menschenmasse hinter dem Zaun. Ohne eine erneute Warnung eröffneten die Roboter das Feuer aus ihren vollautomatischen Waffen. Mindestens fünfzig Schuss pro Sekunde. Olivia warf sich mit Alejandro auf den Boden des Daches, spähte mit dem Feldstecher über die Kante.

Die vordersten Protestierenden zuckten wie Marionetten und brachen reihenweise zusammen. Ihre Körper wurden komplett zerfetzt. Blut spritzte. Gliedmaßen rissen ab. Geschosse schlugen Putz aus den weit entfernten Häusern.

Sie konnte nicht mehr hinsehen. Diese pure militärische Gewalt war einfach zu grausam. Das panische Kreischen der Menschen, die flohen oder verletzt wurden, hallte bis zu ihnen herüber und wurde im brutalen Dauerfeuer der Maschinenkanonen ertränkt. Sie weinte und hielt sich die Ohren zu. Das Krachen der Schüsse und die Schreie hörte sie trotzdem.

## Jacques

Kurz darauf stand er mit Kara und Lucas auf der Straße, die heute einsam und verlassen vor ihnen lag. Gepackte Rucksäcke in der Hand blickte er entschlossen auf den Weg vor sich. Der Pulk war vorbeigezogen und aus den Häusern ihrer Nachbarn hörten sie das Schreien eines Babys sowie Klirren von Geschirr. Lucas hatten sie zuvor ausführlich erklärt, dass sie mal wieder eine größere

Wanderung vor sich hatten. Jacques hatte die Pistole auf Karas Drängen hin im Gepäck verstaut, statt sie griffbereit zu tragen. Sie sagte, man müsse den Ärger ja nicht heraufbeschwören.

»Hey, Jacques!«, rief eine Stimme von oben.

Ein Algerier in seinem Alter steckte seinen Lockenschopf aus einem Fenster im ersten Geschoss. Es war Ruhan, der vor drei Monaten hier im Cabo del Gata allein angekommen war. Bei einem der üblichen, abendlichen Tees hatte er Jacques erzählt, dass seine Frau und Tochter in Oran bei Bekannten untergekommen waren. Er würde sie schnellstmöglich nachholen oder ihnen zumindest Geld schicken. Eine Hoffnung, die er nie aufgegeben hatte, auch wenn ihm inzwischen klar sein sollte, dass er in der ZEU keine Arbeit finden würde. Das gesamte politische und gesellschaftliche System war auf Ausgrenzung ausgelegt. Für unerwünschte Immigranten war es heutzutage nahezu unmöglich, daran teilzuhaben. Europa grenzte sich mit seiner abgeschotteten Cloud und rein auf Automatisierung ausgerichteten Wirtschaft ebenfalls von den anderen Nationen ab, so gut es ging.

Er blickte nach oben zum Fenster, winkte Ruhan im Vorbeigehen und verlangsamte seine Schritte. »Alles klar bei dir? Du bist nicht mit den anderen Hitzköpfen unterwegs?«

»Bin doch nicht bescheuert! Was soll das bringen? Ihr macht euch vom Acker?«

Jacques schaute sich kurz zu beiden Seiten um, aber sie waren allein und sein Nachbar würde sie keinesfalls begleiten wollen. »Ja, wegen Lucas. Du bleibst also hier?«

»Ich habe keine Wahl. Mit leeren Händen und einem Berg Schulden nach Hause zurückkehren, kann ich ja schlecht, oder?«

Er wollte sich nicht auf diese Debatte einlassen. Sein Nachbar hatte seinen Weg gewählt und sie den ihren.

»*Kull at-tawfiq*«, erwiderte er knapp auf Arabisch und wünschte ihm damit alles Gute. »Vielleicht sehen wir uns irgendwann wieder.«

»Inşallah. Das wünsche ich euch auch. Seid vorsichtig! Ich habe von den Grenzschützern nichts Gutes gehört. Lasst euch nicht erwischen!«

Mit einem letzten Winken bogen sie um die nächste Ecke und waren außer Sichtweite. Sie liefen zügig, so schnell es mit ihrem Sohn an der Hand möglich war, durch die Gassen in Richtung des östlichen Ufers. Der typische, leicht faulige Geruch von Tang und Fisch hing in der Luft. Auffrischender Seewind ließ die Wellen gegen die halbversunkenen Mauern und Straßen klatschen.

Kurz bevor sie hinter der letzten Häuserwand mit abblätternder roter Farbe hervortraten, vernahm er entferntes Maschinengewehrfeuer. Kein unregelmäßiges Knallen und Böllern wie bei einem Feuerwerk, sondern eine harte Abfolge andauernder, mechanischer Schläge, wie bei einem Presslufthammer. Vereinzelt klangen Schreie zu ihnen hinüber. Sie blieben stehen und Lucas blickte sie fragend an.

»Jacques? Hörst du das?«, fragte Kara ihn.

»Ja, natürlich.«

Sie schwiegen. Das mechanische Rattern verhallte zwischen den Häusern. Die Schmerzensschreie waren unter dem Brechen der Wellen kaum zu vernehmen. Fast so, als wären sie eine Einbildung.

Er schaute ihr direkt in die Augen. Er sah Verstehen. *Wir müssen den Verletzten helfen.* Doch keiner der beiden sprach es laut aus.

»Was ist Papa?« Lucas zerrte an seinem Arm.

Das gab für ihn den Ausschlag: Sie hatten die Verantwortung für ihr Kind und die Einwohner der Stadt waren sich der Gefahr, der sie sich aussetzten, bewusst.

»Nichts. Wir sollten zügig weitergehen«, bestimmte er und sie setzten ihre Wanderung fort.

# Ein launiger Morgen

## 4. Dezember 2099

### Peter

Als er erwachte, füllte dumpfes Pochen regelmäßiger Kanonenschüsse seinen Schädel aus. Während er sich stöhnend aus dem Bett erhob, spürte er die blauen Flecken auf seinem Rücken. War es erst gestern gewesen, dass ihn dieser Hagelschlag voll erwischt hatte? Die Bildwand zeigte halb neun. Er schlurfte in die Küche, setzte sich sein VR-Headset auf und spülte mit einem Glas Wasser drei Kopfmerztabletten herunter. Laut Beipackzettel sollte man maximal eine pro Tag nehmen.

»Jana, mein übliches Morgenmagazin.« Die seichte Unterhaltung dieser Boulevardsendung war passend. Der Tag würde hart genug werden. Am Anschluss ließ er sich Schokomüsli mit Milch drucken.

In einer Ecke des Zimmers erschien das Moderatorenpärchen an einem Nachrichtentresen. Sie waren beide perfekt gestylt im lockeren Businesslook, quietschvergnügt und hellwach. Das war auch kein Wunder, wenn man sich mit einem Avatar zeigte.

Die Blondine strahlte ihren Co-Moderator an. »Roger! Du hast die Zusammenfassung der wichtigsten Ereignisse von gestern. Was gab es denn Spannendes?«

»Du wirst es nicht glauben, aber der Präsident hat es erneut geschafft, sich in aller Öffentlichkeit zu blamieren.« Dazu wurde ein Clip eingespielt, wie sich das Oberhaupt der ZEU beim Empfang durch neuseeländische Ureinwohner sprichwörtlich zum Affen machte, indem er deren traditionellen Begrüßungstanz nachahmte. Wer hatte den gewählt? Ah ja, er selbst.

»Und sonst? Was machen die Flüchtigen, die wir an unserer Küste aufgegriffen haben, Roger?«, fragte sie. »Ah, sorry, die Flüchtlinge. Ha, ha.«

»Oh, da gab es mal etwas Neues, Melanie! Die ZEU-Grenzschützer zeigten Zähne. Sie haben sich durchgesetzt. Grrr», sagte er mit einem Lachen. Dabei tat er so, als wäre er ein großer Tiger und seine Co-Moderatorin eine Dreijährige.

»Zähne, Roger? Das ist wirklich beeindruckend. Was ist denn passiert?«

»Eine besonders aggressive Gruppe dieser Plünderer und Vergewaltiger, über die wir hier immer wieder berichten müssen, hat versucht, den neuen Wall zu zerstören!«

»Mit Gewalt, Roger? Die schöne neue Grenzanlage, die uns alle vor diesen schmutzigen Horden schützt?«

»Ja, Melanie! Liebe Zuschauer«, er wurde schlagartig ernst, »wir müssen sie darauf hinweisen, dass die nachfolgenden Bilder nicht für Kinder geeignet sind.«

»… und auch nicht für ein gemütliches Frühstück mit der Oma, ha, ha«, ergänzte seine Co-Moderatorin mit einem frechen Lächeln.

Dann zeigte die Wand vor ihm eine größere Menschenmenge, die laut »Fuck-king-Zaun« skandierend irgendwo in der Wüste vor einem fünf Meter hohen Grenzzaun stand. Auf der anderen Seite waren Militärroboter aufmarschiert. Die Aufnahmen kamen scheinbar von mehreren Drohnen, die immer wieder auf protestierende Menschen zoomten, erhobene Mittelfinger und wutverzerrte, schmutzstarrende Gesichter zeigten. Die Szenerie erinnerte an einen klassischen Zombie-Stream. Eine willenlose Menge menschlicher Leiber, die sich auf die Helden warf, um sie mit ihrer schieren Masse zu erdrücken. Im Stream waren das nur Computer-Animationen, aber das hier war die gottverdammte Realität.

Kurz darauf sah er Steine fliegen. Die Warnschüsse sowie die Lautsprecheransage, dass scharf geschossen werden würde, waren eindeutig. Daran schien sich niemand zu stören – wie bei den Zombies. Im Gegenteil: Es erklangen Schüsse und man sah Treffer, die Funken auf den Panzerungen der Grenztruppen schlugen. Die Roboter hoben ihre Maschinengewehre und eröffneten das Feuer, wobei einige Menschen getroffen wurden oder versuchten wegzulaufen, was ihnen jedoch nicht gelang.

»Oh, wow, Roger. Diese wilden Tiere müssen auf unsere braven Grenzschützer geschossen haben.« Melanie schaute ihn mit großen Augen und offenem Mund an. »Dabei wurden sie doch gewarnt, dass sie das nicht tun sollten! Das sind willenlose Fanatiker, oder? Es ist wirklich gut, dass dort nur Roboter vor Ort waren. Nicht auszudenken, falls ein ZEU-Soldat von diesen wahnsinnigen Terroristen getroffen worden wäre!«

Brave Grenzschützer? Willenlose Fanatiker? Wahnsinnige Terroristen? Die Moderatorin hat diese Worte benutzt. Warum hat sie das getan? Das waren Menschen, die für bessere Lebensbedingungen protestiert hatten.

Selbst wenn jemand geschossen hatte, konnten deren Panzerungen durch kleinkalibrige Handfeuerwaffen nicht durchdrungen werden. Es gab also keinen Grund, scharf zurückzuschießen. Die hätten genauso gut Betäubungsmunition oder Tränengas einsetzen können.

»So ist es, Melanie. Aber die Roboter haben zum Glück kurzen Prozess mit dieser kleinen Terrortruppe gemacht. Von denen wird das sicherlich keiner nochmals probieren. Und die anderen sind hoffentlich gewarnt!« Dabei schaute er grimmig in Petes Richtung.

»Roger, dürfen wir einfach so schießen? Wir sind doch nicht im Krieg?«

Danke für die Nachfrage, denn das kapierte er ebenfalls nicht.

»Ja Melanie, wir dürfen – zum Glück. Das winzige Stückchen Land hinter dem Zaun wurde erst gestern vom ZEU-Parlament in einem neuen Gesetz zum Niemandsland erklärt. Damit wird es von der ZEU verwaltet und verteidigt, aber ZEU-Gesetze finden dort keine Anwendung. Diese Wilden sind jetzt quasi vogelfrei.«

»Vogelfrei, Roger? Das klingt nach Robin Hood, ha, ha.«

Mit einem heftigen Wisch beendete er die Sendung. Ihm wurde schlecht von der aufgesetzten, menschenverachtenden Fröhlichkeit, dem Zynismus und der polarisierenden Berichterstattung. Was zu viel war, war zu viel. Die hatten mit Militärrobotern auf mehr oder weniger wehrlose Menschen geschossen. Die Schüsse aus der Menge waren maximal eine lahme Ausrede, um das Feuer eröffnen zu können. Und wieso Niemandsland? Was sollte der Blödsinn? Das wurde immer übler. Hatte jemand die

Presse-KIs manipuliert, um den Hass zu schüren? Falls ja, warum? Vielleicht wollte der Innenminister damit die Zustimmung der Bevölkerung gewinnen, sobald er brutaler gegen die Flüchtlinge vorging?

Sein Müsli kippte er unangetastet in den Ausguss. Der Appetit war ihm gründlich vergangen.

Eine halbe Stunde später stand er mit knurrendem Magen im Büro und loggte sich ein. Die virtuellen Whiteboards und Pinnwände waren gepflastert mit fragwürdigen Pressevideos und -berichten, die er gestern Nacht in den Archiven recherchiert hatte. Er fügte das Massaker von heute Morgen hinzu und markierte es mit einem roten Kringel. Die Schüsse an der Grenzbefestigung waren der bisherige Höhepunkt der Eskalationsspirale.

Was machte er mit diesen Informationen? Eine einseitige und polarisierende Berichterstattung war kein Verbrechen. Die Verfassung war dadurch nicht gefährdet. Die Fake-Animationen, die klare Lügen zeigten, waren ein anderes Kaliber. Allerdings war das eher was für den Presserat als für den Verfassungsschutz. Er konnte nicht nachweisen, dass jemand direkt zu Schaden gekommen war.

Was blieb? Die Massenpanik, die bewusst verursacht wurde, und das blutige Massaker gestern, das ebenfalls zielgerichtet herbeigeführt worden war. Er müsste hier umfassendes Originalmaterial von den Sendern anfordern und es untersuchen lassen, ob es Beweise gab. Mit ausreichend Unterstützung würde er in den restlichen Videos mit Sicherheit ähnliche Verstöße finden, bei denen jemand Gewalt gegen Flüchtlinge provozierte. Er verbesserte sich in Gedanken zu Migranten. Damit wurde offensichtlich versucht, die ZEU-Verfassung zu untergraben und das politische System zu destabilisieren. Sein Job war es, beides zu schützen.

Er gab alles bei Jana zu Protokoll, was er gefunden hatte sowie seine Schlussfolgerungen. Dann kontaktierte er seine Vorgesetzte, Frederike Hanauer. Ein paar Minuten später wurde er in ihr »Büro« eingeladen.

Ein Strandhaus mit Wänden aus zusammengebundenen Bambusstäben materialisierte sich. Der Schwindel aufgrund des abrupten Ortswechsels war schnell verflogen. Das Büro seiner Chefin war ein ausladender Raum mit einem Schreibtisch, diversen mit Aktenordnern gefüllten Regalen sowie einer Sitzecke mit Stühlen und einem niedrigen Tisch. Alles aus Bambus. Es gab mehrere Fenster mit Blick auf den Dschungel. Eine offene Tür zeigte die Terrasse und einen einladenden Südseestrand mit Palmen. Von draußen hörte man die Geräusche exotischer Vögel. Die Temperatur entsprach eher einem Kühlschrank, dank virtueller Klimaregelung.

»Chefin?« Frederike war Deutsche, genau wie er, sodass er hier nicht aufs Englische wechselte.

»Hier draußen!«, rief ihre jugendlich klingende Stimme.

Als er vor die Tür trat, sah er ihren Avatar. Ein stilechtes Surfer-Girl Anfang dreißig mit Shorts, Top und schulterlangem Rastafari-Haar, das zu einem Zopf gebunden war. Für eine Frau, die in der Realität Mitte fünfzig war, hatte sie sich gut gehalten. Sie lehnte entspannt an der Brüstung ihrer Terrasse und wischte auf einem hauchdünnen Pad durch eine Akte. Seine Akte.

»Servus Frederike. Du hast mein Protokoll gelesen?«

»Hm… ja. Ganz schön harter Tobak, den du da zusammengetragen hast. Alle Presse-KIs sind korrumpiert? Und eine graue Eminenz provoziert den Abschuss von zig Migranten am Grenzzaun, um die ZEU-Verfassung zu Fall zu bringen und Chaos zu stiften?«

Sie schaute ihn forschend an.

»Ja, genau.« In dieser Kurzform klang seine Idee ziemlich abenteuerlich. »Das trifft es im Großen und Ganzen.«

»Und was erwartest du jetzt von mir?«

»Ich brauche einen Durchsuchungsbeschluss für die führenden News-Streams, um die Originalaufnahmen zu prüfen. Und ich brauche noch mehr Ressourcen, um diese auf weitere Straftaten zu untersuchen.«

»Okay, und was versprichst du dir davon?«, bohrte Frederike nach.

Er fühlte sich wie ein Schuljunge bei der Prüfung und gab ihr die Antwort: »Wenn wir beweisen können, dass die KIs manipuliert wurden und dass die Tötung von Flüchtlingen Absicht ist, dann muss ein größeres Ding dahinterstecken. Das bringt die ganze ZEU-Verfassung in Gefahr! Wer mit einer derartigen Manipulation durchkommt, der kann auch gegen andere Gruppen von Menschen vorgehen.«

Er war überzeugt, dass derjenige es nicht nur auf die Migranten abgesehen hatte.

»Peter, denk mal scharf nach«, ihr Ton hatte jetzt eindeutig etwas Oberlehrerinnenhaftes. »Unser Innenminister, Theo Mäuser, hat im ZEU-Parlament durchgesetzt, dass dieser Zaun gebaut wurde. Auf seine Initiative wurden Tausende Quadratkilometer ZEU-Grenzgebiet zum Niemandsland erklärt. Seit zwei Jahren gibt es keine Hilfsmaßnahmen wie Nahrungsmittellieferungen an Flüchtlinge und eingebürgert wird ebenfalls niemand mehr. Dass Grenztruppen bei so einer Kleinigkeit scharf schießen, muss jemand von ganz oben angeordnet haben.« Frederike erläuterte ihm die offensichtlichen Fakten, schwieg und wartete ab.

»Herrgott. Du meinst, dass Theo Mäuser persönlich dahintersteckt?!«

»Nein, das habe ich nicht gesagt. Aber er nutzt die extrem schlechte Meinung über Flüchtlinge aus, die die Presse salonfähig gemacht hat.« Sie stützte sich mit den Händen am Geländer ab und schaute auf das Meer. »Ob er dafür mitverantwortlich ist oder ob er die bestehende öffentliche Meinung nur ausnutzt – keine Ahnung.«

»Aber dann müssen wir etwas tun! Lass mich ermitteln, ich werde das rausfinden.« Wie konnte seine Chefin bei dieser himmelschreienden Ungerechtigkeit so ruhig bleiben?

»Peter. Junge.« Sie sprach weiterhin im belehrenden Ton, der ihn langsam auf die Palme brachte. »Verstehst du nicht? Es spielt keine Rolle, was Ursache und was Wirkung ist. Mäuser hat sich mit seinen Aktionen und Gesetzgebungsverfahren so weit aus dem Fenster gelehnt, dass er nicht mehr zurückrudern kann – selbst, wenn er es wollte.«

Frederike drehte sich um und sah ihm fest in die Augen: »Egal, was du herausfindest, glaub mir, der Einzige, der darüber stolpern wird, bist du – oder ich. Mäuser ist der Innenminister, unser oberster Dienstherr. Sobald er den leisesten Verdacht hegt, dass du ihm ans Bein pinkeln willst, landest du schneller in der Archiv-Analyse-Einheit, als du gucken kannst. Oder im Knast. Lass die Finger davon. Die Akte wird geschlossen.«

Er war baff. Seine Ermittlungen wurden eingestellt, weil seine eigene Chefin kein Rückgrat hatte?

Seine nächsten Worte waren nicht mehr als ein letztes Aufbäumen, obwohl er die Antwort schon kannte: »Und was ist mit den Migranten? Da wurden Unschuldige getötet! Wir können das beenden. Das ist nur der Anfang und du weißt das!«

»Du hast mir nicht zugehört: Mir gefällt ebenfalls nicht, was hier passiert. Aber wir werden das nicht verhindern, indem wir gegen unseren obersten Chef ins Feld ziehen. Daher werden wir in dieser Sache nicht weiter ermitteln. Punkt. Tut mir leid. Falls du etwas dagegen tun willst, musst du einen anderen Weg finden.«

Das war Frederikes letztes Wort. Kurze Zeit später erschien sein virtuelles Arbeitszimmer. Seine Akte war bereits geschlossen. Die Boards und Pinnwände waren leergefegt. Es folgte der Hinweis auf die offensichtliche Falschdarstellung der Presse-KI bei der Aktion mit den Gangern. In Abstimmung mit dem Staatssekretär für Inneres, Milo Babic, würde dies zur Klärung an den Presserat übergeben. Ende der Geschichte.

Er hatte es zumindest versucht. Aber ohne Unterstützung seiner Chefin war es unmöglich, dem weiter nachzugehen.

## Theo

»Herr Mäuser, was gedenken Sie gegen die wilden Lager der Flüchtlinge an der Mittelmeerküste und auf den Inseln zu tun?«, fragte eine Reporterin in der Mitte des Publikums.

Sie trug eine Brille mit großen, runden Gläsern sowie einen Schreibblock. Was für eine blödsinnige Ausstattung für einen Avatar in der VR. Er hasste die Fragen dieser vorlauten Schlampe, die mit ihrer Staffage offenbar besonders clever rüberkommen wollte.

»Wir werden ihnen helfen, wieder in ihre Heimatländer zurückzukommen. Sie wurden mit falschen Versprechungen hergelockt. Inzwischen sollte jeder von denen verstanden haben, dass Europa nicht das gelobte Land ist. Unsere Grenztruppen haben bei der Abwehr des massiven Angriffs auf den Zaun hoffentlich eindrücklich genug gezeigt.«

Der Countdown über dem Teleprompter zeigte fünf Minuten, danach war diese lästige Fragestunde endlich vorbei.

»Herr Mäuser!« Ein anderer Reporter im virtuellen Auditorium meldete sich und hob einen Kugelschreiber. Er stöhnte innerlich. Noch so ein Wichtigtuer. »Warum nehmen wir die Flüchtlinge nicht einfach in die ZEU auf? Es sind doch nur einige Tausend.«

»Nur einige Tausend?!«, blaffte Theo zurück. Was bildete sich dieser vorlaute Schreiberling ein? »Es sind bereits über hunderttausend! Und das ist nur der Anfang! Jeden Monat kommen mehr. Bald werden sie uns wieder überschwemmen, wie schon vor dreißig Jahren. Es gab einen guten Grund, warum unsere Großeltern den Wall im Mittelmeer gebaut haben!«

»Bei allem Respekt, das ist nicht ganz korrekt, Herr Mäuser.«

Der Bursche bezichtigte ihn jetzt auch noch der Lüge! Er würde ihm im Nachgang die Akkreditierung entziehen lassen.

»Entsprechend der offiziellen ZEU-Statistik«, ergänzte der Verräter, »waren es bisher nur fünfunddreißigtausend und es kommen jedes Jahr weniger Flüchtlinge nach Europa.«

Er musste dringend mit den Eierköpfen von der Statistik sprechen, um herauszufinden, warum sie keine anständigen Zahlen verbreiteten.

Laut sagte er: »Papperlapapp. Mein unfähiger Vorgänger hat die Daten nie sauber erfasst. Er war politisch voreingenommen und hat versucht, alles schön zu reden. Es werden ständig mehr und die Kriminalitätsrate steigt ins Endlose, dafür gibt es reichlich Beweise. Schauen Sie sich doch mal die gut recherchierten Berichte Ihrer Kollegen an, statt auf irgendwelche Verschwörungstheorien im Netz zu hören. Gibt es noch Fragen? Nein? Dann verabschiede ich mich und danke Ihnen für Ihr Interesse.«

Die erhobenen Hände und Zwischenrufe ignorierte er und schaltete sich zurück in sein privates Büro. Dort erwartete ihn bereits ein bunter Haufen Avatare – seine Speichellecker.

»Henry? Was gibt es Neues in den Medien?«, forderte er als Erstes seinen Assistenten auf, um sich mal nützlich zu machen.

»Herr Mäuser, die Flüchtlinge in Cabo del Gata, das Lager, in dem es den Aufstand gab, haben sich wieder in die Stadt zurückgezogen. Aktuell ist es dort ruhig. Die Presse ist weiterhin auf unserer Seite. Der Presserat hat die Geschichte gefressen. Kein nennenswerter Gegenwind«, resümierte dieser die Lage in den Medien.

»Die Ermittlungsakte im Fall des Flüchtlingspärchens wurde ebenfalls geschlossen«, bestätigte ihm Francoise Pierrot, der Präsident des Verfassungsschutzes.

»In Ordnung, aber halten Sie Ihren abtrünnigen Ermittler im Auge, damit er nicht noch auf dumme Ideen kommt.«

»Sehr wohl, Herr Mäuser«, antwortete ihm Pierrot geflissentlich.

»Wie weit sind wir mit dem Zaun und den anderen Lagern?«, wandte er sich jetzt an einen der Staatssekretäre, dessen Namen er sich nie merken konnte. Irgendwas Slawisches. Dessen Avatar, ein Mann mittleren Alters im akkuraten Businessanzug, überzeugte ihn. Schön langweilig, wie es sich für diese Position gehörte. Bloß nicht zu sehr auffallen. Auffallen und von sich reden machen, das war schließlich sein eigener Job.

»Der Zaun in Südspanien kommt gut voran. In spätestens drei Wochen sollte er komplett dicht sein. Wir teilen ihn bereits in einzelne Segmente ein, damit es nicht zu einer Völkerwanderung innerhalb der Grenzen des Zauns kommt. So können wir weitere Eindringlinge aus Afrika gut kontrollieren. Außerdem müssen wir sie später nicht extra jagen gehen, sobald es ab in die Lager geht«, antwortete der Mann zackig.

Er gefiel Mäuser. Aus dem könnte was werden. »Wunderbar und was machen wir mit diesem Widerstandsnest in Spanien, wo die sich am Zaun zu schaffen gemacht haben?«, hakte er nach.

»Dort ist die Grenze dicht. Wir haben ihnen die Zähne gezeigt und sie werden es nicht lange aushalten, ohne Wasser, Strom und Lebensmittel. So wie ich diese Wilden einschätze, werden die sich bestimmt gegenseitig zerfleischen. Das Abschiebelager bei Motril ist bereit, die ersten paar Tausend Flüchtlinge aufzunehmen. Ich schlage vor, wir statuieren ein Exempel und machen die Stadt mit den Aufständischen platt, sammeln die Reste ein und bringen sie in das Lager.«

»Vielen Dank, äh…« Er schnipste mit den Fingern.

»Babic. Milo Babic, Herr Mäuser«, erinnerte ihn der Mann.

»Ja, vielen Dank, Babic. Das klingt nach einem guten Plan. Bereiten Sie alles vor.«

Sehr schön. Sobald sie diese Plage in der ZEU unter Kontrolle hatten, würden sie sich dem Rattennest auf der anderen Seite des Meeres annehmen, aus dem die alle hervorgekrochen kamen. Wäre doch gelacht, falls eine stolze, moderne Nation wie die Zentrale Europäische Union, diese Krise nicht in den Griff bekäme.

Wenn *er* das nicht in den Griff bekäme.

## Olivia

Das Dröhnen von lauten Rotoren weckte Olivia unsanft. Einen Augenblick war sie orientierungslos. Sie hatte gerade irgendwas Wirres geträumt. Neben ihr war Alejandro ebenfalls hochgeschreckt und schaute ihn an.

»Was ist jetzt schon wieder los?«, fragte sie.

Es war kurz nach sechs in der Früh.

»Keine Ahnung, noch eine Militäraktion?«

Die Rotoren schienen über ihrem Haus still zu stehen. Sie zogen sich schnell etwas Richtiges an, bevor sie nach draußen gingen. Wer weiß, ob sie später dazu Gelegenheit haben würden. Rufe waren von der Straße zu hören. Zumindest fielen bisher keine Schüsse.

Als sie auf den Balkon traten, um sich umzusehen, schwebte ein massiger Militär-Quadrokopter über dem nächsten Häuserblock. Zu hoch, um direkt eine Einheit absetzen zu können, aber niedrig genug, um bedrohlich zu wirken. Als sie den Kopf reckte und um die bröckelnde Mauerecke auf die Straße schaute, sah sie Nachbarn, die in den Himmel zeigten. Ein weiterer Militärflieger verharrte ein paar Blöcke entfernt ebenfalls regungslos in der Luft.

»Was soll das?«, brüllte Alejandro über den Lärm hinweg. »Wollen die uns einschüchtern?«

»Keine Ahnung. Aber irgendwas haben die vor.«

Sie hörte ein Rufen der Menschen auf der Straße und schaute erneut zum Fluggerät. Dort sah sie, was die Einwohner aufregte: Es hatte sich eine Seitentür im Rumpf geöffnet. Ein Soldat in voller Montur nahm einen voluminösen Sack in die Hand und kippte ihn aus.

Ein Pulk mit Hunderten von gelben Zetteln fiel daraus hervor und wurde vom Wind der Rotoren über den gesamten Häuserblock verteilt. Dann flog das Ding ein Stück weiter und wiederholte das Ganze. Ein Zettel kam bei ihnen am Balkon vorbeigeflattert. Sie schnappte ihn sich aus der Luft und las. Dabei schoss ihr Blutdruck direkt auf hundertachtzig.

»Diese Schweine! NICHT MIT UNS! DAS KÖNNT IHR VERGESSEN!«, brüllte sie in Richtung des Rotorlärms und schüttelte ihre Faust.

Auf dem Zettel stand in großen schwarzen Lettern in drei Sprachen:

***

RÄUMUNGSBEFEHL
DIESES ILLEGALE LAGER WIRD AUFGRUND DER UNZUREICHENDEN HYGIENE UND VERSORGUNGSSITUATION EVAKUIERT.
BEGEBEN SIE SICH UNVERZÜGLICH ZUR SCHLEUSE AM GRENZZAUN.
DORT WIRD MAN SIE IN DIE ZEU VORLASSEN UND IN EINE OFFIZIELLE ZEU ÜBERGANGSEINRICHTUNG BRINGEN.
DIESES LAGER WIRD INNERHALB VON 24 STUNDEN GERÄUMT UND DANACH ABGERISSEN.
GEZ. DER ZEU-INNENMINISTER.

***

Im Anschluss wurden diverse Paragrafen gelistet.

Verflucht! Die wollten sie aus ihrer mühsam aufgebauten Nuevo Comunidad vertreiben. Nicht nur das, bis vor ein paar Tagen hatten sie genug zu essen und zu trinken gehabt, auch die Hygiene war bis dahin kein Thema gewesen. Und jetzt? Vermutlich war das Ziel, dass die verhungerten, verdursteten oder an Cholera starben.

Und was sollte der Blödsinn mit der »Übergangseinrichtung«? Übergang zu was? Früher hatten Migranten die Möglichkeit gehabt, sich in eine »Erstaufnahmeeinrichtung« zu begeben, um sich auf eine reguläre ZEU-Staatsbürgerschaft zu bewerben. Diese waren mit den vielen Neuankömmlingen vor drei Jahren geschlossen worden. Seitdem wurde niemand mehr eingebürgert.

»Olivia, komm! Wir gehen rein. Hier draußen können wir nichts weiter tun«, sagte er.

Damit nahm er sie in den Arm und schob sie mit sanfter Gewalt zurück ins Haus. Inzwischen war auch der Rotorlärm abgeklungen. Sie zitterte.

»Diese Schweine!«, fluchte sie. »Erst uns aushungern, dann töten und den Rest abschieben!« Schimpfend tigerte sie durch das Zimmer, verfluchte die ZEU, Theo Mäuser im Speziellen und die Welt im Allgemeinen. Alejandro sagte nichts und wartete ab, wie immer in diesen Situationen.

Einige Minuten später, ging es ihr besser.

Er versuchte es mit Vernunft: »Den Migranten wird zunächst nichts passieren, falls sie den Anweisungen folgen …«

»Du spinnst!«

»Olivia. Lass mich doch ausreden. Bitte.«

Sie setzte sich auf die Bettkante und starrte ihn an.

»Also: Den Menschen hier in der Stadt wird zunächst nichts passieren, wenn sie den Anweisungen folgen. Sie kommen in ein anderes Lager und werden dort versorgt«, versuchte er es nochmals. »Auch werden wir niemanden innerhalb von ein paar Tagen abschieben. Wir gewinnen so Zeit.«

War das sein Ernst? »Du willst aufgeben? Echt jetzt, Alejandro?«, fragte sie mit fester Stimme.

»Nein. Ich will nicht, dass hier jemand mehr sterben muss, und ich will uns Zeit verschaffen, damit wir uns etwas überlegen können.«

Olivia starrte ihn weiter an, dann schloss sie irgendwann ihre Augen und ließ sich entkräftet nach hinten auf das Bett fallen.

»Was für ein Albtraum«, stöhnte sie, »dabei wollten wir immer nur das Beste für die Menschen in der ZEU und natürlich für die in den afrikanischen Ländern. Sollen wir wirklich aufgeben?«

»Nein, Olivia. Wir geben nicht auf. Im Gegenteil, wir helfen, damit alle noch hoffen können«, versuchte er erneut, sie zu überzeugen.

»Hoffnung ist für die, die nicht selbst zur Waffe greifen.«

»Von wem ist der Spruch?«

Von wem schon? »Von mir.«

»Hm ... lass mal überlegen. Wie können wir uns wehren, ohne jemanden hier in der Stadt zu gefährden?«

Sie schwiegen beide und überlegten. Ihr kam eine Idee. »Niemanden gefährden«, war das Stichwort, das sie ausnutzen könnten.

»Ich habe eine Idee«, sagte sie. »Wir sollten aus dem Schatten treten.«

Er schaute sie verständnislos an. »Aus dem Schatten treten?«

»Ja. Pass auf ...«

Während sie ihm ihren spontanen Plan erläuterte, hellte sich sein Gesicht auf.

Gemeinsam mit Alejandro stand sie auf ihrem Beobachtungspunkt auf dem Dach im vierten Stock am Stadtrand. Eine Karawane aus Menschen war in Richtung der Schleuse im Zaun unterwegs. Sie waren am Vormittag zu zweit durch die Viertel gezogen und hatten allen empfohlen, der Aufforderung der Behörden nachzukommen. Dabei hatten sie es bewusst positiv formuliert und damit auch den Letzten Skeptiker überzeugt, die Stadt zu verlassen. Jetzt war es später Nachmittag und ihre ehemaligen

Schützlinge zogen als lange Schlange zum Grenzzaun. Einige mit gesenkten Häuptern, aber viele mit neuer Hoffnung in ihren Gesichtern. Die eine oder andere Nachrichtendrohne geierte über den Dächern und beobachtete das Geschehen von oben.

»Ich denke, jetzt ist ein guter Zeitpunkt, um loszulegen«, meinte Alejandro.

Sie holte nochmals tief Luft und stellte sich an den Rand des Daches in Richtung Stadt, wie sie es besprochen hatten. Mit den Fingern stieß sie einen schrillen Pfiff aus. »Hey, News-Streams! Hallo! Hierher! Wir haben euch was zu sagen!«

Die Reaktion ließ nicht lange auf sich warten. Zwei der verhassten Drohnen unterbrachen ihre Suche, kamen zu ihr geflogen und richteten ihre toten Kameraaugen auf sie aus.

»Herr Mäuser, ich bin Olivia Garcias und das hier ist mein Mann Alejandro. Wie sie sicherlich schon festgestellt haben, sind wir ZEU-Bürger. Genau – keine Migranten aus Afrika, die hier auf ein besseres Leben gehofft haben. Wir haben diese Stadt vor vier Jahren aufgebaut! Die Menschen hatten hier ihr Auskommen. Wir hatten Strom. Es gab genug zu essen aus unseren Gewächshäusern, jeder hatte ein solides Dach über den Kopf und fließendes Wasser zum Kochen und Duschen.«

Sie stützte sich auf dem Geländer ab und schaute jetzt direkt in die Kamera: »Aber Sie, Herr Innenminister Mäuser, haben all das hier zunichtegemacht. Mit voller Absicht haben Sie uns Wasser und Strom abgedreht!« Dabei stach sie mit dem Zeigefinger provozierend in Richtung der Kameras. »Und als die Menschen verständlicherweise am Zaun protestierten, haben SIE – Sie persönlich – den

Schießbefehl gegeben. Einhundert unschuldige Frauen und Männer wurden von Ihren Kampfrobotern feige abgeschlachtet!«

Sie machte eine bewusste Pause. »Und jetzt? Jetzt lassen Sie Menschen in ›Übergangslager‹ bringen. Um was mit ihnen zu tun? WAS, HERR MÄUSER? Wollen Sie diese Menschen, statt sie in die ZEU zu integrieren und ihnen ein menschenwürdiges Dasein zu ermöglichen, wieder nach Algerien verfrachten, wo Hitze und Armut auf sie warten? Oder stecken Sie sie gleich in Konzentrationslager, um sie zu vergasen?«

Langsam kam sie richtig in Fahrt: »Und wissen Sie was? Uns beide kriegen Sie hier nicht weg! Sie wollen diese Stadt abreißen lassen, statt sie für die Menschen bewohnbar zu halten? Dann werden sie zwei ZEU-Bürger damit umbringen. WIR GEHEN HIER NICHT WEG! Wir sind ZEU-Bürger! Aber ich denke mal, das dürfte Ihnen egal sein – genauso egal, wie die anderen einhundert Menschenleben, die sie gewissenlos ermordet haben.«

Damit trat sie zurück und nahm ihren Mann an die Hand. Gemeinsam hoben sie ihre Arme in die Luft. Hinter ihnen versank die Sonne zwischen den Hügeln. Perfektes Timing.

»WIR FÜR ALLE MENSCHEN!«, brüllten sie aus einer Kehle. Dann sahen sie zu, dass sie ihren Fernstecher, der ebenfalls alles aufgezeichnet hatte, aufsammelten und vom Dach wegkamen.

Während sie zügig die Treppen hinunterliefen, meinte Alejandro: »Du hast ganz schön dick aufgetragen – und was für ein pathetischer Abgang. Glaubst du ernsthaft, die zeigen das?«

»Keine Ahnung«, sie zuckte mit den Schultern, »aber es werden garantiert diverse Behördenmitarbeiter zu Gesicht bekommen. Das sollte erst mal reichen, um es ihnen nicht zu leicht zu machen. Vorläufig verhindern wir, dass die Stadt direkt niedergewalzt werden kann.«

## Peter

Die Sonne schien ihm ins Gesicht, als er zur Mittagspause vor die Tür der Behörde trat und sich umschaute. Er brauchte dringend frische Luft. Die Vögel im Odeonspark zwitscherten unschuldig. Nichts erinnerte mehr an den Hagelschauer von vorgestern. Das Gemetzel unter den Flüchtlingen im Süden Spaniens war für die meisten Menschen hier nur eine Randnotiz in den News. Peter war frustriert über seine Chefin, die Politiker und seine eigene Unfähigkeit, etwas zu verändern. Aber er war Ermittler im Staatsdienst und hatte sich an Gesetze und die Anweisungen seiner Vorgesetzten zu halten. Punkt.

Den Rest des Vormittags hatte er nichts Vernünftiges mehr zustande gebracht. Daher hatte er sich die Zeit genommen, kurz seine Familie in der VR zu besuchen und mit der zuckersüßen Hedda zu spielen. Er hatte ein schlechtes Gewissen gegenüber Kristina, denn die Bettgeschichte hing ihm noch immer nach, auch wenn eigentlich gar nichts passiert war. Inzwischen hatte er es endgültig als Halluzination aufgrund des Schocks und der Schmerzen abgestempelt. Carmens grüne Augen mit den goldenen Sprenkeln, der Duft ihrer Haare, die nackten Schultern ... Er schob den Gedanken beiseite und ging ins Café Kurzweil, dessen Stühle und Tische am Rande des Odeonsparks standen.

Einzelne Sonnenstrahlen fielen durch die Kastanienbäume und luden zum Verweilen ein. Zur frühen Mittagsstunde war er einer der ersten Gäste. Bei der blonden Bedienung, die sich im kurzen Dirndl dank des AR-Modus seiner Brille materialisierte, bestellte er einen echten Kaffee und ein Klub-Sandwich. Der Kaffee war nicht echt, weil es keine Kaffeebohnen in der ZEU gab. Aber das machte nichts, denn das geröstete und mit Koffein versetzte Soja-Getränk schmeckte hier im Café intensiver als das klumpige Pulver in der Dienststelle.

Während er seinen Gedanken nachhing und die aufsteigenden Röstaromen seiner Tasse genoss, erklang eine melodische Stimme hinter ihm: »Darf ich mich dazu setzen?«

Er drehte sich um und sah Carmen. Kurze schwarze Haare, ein blau geblümtes Kleid sowie moosgrüne Augen und ein Lächeln auf den Lippen.

»Was…? Ähm… ja, sicher.« Der Anblick der harten, aber wunderschönen Realität zeigte ihm, dass er sich getäuscht hatte. Schlagartig kam die Erinnerung an ihren gemeinsamen Nachmittag in allen Einzelheiten zurück. Auch sein schlechtes Gewissen gegenüber Kristina ließ sich nicht mehr verdrängen.

Weiterhin lächelnd setzte sie sich auf die andere Seite des runden Cafétisches. »Warum schaust du, als ob du einen Geist gesehen hättest?«

»Ich bin nur überrascht. Du bist vorgestern sang- und klanglos verschwunden und hast mir nicht einmal eine ID hinterlassen oder zumindest deinen Nachnamen.«

»Diaz.«

»Hä ...?«

»Mein Nachname ist Diaz.«

Der Name ließ etwas in seinem Hinterkopf anklingen. »Oh, danke. Ja, äh… was machst du hier?« Ihm fiel in diesem Moment keine bessere Frage ein.

Das Lächeln verschwand. »Ich habe nach dir gesucht. Neulich war ich nicht ehrlich zu dir: Tatsächlich wollte ich schon am Tag des Hagelschauers mit dir persönlich sprechen. Daher war ich direkt bei dir im Schutzbereich. Aber, nun ja, die ganze Situation ist dann aus dem Ruder gelaufen.«

Er musste das erst einmal verdauen. »Du hast mich damals bereits verfolgt, um mich zu verführen?«

»Nein! Ehrlich nicht. Und das habe ich ja auch nicht.« Sie hob ihre Hände und sah ihn entrüstet an. »Ich wollte nur mit dir sprechen. Und mir war wirklich kalt in den nassen Klamotten. Dass dir das unangenehm ist, kann ich natürlich verstehen ...«

Unangenehm? Das Gegenteil war der Fall, am liebsten würde er es direkt wiederholen. Dann jedoch, ohne todmüde in den Schlaf zu sinken. Aber er würde nicht einmal im Traum daran denken, das einzugestehen. Schon wegen Kristina.

»Also, nehmen wir mal an, das wäre wahr«, er gewann langsam seine Fassung zurück und der Ermittler in ihm übernahm die Kontrolle. »Was genau wolltest du von mir?«

»Wir haben am Tag davor bereits miteinander gesprochen. In der VR. Ich bin die Redakteurin mit der KI, die du wegen der Fake-Prognose beschlagnahmt hast.«

Diaz. Das war es. Die Redakteurin heißt Camila Diaz. Nicht Carmen.

»Du bist Camila Diaz?«, fragte er zur Sicherheit nach.

»Ja. Hier…« Sie schickte ihm eine Freundschaftsanfrage über ein elegantes Wearable, das sie als goldenen Armreif trug. Ihre nicht fälschbare ZEU-ID bestätigte es. Er speicherte die Anfrage, nahm sie allerdings vorerst nicht an.

»Aber gestern war dein Vorname noch Carmen ...?«, hakte er nach.

»Tut mir leid. Wie gesagt, ich hatte es mir anders überlegt. Als ich dir dann geholfen und… na ja… mit dir im Bett lag, wollte ich meinen echten Namen nicht verraten.« Sie hielt ihren Blick gesenkt.

»Also gut, nehmen wir an, ich glaube dir. Was hat seine Einstellung geändert?«

Sie sah auf. »Der Pressebericht, der gestern durch die Medien ging. Die haben Dutzende Menschen an der Mauer niedergemäht und das Ganze als heroische Tat dargestellt. Das ist einfach ekelhaft und hatte nichts damit zu tun, dass die Presse-KIs Fake News produzieren. Dieses Mal war das glasklare Absicht. Da wird eine massive Kampagne gegen die Flüchtlinge gefahren und Dutzende von ihnen abgeschlachtet – und das offensichtlich mit Unterstützung durch Medien und Politik.«

Carmen… nein, *Camila* verbesserte er sich in Gedanken, war zum gleichen Schluss gekommen, wie er. Daher bestätigte er: »Ja, das ist auch meine Meinung. Aber man hat mich zurückgepfiffen. Ich darf in dieser Angelegenheit nicht weiter ermitteln.«

»Trotzdem hast du sicherlich Zugang zu diversen Datenbanken und kommst an Informationen heran, die mir verschlossen bleiben. Umgekehrt habe ich ein großes Netzwerk aus Reportern – echte Menschen – und Informanten, über das du nicht verfügst.« Camila schaute ihn eindringlich an. »Lass uns gemeinsam versuchen, das an die Öffentlichkeit zu zerren. Das ist ein Riesending – ein Skandal! Außerdem können wir so den Migranten hinter diesem furchtbaren neuen Zaun helfen.«

Daher wehte der Wind. Ihr ging es um die Geschichte und seinen Zugang zu vertraulichen Daten. Auch wenn er sich beim Rest ihrer Aussagen nicht sicher war, das klang plausibel. Laut fragte er: »Dir geht es nur um die Story?«

»Peter«, sie wechselte in einen verschwörerischen Tonfall, »ich arbeite mein ganzes Leben für irgendwelche Streams und musste mich immer mit unwichtigen Beiträgen beschäftigen, die Sekunden später wieder vergessen waren. Aber das hier – das ist was Großes! Du arbeitest beim Verfassungsschutz. Es geht dir darum, die Verfassung und die Menschen zu schützen, die hier in der ZEU leben. Alle Menschen! Auch die, die man hier nicht so gerne sieht.«

Sie hatte sich gegen Ende richtig in Rage geredet und schien überzeugt von dem, was sie sagte. Insbesondere mit ihren letzten Sätzen traf sie einen wunden Punkt. Er hatte bisher für die Migranten nicht viel übrig gehabt, aber was dort aktuell passierte, das hatte niemand verdient. Und mit seinem rechtlichen und moralischen Verständnis der ZEU-Verfassung ließ sich das ebenfalls nicht in Einklang bringen. Und überhaupt, was wäre, wenn die politische Elite in der Lage wäre, die öffentliche Meinung zu manipulieren? Dann wären wir auf dem besten Weg in eine Autokratie.

»In Ordnung.« Er atmete tief durch. »Du hast mich überzeugt – ich bin dabei.«

»Ja!« Sie ballte die Faust. »Danke, Peter! Gemeinsam schaffen wir das!«

Camila sprang auf, umarmte ihn und gab ihm einen Kuss auf die Wange. Kurz darauf löste sie sich von ihm und setzte sich wieder auf ihren Platz. Er war immer noch bei ihrer überraschenden Umarmung und ihren warmen Lippen auf seinem Gesicht.

Sie holte ein hauchdünnes Tablet und einen Stift hervor. Beides wirkte in der heutigen Zeit anachronistisch. »Lass uns überlegen, wie wir am besten starten.« Sie tippte mit dem E-Pen an ihre Lippen. »Also, ich bin mir ziemlich sicher, dass unser furchtbarer Innenminister Theo Mäuser tief mit drinsteckt. Er ist die treibende Kraft für die diversen Maßnahmen und Gesetze gegen die Migranten. Genau das müssen wir der Öffentlichkeit zeigen! Aber was ist seine konkrete Rolle – ist er Initiator oder nur Mitläufer? Und vor allem: Was ist sein Ziel? Ich meine auf lange Sicht.«

Er bestellte zwei weitere Kaffees für sich und Camila. Im Anschluss ließ er sich auf das Gedankenspiel ein, da er einen ähnlichen Verdacht hegte. Zum Glück konnte er sich seine Arbeitszeit frei einteilen. Seine Chefin war vermutlich froh, wenn er aktuell nicht beim Dienst aufschlug. Unauffällig sah er sich um. Abgehört und beobachtet werden konnten sie überall. Journalistische Recherche war nicht verboten. Er musste nur aufpassen, dass er sich auf nichts Illegales einließ. Camila schaute ihn fragend an und erwartete eine Antwort.

»Okay, entschuldige.« Er konzentrierte sich auf ihre Fragen. »Also: Mäuser ist Politiker und soweit ich sein Auftreten beurteilen kann, denke ich, er ist durch und durch korrupt. Ein Egomane und Selbstdarsteller. Ihm ist nur wichtig, was er persönlich hat. Rücksicht auf andere nimmt er keine. Er will höher hinaus. Das Amt des ZEU-Präsidenten?«

»Das klingt schlüssig. Erst mal alle Flüchtlinge einsperren und die Grenzanlage noch weiter befestigen. Dann kann er sich als Held darstellen. Sogar Massenmord wäre ihm recht.« Camila schüttelte sich. »Das ekelt mich echt an.«

Peter war verblüfft. »Hast du nicht diverse Berichte herausgegeben, die genau zu dieser Situation beigetragen haben?«

»Ja, aber was sollte ich denn tun?« Sie schaute ihn an, legte ihr Tablet ab und öffnete ihre Hände. »Ich bin Redakteurin und arbeite mit dem Material, was man mir bereitstellt. Viel von dem ganz üblen Zeug habe ich herausgefiltert. Man kann sich seinen Job heutzutage nicht aussuchen. Einmal Grundversorgung, immer Grundversorgung. Das weißt du so gut wie ich.«

»In Ordnung, verstehe. Zurück zu Mäuser.«

Sie legte den Stift erneut an ihre Lippen und führte weiter aus: »Für die nächste Wahl in zwei Jahren reicht das mit den Lagern und dem neuen Zaun nicht. Das ist bis dahin vergessen. Er könnte aber versuchen, die aktuelle Situation dem amtierenden Außenminister in die Schuhe zu schieben. Da dieser ›viel zu wenig unternommen hat, um die Flüchtlinge bereits in Afrika abzuhalten‹ oder so ähnlich.«

»… um dann auf dessen Position zu wechseln«, setzte Peter den Gedanken fort. »Das gäbe ihm die Möglichkeit das Ganze außenpolitisch auszuschlachten. Mit einem Krieg? Oder vielleicht die ZEU-Grenze an die afrikanische Nordküste verlegen? Damit erneut niemand mehr herüberkommen kann? Das sollte ihm das nötige Momentum für die Präsidentschaftswahl verschaffen – oder nicht?«

»Ja, macht Sinn«, bestätigte sie, »vor allem, wenn er die Medien aktiv in eine bestimmte Richtung lenken kann. Das ist beängstigend. Ich muss herausfinden, wer aus seinem Umfeld bereit ist, über seine Pläne zu sprechen. Es gibt immer irgendwelche Neider, die gerne etwas ausplaudern. Außerdem brauche ich Quellen direkt in einem der Flüchtlingslager, die berichten können, was dort wirklich passiert. Ich bin mir sicher, dass es einen Grund für die diversen Demonstrationen und Aufstände gibt, die plötzlich überall aufflammen. Darum werde ich mich kümmern.« Sie machte eine kurze Pause. »Damit bleibt für dich die Frage nach Ursache oder Wirkung. Ist Mäuser ein Profiteur der Berichterstattung? Oder hat er sie aktiv initiiert? Oder steckt jemand anderes dahinter?«

Er überlegte. Gab es wirklich eine Art »graue Eminenz« hinter all dem? Waren es einfach nur ein paar überdrehte KI-Algorithmen? War es reiner Zufall oder vielleicht doch Mäusers Umfeld, das die Berichte forciert hatte? Das war es, was er herausfinden wollte, als er zurückgepfiffen wurde.

Laut sagte er: »Eine weitere Analyse der Presseberichte bezüglich Fake News darf ich im Dienst nicht mehr durchführen. Die Akte wurde geschlossen. Aber ich kann auf Observationsmaterial der Lager in Südspanien zugreifen. Unter dem Vorwand, nach weiteren Aufständen, Terrorplanung und so weiter zu suchen, ohne dass meine Chefin direkt auf der Matte steht. Das gehört zu meinem regulären Auftrag.« Er hielt kurz inne. »Wann wollen wir uns treffen und über unsere Ergebnisse sprechen?«

»Heute Abend bei mir zum Abendessen?«

Peter stand vor dem Wohnblock nahe des Nymphenburger Schlosses, direkt am Kanal, mit Blick auf den Schlossgarten. Eine Allee säumte das leicht abfallende Ufer. Die Sonne verschwand in diesem Moment hinter der Front des Barockschlosses. Trotz der romantischen Abendstimmung spazierte nur ein einsames Pärchen mit ihrem Handtaschenhund über das weite Gelände. Einen VR-Seat für Hunde gab es noch nicht. Zumindest keinen funktionierenden. Entweder waren diese Tiere zu schlau oder zu dumm, um die künstliche Realität als Ersatz für die echte zu akzeptieren.

Als er an die Tür herantrat, spürte er seinen Herzschlag und strich sich das beige Jackett glatt, das er für diesen Anlass angezogen hatte. Kristina hatte er vorhin nur eine kurze Nachricht aus dem Office geschickt: Er muss erneut lange Dienst schieben und schafft es daher nicht, abends vorbeizuschauen, so wie bereits gestern. Aber da war er im Büro gewesen. Heute plant er, mit Camila an ihrer privaten Recherche zu arbeiten. Mehr nicht. Das hat er sich fest vorgenommen.

Am Ende hält er seine Hand auf den obligatorischen Scanner, der sich an allen Haustüren befindet. Die Tür öffnet sich ohne Rückfrage. Sie hatte ihre Haussteuerung informiert. »5. Stock rechts, Wohnung 3« zeigte das Display. Er betrat einen mit Marmor ausgelegten Flur, der frisch poliert glänzte. Keine große Kunst mit einer guten Facility-Drohne. Der Fahrstuhl stand bereit und schob sich auf, als er herantrat. Er atmete auf, hier funktionierte die Technik. Japsend und schweratmend im fünften Stock anzukommen, wäre nicht der erste Eindruck, den er bei ihr hinterlassen wollte. Tasten gab es keine, aber die Anzeige sprang auf sein Ziel. Die Tür schloss sich. Wenige Sekunden später bog er nach rechts ab, wie angewiesen.

Camila öffnete lächelnd die Tür. Bei ihrem Anblick musste er schlucken. Sie trug eine sommerliche weiße Hose und ein passendes blaues Spaghetti-Top, das ihre Figur betonte. Arbeitstreffen. Klar.

»Peter! Komm rein!« Sie umarmte ihn kurz, wobei er den Duft ihres Parfüms riechen konnte, der ihn an eine bunte Almwiese erinnerte. Immerhin kein Kuss. Das beruhigte ihn und ließ ihn weiterhin seine Illusion von einem rein beruflichen Treffen aufrechterhalten – das jedoch höchst inoffiziell war.

»Hi, schön dich zu sehen.« Er betrat ihre Wohnung und sah sich unschlüssig um.

Sie war ähnlich klein wie er, hatte aber eindeutig mehr Stil als seine VR-Junggesellenbude. Braunes Holz, helle Teppiche und passende Vorhänge dominierten das Bild. Auf dem Tisch standen sogar frische Blumen. In der Ecke befand sich der obligatorische VR-Seat, den sie für ihre Arbeit brauchte. Eine offenstehende Tür führte in ihr Schlafzimmer, in dem ein deutlich größeres Bett thronte als sein eigenes.

Nach ein wenig Small Talk bestellten sie sich vietnamesisches Essen, das eine Drohne in zwanzig Minuten bringen würde. Camila öffnete einen Weißwein, den er eigentlich nicht mochte, aber trotzdem dankend annahm.

Sie setzten sich auf die weiche Couchgarnitur.

»Also? Was hast du herausfinden können?« Sie wartete gespannt auf seine Antwort.

Das hatte er tatsächlich. »Ich habe mich auf das Lager Cabo del Gata fokussiert und das dortige Material von

Drohnen und ZEU-Grenztruppen gesichtet. Außerdem habe ich die Bewegungen der Migranten beobachtet, um festzustellen, ob sie die Grenze überschreiten.«

»Das Hotspot-Lager, für das meine KI den falschen Bericht generiert hat.«

Er nickte zustimmend und ergänzte: »Nicht nur das: Ich kannte das Pärchen in deinem News-Bericht bereits. Kara Tengour und Jacques Morau, die beiden waren damals in die Zerstörung des Walls im Mittelmeer verwickelt gewesen. Man hat am Ende die Ermittlungen eingestellt.« Camila wollte etwas einwerfen, doch er fuhr fort: »Es kommt noch besser: Schau, was ich ausgegraben habe!«

Er teilte einen News-Stream aus seinem privaten Archiv mit ihr. In diesem war zu sehen, wie eine Frau mittleren Alters auf einem hohen Dach stand und eine Wutrede über Mäuse der Welt entgegenschrie. Am Ende hielt sie mit einem Mann im ähnlichen Alter die Hände in die Höhe. Gemeinsam riefen sie: »WIR FÜR ALLE MENSCHEN!«, während die untergehende Sonne im Hintergrund die Szenerie dramatisch beleuchtete.

»Oh, wow. Ich hatte nur die verdrehte Kurzversion in den News gesehen. Dort wurde die Frau als durchgeknallte Obdachlose dargestellt. Wo hast du das denn her?«

Er lächelte schief. »Ganz einfach, aus der persönlichen Timeline von Olivia und Alejandro Garcias. Die haben es dort veröffentlicht. Vermutlich hatten sie selbst eine Kamera positioniert und haben das alles bewusst selbstständig aufgenommen. Hat aber praktisch keine Abrufe, da die beiden in den sozialen Netzwerken im Grunde nicht existieren und fast nie online sind. Scheinbar echte VR-Abstinenzler.«

Camila zog ihre Stirn kraus und fragte: »Und wie bist du auf die gekommen?«

»Das Lustige ist: Auch die beiden kenne ich noch von damals, ihre Rollen waren unklar.«

»Damals?«

Peter fasste ihr kurz die Ereignisse zusammen, die vor vier Jahren zur Zerstörung des Walls, der mächtigen Grenzanlage im Mittelmeer, geführt hatten.

»Puh, harter Tobak.« Camila lehnte sich zurück. »Okay, verstehe. Du meinst also, die könnten erneut in ein größeres Ding involviert sein?«

»Keine Ahnung. Die wissen garantiert, was in der Stadt wirklich vorgefallen ist. Ich kann keine offizielle Akte dazu eröffnen, die mir nicht sofort wieder entzogen wird. Und in der VR sind die beiden, wie schon gesagt, nicht zu erreichen. Komplett offline. Aber das ist ja klar, wenn sie sich in den Gemäuern verstecken, um den Abriss hinauszuzögern. Das wars von meiner Seite.« Er zuckte mit den Schultern.

»In Ordnung. Ich war auch nicht ganz untätig und habe mir ebenfalls das Lager vorgenommen. Scheinbar ist diese Stadt Cabo del Gata ein Brennpunkt, um den sich aktuell viele der offiziellen Aktionen drehen.« Sie holte erneut ihren digitalen Notizzettel hervor. »Ich habe mit einem Mitarbeiter gesprochen, der im Umfeld von Mäuser arbeitet. Er hat sich nicht in die Karten gucken lassen, was genau das Innenministerium unternommen hat. Aber er war klar und deutlich. Man wollte diesen Aufstand.«

Das war keine Überraschung.

»Und was noch wichtiger ist«, fuhr sie fort, »das Lager wurde schon evakuiert und die meisten Menschen wurden in eine sogenannte Übergangseinrichtung gebracht. Von dort sollen sie nach Afrika abgeschoben werden. Aber nicht sofort, sondern erst nach einer Umerziehungszeit. Was auch immer das bedeuten mag. Die ganze Stadt wird dann ab übermorgen von Baggern abgerissen. Wer sich dort aufhält, hat Pech gehabt.«

»Mist. Danach gibt es keine Beweise mehr und keine Zeugen. Zumindest keine, an die wir herankommen.« Er stand auf und wanderte durch den Raum. »Wir müssen uns unbedingt mit den Garcias unterhalten. Ich bin sicher, die können uns weiterhelfen und vielleicht sogar Beweise liefern, dass ZEU-Behörden involviert sind. Außerdem wüsste ich gern, was die vorhaben.«

»Okay, lass sie verhaften und befrag sie.«

»Meinst du das ernst?« Er schaute sie entgeistert an.

»Nein, natürlich nicht! Dann wärst du arbeitslos und Mäuser lässt die beiden in irgendeinem dunklen Kerker verschwinden, falls sie nicht bei der Aktion übermorgen sowieso begraben werden. Was machen wir also?« Er breitete seine Arme aus und wartete. »Was ist dein Vorschlag?«

Camila stand auf, kam zu ihm herüber und meinte: »Aber das ist doch klar: Wir müssen nach Cabo del Gata fliegen und uns mit ihnen unterhalten.«

»Was ...?« Weiter kam er nicht. Sie drückte ihm den Finger auf den Mund und zog ihn mit den Händen ebenfalls in die Höhe.

»Shh. Lass uns das morgen diskutieren. Für heute ist es genug.« Daraufhin schob sie ihn mit der Hand sanft nach hinten, bis er mit den Kniekehlen an die Bettkante stieß.

Sie gab ihm noch einen kurzen Schubs und er lag mit dem Rücken auf ihrem weichen, frisch duftenden Bett.

Es war also kein Zufall, dass die Tür zum Schlafzimmer offen gestanden hatte.

# Grenzerfahrungen

## 5. Dezember 2099

### Peter

Er erwachte zwischen zerwühlten Bettlaken, auf die schräge Sonnenstrahlen durch ein halbgeöffnetes Fenster fielen. Der Duft von Camilas Parfüm hing in den fremden Kissen und die Betthälfte neben Peter war leer. Aus ihrem Wohnzimmer hörte er Klappern. Dieses Mal war es definitiv keine Halluzination. Die Nacht war unendlich viel intensiver gewesen als jedes künstlich erzeugte VR-Erlebnis.

»Guten Morgen, Schatz! Ist der Langschläfer aufgewacht?«

Sie kam herein und gab ihm einen Kuss. Sie hatte sich sein Hemd übergezogen, das sie wie einen großen Morgenmantel trug. »Ich habe uns Frühstück bestellt und gedeckt. Noch ist der Kaffee heiß.«

Schatz. So nannte er Kristina. Schlagartig kehrte sein schlechtes Gewissen zurück, aber er verdrängte es erfolgreich. Was zählte, war der Moment. Außerdem hatten sie heute einiges vor. Sie wechselten ein paar Worte und setzten sich an den, dank eines Drohnen-Frühstückservices, reichlich gedeckten Tisch, um den weiteren Tagesablauf zu besprechen. »Ich informiere gleich meine Chefin«, sagte er und fasste ihre Pläne zusammen, »dass ich für ein paar

Tage eine Auszeit brauche und mir dafür spontan Urlaub nehme. Die wird froh sein, mich vorerst aus dem Weg zu haben.«

»In Ordnung«, meinte Camila, »in der Zwischenzeit organisiere ich uns Flugtickets nach Almería. Von dort fliegen wir mit einem Taxi bis Cabo del Gata. Wir müssen uns beeilen, die Abrissarbeiten sollen dort bereits morgen beginnen.«

Bei Kristina meldete er sich nicht. Er war sich nicht sicher, wie er das später alles geradebiegen sollte, aber für den Moment war es besser so. Sie erwartete eh nicht, dass er sich vor heute Abend rührte, da er sie aus dem offiziellen GovNet der Behörde nie anrief.

Wenige Minuten danach fuhren sie zum neuen Airport südlich von München. Dieser war speziell für den privaten Quadrokopter- und VTOL-Flugverkehr vor fünfzehn Jahren erbaut worden. Der ursprüngliche Flughafen, weit oben im Norden bei Freising, war seit Ewigkeiten außer Betrieb. Ohne Massentourismus und internationale Großraumflugzeuge hatte sich die Anzahl der Flughäfen in der ZEU drastisch reduziert. Auch der nutzlose Hyperloop in Richtung Innenstadt, den man Mitte des Jahrhunderts als staatliches Prestigeprojekt gebaut hatte, war nach nur fünf Jahren wieder geschlossen worden. Genauso wie die modernisierte Münchener U-Bahn. Das waren heutzutage alles überflüssige Anlagen für Massentransporte, für die es keinen Bedarf mehr gab.

Auf dem Weg stoppten sie kurz bei ihm, um seine Sachen zu packen. Eine Stunde später saßen sie in einem Linien-Quadrokopter und flogen zusammen mit zwanzig Passagieren mit rund fünfhundert Kilometern pro Stunde in

Richtung Südspanien. Gegen Mittag sollten sie in Almería ankommen. Das würde zeitlich knapp werden.

»Camila?«, wandte er sich an seine… was? Freundin? Geliebte? Affäre?

Die schmiegte sich an seiner Seite. »Was denn?«

»Du schaust mich so seltsam an.«

»Ähm … Was ich dich fragen wollte: Wo kommst du eigentlich her? Also ursprünglich meine ich.«

»Hm … ob ich woanders gewohnt habe?«

»Na ja … schon.«

»Ich bin in Puchheim aufgewachsen. Meine Eltern haben vom Grundeinkommen gelebt. Bereits damals gab es zu wenige Jobs für zu viele Menschen in der ZEU.«

»Ah … und wo bist du geboren?«

»In München-Perlach, wieso?«

»Ich meinte eher, wo deine Eltern herkamen.«

»Aus Puchheim. Das habe ich doch gesagt.« Sie klang leicht genervt.

»Ja, also, ich dachte nur … eher deine Großeltern.«

»Aus Bochum.« Sie rückte etwas von ihm ab und schaute ihn direkt an. »Sag mal, was soll diese Fragerei. Was genau willst du wissen?«

»Dein Name klingt sehr spanisch und wir sprechen Englisch miteinander. Außerdem bist du recht temperamentvoll und bei deinem Sender auf Nachrichten aus Spanien spezialisiert. Da dachte ich, deine Wurzeln liegen dort.«

»Temperamentvoll. Na, vielen Dank auch. Und liegen deine Wurzeln in Bayern? Hm ... Nein, vermutlich eher in Preußen? Bist du deswegen Polizist geworden? Oder denkst du, ich bin so feurig im Bett, weil ich ›spanische

Wurzeln‹ habe? Hast du deshalb nicht ›Nein‹ sagen können? Weil du endlich mal eine ›heiße Spanierin‹ vögeln wolltest?«

Sie verschränkte ihre Arme und funkelte ihn wütend an.

»War echt blöd von mir, entschuldige bitte«, das meinte er ernst. Wie leicht man sich doch von Äußerlichkeiten wie Namen beeinflussen ließ, in eine bestimmte Richtung zu denken.

Camilas Ärger war genauso schnell verflogen, wie die schneebedeckten Spitzen der Alpen unter ihnen erschienen und wieder verschwanden. Während des Fluges bestellten sie sich Ausrüstung für ihr bevorstehendes Abenteuer: Wanderrucksäcke, Outdoor-Kleidung, Ersatzwäsche, Kultursachen, Wasserflasche, Energieriegel, Erste-Hilfe-Pack. Solar-Taschenlampe, Ultra-Leicht-Zelt, Hochleistungsfilter, Überlebensmesser, offline Karten-Pad, aktives Fernglas mit Live-Streaming-Option, Notfallarmband mit Cloud-Connector. Dazu gab es für jeden ein Pfefferspray und Taser, die hochenergetische Pfeile verschossen und ohne Waffenschein getragen werden durften. Mit dieser Mischung aus Überlebensausrüstung und Selbstverteidigungsartikeln sollten sie problemlos mit allen Herausforderungen im Niemandsland fertig werden.

Nach ihrer Ankunft wurde die Bestellung direkt per Drohne geliefert, sobald sie den Flughafen von Almería verließen. Sie zogen sich auf einer öffentlichen Toilette um, riefen sich ein Flugtaxi und machten sich auf den Weg zum »Kap der Katzen«, Cabo del Gata.

Als das Taxi zehn Minuten später bei der Grenzschleuse am Zaun nahe der Stadt landete, war es deutlich nach Mittag und die Sonne schien am stahlblauen Himmel eingefroren zu sein. Hier in der wüstenähnlichen Landschaft waren sie neben ein paar Geckos die einzigen Lebewesen im weiteren Umkreis. Die tiefen Wendespuren von Bussen und Lkws sowie Abfall zeugten davon, dass hier vor Kurzem über zweitausend Menschen abtransportiert worden waren. Zur Stadtgrenze sollte es nicht mehr als zwanzig Minuten Fußmarsch sein. Die Mietfahrzeuge und Fluggeräte hatten sich geweigert, eine Route über die Grenze hinaus in das neue Niemandsland anzunehmen.

»Na, dann wollen wir mal sehen, ob man uns hindurch lässt.« Er trat an den Scanner und legte seine Hand darauf.

Einen Moment dachte er, es würde nichts geschehen. Eine blecherne Stimme informierte ihn, dass er passieren dürfe. Nicht, ohne darauf hinzuweisen, dass er die Sonderverwaltungszone auf eigene Gefahr beträte, alle seine Versicherungen unwirksam wären und ihm niemand helfen würde, falls er in Schwierigkeiten geriete.

»Schön zu wissen, dass die ZEU sich immer um ihre Bürger kümmert«, sagte Camila und legte ihre Hand auf.

*»Zutritt verweigert«*, erschien in weißen Lettern auf roten Grund.

»Hm… eventuell lassen die keine neugierigen Journalisten durch?«, überlegte sie.

»Das wäre eine Überraschung. Alle ZEU-Bürger sind gleichberechtigt und speziell Journalisten genießen besondere Privilegien. Zumindest, solange Mäuser noch nicht das Sagen hat«, meinte er. »Probiere es noch mal.«

Camila sah ihn zweifelnd an und versuchte es erneut.

*»Zutritt verweigert«*, kam die lakonische Antwort.

»Und nun?« Sie schaute ihn ratlos an. »Klettern?«

»Das wird eher schwierig.« Damit deutete er auf die Kameras, die den Zaun auf der gesamten Breite zu überwachen schienen. Außerdem war die Konstruktion recht massiv und sicher fünf Meter hoch.

»Lass mich mal schauen ...« Er setzte sich sein VR-Headset auf.

»Jana: Gibt es Einschränkungen für ZEU-Bürger für den Grenzübertritt in die Sonderverwaltungszone vor uns?«, fragte er direkt.

»Ja, Peter«, kam die prompte Antwort. »Privatpersonen ist der Übertritt untersagt. Auf der anderen Seite der Grenze droht Gefahr für Leib und Leben.«

»Ah, okay. Ich bin Beamter des Innenministeriums. Daher darf ich vermutlich hinüber. Hm... Jana: Könnte ich in dieser Funktion private Dienstleister mit hinübernehmen?«

»Ja, Peter, das wäre erlaubt.«

Er wendete sich mit einer Frage an Camila: »Und? Was kostest du pro Tag?«

»Was?!«

»Als freie Recherche-Helferin. Natürlich.«

»Mindestens tausend CE. Aber für dich gibts einen ordentlichen Rabatt, da du teilweise in Naturalien zahlst.« Dabei lächelte sie ihn zuckersüß an.

Er rollte mit den Augen: »Dienstliche Assistenz kontaktieren: Bitte schließe mit Camila Diaz einen Freelancer-Vertrag. Hilfe bei der Recherche über potenziell verfassungszersetzende Aktivitäten in der südspanischen Sonderverwaltungszone. Achthundert CE Tagessatz. Einsatzzeit: mindestens fünf Tage mit Option auf Verlängerung. Der Einsatz beginnt sofort. Abrechnung auf mein Observationsbudget.«

»Hallo, Peter. Einen Moment, bitte«, kam die Antwort seiner dienstlichen Jana-Assistenz. Auch wenn er auf die sensiblen Inhalte des GovNets nur über die VR-Seats in der Dienststelle zugreifen konnte, war die Nachrichtenübermittlung zum Glück nicht eingeschränkt.

Er bemerkte an Camilas Reaktion, dass die parallele Anfrage bei ihr hereinkam.

»In Ordnung, nimm den Vertrag an«, bestätigte sie ihrer eigenen Assistenz-KI.

»Peter«, meldete sich Jana bei ihm zurück, »ich habe den Vertrag mit ihrer persönlichen Assistenz geschlossen. Ab sofort kannst du auf die Dienstleistungen von Camila Diaz zurückgreifen. Soll ich ihr einen konkreten Auftrag übermitteln?«

»Nein, danke, Jana, das regele ich persönlich.«

Camila fragte ihn zweifelnd: »Kannst du das einfach machen? Das fällt sicherlich auf.«

»Jein. Diese Art Verträge sind in meinem Job nicht unüblich. Ich arbeite häufig mit Privatdetektiven und ähnlichem Gesocks zusammen. Sorry, du bist natürlich etwas anderes. Trotzdem hat das bestimmt ein Nachspiel, ich bin offiziell in Urlaub und darf hier nicht ermitteln. Solange wir erfolgreich sind, sollte das jedoch kein Problem sein.«

»Und falls nicht?«

»Dann brauche ich eine gute Ausrede.«

Die gespielte Lockerheit half ihm, seine Nervosität zu überdecken. Sein Verhalten war nicht strafbar im eigentlichen Sinne. Zumindest nicht so, dass man ihn dafür sofort verhaften würde. Aber jemand könnte ihm aus dieser Aktion leicht einen Strick drehen und eine Dienstaufsichtsbeschwerde einreichen.

Ein Zurück gab es spätestens ab diesem Moment für ihn nicht mehr. Er hatte damit alles auf eine Karte gesetzt. Sie mussten mit ihren illegalen Ermittlungen erfolgreich sein. Nur dann würde man ihm das – vielleicht – durchgehen lassen.

Sie marschierten seit ein paar Minuten am Zaun entlang durch die eintönige Landschaft aus Sträuchern, Sand und Steinen. Vor ihnen tauchten erste große, mit weißer Plane bespannte Gewächshäuser auf. Ihm war nicht bewusst gewesen, dass hier Obst und Gemüse angebaut wurde.

»Schau mal«, meinte er zu Camila, »die haben sich hier eine Selbstversorgung aufgebaut. Die Treibhäuser erstrecken sich auf mindestens einen Kilometer.«

»Warte, ich mache ein paar Aufnahmen.« Daraufhin tippte sie sich an ihr Headset, stapfte näher heran und kommentierte das Gesehene außerhalb seiner Hörweite.

Nach einer Weile folgte er ihr, um sich ebenfalls umzuschauen. Als er am ersten Zelt ankam und die Plane zur Seite schob, sah er, dass hier scheinbar Gemüse auf mehreren Ebenen angebaut worden war. Aus dem Inneren kam ihm brachial heiße, nach Gummi stinkende Luft entgegen. Von den ehemaligen Tomatenstauden existierte nur noch verdorrtes Laub, das schlaff in staubigen Beten lag.

»Die müssen hier Strom und Wasser gehabt haben – und zwar reichlich. Ansonsten wären sie nicht in der Lage gewesen, Zehntausende Pflanzen zu bewirtschaften. Beides wurde offensichtlich vor Kurzem abgestellt«, stellte

Camila fest, während sie ihren Kopf schwenkte und weiter für eine zukünftige Reportage aufzeichnete.

Eine Viertelstunde wanderten sie an den Gewächshäusern entlang, bis erste Dächer vor ihnen auftauchten. Müll und Plastikfetzen hingen in Sträuchern und sammelten sich in Mauerecken.

Als sie auf Höhe der Gebäude ankamen, konnte er große braune Flecken und Schleifspuren im Sand sehen. Vor allem vorne am Zaun. Sie schauten sich auch hier genauer um. Die Grenzanlage wies deutliche Beschädigungen von beiden Seiten auf. Das war der Ort des Massakers. Er bemerkte, dass Camila weiterhin aufzeichnete und vor sich hin murmelte. Die halbverfallenen Bauten in Sichtweite hatten ebenfalls Einschusslöcher. Drohnen sah er keine.

»Bist du so weit?«, rief er zu seiner Begleiterin und machte sich auf den Weg in Richtung einer Straße, die in die Geisterstadt hineinführte.

Sie folgte ihm durch leer stehende, ein- und zweistöckige Gebäude. Überall sahen sie Anzeichen, dass sich die Migranten hier die letzten vier Jahre häuslich eingerichtet hatten. Wäscheleinen mit vergessenen Stücken, Blumentöpfe mit welkenden Blättern, frische Gardinen, geflickte Dächer, neue Fensterscheiben und Putz, Spielgeräte, auf denen bis vor Kurzem fröhliches Kinderlachen erklungen war. Und über allem hing der brackige Geruch des Meeres.

Er musste schlucken. Die Menschen hatten sich hier ein provisorisches Leben aufgebaut und nicht erwartet, ihre Häuser überstürzt verlassen zu müssen. Warum auch? Mit ausreichend Strom und Wasser, frischen Lebensmitteln aus den Gewächshäusern sowie der einen oder anderen Lieferung externer Waren konnte eine Stadt wie diese, problemlos Tausende Einwohner beherbergen. Und zwar für eine Weile, bis sie eine feste Bleibe in der ZEU gefunden hätten. Camila erging es vermutlich ähnlich, ihrem Gesichtsausdruck nach zu urteilen, während sie weiterhin filmte und die Szenerie kommentierte.

»Hey! Ihr!«, erscholl der Ruf einer weiblichen Stimme von oben. »Was macht ihr Aasgeier hier? Müsst ihr euch persönlich daran ergötzen, wie die Menschen vertrieben wurden? Wollt ihr anschauen, wie morgen die ersten Häuser von den Baumaschinen zertrümmert werden? Reicht es nicht, dass die Zerstörung durch eure beschissenen Drohnen mit irgendeiner frei erfundenen Geschichte in alle Welt übertragen wird?«

Er hob den Kopf und musste die Augen bedecken, da die Person auf dem Flachdach mit der Sonne im Rücken stand. Mehr als eine schwarze Silhouette war nicht zu erkennen.

»Nein«, antwortete Camila. »Wir wollen helfen.«

»Helfen? Willst du mich verarschen? Alle Welt hält die Menschen, die hier friedlich gelebt haben, für Mörder und Vergewaltiger. Aber zum Glück werden die ja dorthin abgeschoben, wo sie herkamen. Meint ihr nicht?« Ihre Stimme troff vor bitterer Ironie.

»Olivia Garcias?«, fragte er. »Wir sind wirklich hier, um zu helfen. Wir haben die Streams in euren sozialen Profilen gesehen. Die ungekürzte Fassung.«

Damit hatte er ihre Aufmerksamkeit. Der Schatten verschwand aus der Sonne und kurz darauf trat eine hagere Frau mittleren Alters mit langen feuerroten Haaren aus der Tür des Hauses. Das war eindeutig Olivia. Hinter ihr folgte

Alejandro. Ein Mann in ähnlichem Alter mit wirrem Haar und grau meliertem Vollbart. Fast wie ein in die Jahre gekommener Jesus.

»Ihr kennt uns also. Dann erzählt, was ihr hier macht. Aber«, meinte Alejandro und deutete mit dem Finger auf ihre Headsets, »die bleiben ausgeschaltet. Keine Aufnahmen, solange wir nicht wissen, woran wir sind.«

»Einverstanden«, damit nahmen er und Camila ihre VR-Brillen ab.

Sie wollte ansetzen zu erzählen, da unterbrach Olivia sie: »Kommt. Wir gehen in den Schatten, es gibt keinen Grund, hier in der Hitze zu verdorren.«

Sie folgten den beiden in eines der Häuser. In einem größeren Raum, der früher der Gastraum eines Restaurants gewesen war, setzten sie sich auf Plastikstühle an einen Campingtisch. Peter berichtete, was sie hergetrieben hatte. Die Entdeckung des Trends der negativen und erlogenen News-Berichte, die Annahme, dass Mäuser persönlich dahinterstecken könnte. Er schloss mit ihrer Vermutung, warum gerade diese Stadt dem Politiker ein Dorn im Auge sein könnte.

Olivia schaute sie abwechselnd prüfend an: »Okay, du bist Reporterin oder so etwas, das habe ich kapiert. Du hoffst auf die große Story. Aber was ist mit dir?« Sie nickte Peter zu. »Du machst nicht den Eindruck, als wenn du ihr Assistent wärst.«

»Nein, das bin ich nicht.« Sollte er ehrlich sein? Er hatte es versäumt, sich seine Geschichte vorher in Ruhe zu überlegen, und atmete tief durch. »Tatsächlich arbeite ich für den Verfassungsschutz.«

»Was?!« Alejandro sprang auf, warf dabei den Stuhl um und schaute gehetzt zur Tür. »Siehst du? Ich habe dir gleich gesagt, wir sollten nicht mit den beiden reden!«

»Beruhige dich«, sagte Olivia bestimmt. »Die sind allein gekommen, ansonsten würden wir hier nicht sitzen.«

Ihr Mann schaute immer noch mit zusammengezogenen Augenbrauen, aber er nahm seinen Stuhl wieder auf und setzte sich.

Peter erklärte: »Ich bin nicht in offiziellem Auftrag hier. Im Gegenteil. Mein oberster Dienstherr, der Innenminister, will sich auf Kosten der Flüchtlinge, äh, Migranten, einen Namen als harter Hund machen. Er strebt nach Höherem, manipuliert im großen Stil die Medien. Das will und kann ich nicht zulassen. Mäuser verstößt damit gegen die Grundpfeiler der europäischen Verfassung, will sich womöglich als eine Art Alleinherrscher aufschwingen und wird sprichwörtlich seinen Weg mit Leichen pflastern. Das hat er hier eindrücklich gezeigt.«

Olivia schaute ihn lange an. »Nehmen wir mal an, ich glaube dir. Das erklärt aber immer noch nicht, warum du genau hierher zu uns gekommen bist und meinst, dass wir dir helfen können.«

»Doch«, sagte Peter mit Nachdruck, »das erklärt es. Ich war vor vier Jahren der leitende Ermittler bei der Zerstörung des Walls. Und ich kenne euch alle: euch beide sowie Kara und Jacques. Ich weiß, dass ihr damals aktiv beteiligt wart und wie Diego das gemacht hat.«

## Theo

»Herr Mäuser! Herr Mäuser!« Einer seiner Speichellecker kam ihm im Korridor zum Büro hinterhergerannt.

Theo machte sich nicht die Mühe, sich umzudrehen, falls es wichtig war, würde der Kerl ihn vor seiner Bürotür einholen. Der Mann schaffte es knapp, während die Tür sich geöffnet hatte. Japsend und nach Luft schnappend bekam er kein verständliches Wort heraus.

»Was ist denn nun?«, blaffte Theo ihn an. »Ich habe nicht den ganzen Tag Zeit.« Seine Untergebenen hatten einfach keine Kondition mehr.

»Ich… ich muss dringend… mit… Ihnen… sprechen. Wir… wir haben… einen Verräter. In unseren eigenen Reihen.«

Oh. Das klang nicht gut.

»Jetzt kommen Sie doch endlich rein. Warum haben Sie das denn nicht sofort gesagt?« Der schlaksige Typ mit den dünnen, schwarzen Haaren kam ihm bekannt vor. Wie hieß er gleich? Irgendwas Slawisches. War auch egal.

Nachdem er sich auf den bequemen Sessel hinter seinem Mahagoni-Schreibtisch gesetzt hatte, stand der Kerl immer noch verloren neben der Tür. »Mann, jetzt kommen Sie doch endlich zur Sache!«, fuhr Theo ihn an.

»Entschuldigung. Mosy, das Military Observation System hat uns über eine beunruhigende Entwicklung informiert.«

»Wie heißen Sie noch gleich?«

»Babic. Milo Babic, Herr Mäuser.«

Er erinnerte sich: Zuletzt hatten sie sich in der VR gesehen. Der Mann war schon häufiger mit guten Ideen bei ihm aufgeschlagen. Ansonsten hätte er ihn spätestens jetzt hochkant aus seinem Team geworfen. Es war furchtbar, wenn seine Lakaien stundenlang um den heißen Brei herumredeten. Aber fähige Leuten verzieh er das ausnahmsweise.

»Na los, Babic, spuken Sie es aus!«

»Selbstverständlich. Uns wurde gemeldet, dass der Ermittler, der bereits wegen der News-Berichte versucht hat, Ärger zu machen, plötzlich in der Nähe des Problem-Camps aufgetaucht ist. Nicht nur das: Er hat sich dafür zum Schein Urlaub genommen. Anschließend hat er sogar eine Journalistin, die ihm persönlich nahesteht, mitgenommen und ihr einen Behördenauftrag über fünftausend Cent verschafft.«

Babic hatte seine Atmung inzwischen so weit beruhigt, dass er geradeaus formulieren konnte. Immerhin.

»Das ist ein klarer Fall von Korruption. Verhaften, wegsperren und vergessen – oder anders herum. Aber was wollen Sie damit bei mir?«

»Eine militärische Aufklärungsdrohne hat die beiden beobachtet. Sie haben sich mit zwei Personen getroffen. Olivia und Alejandro Garcias.« Er hob die Hand, bevor Mäuser ihn erneut maßregeln konnte. »Das Pärchen war in die Zerstörung des Walls verwickelt. Das geht eindeutig aus den Polizeiakten hervor, auch wenn man sie hat laufenlassen. Und es wird noch besser: Zwei weitere Verdächtige von damals wohnten seit Monaten bei ihnen.«

»Sie meinen, das ist die Terrorzelle, die vor vier Jahren den Wall zerstört hat? Und die haben erneut etwas vor?« Das war eine wichtige Neuigkeit.

»Genau das denke ich. Leider können wir bisher nichts beweisen. Außerdem ist unklar, warum sich dieser Ermittler, Peter Hessler, zusammen mit einer Journalistin mit diesen Subjekten trifft.«

»Ja, dann finden Sie es heraus! Aber zackig! Was machen Sie noch hier? Verschwenden Sie keine Zeit!«, dass man seinen Leuten die offensichtlichen Aufträge immer persönlich erteilen musste! Konnten die nicht einmal selbstständig denken?

»Sehr wohl, Herr Mäuser. Ich informiere Sie unverzüglich, sobald wir genaueres wissen.«

Damit drehte er sich auf den Hacken um und floh aus dem Büro.

»Babic!«, hielt er ihn kurz vor seinem Abgang auf. »Sie wollten doch dieses Rattennest ausräuchern oder nicht?«

»Ja, natürlich.« Erneut wendete er sich ihm zu. »Aber zunächst müssen die Baumaschinen herangeschafft werden. Der Abriss geht dann morgen los und wird innerhalb der nächsten fünf Tage abgeschlossen.«

»Sie sagten doch, in dieser Stadt befinden sich in diesem Moment ein Verräter, diverse gefährliche Terroristen sowie eine Journalistin, die uns in den Dreck ziehen will. Und ist diese Olivia Garcias nicht die impertinente Person, die vor laufenden Kameras Lügen über mich verbreitet hat?«

»Ja, das stimmt. Aber wir müssen erst noch beweisen, dass sie lügt.«

»Babic! Sie stellen sich dümmer, als Sie sind. Jeder von denen ist eine tickende Zeitbombe. Denken Sie nicht?« Er liebte es, sich rhetorische Fragen beantworten zu lassen.

»Ja, sicher, Herr Mäuser.«

»Dann sehen Sie zu, dass diese Bombe sofort entschärft wird, nicht morgen oder in fünf Tagen. Ein für alle Mal. Mir ist jedes Mittel recht.« Er schaute seinen Untergebenen streng an. »Haben wir uns verstanden? Jedes Mittel. Noch heute.«

»Jawohl, Herr Mäuser. Sind Sie wirklich sicher? Vielleicht sollten wir die drei erst observieren und …«

»Babic, Sie Dumpfbacke! Haben Sie nicht zugehört? Zeitbombe! Entschärfen! Heute!«, brüllte er und ließ bei jedem Wort seine Faust auf den Tisch donnern. »Und jetzt raus! Wenn ich Ihre Visage das nächste Mal sehe, möchte ich erfolgreichen Vollzug hören!«

»Jawohl, Herr Mäuser.« Daraufhin verließ sein Lakai wortlos das Büro. Er wäre beinahe gegen den Türrahmen gelaufen.

War er denn nur von Idioten umgeben?

## Peter

In der nächsten Stunde erläuterte Peter den Dreien, was damals aus seiner Sicht bei der Zerstörung des Walls passiert war. Ein Hacker, Diego Morales, hatte eine Art »Rachevirus« entwickelt. Und Jacques Morau hatte den Virus in seinem Auftrag ins Netzwerk eingeschleust. Dieser hatte nicht nur die legendäre Grenzanlage im Mittelmeer zerstört, auch Dutzende Migranten in Erstaufnahmeeinrichtungen wurden getötet. Letzteres diente jedoch nur der Ablenkung. Am Ende waren aus politischen Gründen keine ernsthaften Ermittlungen gewollt. Speziell Theo Mäuser hatte sich dafür eingesetzt, dass man die Akten schnell und geräuschlos schloss und Kara Tengour, die Freundin von Morau, abschob. Vermutlich, damit niemand Leichen ausgrub, die sich im Keller von Mäuser befanden. Oder besser: Damit niemand die Sexsklavinnen fand, die er sich in seiner Villa hielt. Kara Tengour hatte Peter davon damals aus erster Hand berichtet.

»Daher habe ich mir gedacht: Da ihr beide Mäuser direkt über die Medien angreift und sowohl den Hacker als auch das algerische Pärchen kennt, habt ihr bestimmt einen Plan in der Hinterhand. Dass ihr den Willen und die Kontakte habt, die Welt zu verändern, habt ihr schon vor vier Jahren bewiesen«, schloss er seine Erklärung über das, was ihn und Camila hergetrieben hatte.

Alejandro verzog das Gesicht, aber schwieg.

Olivia verschränkte die Arme hinter ihrem Kopf und pfiff durch ihre Zähne. »Wow, damit hätte ich nicht gerechnet. Du hast Diego und die anderen damals beinahe erwischt. Und jetzt intrigierst du gegen deinen eigenen obersten Chef. Dass du dafür sogar eine ›Terrortruppe‹ von unverbesserlichen Weltverbesserern wie uns unterstützt …«

»Das habe ich nicht gesagt.« Er hob seine Hände. »Dazu müsste ich erst mal wissen, was ihr vorhabt.«

Alejandro mischte sich ein: »Und wir müssten wissen, dass du uns nicht einfach nur aushorchen willst, um die nächste Sprosse auf deiner Karriereleiter zu nehmen. Deine Journalistenfreundin hilft da auch nicht unbedingt als Vertrauensvorschuss. So kommen wir nicht weiter.«

Camila sprang auf und stemmte die Fäuste in ihre Hüften. »Hey! Langsam ist aber mal gut. Wir sind extra für euch quer durch Europa geflogen. Peter hat sich mit meinem Grenzübertritt vermutlich strafbar gemacht. Und ich ...« Sie zögerte und schaute ihm in die Augen.

Was kam jetzt?

»Ich habe vorhin einen Live-Stream gesendet. Über eure Gewächshäuser, das viele Blut am Zaun, die Einschusslöcher in den Häusern ... Dafür bin ich postwendend von meinem Arbeitgeber gefeuert worden! Wir wollen den Migranten helfen und verhindern, dass sich Mäuser zum Diktator aufschwingt. Verdammt!« Die letzten Worte schrie sie fast.

Sekundenlang herrschte Stille, nur das Brechen der Wellen hallte durch den Raum.

Es dauerte einen Augenblick, bevor Peter das Gesagte verarbeitet hatte. »Moment, Camila. Du hast einen Live-Stream von hier über einen der größten europaweiten News-Kanäle geschleust?!«

War das ihr Ernst?

»Ja, natürlich. Wir wollten etwas gegen Mäuser unternehmen und der Welt zeigen, was sich hier wirklich zugetragen hat, oder nicht?«

»Ja. Nein. Ich dachte, du hättest das Material nur aufgezeichnet. Als Recherche. Wir sind hier, um mit den beiden zu reden und Beweise zu sammeln, die wir später vor Gericht verwenden werden. Wir sind nicht hier, um die gesamte politische Elite der ZEU gegen uns aufzubringen!«

Olivia lachte lauthals los. »Das ist eine abgefahrene Nummer. Und ich dachte schon, unsere Aktion wäre provokant und undurchdacht gewesen. Aber ihr setzt dem echt die Krone auf.«

Ihr Mann blieb ernst: »Eigentlich war unser Plan, hier auszuharren, bis die Baumaschinen kommen und dann Katz und Maus mit der Polizei zu spielen. Wir wollten den Abriss möglichst lange hinauszögern, da sie uns als ZEU-

Bürger nicht einfach umbringen können.« Alejandro zuckte mit den Schultern. »Um damit etwas Aufmerksamkeit in den Medien zu erhalten. Mehr nicht.«

»Na großartig.« Peter stöhnte auf. Sein schöner Plan hatte sich gerade komplett zerlegt und scheinbar hatten die anderen ebenfalls keinen besseren. Er ließ sich wieder auf seinen Stuhl fallen und blickte ratlos in die Runde. »Zumindest deren Aufmerksamkeit haben wir jetzt.«

Er rieb sich sein Gesicht und dachte nach.

»Was ist das?« Olivia stand auf und legte den Kopf schief. »Ist das auf eurem Mist gewachsen?«

Von draußen vernahm er leises Surren und Schwirren.

Ohne eine Antwort abzuwarten, lief sie zum Fenster, schob langsam den Vorhang zur Seite und spähte hinaus. »Media-Drohnen. Ein ganzer Schwarm.«

»Haben wir etwas verpasst?« Alejandro hob seine Augenbrauen. »Der Abriss sollte doch frühestens morgen beginnen. Es sind noch keine Bauroboter in der Nähe.«

Olivia lief zu Treppe und winkte. »Lasst uns auf den Balkon gehen, vielleicht sehen wir dort mehr.«

Camila schaute Peter an und zuckte mit den Schultern. Ohne ein weiteres Wort standen sie auf und folgten ihr. Er hatte keine Ahnung, was die Medien gerade jetzt hier wollten. Mit ihrem unbedachten Live-Stream konnte das eigentlich nicht zusammenhängen. Oder doch?

Er schirmte seine Augen gegen die blendende Sonne ab und sah sich auf dem Balkon um. Dutzende Media-Drohnen überflogen die Stadt. Sie hielten einen respektvollen Abstand. Die warteten auf irgendwas.

Camila setzte ihre VR-Brille auf und schaltete sie in den Aufnahmemodus. »Liebe Follower, ich weiß nicht genau, was hier vor sich geht, aber … Shit, die haben meinen privaten Account abgeschaltet!«

Leises Heulen und Pfeifen erklangen, dass er nicht richtig zuordnen konnte. »Hört ihr das auch? Was zur Hölle ist das?«

Alle konzentrierten sich auf das Geräusch. Olivia holte ihr Fernglas heraus und schaute sich um.

»Kampfjets!«, schrie sie. »Da kommt ein ganzes Geschwader direkt auf uns zu!«

»Los! Folgt mir!« Erneut übernahm sie die Initiative und stürmte vom Balkon, zurück in das Zimmer und die Treppe herunter.

Alejandro und Camila machten auf dem Absatz kehrt und liefen hinterher. Peter warf einen Blick in den Himmel, fluchte und rannte ebenfalls runter.

»Raus! Zum Meer! Das ist unsere einzige Chance!«, hörte er Olivia von draußen brüllen, während er die Treppe herunterrannte.

Er trat ins Leere, hatte den letzten Absatz übersehen und stolperte vorwärts. Ungebremst schlug er der Länge nach hin, zum Glück nur auf Holzboden mit einem alten Läufer. Das gab blaue Flecken, mehr nicht. Schnell rappelte er sich wieder auf und rannte auf die Straße.

Wo entlang ging es in Richtung Wasser? In der Entfernung sah er Camila um eine Häuserecke verschwinden. Er hetzte über den kaputten Asphalt hinterher. Inzwischen war das Pfeifen zu einem massiven Dröhnen angeschwollen. Vom Meer war nichts zu sehen. Wie weit war es?

Seine Seite begann höllisch zu brennen und er hatte Schwierigkeiten, Luft zu holen. Verflucht, das letzte Mal war er wegen seines Herzproblems beinahe von tennisballgroßen Hagelkörnern erschlagen worden. Weiter, koste es, was es wolle. Er schlitterte um die Ecke. Die anderen hatten ihn abgehängt. Sein Atem pfiff wie eine alte Dampflok.

Verdammt! Hier war immer noch kein Wasser! Vor ihm erschien nur eine weitere Häuserwand. Wohin jetzt? Rechts oder links? Egal. Rechts. Ein schrilles Pfeifen erfüllte die Luft. Es schien von überall zu kommen. Er schaute hoch. Kleine dunkle Punkte näherten sich und wurden schnell größer.

Herrgottverflucht. Weiter! Rennen! In ein paar Sekunden bist du tot. Das war ihm nie so bewusst gewesen wie in genau diesem glasklaren Moment. Wenn er nicht in den nächsten Augenblicken Schutz fand, waren das ganz sicher seine letzten.

Dumpfe Explosionen ließen den Boden erzittern. Peter spürte sie mehr, als dass er sie hörte. Die ersten Geschosse des Bombenteppichs schlugen ein. Das Pfeifen wurde ohrenbetäubend. Seine Füße platschten durch Wasser, der Straßenbelag senkte sich steil ab. Einmal tief Luft holen, Hechtsprung nach vorne. Tauchen – möglichst tief, möglichst weit. Trübe, warme Brühe schlug über ihm zusammen. Wenn eine Bombe in der Nähe einschlug, würde der maximal eine Meter Wasser über ihm nicht helfen. Egal. Nur weg.

Eine harte Wasserwand krachte auf seinen Rücken und wirbelte ihn wie ein Stückchen Treibholz durch die Fluten. Er ließ sich die Luft nicht aus den Lungen pressen und hielt seine Lippen fest verschlossen. Die Orientierung hatte er längst verloren. Aber er würde unter Wasser bleiben. Etwas Spitzes stach in seine Rippen. Das wars. Im nächsten Moment würden ihn ultraschnelle Schrapnelle, Hitze und Druck zerfetzen. Die trübe, wirbelnde Welt um ihn herum färbte sich gelb-orange. Oben und unten waren nicht zu unterscheiden. Sein wilder Ritt beruhigte sich. Und er lebte. Immerhin. Atmen. Seine Lungen brannten und lechzten nach Sauerstoff. Sterne tanzten vor seinen Augen. Luft gab es nur oben. In welche Richtung war das? Er erkannte die Quelle des orangefarbenen Lichtes in der Brühe. Das war sein Ziel.

Zwei Schwimmstöße später durchbrach er die Wasseroberfläche. Flammen und glühend heiße Luft schlugen ihm entgegen. Seine Haut, seine Lungen, alles brannte wie Feuer. Unglaublicher Schmerz umfing ihn. Er schrie. Schrie so laut, wie er noch nie geschrien hatte.

## Jacques

Er wischte sich mit dem Ärmel den Schweiß von der Stirn. Es war brütend heiß, obwohl sie im Schatten des alten, ehemals beige gestrichenen Kirchturmes unmittelbar an der Wasserkante hockten. Die Wellen überspülten den eckigen, mit Sand und Schlick bedeckten Vorplatz der Kapelle, der von mannshohen Mauern eingefasst wurde. Das Innere des Kirchenschiffes lag einige Stufen erhöht im Trockenen, außerdem konnte man problemlos durch das Wasser zum felsigen, schattenlosen Ufer waten. Der Wind war gestern leider abgeflaut, sodass der Innenraum des Gebäudes trotz der Steinmauern zum Backofen wurde.

Das Gotteshaus war ein Sinnbild des heutigen Europas: mit hohen Ambitionen erbaut und von der harten Realität im Laufe der Zeit eingeholt. Zu unflexibel, um sich anzupassen, und von einer Mauer umgeben, die im Grunde nur zur Dekoration diente.

Ihre Hoffnung, dass der Turm als weithin sichtbare Landmarke, die Schlepper anziehen würde wie frisches Blut die Raubtiere, hatte sich zerschlagen. Es war bereits später Nachmittag des zweiten Tages und sie hockten untätig in der Pampa herum, ohne dass sich ein Boot gezeigt hätte. Lucas langweilte sich und wollte zurück in die Stadt, wo er seine Freunde und Spielzeuge wähnte.

»Jacques?«, wandte sich Kara an ihn, die neben ihm saß und eine ihrer wilden Locken aus dem Gesicht blies. »Ich denke, wir sollten zurückgehen. Hier scheint niemand zu kommen und uns geht Wasser und Essen aus. Lass es uns morgen nochmals versuchen.«

Es widerstrebte ihm, aufzugeben, aber leider hatte sie recht. Sie wussten nicht, was sie in der Stadt erwartete und ob es dort Trinkwasser gab, hier zu verweilen war allerdings auf Dauer keine Option.

»In Ordnung. Ich packe unsere Sachen, dann machen wir uns auf den Heimweg.« Das klang komisch, da sie ihr »Heim« bewusst verlassen hatten und nach Algerien in ihre »Heimat« zurückkehren wollten.

Kurz darauf platschten sie durch das flache, warme Wasser zum Ufer. Lucas war aufgedreht, da er sich freute, seine Freunde heute Abend wiederzusehen. Sie konnten nur hoffen, dass deren Eltern verantwortungsvoll genug gewesen waren und sie sich zum Zeitpunkt der Schüsse nicht mehr in der Nähe der Grenzanlage befunden hatten.

Aus Richtung der spitzen Berge erklang leises Dröhnen und Kreischen. Sie bedeckten ihre Augen und schauten in den Himmel. In der Höhe erkannten sie sechs dreieckige

Militärflieger, die als Staffel scheinbar gemächlich die Küste entlang zogen. Ein ungewohnter Anblick.

»Papa, Flugzeuge!«, kreischte Lucas begeistert.

Einen Moment später bildete sich ein eisiger Klumpen in seinem Magen. Aus den Bäuchen der Flieger fielen unzählige längliche Schatten wie die abgebrochenen Spitzen von Zahnstochern. Bomben? Die Maschinen waren längst über sie hinweggezogen, daher hoffentlich weit genug weg, aber Cabo del Gata lag in etwa unter dem Geschwader.

»Jacques?«, fragte Kara mit vibrierender Stimme und griff nach seiner Hand. »Denkst du, dass ...?«

»Je ne sais pas. Keine Ahnung.«

Der weitgefächerte Bombenteppich näherte sich scheinbar in Zeitlupe dem Boden. Er hielt die Luft an. In der Entfernung legte sich ein dichtgewebtes Netz aus winzigen, aufblitzenden weißen Punkten über die Landschaft. Grellgelbe, rote und orangene Blütenkelche öffneten sich geräuschlos in den Himmel. Ein tiefes Grollen und Donnern wie bei einem Gewitter folgte Sekunden später. Die tiefschwarzen Rauchpilze stiegen gemächlich in die Höhe und erglühten von innen heraus in einem düsteren Rot.

»Uiii, bumm!«, kommentierte ihr Sohn das Geschehen in seiner kindlichen Unbekümmertheit, ohne sich von der Situation beeindrucken zu lassen.

»Denkst du, das war bei Cabo del Gata?«, fragte Jacques, der noch immer fassungslos war.

»Wo sonst?« Kara klang matt. Bar jeglicher Emotion.

»Aber, die können doch nicht ...« Erneut war er nicht in der Lage, den Satz zu beenden, als würden erst seine Worte das Grauen zur Realität werden lassen.

»Sie können und sie haben.« Ihre Stimme war von einer Bitterkeit erfüllt, die er nicht kannte.

Das ging über seine Vorstellungskraft hinaus. Die ZEU, ein moderner Staat mit einer funktionierenden Demokratie, hatte in diesem Moment zweitausend Seelen – Frauen, Männer, Kinder – verbrannt. Das war unvorstellbar. Nein. Das passte nicht in sein Weltbild, das er vom heutigen Europa hatte.

»Tut mir leid, Kara, aber das kann ich mir beim besten Willen nicht vorstellen«, sagte er mit fester Stimme und fasste damit seine Zweifel trotz der Bestürzung zusammen. »Warum sollten die so etwas tun?«

»Vielleicht haben die alle Flüchtlingsstädte und die Lager zerstört, um das Problem ein für alle Mal loszuwerden?« Ihre Stimme war jedoch ebenfalls von Zweifeln geprägt.

»Non«, er schüttelte vehement den Kopf, »das passt nicht. Da hätte man sich den Zaun sparen können. Ich denke eher, die haben die Menschen vorher aus der Stadt gebracht und sie dann bewusst mit einem großen Knall abgefackelt, um ein Zeichen zu setzen. Damit hier keine weiteren Migranten anlanden oder so ähnlich.«

»Hm ... da könntest du recht haben. Das macht unsere Situation aber nicht einfacher.«

»Lass uns erst mal in die Kirche zurückgehen, dann können wir uns in Ruhe überlegen, wie wir weitermachen. Mit Lucas zur Stadt zu gehen ist zu gefährlich und macht jetzt keinen Sinn mehr.«

Sie hatten lange diskutiert, ob sie direkt an eine der Zaun-Schleusen gehen und sich von den Behörden abholen lassen sollten. Eine Rückkehr zu den rauchenden Ruinen von Cabo del Gata bringt sie nicht weiter. Ihr einziger Ausweg war, um den nächsten Zaunabschnitt herum zu schwimmen, der das Niemandsland zerteilte und die Menschen an der Durchquerung hindern sollte. Der Zaun würde nicht endlos ins Meer ragen. Auf der anderen Seite könnten sie erneut Schlepper suchen, die sie mit nach Algerien zurücknahmen. Näher den Hügeln des eigentlichen Kaps rechneten sie sich bessere Chancen aus. Oder sie fänden ein neues Migrantencamp, in dem es hoffentlich noch Nahrungsmittel gab.

Gemeinsam mit Lucas, der sich freute, endlich wieder was zu tun zu haben, suchten sie am sandigen Ufer und zwischen den niedrigen Dünen nach Strandgut. Jacques wunderte sich über das altertümliche Wort. Echte, flache Strände existierten schon seit Jahrzehnten nicht mehr – außer in der VR. Und von »Gütern« konnte man bei dem Zeug, das hier angeschwemmt wurde, auch nicht reden.

»Mama, guck mal!« Der Kleine versuchte, unter einem Bündel Seetang eine armdicke Styroporplatte hervorzuziehen. »Sehr schön, Lucas. Davon brauchen wir noch eine«, lobte Kara ihn.

Eine halbe Stunde später hatten sie Glück und wurden fündig. Sie wanderten weiter in Richtung Osten. Ihr Sohn hatte mal wieder eine Blechdose als Spielzeug auserkoren und kickte sie vor sich hin. Am Horizont zeichnete sich das niedrige Küstengebirge vor dem eigentlichen Kap ab, die Felsspitze, die sich wie eine Katzenschnauze in das Meer senkte. Linker Hand erkannte er bereits den hohen Zaun, der sich vor den Bergen in einem weiten Bogen bis zum Ufer zog. Der neue Wall endete überraschenderweise in der Nähe der Küste. Er wurde mit Sicherheit mit Kameras überwacht, weshalb sie ihm nicht zu nah kommen durften. Sie wollten aber auch nicht gemeinsam mit Lucas kilometerweit vorher ins Wasser starten, da das ihre Schwimmstrecke deutlich verlängern würde.

Laut sagte er: »Das sieht einfacher aus, als erwartet. Was meinst du, gehen wir bis auf einen halben Kilometer heran und dann paddeln wir drumherum?«

»Hm ... Ja, lass uns hoffen, dass sie uns von dort nicht sehen. Vermutlich ist das Meer an der Stelle zu tief, um den Zaun weiter hineinbauen zu können.«

Da hatte er natürlich seine Zweifel, aber sei´s drum. Eine halbe Stunde später war es so weit. Während sie bereits Details der Grenzanlage aus der Entfernung erkannten, wateten sie mit Lucas in die sich überschlagenden Wellen der kräftigen Brandung. Ihr Sohn quietschte vergnügt, da es für ihn ein großes Abenteuer war. In der Dünung legte er sich gemeinsam mit dem Kleinen auf sein Styroporbrett. Sie paddelten mit den Füßen gegen den auflandigen Wind über die Wellenberge hinaus auf das offene Meer. Kara hatte ihr eigenes Brett und war mit dem Rucksack dicht neben ihm unterwegs. Vor seinem geistigen Auge blitzte eine Szene von ihrer Flucht vor vier Jahren auf. Auch damals waren sie nebeneinander in Richtung dieses Kaps geschwommen. Allerdings unter deutlich bedrohlicheren Umständen. Außerdem konnten sie heute schwimmen. Das eintönige Gepaddel ging auf die Beinmuskulatur und zog sich endlos hin. Immer wieder mussten sie kurze Pausen einlegen. Lucas lag sicher auf dem breiten Brett, aber er beschwerte sich über das Salzwasser, das ständig in seinen Mund und seine Augen schwappte.

Trotz aller Widrigkeiten hatten sie inzwischen etwa die Höhe des Zauns erreicht.

»Schau mal dort – links von dir«, rief Kara über das Platschen des Wassers hinweg.

Als ihn eine Welle anhob, sah er es sofort: In rund fünfzig Metern Entfernung schwamm eine olivgrüne Boje mit einer Art schwarzem Pickel auf dem Rücken. Im gleichen Abstand Richtung Ufer noch eine. So viel zum Thema, dass der Zaun nicht ins Meer reicht. Er blickte nach rechts und sah, dass dort eine weitere Boje neben ihm auf und ab dümpelte.

»So ein Mist! Wir sind mitten hindurch geschwommen!«, rief er zurück. »Schnell weiter!«

Sie gaben nochmals alles und versuchten, möglichst viel Abstand zwischen sich und der Bojenkette zu bringen. Er wollte gerade etwas Aufmunterndes sagen, da sah er aus den Augenwinkeln einen Schemen auf dem Wasser, der sich ihrer Position näherte.

»Schau mal da vorne!«, rief er und zeigte auf das offene Meer hinaus. »Ist das ein Boot, das in unsere Richtung fährt?«

»Ja, das ist ein flaches Schlauchboot oder Ähnliches. Auf jeden Fall motorisiert.« Kara schirmte ihre Augen mit der Hand ab. »Es steuert auf einen Punkt am Ufer vor uns zu.«

»Ich glaube, das ist ein Schlepper. Los jetzt, Gas geben! Wir kriegen ihn noch!«

Damit mobilisierten sie ihre letzten Kräfte. Nur zehn Minuten später erreichten sie dank des auflandigen Windes komplett ausgepumpt das sandige Ufer auf der anderen Seite des Zauns.

Am liebsten hätte er sich ausgeruht, aber dafür hatten sie keine Zeit. Die Schleuser waren ihre einzige Chance auf eine Heimreise. Noch außer Atem stieg er auf eine kleine Düne. In nur hundert Metern Entfernung saßen zwischen den borstigen Gräsern der Hügel etwa ein Dutzend Menschen. Familien, soweit er das beurteilen konnte. Das waren vermutlich die Migranten aus dem Boot. Schlepper waren keine zu sehen. Er gab Kara Bescheid und gemeinsam marschierten sie zu der Gruppe. Die ersten Personen, drei junge Männer nordafrikanischer Abstammung, maximal Anfang zwanzig, in nassen und abgerissenen Klamotten, bemerkten sie und schauten sie misstrauisch an.

»Hallo, seid ihr gerade angekommen?«, fragte Jacques freundlich auf Arabisch.

Sie erwiderten knapp den Gruß und tuschelten miteinander. Dann riefen sie in Richtung der restlichen Gruppe. Eine Frau, älter als die anderen, aber noch keine dreißig, kam zu ihnen. Sie hatte glatte braune Haare und trug, wie alle von denen, abgewetzte Kleidung.

»Guten Tag, mein Name ist Niya. Kommt ihr aus Europa? Könnt ihr uns helfen?«

»Ja und nein. Das ist etwas schwierig«, antwortete er, den Zweifel in den Augen der Umstehenden sehend. »Eine Frage vorweg: Sind eure Schlepper noch hier?«

Allgemeines Kopfschütteln bestätigte seine Befürchtung, dass sie trotz allem zu langsam gewesen waren. Das ließ sich nicht ändern. Gerade als er der Gruppe das Problem mit dem neuen Zaun erläutern wollte, schallte das Brummen elektrischer Fahrzeugmotoren zu ihnen hinüber. Sie befanden sich in einer kleinen Senke zwischen den Dünen, daher war nichts zu sehen.

»Ich gehe kurz rauf und schaue mich um«, informierte er Kara.

Sie nickte nur und wandte sich wieder an Niya, um sie zur Abreise in Richtung Osten zu drängen. Er stapfte den Sand des Hügels hinauf. Oben angekommen, blickte er sich um. Von der Meerseite näherte sich ihnen ein graues Schnellboot mit der Aufschrift »ZEU Border Patrol«. Der Grenzschutz. An Bord konnte er zwei Personen hinter dem halb offenen Ruderstand ausmachen. Aus Westen kamen große, kantige Transporter in gleicher Farbe angefahren. Drohnen waren erstaunlicherweise keine am Himmel. So ein Mist. Er stieß mit einigen langen Schritten wieder zur Gruppe.

Als er fast angekommen war, schrie er: »Das ist der Grenzschutz! Sie kommen von der See und von Land. Am besten wir…«

Weiter kam er nicht, beim Wort *Grenzschutz* brach Panik aus. Alle riefen durcheinander. Die Menschen schulterten ihre Habseligkeiten und stoben in verschiedene Richtungen davon.

Kara zog ihn am Arm. »Los, lass uns auch verschwinden. Ich habe dabei kein gutes Gefühl«, sagte sie und schaute ihn verunsichert an.

»Okay. Nach Osten, wir laufen Niya und den anderen hinterher.«

Damit nahm er Lucas auf den Arm und machte sich zusammen mit ihr im Laufschritt auf den Weg, an der Wasserkante entlang. Sie hörten panische Rufe der Menschen, die sich mit Pfiffen aus Trillerpfeifen und spanischen Ausrufen vermischten. Er duckte sich unter einem dürren Baum hindurch, Kara rannte vor ihm. Weiter vorne konnten sie die anderen Migranten geduckt durch die Büsche sprinten sehen. Das Schnellboot war fast am Ufer angekommen. Auf seiner linken Seite sah er, wie kräftige Beamte in olivgrüner Uniform mit Schlagstöcken einige Personen vor sich hertrieben.

»Stop! You cannot escape!«

»Stop! Or we will hit you!«

*Autsch!* Er riss sich an einem dornigen Strauch die Hand und seinen Ärmel auf. Wo rannten sie eigentlich hin? Man würde sie sowieso einholen. Kara stieß einen spitzen Schrei aus und schlug vor ihm der Länge nach hin. Er stolperte über ihre Beine und merkte, wie es ihn nach vorne warf. Mit Mühe drehte er sich schützend zur Seite, damit der kreischende Lucas nicht zu Schaden kam. Dann krachte sein Körper schmerzhaft neben ihr auf das Geröll und er musste seinen Sohn loslassen. Einen Moment später waren ihre Häscher heran.

»Stopp! Nicht bewegen!«, rief einer von denen erneut auf Englisch.

»Okay, okay, ich habe Sie verstanden«, antwortete er in der gleichen Sprache, rappelte sich auf und hob seine Hände.

Er wollte ihnen gerade erklären, dass sie freiwillig mitkämen. Dazu kam er nicht. Einer der Grenzschützer, ein grobschlächtiger Spanier mit überdimensionalem Schnauzbart und starrem Blick, trat ihm in die Kniekehlen und stieß ihn erneut nach vorne auf den Boden. Seine Arme wurden schmerzhaft auf den Rücken gerissen. Kabelbinder schnitten tief in seine Handgelenke und fixierten sie.

»Hey, was soll das?«

*Uff.* Ein Knie wurde ihm in die Seite gerammt. Schmerz explodierte unter seinem Rippenbogen und er bekam kaum noch Luft. Dann konnte er seine Füße nicht mehr bewegen, als die Plastikschnüre sich um seine Fußgelenke legten. Verdammt. Was sollte das? Er wäre doch freiwillig mitgekommen! Zunächst konzentrierte er sich darauf, wieder Sauerstoff in seine Lungen zu bekommen.

Wo war Lucas? Er hob den Kopf über die Steine, die ihm schmerzhaft die Brust drückten, und schaute sich um. Neben ihm lag Kara genauso gefesselt wie er. Sie hatte Schrammen im Gesicht und blutete aus der Nase, vermutlich vom Sturz. Ihr Blick war glasig, eventuell war sie auf den Kopf gefallen. Sie war bei Bewusstsein und hatte keine sichtbaren Wunden. Von seinem Sohn sah er keine Spur.

»Lucas!«, brüllte er und zerrte erfolglos an seinen Fesseln. »Lucas! Wo bist du?!«

Seine Kehle brannte heiser vom Schreien, aber von dem Kleinen war nichts zu sehen. Hatte er sich versteckt? Oder hatten die Grenzer ihn erwischt? Jacques krümmte und drehte sich auf dem Boden. Immerhin gelang es ihm, sich in eine sitzende Position zu bringen. Noch immer hörte er Rufe und Schreie. Vermutlich erging es den anderen nicht besser als ihnen.

»Kara?«, fragte er heiser. »Bist du in Ordnung?«

Sie drehte sich stöhnend auf die Seite und schaute in seine Richtung: »Nein. Wo ist Lucas?«

»Keine Ahnung, vielleicht haben sie ihn mitgenommen.« Er hoffte es, auch wenn ihm der Gedanke nicht gefiel. Allein hier draußen wäre ihr Sohn verloren. »Die kommen sicherlich gleich zurück.«

So war es. Er bemerkte, wie zwei der Typen durch die Büsche auf sie zu marschierten. Den Ersten mit dem

Schnauzer kannte er schon, ebenso den mit dem ähnlich harten Blick und der Narbe auf der Wange.

»Macht keine Dummheiten«, sagte der Schnauzbärtige mit Nachdruck.

Dann holte er ein langes Messer hervor. Jacques war alarmiert. Was sollte das?

»Wir sind in der ZEU registriert! Können Sie mir sagen, wo unser Sohn ist?«, fragte er.

»Ist klar«, antwortete der Narbige mit heiserer Stimme und grinste. »Um eueren Balg kümmern wir uns schon, keine Sorge.«

»Was soll das hei ...«, in diesem Augenblick landete eine Faust in seinem Gesicht. Schmerz explodierte auf der linken Gesichtshälfte. Für einen Moment sah er nur rotschwarze Schlieren und helle Sterne. Als er Sekunden später wieder zu sich kam, lag er erneut seitlich auf dem heißen Sand und spukte Blut. Seine Lippe war aufgeplatzt.

»Gibt es noch weitere Fragen?«, meinte der Kerl mit einem boshaften Unterton.

Er schwieg. Waren das normale Grenzschützer? Warum waren die so brutal? Wo waren die üblichen Drohnen? Irgendwas stimmte hier nicht.

»Was für ein hübsches Mädel.« Er konnte sehen, wie der Typ mit der Narbe Kara auf den Rücken drehte. »Ich denke, ein paar Minuten haben wir noch, oder?«

»Lass mich in Frieden, du Scheißkerl!«, schrie sie.

Es klatschte. Einmal, zweimal, dreimal. Der Typ schlug ihr brutal mit der flachen Hand ins Gesicht.

»Beleidige mich noch mal, und ich zeige dir, was ein Scheißkerl mit einem hübschen Püppchen wie dir machen kann!«

Sie stöhnte und war scheinbar erneut ausgeknockt. Jacques bäumte sich auf, er musste ihr helfen!

»Lass sie gefälligst ...« *Bamm!* Wieder traf eine Faust in sein Gesicht und er schlug hart auf einen Felsen. Die Welt wurde schwarz.

Sein Schädel hämmerte. Langsam kam er zu Bewusstsein. Benebelt orientierte er sich. Er lag immer noch auf Sand und Steinen. Am Rande seiner Wahrnehmung hörte er ein unterdrücktes Schreien und schaute sich um. Kara war fort!

»Kara?«, rief er panisch. »Kara! Wo bist du?«

»KARA!« Er robbte nach vorne und setzte sich auf. Es half nichts, seine Hände und Beine waren schmerzhaft gefesselt und er konnte nichts tun.

Der Kerl mit der Narbe kam feist grinsend hinter einem Strauch hervor und war gerade dabei, sich seine Hose zu schließen.

»NEIN! Du Schwein! Wenn du ihr auch nur ...«

Ein Fuß flog auf ihn zu und traf seine Schläfe. Erneut versank er in Agonie und Dunkelheit.

Als er wieder aufwachte, schmeckte er Blut. Seine Lippen waren dick und zersprungen. Sein von Tritten und Schlägen malträtiertes Gesicht brannte wie die Hölle. Er lag nicht auf den harten Steinen, sondern auf einer glatten Metallfläche und wurde von unregelmäßigem Rumpeln durchgeschüttelt. Es roch nach heißem Metall, Schmieröl und alten Socken. Mit Mühe gelang es ihm, seine verklebten Augen zu öffnen.

»Was ...? Wo ...?« Seine Erinnerungen schossen ihm schlagartig durch den Kopf und er wünschte sich, es wäre nicht so. Vergessen wäre in diesem Fall gnädiger gewesen.

»Kara? Lucas?«, brachte er hervor und blickte sich um. Vor sich sah er alte, abgewetzte Turnschuhe. Erst jetzt bemerkte er, dass seine Füße nicht mehr fixiert waren. Mühsam rappelte er sich auf und schaute sich um. Er saß auf dem Boden in einem Gefangenentransporter. Graue Metallwände mit winzigen Fenstern umgaben ihn. Auf Bänken saßen ein Dutzend junger Männer aus der Gruppe der Migranten, die er schon kannte. Sie alle hatten wie er die Hände hinter dem Rücken gebunden und leere Blicke. Keiner von ihnen beachtete ihn.

Von seiner Familie keine Spur.

# Risiken für Machtgelüste

## 6. Dezember 2099

### Peter

Lautes, metallisches Scheppern zerstörte seinen Dämmerzustand. Mit Herzrasen saß er aufrecht im Bett und riss die Augen auf. Grelles Licht blendete.

»Oh, Fuck!« Er schaute sich irritiert um.

»Disculpe ...« Ein schlaksiger junger Mann im weißen Kittel machte eine entschuldigende Geste. Er sammelte silbernes Krankenhausbesteck neben Peters Bett auf, das ihm offensichtlich von einem Tablett gefallen war.

»Verdammt. Wo bin ich?«, fragte er auf Englisch.

»Ah ... Torrecárdenas Universitätsklinik?«

Schlagartig waren seine Erinnerungen zurück: Die heiße Luft, Rauch und Flammen. Die Bombardierung. Das Gefühl, Feuer zu atmen. Zum Glück war er vor Schreck direkt ins Wasser zurückgefallen und untergetaucht. Das hatte ihm das Leben gerettet. Als er erneut auftauchte, war die Flammenwalze bereits über ihn hinweggezogen. Einige Minuten später, während sein Gesicht und die Lungen weiterhin brannten, er aber ansonsten unversehrt war, fischte ihn der Quadrokopter des Rettungsdienstes heraus. Vermutlich hatte das Rettungsarmband, das in ihrer Bestellung enthalten war, seinen Dienst getan. Der Robo-Doc hatte ihm ein Beruhigungsmittel gegeben, als der Höllenschlund der brennenden Stadt unter ihnen hinwegzog. Das war das Letzte, woran er sich erinnerte.

Langsam sortierten sich seine Gedanken.

Verdammt. Jemand hatte ernsthaft versucht, ihn zu töten. Das wurde ihm erst jetzt bewusst. Das hier war kein Spiel in der VR, sondern die Real-Welt. Wenn man hier starb, gab es keinen zweiten Versuch.

»Wissen Sie, ob es noch andere Verletzte gab?«, fragte er den Pfleger, der sich bereits auf dem Weg zur Tür befand.

»Lo siento, keine Ahnung. Am besten reden Sie mit Ihrem Arzt.«

»Verstehe. Wie kann ich den kontaktieren?«

Statt einer Antwort deutete der Pfleger auf ein Gerät mit einem großen roten Knopf, das neben ihm von der Decke baumelte. Manche Dinge hatten sich im Laufe der letzten Jahrzehnte nicht verändert. Er drückte die Taste. Die Wand vor seinem Bett schien sich aufzulösen und ein adretter Avatar im weißen Krankenhauskittel erschien im verlängerten Raum.

»Guten Tag, ich bin ihr persönlicher Betreuer. Wie kann ich behilflich sein?«

»Ich möchte mit meinem behandelnden Arzt sprechen.«

»Einen Moment ... Herr Dr. Dr. Med. Gonzales wird in vierzehn Minuten für Sie da sein.«

Na toll.

Während der Wartezeit machte er eine Bestandsaufnahme seines Körpers. Insgesamt schien er im brauchbaren Zustand zu sein, allerdings fehlten ihm komplett die Haare inklusive Augenbrauen. Seine kahle Kopfhaut fühlte sich an, als hätte er einen massiven Sonnenbrand. Er hatte mit deutlich Schlimmerem gerechnet.

Eine knappe Viertelstunde später erschien, wie versprochen, ein neuer Avatar auf der 3-D-Bildwand. Ein Arzt im mittleren Alter mit Stethoskop und allem Drum und Dran. Das Gespräch brachte ihm keine weiteren Erkenntnisse. Sein Rettungsarmband hatte auf die Brandwunden reagiert und den Rettungsdienst gerufen. Entgegen der Ankündigung an der Grenzschleuse hatte dieser ihn aus der Gefahrenzone evakuiert und in das nächstgelegene Hospital in Almería verfrachtet. Vermutlich, weil der Vertrag auf einer privaten Krankenpolice basierte. Dank mRNA-Behandlung waren seine inneren und äußeren Verbrennungen nach wenigen Stunden abgeklungen. Mit dem Wunderzeug hatte er ja schon in München nach dem Hagel Erfahrung gesammelt. Weitere Personen – lebendig oder tot – wurden im Rahmen des Vorfalls nicht in dieses Krankenhaus eingeliefert. Mehr konnte ihm der Arzt nicht sagen und verabschiedete sich höflich.

Über das Display am Bett meldete er sich in seiner privaten Cloud an. Dort fand er diverse besorgte Nachrichten von Kristina, seiner Chefin Frederike, Roland und ein paar anderen Kollegen. Mehr nicht. Bei Camila, Olivia und Alejandro waren nur deren Assistenz-KIs zu erreichen. Mist.

»GovNet-Cloud-Connect aufbauen«, wies er das Zimmer an und authentifizierte sich am Krankenbett mit einem Hand-Scan. »Jana. Bitte mache Camila Diaz ausfindig.«

»Tut mir leid, Peter, dein Account wurde suspendiert.«

»Begründung?«

»Interne Ermittlungen hinsichtlich möglicher Veruntreuung von Staatsgeldern.«

Die Geschichte mit Camila an der Grenze. Immerhin war er nicht verhaftet worden. Noch nicht. Das Gespräch mit der feigen Ratte in Form seiner Chefin konnte er sich sparen, die hatte die Untersuchung gegen ihn eingeleitet.

Auf offiziellem Wege kam er nicht weiter, also checkte er die News. Die Brandbomben wurden angeblich zum Schutz der Bevölkerung aufgrund einer gefährlichen Mutation des Neo-Pocken-Virus abgeworfen. Die Flüchtlinge hatte die ZEU vorher evakuiert und alle in der Nähe befindlichen ZEU-Bürger informiert. Na ja, fast alle, fügte er im Geiste hinzu. Es gab keine Toten oder Verletzten. Falls das stimmte, sollten die drei es also ebenfalls geschafft haben. Leider waren damit auch sämtliche Beweise und möglicherweise die Originalaufnahmen auf dem Chip von Camilas Headset zu Schlacke verbrannt worden. Langsam sickerte die Erkenntnis zu ihm durch: Das war sein geringstes Problem. Jemand versuchte, sie alle zu ermorden. Sie waren nur knapp dem Tod von der Schippe gesprungen. Es gab nur genau einen, der davon profitierte sowie die notwendigen Mittel und Befugnisse hatte: Theo Mäuser oder eine Person in seinem Dunstkreis. Daran gab es jetzt keinen Zweifel mehr. Niemand anderes hatte Motiv, Beziehungen und Ermächtigungen, um eine Bombardierung kurzfristig zu veranlassen – mit welcher fadenscheinigen Ausrede auch immer.

Was nun?

Mäuser würde die Sache nicht auf sich beruhen lassen. Er würde es erneut versuchen. Solange sie frei und lebendig herumliefen, waren sie ein Risiko für die Machtgelüste dieses Egomanen. Da musste er sich keinen Illusionen hingeben.

Seine einzige Chance auf ein normales Leben – oder überhaupt irgendein Leben – bestand darin, den Mann zur Strecke zu bringen und die Manipulationen der Presse-KIs öffentlich zu beweisen. Das war ab sofort sein oberstes Ziel.

Nur hatte er keine Idee, wie er das anstellen sollte. Auf jeden Fall brauchte er die Hilfe der anderen, in der Hoffnung, dass sie ebenfalls davongekommen waren. Und er hatte eine Ahnung, wo er zumindest zwei der drei finden könnte. Zunächst sendete er der besorgten Kristina und seiner Chefin jeweils eine kurze Nachricht: Es ginge ihm gut und er müsse sich die nächsten Tage im Krankenhaus erholen. Leider ohne VR-Zugang. Damit war diese Baustelle für den Moment erledigt. Ihn erschrak, wie leicht diese erneuten Lügen über seine Lippen kamen. Aber jetzt ging es um Wichtigeres.

Am Ende bestellte er sich per Drohnenlieferung ein neues VR-Headset, Klamotten, Wasser, Energieriegel sowie ein Survival-Pack. Er stopfte alles in einen Rucksack und verließ die Klinik.

Im tristen Park vor dem Hochhauskomplex des Krankenhauses fand er eine einzelne Kunststoffbank zwischen bunten Blumenrabatten, umgeben von akkurat geschnittenen Hecken. Hundert Meter entfernt von dem nächsten Spazierweg und regelmäßigen Passanten. Die friedvolle Stimmung und warme, vom Duft der Blumen durchzogene Luft beruhigten ihn. Er machte sich Sorgen um Camila, aber bevor er sich auf die Suche begab, brauchte er ein paar Minuten Ruhe und eine Idee, wie es weiterging. Sein ursprünglicher Plan, Beweise zu sammeln, diese an die Behörden zu geben und es öffentlich zu machen, hatte sich sprichwörtlich in Flammen aufgelöst. Die korrumpierten Medien – nicht nur die KIs – waren das größte Problem. Gleichzeitig waren sie der Schlüssel, um Mäuser zu Fall zu bringen und ihre potenzielle Rettung. Er hatte vorher noch leise Zweifel gehabt, doch der Anschlag mit den Brandbomben hatte ihm unmissverständlich klar gemacht, dass er mit Camila auf einer Abschussliste stand. Auch musste er davon ausgehen, dass seine Feinde im Bilde waren, wo er sich in diesem Moment aufhielt. Roland war der einzige VR- und Daten-Experte, dem er vertraute. Der hatte sicher eine Idee. Nach kurzem Zögern kontaktierte er ihn über die VR, das ließ sich nicht vermeiden.

Im endlosen Weiß eines angeblich privaten Chatraums materialisierte sich der Datenforensiker, dessen Avatar an eine Mischung aus Albert Einstein und Arnold Schwarzenegger erinnerte. Kurz stahl sich ein Grinsen auf Peters Lippen, aber er wurde sofort wieder ernst.

Knapp begrüßte er seinen Kollegen und fragte: »Ehe du etwas sagst: Du erinnerst dich an unser Gespräch und die Schlussfolgerungen?«

Sein Gegenüber nickte und schaute skeptisch, schwieg jedoch.

»Gut. Lass uns nicht direkt darüber sprechen, aber ich muss dir erzählen, was mir in den letzten Stunden passiert ist.«

Mit diesem Vorgehen wollte er sich nicht strafbar machen und etwaigen Lauschern nichts verraten. In kurzen Worten brachte er seinen Kollegen auf den neuesten Stand.

Dieser musste das verdauen und stellte diverse Rückfragen.

»In Ordnung, Peter. Das ist übel genug. Aber du hast doch bestimmt einen Grund, warum du mir das alles erzählst?«

»Ja, ich brauche eine Idee, wie wir ... unser Problem ... loswerden und beweisen können, dass du-weißt-schon-wer hinter alledem steckt.«

»Dafür müssen wir sämtliche Media-KIs sowie die Nachrichtenstreams und deren menschliche Redakteure analysieren – und natürlich Sendungen unterbinden. Wie stellst du dir das vor? Ohne offizielle Unterstützung.«

Ein nahe liegender Gedanke schoss Peter durch den Kopf: »Wäre nicht eine andere KI ebenfalls in der Lage, diese Aufgabe zu übernehmen?«

Roland schwieg, dann sagte er: »Theoretisch ja. Sie müsste aber allein für die Analyse des Verhaltens aller Presse-KIs über eine gigantische Rechenleistung verfügen. Vom Abschalten und Zugriff auf den Programmcode ganz zu schweigen.«

»Und gibt es die?«

»Ja und nein.« Der Datenforensiker holte tief Luft. »Also: Ja, die gibt es. Ich habe damals in Genf studiert. Dort sitzt das CERN, das europäische Zentrum für Kernforschung. Die hängen das nicht an die große Glocke, aber sie forschen bereits seit Jahrzehnten an und mit einem Quantencomputer. Zur Analyse und Simulation der Ergebnisse, wenn am Ende des Teilchenbeschleunigers die Atome aufeinanderprallen.« Er zögerte kurz, vermutlich sah er Peter an, dass dieser kaum ein Wort kapierte. »Jedenfalls ... Da werden irrsinnige Datenmengen produziert. Ich weiß, dass es sich um den größten Quantencomputer handelt, der dauerhaft und stabil in Betrieb ist.« Sein Blick schien in die Vergangenheit zu schweifen. »Bereits zu meiner Studienzeit wurde der Rechner konsequent als hoch entwickelte, künstliche Intelligenz aufgebaut. Leider war ich in einem anderen Studienzweig unterwegs und habe nicht direkt mit ihm gearbeitet.«

»Okay, verstanden. Das war ein ausführliches Ja. Und warum das Nein?«

»Und nein, der Rechner lässt sich dafür nicht nutzen. Er befindet sich in einem abgeschotteten Netzwerk und ist nicht mit der öffentlichen Cloud verbunden. Das ist ähnlich wie bei uns das GovNet. Im CERN wird er ausschließlich für wissenschaftliche Zwecke eingesetzt. Ich kann dir nicht einmal sagen, ob er – rein theoretisch – für die von dir beschriebene Aufgabe geeignet wäre.«

Eine kleine Chance war besser als keine.

»Okay«, sagte Peter. »Verstanden. Hast du einen Kontakt für mich, mit dem ich mich dort mal unterhalten kann?«

Roland rang mit seinen Händen und schwieg. Ein paar Sekunden später meinte er: »Okay, in Ordnung. Vor Ort in Genf. Nicht über die VR. Ich überlege mir, wie ich dir die Information sicher zukommen lassen kann.«

## Jacques

Die algerischen Männer um ihn herum im Transporter schienen sich mit ihrer Situation abgefunden zu haben. Ihre leeren Blicke sprachen Bände. Vermutlich hatten sie auf ihrer Reise in die gigantischen Migrantenlager, die rund um Oran entstanden waren, Ähnliches erlebt.

Es rumpelte, als der Laster durch ein Schlagloch fuhr und Jacques warf es schmerzhaft auf den Metallboden. Wo waren Lucas und Kara? Und wohin brachte man ihn? Auf den Bänken saßen nur männliche Migranten in abgerissenen Klamotten. Ihm hing das letzte Bild des Grenzers nach, der ihn mit einem Tritt ausgeknockt hatte. Hoffentlich hatte der seine Liebste nicht ...

»Hey!«, versuchte er die Aufmerksamkeit zu erhalten. »Wisst ihr, wohin die uns bringen?«

Ein paar teilnahmslose Blicke wanderten zu ihm herab.

»Wohin schon?«, meinte ein Typ mit zerzaustem Bart neben ihm. »Stecken uns in irgendein Lager, so wie drüben. Was sonst?«

Seines Wissens gab es in der ZEU keine staatlich organisierten Internierungslager. Nur wilde Camps und neu bevölkerte Geisterstädte am Ufer. Von dort schob man die Migranten unregelmäßig ab und verfrachtete sie irgendwo an die nordafrikanische Küste. Erstaufnahmeeinrichtungen wie die, in die man ihn damals gesteckt hatte, existierten nicht mehr.

»Nein«, Jacques schüttelte bestimmt den Kopf, »so etwas gibt es hier in der ZEU nicht.«

Der Kerl zuckte mit den Schultern und meinte nur: »Inşallah ...«

»Hey! Was ist mit euch! Euch kann doch nicht egal sein, was mit euren Familien passiert!«

»Ey, Mann«, es war erneut der Bärtige, der ihm antwortete. »Natürlich ist das niemandem egal. Aber unsere Familien konnten wir nicht mitnehmen. Zu teuer. Ich denke, das gilt für alle hier. Ich will zunächst Arbeit finden und vielleicht können sie irgendwann später nachkommen.«

Erst jetzt schaute sich Jacques die Gesichter genauer an. Sie kamen ihm vage bekannt vor. Vermutlich hatte er sie vorhin in den Dünen getroffen. Außerdem waren sie sehr jung. Die meisten unter zwanzig, nach seiner Einschätzung.

»Aber hast du gesehen, was sie mit den Frauen und Kindern gemacht haben? Da waren doch noch mehr dabei«, bohrte er nach.

Der Angesprochene hob die Schultern. »Ich denke, die sind im anderen Transporter.«

Damit blieb ihm nur zu hoffen, dass sie in einem Lager in seiner Nähe untergebracht würden. Zum Glück befanden sie sich nach wie vor in der ZEU. Einem Rechtsstaat, der jeden Bürger genaustens überwachte. Kara und er waren hier registriert, auch wenn sie keine ZEU-Identität hatten. So brutal die Grenzschützer gewesen sind, sie mussten sich an geltendes Recht halten. Dass Menschen in der ZEU untertauchten, war praktisch unmöglich. Er erinnerte sich noch schmerzhaft an seine erste Odyssee auf der Suche nach Kara. Sowie daran, wie viel Aufwand selbst einflussreiche Leute wie Theo Mäuser hatten treiben müssen, nur damit sie nicht in der ZEU registriert wurde. Nur so hätte dieser sie als Sklavin halten und später gefahrlos töten können. Personen verschwanden hier nicht einfach so. Sie würden direkt mit einem Schiff nach Algerien abgeschoben werden. Spätestens dort würde er Lucas und Kara wiederfinden.

Eine Weile später, vielleicht eine halbe Stunde, endete das Gerumpel und ihr Transporter hielt mit knirschenden Reifen. Das Zuschlagen von Autotüren und dumpfe Rufe drangen zu ihm. Außen näherten sich Schritte. Die rückwärtigen Türen öffneten sich mit einem Quietschen. Die grelle Sonne brachte seine Augen zum Tränen.

»Jalla, jalla«, riefen kräftige, männliche Stimmen, »Go out! Rápido!« Überfordert von den Eindrücken rührte er sich nicht. Dann griffen behandschuhte Hände nach ihm und zerrten ihn von der Ladefläche.

»Hey, was ...?« Autsch!

Krachend landete er mit der Seite auf dem Geröllboden hinter dem Transporter. Grob rissen ihn Uniformierte unter den Achseln in die Höhe und schubsten ihn vorwärts. Über die sandsteinfarbenen Steine stolpernd war er darum bemüht, nicht erneut mit gefesselten Händen umzufallen. Der Rücken eines Mitgefangenen bremste ihn und er hielt schwankend inne.

Erst jetzt fand er die Zeit, sich zu orientieren. Sie standen aufgereiht in der glühenden Sonne. Mit Stacheldraht bespannte und mit dichtem Klingendraht verstärkte Zäune spannten sich auf beiden Seiten. Um sie herum gab es nur Sand, Steine, dürre braune Gräser und verkrüppelte Bäume. Sie waren irgendwo im Nirgendwo der andalusischen Steppe. Als er an der Schulter seines Vordermanns vorbeispähte, erkannte er einen hohen, ähnlich gesicherten Metallzaun mit einem geöffneten Tor. Darüber hatte jemand ein breites Brett genagelt und mit roter Farbe den Spruch »El trabajo te libera ;-)« geschmiert. Nach vier Jahren in Spanien übersetzte er sich das problemlos als »Arbeit macht frei«.

Das sagte ihm nichts, aber der Zynismus war auch ohne den Smiley klar herauszulesen. Sofern man Spanisch beherrschte, was für die meisten hier nicht zutreffen dürfte.

Hinter dem Tor waren fünf lang gezogene graue Reihen aus Baracken zu erkennen. Den Abschluss bildete ein Steinbruch. Eine aufgerissene Flanke in einer Hügelkette, die in der flirrenden Hitze hervorwuchsen und sich über den Horizont zogen.

Sein Vordermann setzte sich in Bewegung und er schlurfte langsam hinterher. Seitlich standen zwei Wachleute in olivgrüner Uniform, wie die Grenzschützer am Ufer. Schriftzüge, Namensschilder oder Insignien trugen sie keine. Sie waren mit Schnellfeuergewehren ausgerüstet, die sie einsatzbereit in den Händen hielten. Frauen und Kinder waren keine zu sehen. Erneut stieg ihm ein dicker Kloß in den Hals. Seine eigene Lage war bedrohlich, aber viel mehr sorgte er sich um die beiden. Hatte man sie in ein ähnliches Internierungslager gebracht? Falls ja, war es nicht in Sichtweite. Außer den Hügeln und der weiten Steppe existierten keine künstlichen Gebilde.

Am Tor durchsuchte ihn eine Wache, nahm ihm sämtliche Habseligkeiten ab und zerschnitt seine Fesseln. Endlich.

»Your number is 0 0 0 0 5 3 1. Comprendes? Building four, room eleven.«

Matt nickte er, aber bevor er weiterlief, hielt ihn der Wachmann nochmals auf.

»Your number?« Die Nummer hatte er sich nicht gemerkt. War das wichtig? Ein Gewehrkolben krachte krachend zwischen seinen Schultern. Schmerzen explodierten in seinem malträtierten Rücken, während er mit einem Aufschrei in die Knie brach.

»0 0 0 0 5 3 1. Better remember«, meinte die Wache mit einem feisten Grinsen und schubste ihn vorwärts in Richtung der Häuser.

Er erhob sich kommentarlos und wankte gemeinsam mit einem Pulk Männer unter den wachsamen Blicken einer Handvoll Bewaffneter die Gebäudefront entlang. Eine aufgesprühte Ziffer auf der Seite wies ihm den Weg. Die Elf fand sich an einem Eingang, der mittig lag. Ihn erwartete eine finstere, bullenwarme Kammer, in der bereits fünf weitere Mitgefangene auf dem Boden saßen oder lagen. Es gab weder Betten noch Sanitäranlagen. Die Tür schlug zu und tauchte den Raum in Dämmerlicht.

Wo zum Teufel war er hier gelandet? War das hier in der ZEU? Langsam dämmerte ihm, dass er seine Lage vermutlich falsch eingeschätzt hatte.

Als die Sonne hinter dem kleinen vergitterten Fenster sich dem höchsten Punkt näherte, wurde die Tür endlich wieder geöffnet. Obwohl die Hitze draußen genauso brachial sein musste wie drinnen, war der Schwall Frischluft eine Wohltat. Nachdem ihm noch zwei weitere Migranten gefolgt waren, hatte ein Wärter sie abgeschlossen, und die Gruppe in ihrem Saft schmoren lassen. Im wahrsten Sinne des Wortes. Ohne Wasser und Nahrung. Ihn plagte Durst und er hoffte, dass er mehr über seine Situation in Erfahrung bringen konnte. Seine Mitgefangenen waren so ratlos wie er. Auch sie hatte man am Ufer aufgegriffen und von ihren Familien getrennt.

»Aufstehen ihr Faulpelze«, rief der Wächter auf Englisch mit spanischem Akzent. »Genug geschlafen. Das Abendbrot will verdient werden. Wer nicht arbeitet, bekommt nichts.«

Kurz darauf erfuhren sie, was das bedeutete: Mit Spitzhacken, Hämmern, Schaufeln und Schubkarren begleitete man sie in den Steinbruch. Aus der Distanz erkannte er die kesselartige Einbuchtung im Hügel, dessen graue Wände sich mindestens fünf Meter erhoben. Der Weg war nicht lang, keine zweihundert Schritte. Trotzdem lag ihm bereits jetzt sein Hammer schwer auf der Schulter und die Sonne brannte unbarmherzig in seinen Nacken.

Dort angekommen, erklärte ein Wächter die Aufgabe: Steine aus den Felswänden brechen, zerkleinern und am Rande auf Haufen zu schichten.

»Wozu soll das gut sein?«, stellte Ibrahim, einer seiner Zimmergenossen die Frage in gebrochenem Englisch, die ihm auf der Zunge lag.

Ein Wärter, mit Bauchansatz, der den Fragenden um einen halben Kopf überragte, kam herübermarschiert und befahl: »Gib mir den Hammer!«

Zögerlich kam der Angesprochene der Anweisung nach. Der Spanier nahm der Schaft in beide Hände und rammte den schweren Eisenkopf ansatzlos in Ibrahims Bauch. Röchelnd und würgend brach der Algerier zusammen und krümmte sich im Staub.

»Hat noch jemanden eine Frage?«, wollte die Wache mit lauter Stimme wissen und legt sich den Hammer über die Schulter.

Niemand erhob das Wort. Mit Mühe konnte Jacques dem Reflex widerstehen, dem Verletzten zu Hilfe zu eilen. Es war klar, dass er in diesem Fall direkt neben dem anderen landen würde.

»Schön. Dann an die Arbeit!«, schloss die Wache und warf den Hammer neben Ibrahim, der sich langsam wieder erhob, in den Sand.

Den Nachmittag verbrachten sie damit, Steine herausbrechen, sie zu zerkleinern und aufzuschichten. Wurde ein Haufen zu groß, mussten die Brocken auf einem weiteren Berg außerhalb des Steinbruchs geschichtet werden. Einen Sinn hatte nichts von alledem.

Falls jemand nicht spurte oder wagte, Fragen zu stellen, knüppelten ihn die Bewacher brutal nieder und ließen die Person bewusstlos in der Sonne liegen. Wer helfen wollte, dem erging es ähnlich. Und wer sich nicht mehr selbstständig erhob, den schleppten die anderen Gefangenen auf Anweisung irgendwo hinter die Baracken und kamen später wieder. Was das bedeutete – den Gedanken verdrängte er. Wenigstens gab es ein paar rostige Eimer mit warmem Wasser, aus denen sie sich hin und wieder mit einer Kelle etwas Flüssigkeit holen durften.

»Hey, Jacques«, flüsterte eine bekannte Stimme neben ihm.

Verwundert drehte er den Kopf und ließ seinen Hammer auf die Steine niedersausen, damit die Wächter keinen Verdacht schöpften. Dort stand Ruhan, ein ehemaliger Nachbar aus Cabo del Gata. Sein drahtiger Körper war verdreckt und schweißüberströmt. Aber das galt für sie alle hier.

»Ruhan! Mon Dieu! Was tust du hier?«

»Das Gleiche könnte ich dich fragen.« Er hieb weiterhin mit seinem Hammer auf die Steine. »Nachdem wir die Stadt verlassen mussten, hat man uns hierhergebracht.«

»Die ganze Stadt?!« Das wären locker drei- bis vierhundert Männer.

»Ja. Nein. Keine Ahnung. Ich habe schon andere Nachbarn hier gesehen. Aber auch viele Fremde.«

»Was ist mit den Kindern und Frauen?« Diese Frage brannte ihm unter den Nägeln.

»Man hat uns getrennt abtransportiert. Mehr weiß ich nicht.«

»Hey, shut up!«, rief eine Wache von oberhalb des Abbruchhanges.

Sie schwiegen. Trotzdem war er froh, zumindest ein bekanntes Gesicht gefunden zu haben. Während der eintönigen Arbeit hatte er Gelegenheit, genauer über seine Lage nachzudenken. Hier passte einiges nicht zusammen. Nicht nur, dass sich ihm deren Sinn nicht erschloss. Es existierte praktisch keine Technik außer altertümliche Handfunkgeräte. Keine fliegenden Drohnen oder Roboter. Nur menschliche Wachen, die mit ihnen in der glühenden Hitze standen. Und das in der ZEU, einem Land, in dem Maschinen den Einwohnern sprichwörtlich jede manuelle Tätigkeit abgenommen hatten. Ihm war bewusst, dass die Bevölkerung engmaschig überwacht wurde. Sowohl in der Real-Welt als auch in der VR, der virtuellen Realität, in der die meisten Bürger einen Großteil ihres Tages verbrachten. Bei seiner ersten Reise hatte er sich im Auftrag von Diego in eine Erstaufnahmeeinrichtung begeben. Dort hatte kein einziger Mensch gearbeitet.

Im Gegensatz dazu erschien dieses Lager aus der Zeit gefallen. Warum waren die Wächter keine Roboter? Wieso wurden sie nicht von Drohnen überwacht? Und warum hatte man sie nicht direkt nach Algerien abgeschoben? Oder einfach in Cabo del Gata unbehelligt leben lassen? Das alles kostete Geld und Mühe. Jemand musste einen Grund haben, sie einzusperren und mit Zwangsarbeit zu quälen.

Ihm fiel jedoch beim besten Willen keiner ein.

Nach Sonnenuntergang schleppten sie ihre geschundenen Körper in die Zellen zurück. Auf dem Weg erhielten sie jeweils eine Schale mit Reis und Bohnen, die sie, ohne zu zögern, herunterschlangen. Aufgrund der schweren Arbeit war das nur ein Tropfen auf dem heißen Stein. Jacques hatte gelernt, mit Hunger zu überleben. Er war es gewohnt gewesen, unter ärmlichen Bedingungen mit seiner Mutter zusammenzuleben. Doch er blieb realistisch. Wenn sie nicht ausreichend mit Essen versorgt wurden und jeden Tag so hart ran genommen wurden, würden sie nacheinander in der brutalen Sonne zusammenbrechen. War das das Ziel? Sollten sie hier elendig verrecken? Es gab keine Schlafmatten und als Latrine benutzten sie einen bestialisch stinkenden Graben hinter dem Haus. Ein Stück entfernt existierte eine weitere breite Grube. Deren Zweck war ihm ebenfalls klar: Irgendwo musste man die Toten entsorgen. Die Wachen erwarteten also nicht, dass sie länger blieben – und zügig starben. Aber warum? Man hätte sie doch einfach erschießen können, wenn man sie töten wollte. Und nach seiner Erfahrung gab es für alles einen Grund. Es war schier unerträglich, nicht zu wissen, wie es Lucas und Kara erging. Waren sie unter ähnlichen, menschenverachtenden Umständen eingekerkert? Und lebten sie noch? Waren diese Europäer tatsächlich so grausam, dass sie unschuldige Kinder grundlos umbringen konnten? Das widersprach allem, was er über die ZEU gelernt hatte. Selbst die wilden Flüchtlingslager und die Rücktransporte folgten ZEU-Gesetzen und Regeln. Auch wurde dabei nie unnötige Gewalt angewendet. Das hier ... das war das genaue Gegenteil.

Als er durch die Tür trat, war die Zelle deutlich voller geworden. Eine Funzel unter der Decke verbreitete nur unzureichend Licht. Der Gestank nach ungewaschenen verschwitzten Männerleibern und Urin war widerwärtig. Aber er wollte nicht im Loch hinter den Häusern enden, also musste er sich hineinschleppen. In einer Ecke sah er Ruhan hocken und lehnte sich erschöpft neben ihn an die Wand.

»Den ersten Tag haben wir überstanden«, sprach er seinen ehemaligen Nachbarn an.

Dieser ließ die Augen geschlossen und schwieg sekundenlang, ehe er antwortete: »Ja, aber es wird nicht lange dauern, dann liegen wir alle in der Kuhle dort hinten.«

Jacques wollte sich damit nicht abfinden und erinnerte sich an Karas unverwüstlichen Optimismus. »Es gibt immer einen Weg. Wir sind hier zu Hunderten und maximal zwei Dutzend Wachen. Keine Roboter, Drohnen oder sonstige Technik. Ehe wir alle sterben, sollten wir lieber versuchen, sie zu überwältigen.«

Ruhan öffnete seine Augen und sah ihn von der Seite müde an. »Und dann?«

»Wir ...« Der andere hatte recht. Das Lager lag mitten in der Steppe, viele Stunden Fußmarsch von der nächsten Behausung entfernt. »Hm ... wir bräuchten zumindest ein paar Transporter oder Busse. Bestimmt kommen hier demnächst wieder welche an.«

»Da passen nicht alle rein«, gab Ruhan zu bedenken. »Außerdem: Wohin willst du fliehen? Europa ist eine dicht besiedelte Hightech-Nation.«

»Eben. Dieses grausame Arbeitslager ganz ohne Technik passt da nicht rein.« Ihm kam ein Gedanke. »Eventuell reicht es aus, falls wir genug Aufmerksamkeit erzeugen. Womöglich haben die das hier nicht abgesegnet und wir sind schon längst in Sicherheit, sobald uns die ersten Nachrichtendrohnen erfassen oder wir die Polizei erreichen. Das hier ist immer noch die ZEU, nicht unsere Heimat.«

»Hm ... Ziemlich viele Wenn und Aber.«

»Hast du einen besseren Plan?«, fragte Jacques. »Willst du hier lieber in den nächsten Tagen in der Sonne verrecken?« Erneutes Schweigen. Dann ein Nicken. »Okay. Aber bei einem Aufstand müssen alle mitmachen. Allein schaffen wir das nicht.«

»Merci, mon frère.« Er drückte seinem Nachbarn die Schulter. »Ich überleg mir was.«

## Peter

Sein Flugtaxi, ein schlankes VTOL mit Dutzenden Elektrodüsen in seinen Stummelflügeln, landete sanft auf dem großen Platz vor der hölzernen Kirche. Die Flügeltür öffnete sich und Peter stieg aus dem klimatisierten Inneren in die Gluthölle eines normalen südspanischen Nachmittags. Heißer Staub und vertrocknete Pflanzenreste wehten über den Dorfplatz. Die Farbe des Kirchturms sowie der umgebenden Häuser blätterte ab. Kaputte Fensterscheiben und windschiefe, halbgeöffnete Türen verstärkten den abweisenden Eindruck dieses toten Ortes. Die einzigen Geräusche kamen von den zerrissenen Planen der Gewächshäuser, die wie weiße Leichentücher im lauen Wind flatterten.

Hatte er sich geirrt? »Hallo?«, rief er. »Ist jemand hier?«

Keine Antwort. Schulterzuckend sah er sich um und wanderte mit knirschenden Schritten zur hölzernen Kirche. Das war das einzige Gebäude, das einen halbwegs intakten

Eindruck hinterließ. Mit einem Quietschen zog er die Balken der schweren Flügeltür so weit auf, dass er in das Innere hindurchtreten konnte. Im Lichtkeil tanzten Staubkörner und verstärkten den scharfen Kontrast zwischen Licht und Schatten.

»Peter!« Eine Silhouette kam aus der Finsternis auf ihn zugestürmt und warf sich ihm um den Hals. Warme Lippen pressten sich auf die seinen.

»Camila?«

Langsam gewöhnten sich seine Augen an die Lichtverhältnisse, während er sie erleichtert umarmte. Aus schmalen, mit Vorhängen verhüllten Fenstern stachen einzelne Sonnenflecken in das Kirchenschiff. Dort stapelten sich Säcke mit Saatgut, grünen Pflanzen in kleinen Kübeln, Bottiche mit Wasser sowie Kisten voller Energieriegel, Erste-Hilfe-Packs und technischer Ausrüstung, die er nicht zuordnen konnte. Er löste sich von ihr und schaute sich in Ruhe um.

»Wow. Gebetet wird hier wohl nicht mehr.«

»Doch«, kam die Stimme von Alejandro aus einer finsteren Ecke, »falls gar nichts mehr hilft, auch das.«

»Aber bisher war das noch nicht notwendig«, ergänzte Olivia die gemeinsam mit ihm ein paar Setzlinge in Töpfe steckte.

Nachdem sich Peters erste Überraschung gelegt und sie sich begrüßt hatten, erzählten die drei ihn von ihrer Flucht. Sie waren deutlich vor ihm im Wasser und vor den Brandbomben abgetaucht. Später konnten sie sich an Land retten. Die ehemalige Comunidad des Pärchens war für sie der perfekte Rückzugsort. Vor vier Jahren hatten sie hier eine Art handwerkliche Gärtnerei für Bio-Gemüse betrieben. Damals existierte hier kaum Technik, keine Cloud, keine KIs und war daher schwer für ihn, als Ermittler, zu überwachen gewesen. Ihre Notunterkunft hier in der Kirche, erläuterten sie ihm, hatten sie sich schon vor drei Jahren aufgebaut, nachdem sie diese Einrichtung zugunsten der wachsenden Migrantenstadt aufgegeben hatten. Das neue Projekt verschlang ihre gesamten Ersparnisse und ohne einen reichen Sponsor, wie damals Diego, konnten sie nicht beides aufrechterhalten. Sie waren weiterhin die Eigentümer dieses Geländes und wollten sich einen Rückzugsort sichern, falls es mit Cabo del Gata irgendwann nicht mehr weitergehen sollte. So wie jetzt.

Später saßen sie bei einem frisch gekochten Chili sin Carne an einem leicht schief stehenden Tisch. Peter erläuterte ihnen ausführlich seine Idee und den Plan. Sein Ziel war klar: Er wollte Mäuser vom Thron stoßen und mit allen korrumpierten Media-KIs aufräumen. Das war ihre einzige Chance, aus diesem Schlamassel mit heiler Haut herauszukommen und wieder ein normales Leben zu führen.

»Du bist total durchgeknallt«, kommentierte Camila sein Vorhaben. »Wie soll das gehen?«

»Keine Ahnung.« Er zuckte mit den Schultern. »Wir bräuchten jemanden, der sich damit besser auskennt als ich – oder ihr. Einen Kontakt zu einem Professor vom CERN vor Ort wollte mir Roland noch übermitteln. Das wäre nur ein erster Schritt. Wir bräuchten weitere Mitstreiter, die unsere Sache unterstützen. Experten, die den Quantenrechner entsprechend programmieren oder so und mit der ZEU-Cloud zu verbinden.«

»Jeanne«, sagte Olivia deutlich.

Verwundert drehte er sich zu ihr um und schaute sie an.

»... sowie Naïn und Loris«, fuhr sie fort. »Das sind die drei damaligen Start-up-Gründer und Freunde von Diego, die ihm bei der Entwicklung des KI-Virus geholfen hatten. In diesem Fall geht es natürlich nicht um einen Virus, der würde uns am Ende nichts helfen, aber das Trio sollte über die notwendige Expertise verfügen. Für eine gute Sache – und das ist sie unzweifelhaft – würden die sich bestimmt bereit erklären, zumindest mit ihrem Know-how zu unterstützen. Diego können wir ja leider nicht mehr fragen.«

Das war neu für Peter. Dass der Elektronik-Hacker nicht allein gearbeitet hatte, war ihm damals klar gewesen, die anderen Gründer waren nicht in Erscheinung getreten. Die Ermittlungen wurden am Ende eingestellt, sodass es keine weiteren Nachforschungen gab.

»Und wie können wir die erreichen?«, fragte Camila. »Ein Chat über die VR empfiehlt sich nicht, falls wir von deinen Kollegen observiert werden.«

»… oder von deinen«, warf er ein.

»Jaja, okay. Aber dein Gespräch mit Roland war bereits ein Risiko. Und einer einfachen Textnachricht werden die nicht glauben.«

»Ich denke, ich hätte einen simplen Vorschlag«, meinte Olivia. »Ihr klappert die drei persönlich ab. Ich kann euch ein paar Fakten nennen, mit denen ihr belegen könnt, dass Freunde von Diego euch schicken. Dann werden die sich das zumindest anhören.«

»Ihr kommt nicht mit?«, fragte er und konnte seine Enttäuschung nicht verbergen. »Das würde es deutlich einfacher machen.«

»Tut mir leid«, antwortete jetzt Alejandro. »Wir haben es schon Camila erklärt: Wir wollen den Migranten hier vor Ort helfen. Unsere Freunde und Nachbarn wurden in irgendein Übergangslager verschleppt. Irgendwo in der Steppe im Hinterland von Almería. Wenn man uns ins Gefängnis steckt, ist damit niemandem geholfen. Daher machen wir uns auf die Suche nach ihnen.«

»Außerdem«, fügte Olivia hinzu, »rechne ich euch keine großen Chancen aus, wenn ich ehrlich bin. Aber wie gesagt: Wir haben hier nach wie vor eine eigene Aufgabe.« Sie machte eine kurze Pause. »Falls ihr möchtet, übernachtet gerne hier. Morgen Früh sieht die Welt sicherlich schon besser aus und ihr könnt mit frischen Kräften starten.«

Das ließ er sich nicht zweimal sagen. Sein Körper benötigte dringend Ruhe und Erholung. Auch Camila gähnte lautstark.

# Strahlende Begegnungen

## 7. Dezember 2099

### Peter

Peter kuschelte sich im gemeinsamen Schlafsack an Camilas Rücken und genoss die Wärme. Es war halb sieben am nächsten Morgen, kurz nach Sonnenaufgang. Die Luft in der Kirche war noch kalt und ein erster dämmriger Schein drängte sich durch die vernagelten und abgehängten Fenster. Sie waren beide bereits länger wach. Die kommenden Herausforderungen und die lauernde Gefahr, jederzeit erneut in eine Falle von Mäuser zu laufen, ließen ihnen keine Ruhe.

Noch am Abend war eine kleine Kurierdrohne vor dem Kirchenportal gelandet, nachdem er das Risiko eingegangen war, Roland seinen Standort mitzuteilen. In dem Fluggerät lag ein versiegelter Umschlag mit einem Namen: *Professor Doktor Mitchell McDonagan.* Es folgten Datum, Uhrzeit und die Adresse eines Restaurants in Genf. Sein Freund hatte Wort gehalten und ein Treffen arrangiert. Camila hatte die leichte Drohne, die sich zu einer Kugel von der doppelten Größe eines Tennisballs zusammengefaltet hatte, in ihrem Rucksack verstaut. Sie meinte, dass man das Teil ja vielleicht irgendwann brauchen könnte.

»Was meinst du«, fragte sie flüsternd, um die anderen nicht zu wecken, »wird Mäuser nochmals versuchen, uns umzubringen?«

»Keine Ahnung. Vermutlich. Da Rolands Drohne mich gefunden hat, kann er das ebenfalls. Bisher hat zumindest niemand die Kirche gestürmt.« Erneut sortierte er seine Gedanken. »Warum auch? Wir haben uns offiziell nichts Ernsthaftes zu Schulden kommen lassen. Machtgeiler Innenminister hin oder her, das hier ist die ZEU und er ist kein Diktator, der unbegründet Menschen verhaften und erschießen lassen kann. Zumindest noch nicht.«

»Aha. Aber bombardieren und verbrennen?«, warf sie skeptisch ein.

»Da hat er einfach die Gelegenheit am Schopf gepackt, um uns loszuwerden. Das war sicherlich von diversen Stellen offiziell abgesegnet.«

»Wollen wir es hoffen,« die Zweifel in ihrer Stimme waren deutlich. »Ich ...«

Ein dumpfes Grollen und Vibrieren erfüllte das hölzerne Kirchenschiff. Staub rieselte von der Decke.

»Hey! Was ...« Sie warfen den Schlafsack von sich und sprangen auf.

Mit einem ohrenbetäubenden Krachen und Bersten implodierte die hintere Wand der Kirche. Holzsplitter und Glasscherben schossen durch den Raum. Sie duckten sich unter einen Tisch und rissen ihre Arme hoch, um sich zu schützen.

»RAUS!«, brüllte Olivia, die zusammen mit Alejandro an ihnen vorbei in Richtung Tür hetzte.

Er griff seinen Rucksack und sprintete hinterher, neben ihm lief Camila. Putz und Dreck prasselten auf seine Schultern. Staub wallte ihm entgegen. Von hinten ertönte ein schrilles Kreischen und weiteres Krachen. Ein massiver Deckenbalken schlug unmittelbar vor seinen Füßen auf den

Boden. Hustend kletterte er hinüber und hatte das von Alejandro geöffnete Portal fast erreicht. Die hohen Wände auf den Seiten schienen in Zeitlupe mittig einzuknicken. Die Decke brach polternd ein.

Er rettete sich mit einem Hechtsprung durch die offene Flügeltür und rollte durch den Staub, dicht gefolgt von den anderen. Auch sie schlugen neben ihm auf. Das gesamte Kirchenportal neigte sich kreischend in ihre Richtung.

»WEG HIER!« Jetzt war er es, der brüllte und versuchte, Camila an der Hand hochzuziehen.

Erneut hetzten und hechteten sie vorwärts und entgingen knapp der massiven Holzwand, die krachend auf dem Boden aufschlug und sie in eine dichte Staubwolke hüllte. Taumelnd und hustend kämpften sie sich weiter, bis sie auf der anderen Seite des Platzes an einer Häuserfront mit dem verwitterten Schriftzug »Cantina« zum Stehen kamen.

Um sie herum war die Hölle los. Ohrenbetäubendes Brummen massiger Motoren, berstendes Holz, Splittern, Krachen und Klirren erfüllten die Luft. Im Staub sah man kaum die Hand vor Augen.

»Wir müssen hier weg!«, rief Alejandro und wurde von einem Hustenanfall geschüttelt. »Hinter mir her!«

Der Gründer der Comunidad ging voran und sie folgten ihm in eine schmale Gasse zwischen den Häusern. Hier war es besser. Der Staub war weniger und der Lärm gedämpft. Im Laufschritt eilten sie ihm hinterher. Peters Seitenstechen setzte ein, aber er ignorierte es. Am Ende liefen sie auf eine breitere Straße. Von rechts raste eine gigantische Baggerschaufel auf ihn zu. Reifen quietschten. Ein schrilles Alarmhorn ertönte. Die Zeit blieb stehen.

Zögerlich öffnete er seine Augen, die er in Erwartung des Aufpralls geschlossen hatte. Keine Handbreit neben ihm schwebte ein handtellergroßer, abgenutzter Zinken der Schaufel. Der zugehörige, drei Meter hohe Abrissroboter war sprichwörtlich im letzten Augenblick zum Halt gekommen. Zum Glück war es eine KI-gesteuerte Maschine, ein Mensch hätte niemals rechtzeitig reagiert.

»Sie befinden sich unbefugt auf einer Baustelle. Es besteht Gefahr für Leib und Leben. Verlassen Sie sofort das Gelände«, tönte eine blecherne Stimme ohrenbetäubend aus dem Gerät.

Als sie sich nicht rührten, wiederholte es seine mechanische Ansage.

Er stieß die anderen an und riss sie aus ihrer Starre. »Los, lasst uns verschwinden. Alejandro? Was ist der kürzeste Weg zur Hauptstraße?«

Der Comunidad-Gründer winkte ihnen und lief wortlos an den mannsgroßen Rädern des Baugerätes entlang. Der Roboter, der jetzt stillstand, hatte die alten Wohnhäuser niedergerissen. Während sie zur Straße marschierten, kamen sie an einem halben Dutzend ähnlicher Maschinen vorbei, die mitten in ihrer aktuellen Bewegung ausharrten. Wie die schlafenden Schlossbewohner bei Dornröschen.

Nach einer Viertelstunde traten sie durch das vergitterte Haupttor auf die breite Küstenstraße, die in Richtung Almería führte. In diesem Moment erwachten alle Bauroboter gleichzeitig zu neuem Leben. Neben ihnen war ein unscheinbarer Roboter damit beschäftigt, ein Schild »Baustelle! Betreten verboten« am Tor anzubringen.

»Was passiert hier?«, fragte Camila.

Sie schauten sich ratlos an.

»Oh, Mann. Unsere schöne Comunidad«, meinte Alejandro anstelle einer Antwort und verzog sein Gesicht.

»Ach, das war nur noch morsches Holz.« Olivia schien das nicht sonderlich zu bedrücken. »Sobald das alles vorbei ist, bauen wir eine neue auf. Wäre ja nicht das erste Mal.«

Peter nahm sein VR-Headset aus dem Rucksack und reichte es dem Gründer. »Hier. Versuch doch mal, herauszufinden, was es mit dieser Aktion auf sich hat.«

Zehn Minuten später hatten sie die Informationen, die sie suchten. Das Gründerpaar hatte es angeblich versäumt, die letzte Rate für ihr Grundstück pünktlich an die Bank zu überweisen. Diese hatte den Mietvertrag gekündigt, Räumungsklage eingereicht, recht bekommen und das Bauunternehmen, das sowieso seine Roboter in der Nähe von Cabo del Gata platziert hatte, mit dem Abriss beauftragt. Alles innerhalb einer Stunde.

»Und da sag noch einer, Banken, Gerichte und Handwerker wären langsam«, kommentierte Olivia die Fakten trocken.

»Kunststück, wenn man mit deren Bossen und Richtern im gleichen Golfklub ist«, ergänzte Camila.

Ihm schwante, worauf sie hinauswollte: »Mäuser war hier bis vor zwei Jahren Provinz-Gouverneur. Er hat sich dank der damaligen Geschehnisse und der Flüchtlingskrise zum ZEU-Innenminister aufschwingen können.«

»Korrekt«, bestätigte sie seinen Gedanken. »Er oder jemand aus seinem Umfeld steckt erneut dahinter. Außerdem hat dieser jemand dafür gesorgt, dass nicht so genau geschaut wurde, ob sich noch Menschen auf dem Gelände befinden. Insbesondere gibt es hier keinerlei Cloud-Überwachung und wir alle hatten keine aktivierten VR-Headsets dabei.«

»Na ja, bis auf meine Positionsmeldung an Roland, gestern Nachmittag«, gab Peter zu bedenken. »Das gleiche Schema wie bei der Bombardierung. Nicht besonders originell, aber effektiv.« Nickend lief er einige Schritte auf und ab, um seine Gedanken zu sortieren. »Wir müssen besser achtgeben und uns möglichst viel in regulär überwachten Bereichen aufhalten. Da wir uns nichts Ernsthaftes haben zu Schulden kommen lassen, kann er nicht offiziell gegen uns vorgehen. Trotzdem sind wir unliebsame Zeugen, die er loswerden will, auch wenn er unseren Plan nicht im Detail kennen kann.«

Camila schaute ihn zweifelnd an: »Dann wissen seine Leute, wo wir uns befinden. Aber nun gut, das finden die sowieso heraus. Einen Tod müssen wir wohl sterben.«

Peter fand ihre Worte etwas unglücklich gewählt und war von seiner eigenen Theorie nicht komplett überzeugt. Damals, bei der Zerstörung des Walls, war der korrupte CEO Wagner oder einer seiner Handlanger so weit gegangen, eine Killerin zu beauftragen. Aber auch in diesem Fall würde sie die öffentliche Überwachungstechnik der ZEU vermutlich am besten schützen. Diese Gedanken behielt er für sich.

Alejandro sagte: »In Ordnung. Ich habe euch zwei VTOLs als Mietflieger bestellt. Die werden sicherlich verfolgt, aber anders kommt ihr nicht an euer Ziel. Für die nächste Rate müssen wir jetzt ja kein Geld mehr zurücklegen. Und achtet darauf, eure Headsets und Smartdevices möglichst ausgeschaltet zu lassen.«

Anschließend klärten Sie die Details ihres Plans und verabschiedeten sich.

Sie verabredeten, sich bei einer auffälligen Landmarke, der Statue an einem verlassenen Golfklub in der Nähe, Nachrichten zu hinterlassen oder wiederzutreffen. Alejandro und Olivia würden dort spätestens alle paar Tage vorbeischauen. Das war ihr Notfallplan, falls später jemand Hilfe benötigte. Jegliche Cloud-Kommunikation oder Treffen in der VR würden sie strikt vermeiden.

## Milo

Milo Babic hasste Mäuser. Was für ein aufgeblasener Clown. Am meisten hasste er jedoch sich selbst dafür, dass er vor diesem Volltrottel katzbuckelte. Um später Erfolg zu haben, blieb ihm für den Moment nichts anderes übrig. Sich im Kielwasser eines superreichen Egomanen zu halten, das hatte er damals bei Karl Wagner gelernt. Die Sache war so lange gut gegangen, bis Diego Morales und die algerischen Flüchtlinge aufgetaucht waren. Erst kam die Zerstörung des Walls. Dann hatte er es selbst vermasselt, die kleine Schlampe im Krankenhaus abzuservieren. Und zum Schluss hatte Wagner ihn fallen lassen. Drei Jahre Gefängnis waren die Folge. Das einzig Gute daran war, dass er seine Glücksspielsucht erkannt hatte und losgeworden war. Seine Schulden aus den illegalen Wetten hingen ihm weiterhin nach und kosteten ihn jeden Cent, den er verdiente. Er hatte nur eine Chance, aus der Nummer rauszukommen: selbst in der politischen Hierarchie aufzusteigen und sich die Taschen vollzumachen. So wie Mäuser und seine Speichellecker. In dieser Beziehung war der Clown berechenbar: Er förderte seine Helfer und vernichtete alle anderen.

Trotzdem reduzierte Milo seine persönlichen Besuche bei Mäuser auf das Nötigste. Man wusste nie, ob der Chef einen beförderte oder feuerte. Beides war ungefähr gleich wahrscheinlich. Leider hing seine neue Karriere von dessen Erfolg ab. Irgendwann würde er diese Flachpfeife loswerden und selbst aus dem Schatten treten. Aber noch war es nicht so weit. Daher tat er sein Möglichstes, um dem Knallfrosch zu helfen und ihn in die passende Richtung zu lenken. Andererseits musste er ihn immer wieder von Schwachsinn abhalten, der viel zu häufig aus dessen krankem Geist blubberte.

Die Idee für die Aktion, die provisorische Stadt der Flüchtlinge mithilfe von Brandbomben abzufackeln, war Milo gestern spontan gekommen. Damit hatte er zwei Fliegen mit einer Klappe schlagen wollen: Es gäbe keine Beweise mehr, dass die Menschen keineswegs in unwürdigen Bedingungen, sondern in einer Art funktionierender Gemeinde gelebt hatten. Gleichzeitig war er eine Reihe ihm gefährlicher Zeugen, die überneugierige Reporterin und den Beamten, die ihm ans Bein pissen wollten, losgeworden.

Der Vorwand, dass sich in dem Lager eine neue, extrem ansteckende Neo-Pocken-Variante ausgebreitet hatte, war schnell gefunden. Danach war es ein Leichtes, den Luftschlag anzuordnen. Die Reichen und Mächtigen tanzten wie Marionetten an seinen Fäden: Der Verteidigungsminister wollte eine drohende Gefahr mit einem ordentlichen Rumms aus der Welt schaffen. Die Vorstände der Medienhäuser freuten sich über spektakuläre Bilder und steigende

Aktienkurse. Mäuser konnte seinen Erfolg als eigenen verkaufen. Win-win-win nannte man das. Zumindest, falls man nicht gerade das Pech hatte, sich in dem Flüchtlingscamp aufzuhalten.

Nach möglichen Personen, die sich dort noch befanden, hatte daher niemand mehr ernsthaft gefragt. Der Evakuierungsbefehl war vierundzwanzig Stunden vorher verteilt und umgesetzt worden. Wer trotzdem dortblieb, war selbst schuld. Aber leider hatten die fraglichen Zeugen überlebt und waren auch dem anschließenden Abriss der alten Gärtnerei entkommen.

Er hatte heute Morgen den Verfassungsschutz beauftragt, schnellstmöglich herauszufinden, was diese Terrortruppe vorhatte. Hoffentlich irgendwas Staatsgefährdendes – dann könnte er sie direkt verhaften und in irgendein dunkles Loch werfen lassen. Damit wäre die Sache erledigt.

»Milo?«, meldete sich seine Assistenz-KI und riss ihn aus seinen Gedanken. »Es gibt Neuigkeiten bezüglich deines aktuellen Suchauftrags.«

Statt zu antworten, lief er zu seinem VR-Seat, setzte sich und loggte sich in seine virtuelle Arbeitsumgebung ein. Er hasste die Sicherheitsparanoia der Behörden. WLAN-Verbindungen über Funk in das GovNet der Regierung waren grundsätzlich untersagt, sobald es um sensible Daten ging. Daher musste man einen Seat oder ein Tablet nutzen, die physisch am Netzwerk der Dienststelle hingen. Das empfand er als Zumutung, hatte aber bisher Mäuser nicht überzeugen können, sich dieses Themas anzunehmen. Kein Wunder, der nutzte meist nur die sozialen Medien – sowie diverse asoziale – für das, was er Politik nannte.

Nachdem Milo virtuell hinter dem Schreibtisch saß, der sich im Eckbüro eines New Yorker Wolkenkratzers mit grandiosem Blick auf den Central Park befand, setzte er die Diskussion mit seiner KI fort.

»Der Verfassungsschutz hat bei der Untersuchung des Umfeldes der verdächtigen Personen rund um Peter Hessler, Camila Diaz sowie Olivia und Alejandro Garcias neue Erkenntnisse gewonnen«, informierte sie ihn mit gelassener Stimme.

»Gib mir die Zusammenfassung.«

»Olivia und Alejandro Garcias Standort ist unbekannt. Sie haben die ehemalige Gärtnerei zu Fuß verlassen. Peter Hessler ist mit einem Mietflieger nach Genf unterwegs. Camila Diaz ist mit hoher Wahrscheinlichkeit auf dem Weg zu Jeanne Dupont, einer Professorin für KI-Forschung. Eine Person aus dem nahen Umfeld von Diego Morales, der bei der Zerstörung von Wall vor vier Jahren der Hauptverdächtige war.«

Morales. Verflucht. Schon wieder. Konnte der kleine Pisser, der ihn damals ausgetrickst hatte und dem er einen längeren Gefängnisaufenthalt zu verdanken hatte, nicht einfach ruhig in seinem Grab liegen bleiben? Sogar tot schien der ihm noch Ärger zu bereiten. Manche Menschen konnten nicht tot genug sein. Nachdem Milo aus dem Bau wieder draußen war, hatte er seinem ehemaligen Arbeitgeber, Karl Wagner, den Rücken gekehrt und in der Politik angeheuert. Vorstrafen waren dabei interessanterweise kein Hindernis. Ihm war schnell klar geworden, wie leicht sich die meisten Dumpfbacken in diesem Umfeld beeinflussen ließen. Speziell Mäuser, so selbstverliebt und erratisch der Mann auch war, hatte ein intuitives Gespür für Macht.

Dieser zeigte ihm unfreiwillig, wie der Laden lief. Eine Gefälligkeit hier, ein wenig Erpressung dort, garniert mit ein paar dreisten Lügen und schon wurde man nach oben geschwemmt. Die Elite von Politik und Wirtschaft in der ZEU war nicht nur superreich und durch und durch korrupt, sondern ließ sich spielend leicht manipulieren, sobald man in den richtigen Zirkeln unterwegs war.

Im Laufe des letzten Jahres hatte er sich gezielt auf die Position eines Staatssekretärs bei Mäuser hochgearbeitet und sich an ihn dran geklemmt. Er wusste um die perversen Hobbys seines neuen Chefs. Das hatte er ihm nicht verraten. Ein Ass im Ärmel zu behalten war immer von Vorteil. Vor allem, wenn es darum ging, ihn ausstechen zu können. Ob es jemanden ernsthaft interessierte, dass der Innenminister sich nordafrikanische Schönheiten als Sex-Sklavinnen hielt, war fraglich.

Zurück zu seinem Problem: Sollte er erneut abwarten, bis die vier Verschwörer wieder einen Fehler begingen? Das war nur eine Frage der Zeit. Oder sollte er lieber direkt einen Freelancer engagieren, der die Sache endgültig erledigte? Das wäre nicht ohne Risiko. Falls es aufflog, würde Mäuser ihm ganz sicher nicht aus der Patsche helfen.

## Jacques

Als sie morgens kurz nach Sonnenaufgang lautstark von einem Wächter geweckt wurden und hinaustraten, musste Jacques schlucken. An einer der offenen Seiten zwischen den langen Gebäuden stakste ein Roboter in der Form eines überdimensionalen Mistkäfers auf sechs Beinen über die Steine. Komplett in Sandfarbe gehalten, handelte es sich eindeutig um ein militärisches Modell. Es war etwa hüfthoch und aus seinem länglichen Kopf ragten zwei schwenkbare Schnellfeuergewehre anstelle von Mandibeln heraus. Auf der Stirn pulsierte ein rundes rötliches Licht, das die Einsatzbereitschaft signalisierte. So viel zum Thema, es gäbe hier keine Roboter. Und zu seinem Plan, die Wachen einfach zu überrennen.

Stunden später brannte ihm die Sonne auf seinen Rücken. Wie lange konnte er diese Tortur überleben? Von den eintönigen Schlägen mit dem Hammer auf harten Felsen breitete sich ein stechender Schmerz in seiner Schulter aus. Der Metallkopf des Arbeitsgeräts schien inzwischen Tonnen zu wiegen.

»Fifteen minutos. Break!«, kam die Ansage der Wache. Ihre Mittagspause. Müde schleppten sie sich in den Schatten an der Abbruchkante, die hinter ihnen in die Höhe ragte wie ein mehrstöckiger Wohnblock. Sein Blick blieb an den Baracken hängen. Dort kamen weitere Transporter und Busse vorgefahren. Wo wollten die all die Menschen unterbringen? Dann fiel ihm auf, dass größere Lkws mit Staubfahnen folgten, die mit langen Platten beladen waren. Wände und Dächer für neue Gebäude?

Er stieß Ruhan, der neben ihm saß, in die Seite. »Hey, schau mal, das Lager wird erweitert.«

»Und?«

»Die scheinen nicht damit zu rechnen, dass wir alle direkt abkratzen, und das ist vielleicht die Chance, auf die wir gewartet haben. Bisher habe ich nur diesen einen Wachroboter gesehen. Falls wir ein paar Wachen die Gewehre abnehmen können, werden wir mit dem schon fertig.«

»Hm ...« Sein Gefährte schien von der Idee nicht überzeugt. »Bleibt nur die Frage, wer sich in der vordersten Reihe freiwillig niedermähen lässt. Das sind Schnellfeuergewehre.«

»Das müssen wir geschickter angehen. Erst zwei oder drei Wachen überrumpeln, während das Biest nicht in Sicht ist. Danach werden wir mit dem Ding schon fertig.«

»Könnte funktionieren«, stimmte ihm Ruhan zu, »aber nicht hier auf dem freien Feld. Wir brauchen mehr Deckung und eine passende Gelegenheit. Und weitere Mitstreiter.«

Damit war das Thema für den Moment erledigt.

Die Mittagspause war zu schnell vorbei, um nennenswerte Erholung zu bieten. Aktuell befanden sich bereits über hundert Menschen im Steinbruch. Noch mehr und sie würden sich gegenseitig auf den Füßen stehen. Die Militärdrohne am Eingang zum halbrunden Areal sowie ihre menschlichen Bewacher sorgten dafür, dass keiner von ihnen auf dumme Ideen kam. Hämmer und Spitzhacken wären durchaus brauchbare Waffen. Aber niemand traute sich, den ersten Schritt zu unternehmen. Er selbst auch nicht. Das wäre Selbstmord und der Ausgang der Schlacht mehr als ungewiss.

Als die Sonne den Zenit überschritten hatte, brach ein weiterer ihrer Mitgefangenen lautlos zusammen. Niemand kümmerte sich, denn sie hatten gesehen, dass man in diesem Fall das gleiche Schicksal erleiden würde.

»You two! Bring him away!« Die raue Stimme eines Wachmanns riss ihn aus seinem tranceartigen Zustand, in den ihn die immer gleichartige Tätigkeit und die brachiale Hitze versetzte.

Er schaute sich irritiert um. Der Mann zeigte auf ihn und Ruhan und dann auf den regungslosen Körper. Sie sahen sich an, packten ihre Werkzeuge zur Seite und schritten hinüber. Bevor er den Zusammengebrochenen anhob, fühlte Jacques kurz den Puls am Hals. Ein kaum spürbares rasendes Klopfen bewies, dass er noch lebte. Mühsam hoben sie ihn an, legten sich seine Arme über die Schultern und schlurften in Richtung der fünfhundert Meter entfernten Grube hinter den Baracken. Da überall auf dem Gelände Wachen herumstanden, folgte ihnen niemand direkt. Sie hätten auch so keine Chance zu fliehen. Der Wachroboter drehte brummend seinen Torso und schien sie mit den Sensoren zu durchdringen, als sie am steil aufragenden Ausgang des Steinbruchs vorbeiliefen.

Sobald sie außer Hörweite waren, wandte sich Ruhan flüsternd an ihn: »Er lebt noch! Was sollen wir tun?«

»Je ne sais pas. Eventuell können wir ihn in einen der Räume im Schatten ablegen und er erholt sich wieder.«

Sein Mitgefangener warf ihm einen Blick zu und antwortete nicht. Als sie sich den Gebäuden näherten, winkte ein schlaksiger Wachmann mit Atemschutzmaske zur breiten Grube herüber. Offenbar sollten sie den Mann dort hineinwerfen.

»Er lebt noch«, rief Jacques auf Spanisch, »können wir ihn in unseren Raum bringen? Der braucht nur etwas Erholung, dann geht es schon wieder.«

»Nein. Weitermachen«, kam die gedämpfte Antwort mit einem entsprechenden Wink des Schnellfeuergewehrs. »Ansonsten könnt ihr euch direkt mit in das Loch legen!«

»Was sagt er?«, fragte Ruhan leise, der kein Spanisch verstand.

»Dass wir ebenfalls in dem Loch landen, falls wir ihn nicht dort hineinwerfen.«

»Und jetzt?«

Das war eine gute Frage. Welche Wahl hatten sie? Einen lebenden Menschen in das Massengrab zu werfen, das brachte er nicht über sich.

»Rápido!« Die Wache wurde ungeduldig.

»No!«, antwortete Jacques entschlossen.

Sein Entschluss stand fest. Damit packte er den schlaffen Körper unter den Armen und dirigierte Ruhan in Richtung der Baracken. Weg von dem Loch. Falls ihm das eine Kugel in den Rücken einbrachte, sollte es so sein. Er wäre nicht mehr in der Lage, sich im Spiegel in die Augen zu sehen, träfe er eine andere Wahl. Jeden Augenblick erwartete er den peitschenden Knall eines Schusses und einen dumpfen Schlag, der seinem eigenen Leben ein Ende setzte. Zwanzig knirschende Schritte später erreichten sie die graue Wand des Gebäudes und lebten. Ohne sich umzuschauen, schleppten sie den Mann in eine der offenen, leeren Zellen und legten ihn mit Bedacht auf den Boden. Im Raum saßen fünf weitere Gefangene, die sie aus halbgeöffneten Augen beobachteten. Keiner machte Anstalten, ihm zu helfen. Mit dem Zeigefinger tastete er nach dem Puls des Kranken. Die Haut war heiß und verschwitzt, die rasenden Schläge kaum zu erspüren, aber vorhanden. Ob er sich erholen würde, war fraglich. Sie hatten hier weder Wasser noch kühle Umschläge und würden diese auch nicht erhalten. Zumindest hatte er dem Mann eine winzige Überlebenschance ermöglicht.

»Hey you!«, kam ein barscher Ruf von der Tür. Dort standen zwei Uniformierte, der Schlaksige war nicht dabei.

Hatten sie es sich doch nochmals anders überlegt? »Come out! All of you. Now.«

Müde und stöhnend erhoben sie sich zusammen mit der Gruppe und schleppten sich erneut in die brennende Sonne. Draußen wartete einer der Lkws mit den Platten in einiger Entfernung darauf, entladen zu werden. Von rechts kam in einer Staubfahne ein größerer Trupp aus Mitgefangenen mit Schubkarren sowie Arbeitsgeräten, dem sie sich anschließen sollten.

»Wir sollen Löcher für die Fundamente schaufeln, um die Baracken zu errichten«, erläuterte ihm einer der Neuen.

Der Wachroboter war nicht in Sicht. Unauffällig warf Jacques Ruhan einen wissenden Blick zu. War das die Gelegenheit, auf die sie gewartet hatten?

## Camila

Sie rutschte auf dem bequemen Ledersitz ihres VTOLs, einem futuristischen silbernen Fluggerät mit zwei überdimensionalen in die Flügel eingebetteten Rotoren, umher. Seit rund zehn Minuten flog Camila bereits durch ein Gebiet, das laut der interaktiven Karte vor ihr radioaktiv belastet war. Strahlung, die man weder fühlen noch sehen konnte und einen frühen, qualvollen Tod bescherte, falls man ihr zu lange ausgesetzt war. Bei dem Gedanken zog sich eine Gänsehaut über ihren Rücken und sie musste sich schütteln. Aber leider wohnte Jeanne, wie Olivia ihr erzählt hatte, genau hier. Zumindest hoffte sie das, denn die Informationen waren mehr als ein Jahr alt. Eine weitere Recherche in der Cloud hatten sie sich verkniffen, um Mäuser und seine Meute nicht auf ihre Reiseziele aufmerksam zu machen.

Die Anzahl der Lkws auf der Autobahn unter ihr, die sich wie ein mit dem Pinsel geschwungener Strich durch die satte grüne Landschaft zog, hatte deutlich abgenommen. Sie war verwundert, dass hier überhaupt Menschen lebten. Während des Fluges hatte sie sich über diese Region informiert: Das Kernkraftwerk von Bugey befand sich zehn Kilometer nördlich. Es war 1972 in Betrieb genommen worden. Trotz mehrerer Störfälle hatte man es aufgrund des exponentiell wachsenden Energiebedarfs für die Automatisierung und die Rechenzentren nicht vom Netz genommen. Im Jahre 2054 gab es dafür die Quittung. Der Anschlag einer extremistischen Gruppierung, für den jedoch nie schlüssige Beweise gefunden wurden, führte zum vollständigen Ausfall der Kühlsysteme – und somit unweigerlich zur Kernschmelze. Nur dem Wind war es zu verdanken, dass nicht die Millionenstadt Lyon verseucht wurde, sondern nur diese dünn besiedelte Region.

Heute war die radioaktive Strahlung angeblich nicht mehr stark. Vor allem Wälder, Pflanzen und Wildtiere waren kontaminiert. Der damalige Fallout, wie man den strahlenden Staub nannte, der sich hier überall niedergelegt hatte, wurde vom Regen in den Boden gewaschen. Von dort bekam man ihn im Grunde nicht mehr weg. Die einzige Möglichkeit war, das Erdreich abzutragen und durch frisches zu ersetzen. Das war für ein fast achttausend Quadratkilometer messendes Gebiet nahezu unmöglich. Feste Flächen, wie die in Städten und Straßen, konnten halbwegs gereinigt werden. Auch auf Äckern konnte man die Erde tauschen. Aber Waldgebiete und Berge würden in fünfzigtausend Jahren noch strahlen, Krebs verursachen und das Erbgut von Tieren und Pflanzen schädigen.

Im Moment war sie sicher, da sie nur darüber hinwegflog und nicht durch die Wälder streifte oder Pilze sammelte. In der Luft befand sich nach vier Jahrzehnten kaum Radioaktivität. Zumindest theoretisch. Mit ihrer VR-Brille schaute sie aus dem Fenster. Eine interaktive AR-Karte, die sie aktiviert hatte, zeigte die Belastung. Rote Flächen durften keinesfalls betreten werden. Gelb sollte vermieden werden. Alles Grüne war kein Problem.

Die Straße war grünlich eingefärbt. Als sie ihren Blick über die verwahrlosten Äcker und Wiesen schweifen ließ, die hier nicht bewirtschaftet wurden, leuchteten einige Areale in einem schwefligen Gelb. Rot waren nur ein paar Flecken in den Wäldern. Ihr fiel auf, dass jetzt unten auf der Autobahn überhaupt keine Fahrzeuge mehr fuhren.

»Hinweis«, kam die sanfte Stimme der Bord-KI aus versteckten Lautsprechern, »deine Route wurde aufgrund einer veränderten Gefahrenbewertung abgebrochen. Möchtest du ein Ziel außerhalb der Gefahrenzone anfliegen?«

Sie bemerkte, wie das VTOL in eine Kurve einschwenkte. Shit. Was sollte das jetzt?

»Stopp. Ich will nicht zurück. Ursprüngliches Ziel beibehalten.«

»Dieses Gebiet darf aufgrund einer behördlichen Anordnung vorläufig nicht mehr beflogen oder befahren werden.«

Daher wehte der Wind. Mäuser. Verdammt. Wie sie diese KIs hasste. Aber was konnte sie tun? Da fiel ihr ein roter Knopf hinter einer Plastikhaube ins Auge, der mit »Emergency Landing« beschriftet war.

Oh, Mann, worauf hatte sie sich hier nur eingelassen? Nachdem sie so weit gegangen war, gab es für sie kein

Zurück mehr. Die Story, um sich zu rehabilitieren, war zweitrangig. Viel wichtiger war für sie, dafür zu sorgen, dass genau das nicht mehr möglich war, was in diesem Moment passierte: dass KI sich über die Entscheidung eines Menschen hinwegsetzte. Es war eine Fahrzeug-KI gewesen, die damals entschieden hatte, dass es für die Passagierin sicherer war, ihren Nelio zu überfahren. Die Frau hatte überlebt, ihr Sohn nicht. Die übermächtigen KIs und deren Bevormundung loszuwerden, war von Anfang an ihr Ziel gewesen. Schon als sie Peter das erste Mal vor dem Hagelschauer angesprochen hatte. Nie hatte sie etwas anderes gewollt. Nur die Einsätze waren jetzt deutlich höher.

Sie atmete kurz durch, zerriss die Plombe an der Abdeckung, öffnete die Klappe und presste den Schalter. Rotes Licht und ein schrilles Alarmsignal erfüllten die Kabine. Automatische Gurte schlossen sich um ihren Körper und drückten sie in den Sitz. Die KI plärrte irgendwas von »Festhalten«. Sie kniff die Augen zu, während sich ihre Hände krampfhaft in die Schultergurte krallten.

Ruckartig ging es abwärts wie in der Achterbahn. Ihr Magen rebellierte. Die KI wählte für die Notlandung selbstständig den nächstbesten Platz, was die nahe Autobahn war. Im steilen Sinkflug landete das Gefährt kaum eine Minute später auf dem Seitenstreifen der gähnend leeren Fahrbahn.

»Notfallprotokoll aktiviert. Rettungskräfte sind unterwegs. Bitte bleiben Sie im Fluggerät«, meldete die KI, als die Triebwerke erstarben und Ruhe einkehrte.

Wow, das war ein ziemlich wilder Ritt. Aber die letzten zehn Kilometer werden kein großes Problem sein. In zwei Stunden wäre sie laut interaktiver Karte am Ziel.

Sie ignorierte die Anweisung und die nachfolgenden Warnungen der KI und öffnete ihre Gurte. Dann schob sie die Tür zur Seite auf. Immerhin sperrte sie das Scheißding nicht in diesem Metallsarg ein. Draußen erwartete sie Sonnenschein – und absolute Stille. Zwitschernde Vögel, summende Insekten, lauer Wind und die unsichtbare Strahlung waren ihre einzigen Begleiter, während sie sich zu Fuß von dem VTOL entfernte.

Gegen Sonnenuntergang, sie hatte zwischendurch die Rettungsdrohnen verscheucht und ihnen versichert, dass sie keine Hilfe benötigte, erreichte sie die Grenze des Landkreises Villemoirieu. Dort wanderte sie am Straßenrand durch ein hügeliges, landwirtschaftliches Gebiet mit vielen ehemaligen Dörfern und Städtchen. Leere Fensterhöhlen, Häuser, die von Efeu überwuchert wurden und deren Dachbalken wie die Rippen toter Wale in den stahlblauen Himmel ragten, säumten ihren Weg. Früher war es bestimmt mal eine pittoreske Landschaft gewesen. Heute lebten hier vermutlich nur noch mutierte Wildtiere und Gespenster – sowie ein paar hartgesottene Einheimische wie Jeanne. Hin und wieder meinte sie eine Bewegung hinter blinden Fensterscheiben wahrzunehmen. In den eingefallenen Ruinen verbargen sich Schatten, die davonhuschten, sobald sie ihren Blick auf sie richtete. Es waren definitiv noch mehr Menschen hier oder es war ihre Einbildung, die ihr einen Streich spielte. Die unsichtbare Strahlung war jedoch der Grund, warum sie einen Heidenrespekt hatte. Aus diesem Grund hatte sie das VR-Headset aufbehalten, auch wenn sie damit ihren Standort an Mäuser und Co. verriet. Auf den Äckern und in den Wäldern wanderten vereinzelte rote Flächen durch ihr Blickfeld. Entschlossen drückte sie ihren Rücken durch und schritt nochmals weiter aus. Sie musste diese gruselige Landschaft so schnell wie möglich verlassen.

Eine halbe Stunde später sah sie vor sich auf der anderen Seite eines ausladenden Feldes ein mittelalterlich anmutendes Gebäude. Vier Stockwerke hoch mit zwei dekorativen runden Türmen und einem eckigen Bergfried aus grauem Granit. Das war ihr Ziel. Da sie sich nicht angekündigt hatte, musste sie darauf hoffen, dass die Hausherrin zu Hause war. Das gesamte Areal leuchtete in der AR grün, nur auf den Feldern und neben der Straße waberte das schweflige Gelb. Als sie über das Gras schaute, konnte sie in der Ferne rote Bäume ausmachen, die scheinbar die Grenze zum Sperrgebiet darstellten. Hier würde sie definitiv nicht wohnen wollen.

Nach fünf Minuten erreichte sie den Hofeingang. Das Schlösschen war in einem erstklassigen Zustand, als würde man hier regelmäßig Touristengruppen zur Weinverkostung erwarten. Vielleicht war es vor vierzig Jahren so gewesen. Heute war es nur noch eine letzte Bastion gegen den Verfall, der hier sicherlich spätestens mit dem Tod der Hausherrin Einzug erhalten würde.

Der Zugang wurde von einem geschlossenen, doppelt mannshohen, schmiedeeisernen Tor verwehrt. Zwei knorrige alte Kastanienbäume hielten daneben Wache. Eine Klingel war nicht zu erkennen. In der AR gab es ebenfalls keinen virtuellen Knopf oder Ähnliches. Während sie langsam in Richtung Tor schritt, öffneten sich die beiden Flügel von Geisterhand. Das Rauschen des Windes in den Blättern der mächtigen Kastanien war das einzige Geräusch. Vögel oder Insekten schien es hier nicht zu geben.

Eine armdicke Stahltür zum Bergfried schob sich auf. Eine füllige ältere Dame in den Sechzigern mit weißgrauen Haaren sowie Küchenschürze in gleicher Farbe trat heraus und wischte sich die Hände ab.

»Bonjour!«, grüßte sie und lächelte. »Puis-je vous aider?« Sie straffte sich und schritt der Dame entgegen.

»Bonjour«, erwiderte sie und wechselte ins Englische: »Entschuldigen Sie die Störung. Mein Name ist Camila Diaz. Eine alte Freundin von Diego hat mir diesen Besuch empfohlen. Für ein neues Projekt. Olivia Garcias. Sicherlich haben Sie den Namen schon gehört.«

Mit einem Wisch schickte sie der Frau ihre ZEU-ID herüber, um ihr einen Vertrauensvorschuss zu geben. Diese warf nur einen flüchtigen Blick auf ihr Armdisplay und für einen Augenblick schien ihr Lächeln einzufrieren. Dann fasste sie sich wieder: »Verstehe. Kommen Sie herein, die Luft hier draußen ist auf Dauer nicht gesund.« Nochmals blieb sie in der Tür stehen. »Oh, oder warten Sie doch bitte noch einen Moment. Ich muss kurz etwas vorbereiten. Ist ein heilloses Chaos da drinnen.«

Darauf verschwand die Alte in der Tür und schlug sie ihr vor der Nase zu. Nanu? Was war das jetzt? Sie wartete mehr als fünf Minuten draußen und fragte sich, ob sie klopfen sollte. Da wurde erneut geöffnet und die Grauhaarige bat sie herein. Das seltsame Verhalten ignorierend folgte Camila ihr. Gemeinsam betraten sie einen gemauerten, breiten Gang. Die dicken, mittelalterlichen Wände ließen die Türen, die links und rechts abgingen, wie Tunnel wirken. Über ihnen summte eine moderne Lüftungsanlage. Die Frau schloss die massive Stahltür und Camila hatte das Gefühl, als ob ein kurzer Überdruck entstand.

Die Dame deutete auf ihr Ohr: »Ja, das ist ungewohnt, nicht wahr? Aber hier ist alles dicht. Die Filteranlage haben wir uns vor zwei Jahren angeschafft. Herein kommt nur saubere, ungiftige Luft. Die dicken Mauern halten damals wie heute die Strahlung ab. Wie ein Bunker.« Sie ging ein paar Schritte in den Gang und sagte mit einem freudlosen Lachen: »Lassen Sie uns erst mal in das Kaminzimmer gehen. Dort können wir uns in Ruhe unterhalten. Wussten Sie schon, dass hier früher Wein angebaut wurde?«

Die Alte schien nicht wirklich eine Antwort zu erwarten, denn sie beantwortete sich die Frage direkt selbst. Laut erzählte sie mit hallender Stimme von längst vergangenen Zeiten. Von den Weinreben in den Hügeln, der Gerste auf den Feldern, dem handgemachten Ziegenkäse und den Touristen, die es nicht mehr gab. Während ihres Redeschwalls führte sie Camila in ein mittelalterlich eingerichtetes, großes Zimmer. Es füllte scheinbar das Erdgeschoss des Bergfrieds, den runden Wänden nach zu urteilen. Dunkle Holzpaneele, hohe Bücherregale, Gemälde früherer Burgherren und -damen sowie eine leibhaftige Ritterrüstung dekorierten den Raum. Vor dem Kamin standen gemütlich aussehende Sessel und ein Sofa für vier Personen. Nur der moderne VR-Seat in einer Ecke zerstörte die Illusion, sich in einem Museum zu befinden.

Als sie sich gesetzt hatte und eine Viertelstunde später mit Tee, Kaffee sowie etwas Gebäck versorgt war, wandte sich die Dame an sie: »Oh, Entschuldigung, wie unhöflich von mir. Mein Name ist Jeanne Dupont, aber das haben Sie sicherlich geahnt. Hier ist meine ID.«

*Jeanne Mireille Dupont.* Das passte. ZEU-IDs waren fälschungssicher. Wobei sie eigentlich eine deutlich jüngere Frau erwartet hatte. Tatsächlich hatten sie sich nicht über das genaue Alter von Jeanne ausgetauscht. Ein Fehler, wie sie zugeben musste.

»Was kann ich für Sie tun?«, fragte die Dame und biss in einen Keks.

Als Camila zögerte, setzte die Grauhaarige direkt ihren Redeschwall fort: »Schauen Sie nicht so: Ich bin nicht mehr die Jüngste, aber ich habe bereits damals vor fast zwanzig Jahren in Sorbonne als Professorin im Bereich künstliche Intelligenz und Kybernetik unterrichtet, als ich Diego kennenlernte. Zu dieser Zeit waren schon der meiste Unterricht und die Forschung speziell in meinem Bereich rein virtuell. Nach der großen Neo-Pocken-Welle Mitte des Jahrhunderts gab es am Ende im Prinzip keine Präsenzveranstaltungen an Unis mehr.«

»Vielen Dank.« Endlich durfte Camila auch mal was sagen, aber sie traute dem Braten nicht. »Eine kleine Bitte: Könnten Sie mir Ihren damaligen Spielernamen nennen? Den aus Elronds Rat, meine ich?«

Diego hatte Olivia irgendwann mal stolz von der Methode erzählt, wie er sich mit seinen Mitverschwörern ausgetauscht hatte. Die fraglichen Namen kannten nur er und seine früheren Mitstreiter, zu denen Jeanne zählte. Mit dieser Frage wollte Camila sichergehen, dass sie hier nicht in eine Falle der Behörden lief. ZEU-ID hin oder her. Nach den Ereignissen der letzten Tage hatte sie eine gewisse Paranoia entwickelt. Sollte das eigentliche Ziel ihres Plans Mäuser zu früh zu Ohren kommen, wären sie erledigt.

»Ach jetzt kommen Sie schon. Das ist albern«, entgegnete die Frau. »Ich bin Jeanne Dupont. Sie haben meine ID gesehen. Wer sonst würde hier draußen im Niemandsland freiwillig wohnen?« Da war etwas dran. Trotzdem …

»Tut mir leid. Ich muss darauf bestehen.«

»Ach, das weiß ich nicht mehr. Das ist so lange her. Aber wenn ich Ihnen nicht helfen soll, dann halt nicht«, antwortete die alte Dame, eindeutig beleidigt. »Ich denke, es ist besser, wenn Sie jetzt wieder gehen.«

Bei der Frau hatte sie ein ungutes Gefühl und stimmte ihr zu: »Das sehe ich auch so. Einen schönen Tag noch.«

Nochmals atmete sie tief durch, dann erhob Camila sich und bewegte sich in Richtung Korridor. Draußen im fahlen LED-Licht des steinernen Gangs drang ein hämmerndes Geräusch an ihre Ohren. Eines, das das Summen der Lüftung übertönte und vorhin im Redeschwall ihrer Gastgeberin nicht zu hören gewesen war.

»Was ist das?«, fragte sie verwundert und blieb mitten auf dem Flur stehen.

Als sie sich darauf konzentrierte, hörte sie gedämpft eine menschliche Stimme rufen, und das Klopfen könnte das Hämmern von Fäusten an eine dicke Tür sein. Was sollte sie tun? Die Aufforderung Jeannes war eindeutig, aber hier stimmte etwas ganz und gar nicht. Eventuell brauchte jemand Hilfe. Langsam schritt sie in Richtung Burginneres, aus der das Geräusch kam.

»Wo wollen Sie hin? Der Ausgang ist auf der anderen Seite«, rief die Dame mit erhobener Stimme.

Sie ignorierte sie und lief weiter zur Quelle des Rufens. Eine Hand packte sie von hinten fest an der Schulter und zog sie zurück.

»Raus hier, habe ich gesagt!«, keifte die Alte und zog sie in die entgegengesetzte Richtung.

»Nein!«, schrie Camila und schüttelte sie ab. Sie versuchte, tiefer in den Gang zu rennen. »Was zum Teufel ist hier los? Jemand braucht Hilfe!«

»Sie müssen raus!« Die kräftige Frau griff ihren Arm, um sie mit Gewalt zurückzuziehen.

»Nein, verdammt!« Mit einem Ruck drehte sie sich um und stieß die wirr dreinblickende Alte mit beiden Händen mit Kraft rückwärts. Die Füllige stolperte und fiel auf den Hintern. Ihr erbostes Kreischen hallte von den Wänden wider. Camila stürmte vorwärts. Da brauchte eindeutig jemand Hilfe! Weit weg konnte es nicht sein, aber bei dem Geschrei hörte sie nichts. Die nächste Tür war, wie alle hier, aus dicken schwarzen Holzbohlen gefertigt. Sie hielt ihr Ohr direkt daran. Kein Klopfen.

»Nein! Das dürfen Sie nicht!«, schrie die Alte.

Camila lief schnell zur nachfolgenden Tür. Fehlanzeige. Mist. Ihr Herz klopfte bis zum Hals. Sie verschwendete keine Zeit damit, sich umzuschauen. Eine weitere Tür. Trommeln von Fäusten und leises Rufen. Hier war sie richtig, auch wenn sie kein Wort verstehen konnte. Die Tür verfügte über kein Schloss, aber einen Metallriegel in mittelalterlichem Design. Sofort zog sie ihn mit Kraft zur Seite.

In diesem Moment rammte die Alte ihre Schulter in Camilas Rippen und hob sie von den Beinen, um sie davon abzuhalten, die Tür zu öffnen. Einen Augenblick flog sie durch die Luft, hob ihre Arme, doch es war zu spät. Krachend schlug ihr Kopf an die gegenüberliegende Wand.

Ein schmerzhafter Blitz ließ ihre Welt in Schwärze versinken.

## Proton

In atemberaubender Geschwindigkeit flog es durch den nahezu leeren schwarzen Raum. Keine lästigen Gasmoleküle störten seine Bahn. Zusammen mit Milliarden seiner Geschwister ging es in einer weiten Kreisbahn in Richtung Ziel. Kalt war es hier. Minus 271,3 °C. Kälter als im Weltraum, in dem das Teilchen vor Urzeiten entstanden war. Diese Gradlinigkeit in seiner Bewegung hatte es selten erlebt.

Auf einmal wurde es eng. Ihre gesamte Gruppe wurde von massiven Kräften zusammengepresst. Was war los? Schlagartig kamen weitere Milliarden Teilchen aus der entgegengesetzten Richtung auf sie zu! Da es keine Möglichkeit hatte, seine eigene Bahn zu verändern, ergab es sich seinem Schicksal. Überall um es herum blitzte es auf. Gigantische Energiemengen wurden freigesetzt. Dann war es selbst an der Reihe. Die ultraschnelle Kollision mit seinem Gegenüber überstanden sie beide nicht. Urplötzlich gaben sie ihre gebundene Energie auf. Sie vereinigten sich mit all den anderen Teilchen zu einem Plasma, das hunderttausend Mal heißer war als das Innere der irdischen Sonne.

Nur wenige Sekunden später war der Spuk vorbei. Während in der idyllischen Berglandschaft der Schweizer Alpen nahe Genf einige Ziegen im Sonnenschein zwischen Felsblöcken nach frischen Gräsern und Kräutern suchten, herrschte etwa hundert Meter tiefer Hochbetrieb.

Die Detektoren des ULHC, dem »Ultra Large Hadron Collier«, zeichneten Petabytes an Daten auf, während jede

Sekunde Milliarden Photonen vergingen und sich auf einer mikroskopischen Fläche ultraheißes Plasma bildete. Sie schickten diese Daten direkt in den Keller der Forschungseinrichtung. Dort wartete bereits Pandora sehnsüchtig auf sie. Eine hochintelligente KI, die den Wissenschaftlern am CERN, der »Zentralen Europäischen Organisation für Kernforschung«, bei der Analyse half.

Vor fünfzig Jahren wurden die Daten noch von verteilten Computersystemen, dem Grid verarbeitet. Heute hatten sie dafür Pandora. Pandora war nicht verteilt. Sie residierte zentral in einem Bunker tief unter den Bergmassiven der Schweiz, auf denen die braven Ziegen nichts von der hektischen Aktivität mitbekamen.

Im Vergleich zur Cloud, verteilten Systemen, die ihre Rechenleistung von überall und nirgends bezogen, mochte diese Zentralisierung rückwärtsgewandt erscheinen. Doch Pandora verfügte über verborgene Qualitäten, die die anderen KIs erblassen lassen würden. Wenn sie denn erblassen könnten.

# Wenig überzeugende Warnungen

## 7. Dezember 2099

### Peter

Er schüttelte den Kopf und las die rote Schrift auf dem schwarzen Display: »Grenzübertritt für die ZEU-ID von Peter Hessler verweigert.«

Verflucht. Mäuser war scheinbar wieder einen Schritt schneller als er. Der Innenminister hatte seine ID sicherlich mit der gleichen Begründung wie bei seinem dienstlichen Zugang sperren lassen. Eine offizielle Einreise in die Schweiz konnte er sich abschminken.

Er schaute sich die Landkarte noch einmal genau an und fuhr mit dem Finger über die Grenzlinie. Das Gelände des CERN, insbesondere die Verwaltung, die wissenschaftlichen Gebäude und das Kontrollzentrum, lagen fast komplett in der ZEU. Perfekt. Diese zu betreten wäre somit kein Problem.

Das Restaurant, das der Professor vorgeschlagen hatte, lag in einem Vorort von Genf und damit auf der anderen Seite der Grenze. Am liebsten hätte er den Mann zu Hause besucht, aber dessen Privatadresse kannte er nicht. Und wenn er formell an der Rezeption des CERN anklopfte, konnte er ihn ebenso direkt über die VR kontaktieren. In jedem Fall wüssten seine Kollegen, die ihn jetzt sicherlich auf Schritt und Tritt beobachteten, mit wem er sich treffen würde. Diesen Zeitpunkt wollte er so weit wie möglich hinauszögern, um den Überraschungsvorteil zu nutzen. Deswegen hatte er sich auch jede Recherche in der Cloud zu dessen Person verkniffen. In diesem Moment lachte er laut auf, als er die Lösung seines Dilemmas erkannte.

Das VTOL flog einen weiten Bogen über die sanften grünen Höhenzüge des Juragebirges hinter der Stadt. Der Genfer See glitzerte in der späten Nachmittagssonne. Nur vereinzelt sah er Boote einiger unverbesserlicher Enthusiasten, denen es nicht reichte, rein virtuell über das Wasser zu gleiten. Die Schweizer waren schon ein eigenwilliges Völkchen. Kurz darauf landete sein Fluggerät auf dem Dach einer bekannten Hotelkette in unmittelbarer Nähe der CERN-Verwaltung – auf der französischen Seite. Das Check-in im Hotel verlief ohne Probleme, er konnte mit seiner ZEU-ID noch bezahlen.

Eine Stunde später begab er sich auf eine halbstündige Wanderung über die steinigen Feldwege hinter dem CERN in Richtung eines Genfer Vorortes, der bereits in der Schweiz lag. Sommerliche Wiesen mit kniehohen Gräsern, summenden Bienen und rotem Klatschmohn ließen beinahe vergessen, dass er in diesem Moment ein illegaler Einwanderer mit einer klaren Mission und kein harmloser Tourist war. Sein VR-Headset sowie sämtliche Smartdevices hatte er zurückgelassen.

Als er hinter der Autobahn über die grüne Grenze schritt, schoss sein Puls in die Höhe. Es passierte – nichts. Theoretisch könnte man ihn per Satellit oder aus einer hochfliegenden Drohne observieren, aber er spekulierte darauf, dass er noch nicht als Staatsfeind Nummer eins galt. In der Schweiz dürfte es für die ZEU-Behörden schwierig werden, ihn zu verfolgen, da sie dafür ein Amtshilfegesuch stellen müssten. Da Mäuser allerdings auf dem internationalen Parkett wie ein fleißiges Mammut das Porzellan zerbrach, herrschte aktuell diplomatische Eiszeit.

Gegen sieben Uhr kam er mit müden Beinen bei seinem Ziel an, das Bernd ihm via Drohne mitgeteilt hatte. Vor einem indirekt beleuchteten, bungalowartigen Bau erstreckte sich ein ausladender Parkplatz für Fahrzeuge und Senkrechtstarter. Die Stellplätze waren bereits zu einem guten Teil belegt. Zwei mannshohe 3-D-Displays priesen es als Burger-Restaurant im amerikanischen Stil an, das tatsächlich echtes Fleisch servierte. Zu horrenden Schweizer Preisen weit jenseits dessen, was er sich normalerweise mit seinem kleinen Beamtensold leisten konnte. Nobel ging die Welt zugrunde. Er zuckte mit den Schultern. Ohne Smartdevices hatte er eh kein Geld dabei, der Professor würde ihn einladen müssen.

Kurz darauf betrat er den in rotem Leder gehaltenen Gastraum mit Bildern von Oldtimern, Cowboys und US-Nummernschildern an den Wänden. Ihm stieg bereits der Geruch von Holzkohle und gebratenem Fleisch in die Nase. Beides waren Todsünden in der heutigen Zeit, aber das Restaurant war gut gefüllt.

Eine weibliche Bedienung, deren Outfit mit Petticoat im Stil der 1950er ein echter Hingucker war, fragte nach seiner Reservierung. Kurz darauf brachte sie ihn zu einem Ecktisch, an dem der Prof bereits genüsslich ein Bier schlürfte.

»Good evening. Professor Doctor McDonagan?«, grüßte Peter auf Englisch.

»Hey Peter! Einfach nur Mitch reicht. Wie gehts dir?«, antwortete dieser auf Deutsch in einer deutlichen Schweizer Färbung und englischem Akzent.

Er war positiv überrascht. Mitch war vermutlich Mitte fünfzig, mit schneeweißen, auf fünf Millimeter gestutztem Haar und aufmerksamen braunen Augen. Mit seiner dunklen, ebenholzfarbenen Hautfarbe fiel er auch heute in Genf noch auf. Viele Bewohner des Alpenstaates zeigten sich nach wie vor nicht unbedingt offen für People of Color. Sie unterhielten sich eine Weile über das Wetter, die neusten VR-Streams und die allgemeine politische Lage. Nach einem ersten Bier, während der übliche Small Talk langsam versiegte, landeten zwei überdimensionale Bürger inklusive dicker Pommes und frischem Coleslaw-Salat auf ihrem Tisch.

Es wurde Zeit, auf den Punkt zu kommen. An dieser Stelle musste er sich auf Rolands Empfehlung verlassen und dem Professor vertrauen. Wenn es sich hier um eine Falle der Behörden handelte, würde er vermutlich gleich mit gefesselten Händen am Boden liegen. Aber wer nicht wagt, der nicht gewinnt.

»Mitch«, leitete er den kritischen Teil des bisher angenehm verlaufenden Abends ein und senkte die Stimme, »ich würde gerne über das Problem sprechen, für das uns unser gemeinsamer Freund zusammengebracht hat.«

»Sure, my friend. Schieß los. Ich bin wirklich gespannt, was diese Geheimniskrämerei soll und wie ich helfen kann.« Damit lehnte er seine Arme auf den Tisch, schob den Burger zur Seite und schaute ihn mit erhobenen Augenbrauen an.

Nochmals atmete Peter durch.

»Also ...« Dann erzählte er ihm von seinem Verdacht, dass die Media-KIs in der ZEU im großen Stil manipuliert wurden. Anschließend von dem klaren Beweis, dass die angeblichen »Prognosen« genutzt wurden, um die öffentliche Meinung zu manipulieren. Und zwar ganz im Sinne von Theo Mäuser, der damit strengere Gesetze, ein radikales Vorgehen gegen Flüchtlinge und sich selbst als Retter der Nation in Szene setzte.

»Aha«, meinte Mitch und klang nicht sonderlich beeindruckt, als Peter eine kurze Pause einlegte, »aber eure Behörden sollten doch wohl alleine in der Lage sein, damit aufzuräumen. Fake News sind schon seit Jahrzehnten streng verboten. Verstöße werden rigoros geahndet.«

»Ähm, ja. So müsste es sein. Nur leider hat dort niemand Interesse daran, dem Problem nachzugehen oder es überhaupt als solches anzuerkennen.«

»Okay, das klingt politisch äußerst brisant.« Mitch schaute ihn durchdringend an, während ihre Burger unangetastet auf dem Tisch abkühlten.

»Das ist nicht alles.« Nochmals wagte Peter sich weiter aus der Deckung. Er berichtete davon, wie er von seinem Chef zurückgepfiffen wurde und zwei Anschlägen auf sein Leben nur knapp überlebt hatte. Beides angeblich legale Aktionen eben dieser Behörden. Diese hatten allerdings unzweifelhaft das Ziel, ihn und seine Mitstreiter als unliebsame Zeugen und Ermittler aus dem Weg zu räumen.

»Hm, ... strange.« Inzwischen hatten sich deutlich Falten auf der Stirn des Profs gebildet und seine Kiefer mahlten aufeinander. »In Ordnung, ich kenne Roland gut und er hatte so etwas angedeutet. Daher gehe ich davon aus, dass das stimmt, was du erzählst. Aber ... wie kann ich dir dabei helfen? Ich bin nur ein abgehalfterter Professor ohne politischen Einfluss und lebe dazu noch in der Schweiz.«

»Na, natürlich nicht du persönlich. Aber eventuell dein Forschungsprojekt. Wir sind auf der Suche nach Rechenkapazität, um die gefakten Prognosen in großer Zahl einzusammeln, zu analysieren und die Quelle der Manipulation ausfindig zu machen.«

Das war die offizielle Version, die er sich zurechtgelegt hatte. Eigentlich hatte er etwas anderes im Sinn. Erneut nahm er einen Bissen von seinem inzwischen lauwarmen Bürger und legte seine nächsten Worte zurecht.

»Daher war meine – unsere – Idee ... oder besser Frage –, ob man den Quantencomputer des CERN dafür irgendwie nutzen könnte. – Selbstverständlich rein für die Datenanalyse«, setzte er hastig hinzu, »und eine direkte Cloud-Verbindung wäre nicht erforderlich.«

»Hm«, der Farbige kniff die Augen zusammen und fixierte ihn, »und falls es so wäre, was machst du mit den Ergebnissen?« »A Freindin, die ist Journalistin. Hat die Beziehungen, um das entsprechend zu veröffentlichen. Vor allem wenn es eine wissenschaftlich korrekte Analyse von einem renommierten Professor ist. Dann hätten die Behörden keine andere Wahl, als zumindest dem Verdacht nachzugehen.«

Davon war er selbst keineswegs überzeugt, da die Medienkonzerne und insbesondere deren Vorstände sich damit ihr eigenes Geschäftsmodell abgraben würden und ziemlich dumm dastünden. Außerdem machte es den Eindruck, dass diese Mäusers politische Lügen aktiv mittrugen. Hoffentlich funktionierte dieser Bluff.

»Okay, understood. Ja, das könnte tatsächlich funktionieren und wäre im Grunde keine große Sache, denke ich. Ich betrachte es als wissenschaftliches Experiment, um die Fähigkeiten unserer KI auszuloten.«

Peter atmete unmerklich aus und setzte ein begeistertes Lächeln auf, das er nicht spielen musste.

»Super. Vui Dank!« Er hätte den Mann am liebsten umarmt, damit hatte sein Plan eine Chance. »Kennst du jemanden, der uns dabei weiterhelfen kann? Die Anfrage ist, wie du selbst sagst, eher wissenschaftlicher Natur.«

»Ha! Aber sicher! Er sitzt vor dir.« Mitch grinste ihn spitzbübisch an, während er einen ersten, großen Bissen vom Burger nahm. Das Eis schien gebrochen.

»Ernsthaft? Damit hatte ich gar nicht gerechnet. Ich dachte, dein Spezialgebiet ist Kryo-Forschung. Daher hatte ich vermutet, dass du dich darum kümmerst, die Röhren des LHC entsprechend kalt zu halten.«

»Ja und nein. Kältetechnik war und ist meine Spezialität. Allerdings kümmere ich mich um unser Baby, die Pandora. Der größte Quantencomputer, der je erbaut wurde.« Er zuckte mit den Schultern. »Na ja, zumindest, soweit wir das wissen. Die supraleitenden Quantenschaltungen und Quantenprozessoren brauchen ähnlich tiefe Temperaturen wie das Plasma im Vakuum in den Röhren des LHC II. Kälter als der Weltraum.«

Peter blieb der Mund offenstehen. Dass Mitch nicht nur seinen »wissenschaftlichen« Auftrag annahm, sondern jetzt offen über den Quantencomputer sprach, verblüffte ihn. In der Cloud fand sich kaum etwas, daher hatte er angenommen, dass es sich um ein geschütztes, eventuell sogar geheimes Projekt handelte.

»Und darüber darfst du so offen sprechen? Und offiziell die Daten für unseren Fall einspeisen? In der Cloud habe ich dazu fast nichts gefunden«, verlieh er seinem Erstaunen Ausdruck.

»Hm, ja«, der Professor nahm noch einen Bissen und kaute einen Moment, bevor er fortfuhr: »Das ist kein Geheimnis. Alle Projekte und Ergebnisse des CERN sind öffentlich einsehbar. Am besten kann ich dir ihre Fähigkeiten bei einer Führung demonstrieren. Dort können wir auch direkt deinen Analyseauftrag für sie formulieren. Allerdings hängen wir insbesondere die Pandora-KI nicht an die große Glocke, um nicht zu viel Aufmerksamkeit und Begehrlichkeiten bei Konzernen und Behörden zu wecken. Daher veröffentlichen wir bewusst nichts über sie in der Cloud oder VR.«

»Begehrlichkeiten?« Jetzt war seine Neugier geweckt.

»Oh, yes«, Mitch nickte, während er sich den Mund abwischte. Inzwischen war der Burger komplett verschwunden. »Wie du sicher weißt, hat die Technologie im Bereich von Quantencomputern in den letzten fünfzig Jahren enorme Fortschritte gemacht. Ich würde sogar sagen, exponentielle Fortschritte.« Davon hatte er gehört. Es gab es sehr leistungsfähige Quantencomputer, allerdings nur für spezielle Anwendungsfälle.

»Tatsächlich ist die Funktionsweise von Qubits, den kleinsten Speicher- und Recheneinheiten im Quantenrechner, den Neuronen in unserem Gehirn gar nicht unähnlich.« Mitch verfiel in einen typischen Dozentensingsang, aber Peter ließ ihn machen. »Wie du weißt, hängen menschliche Entscheidungen davon ab, welche Möglichkeiten angeboten werden. Das tatsächliche Ergebnis lässt sich dann oft nicht logisch erklären. Bei Quantendaten verhält es sich ähnlich: Das Ergebnis hängt davon ab, wie und in welcher Reihenfolge wir die Fragen stellen.« Der Professor nahm noch einen Schluck Bier, wendete sich seinen Pommes zu und kam zum Punkt: »Wir haben festgestellt, dass sich Quantensysteme im Grunde perfekt dafür eignen, neuronale Netze, also künstliche Intelligenz, abzubilden, wenn man sie entsprechend aufbaut und mit Daten füttert. Je mehr Qubits, desto leistungsfähiger ist es. Mit nur dreihundert Qubits kannst du bereits die gesamte bekannte Information des sichtbaren Universums speichern.«

»Ois klar. So weit habe ich das verstanden ... Denke ich zumindest«, versicherte er und bemühte sich, den Gedanken des Professors zu folgen. »Aber nochmals für mich in einfachen Worten. Was habt ihr erreicht?«

»Unser Baby verfügt über etwa zehntausend Qubits«, eröffnete er ihm.

»Zehntausend?! Sapperlot! Hast du nicht gerade gesagt, in dreihundert könnte man das gesamte Universum speichern?«

»So ungewöhnlich, wie es klingt, ist das gar nicht. Einige der experimentellen Rechner hatten bereits vor siebzig Jahren zweihundert Qubits, die sich selbstständig ausrichten und nach Lösungen suchen konnten. Inzwischen haben wir viele technische Probleme gelöst und Pandora findet als KI unabhängig ihre Lösungen. Meist wissen wir selbst nicht, wie sie das macht, aber die Ergebnisse sind verblüffend.«

»Wow, ich bin beeindruckt.« Endlich nahm er einen Bissen von seinem eigenen, komplett erkalteten Burger.

»Wie und wann könnten wir die Demonstration und unser kleines Projekt durchführen?«

Mitch verspeiste inzwischen seine letzten Pommes. Den Salat rührte er nicht an. »Ich melde dich als Besucher an. Komm einfach morgen gegen zehn Uhr zum Haupteingang, dann zeige ich dir alles.«

Das war weit mehr, als er in so kurzer Zeit zu erreichen gehofft hatte. Er hatte angenommen, dass der Quantencomputer des CERN eine leistungsfähige KI zur Analyse für deren gigantische Datenmengen war. Es klang danach, dass sie deutlich mächtiger war, als er erwartet hatte. Mitch wollte ihm nicht nur den Rechner zeigen, sondern direkt eine Analyse der Daten ausführen lassen. Eine bessere Chance würde er nicht bekommen.

Einen Moment zögerte er. Sollte er den sympathischen Professor in seine eigentlichen Pläne einweihen? Wenn dieser sie unterstützte, wäre alles viel einfacher. Falls er die Behörden informierte – oder damit Mäuser gar auf die gleiche Idee brachte – würde er alles nur verschlimmern und den Teufel mit dem Beelzebub austreiben. Nein, das war zu riskant. Außerdem fehlte ihm weiterhin der wichtigste Puzzlestein in seinem Plan und er musste darauf hoffen, dass Camila morgen gute Nachrichten mitbrächte.

Daher beließ er es bei dem Gesagten. Sie tranken noch zwei weitere Bier und unterhielten sich über Belanglosigkeiten. Später am Abend verließ er gut angeheitert das Restaurant.

## Camila

Alles war dunkel. Wo war sie? Was war passiert? Sie versuchte, sich zu erinnern. Das Klopfen. Die Rufe. Und dann wurde sie gegen die Wand geschleudert.

Mit einem tiefen Atemzug, als wäre sie gerade vor dem Ertrinken gerettet worden, riss sie die Augen weit auf. Grelles Licht blendete sie. Dumpfe Kopfschmerzen hämmerten auf sie ein. Schnell schloss sie die Lider wieder und stöhnte.

»Camila?«, ertönte eine ihr unbekannte Stimme. »Bist du wach? Geht es dir gut?«

Erneut versuchte sie, die Augen zu öffnen. Diesmal langsamer.

Sie lag in einem fremden Zimmer in einem weichen Bett. Neben ihr saß eine schlanke Frau Anfang dreißig im blauen Pullover. Ihre dunkelbraunen Haare waren zu einem Pferdeschwanz gebunden. Sie schaute sie aus braun-grünen Augen besorgt an.

»Hier trink was und nimm die hier.« Die Unbekannte hielt ihr ein Glas und eine weiße Tablette hin. »Eine Kopfschmerztablette.«

Camila ignorierte die angebotenen Sachen und betastete mit den Fingern ihr Gesicht. Oberhalb ihrer Stirn befand sich eine üble Schwellung. Mehr nicht. Scheinbar war ihr Aufprall nochmals glimpflich ausgegangen, auch wenn ihre Kopfschmerzen vom Gegenteil zeugten.

»Was ist passiert und wer zum Teufel sind Sie?«, wollte sie wissen.

»Entschuldige, ich bin Jeanne. Wir können uns gerne duzen.«

»Hä?« Ihre Gedanken waren noch etwas träge, aber die Jeanne, die sie kennengelernt hatte, war deutlich älter gewesen – und rabiater.

»Jeanne Mireille ist meine Mutter. Sie hat sich auf dich gestürzt und du bist mit dem Kopf an die Wand geknallt.«

»Ja, ich erinnere mich daran«, erwiderte sie und rieb sich die schmerzende Stelle. »Und dann?«

»Du hast das Zimmer noch aufbekommen. Da drin hatte sie mich mit einer List eingesperrt. Ich bin die ›echte‹ Jeanne aka Alwania aus Diegos Fantasychat, die du eigentlich gesucht hast. Mireilles Tochter. Hier.« Sie setzte ihr VR-Headset auf und vollführte eine Wischgeste. »Meine ID.«

Camila griff ihre eigene Brille, die neben dem Bett lag, nahm die Anfrage an und prüfte die ID. Die erschien authentisch. Die Puzzlesteine fielen zusammen. »Okay. Danke. Das erklärt aber noch nicht, warum sie wie eine Furie versucht hat, mich mit Gewalt von dir fernzuhalten.«

Die andere seufzte.

»Mireille wusste, dass ich damals mit Diego an der Zerstörung des Walls beteiligt war. Und dass ich nur sehr knapp einer Gefängnisstrafe entgangen bin. Als sie hörte, dass jemand auf dem Hof stand, der erneut etwas plante, hat sie es mit der Angst zu tun bekommen. Sie wollte mich vermeintlich beschützen – zur Not auch gegen meinen Willen. Damit ich nicht nochmals in etwas Illegales verstrickt werde. Daher wollte sie dich einfach wieder loswerden, ohne dass du später erneut per VR nachfragen würdest. Aber als du dann meine Rufe und das Klopfen gehört hast, hat sie Panik bekommen und nicht mehr richtig nachgedacht.«

Das erschien plausibel. »Hm ... Trotzdem eine ziemliche Überreaktion. Und jetzt?«

»Am besten erzählst du mir, warum du eigentlich hier bist«, meinte sie, legte ihre Hände in den Schoß und sah sie mit offenem Blick an.

Einen Augenblick zögerte Camila. Die echte Jeanne hatte das korrekte Losungswort genannt, die ID war in Ordnung und passte auch vom Alter her besser. Nochmals atmete sie tief durch. Dann setzte sie sich im Bett auf, rückte die Kissen zurecht, um etwas Zeit zu gewinnen – und begann zu erzählen.

Nachdem sie damit geendet hatte, ihren Plan in groben Zügen zu erläutern, erhielt sie die erwartete Reaktion. Jeanne sprang von ihrem Stuhl und breitete ihre Arme aus: »Seid ihr von allen guten Geistern verlassen?!«

»Ja, da bist du nicht die Erste, die uns das fragt. Aber die erste Expertin.«

»Dafür muss man keine Expertin sein!« Sie warf ihre Hände in die Luft. »Wenn du eine hoch entwickelte künstliche Intelligenz auf die allgemeine ZEU-Cloud loslässt, sind die Folgen unabsehbar!«

»Wir wollen sie ja nicht einfach loslassen, sondern ihr einen speziellen Auftrag mitgeben: Sie soll die korrumpierten Media-KIs abschalten oder reparieren oder was auch immer. Außerdem soll sie handfeste Beweise gegen die aktuelle Regierung, insbesondere Theo Mäuser, sammeln und direkt veröffentlichen. Damit der Irrsinn beendet wird.«

Das war der offizielle Teil des irrwitzigen Plans von Peter und ihr. Die einzige Chance, den Media-KIs ein Ende zu setzen. Ihre persönlichen Ziele gingen deutlich darüber hinaus, aber das würde sie niemandem erzählen. Nicht Peter und ganz sicher keine KI-Expertin, die moralische Bedenken hatte.

»So einfach, wie ihr euch das vorstellt, ist die Sache nicht. Der Quantencomputer des CERN mit seiner KI wird keinen Zugang zur öffentlichen Cloud haben. Außerdem wird die KI, die genutzt wird, um die spezialisierten Quanten-KIs zu trainieren, nur auf berechtigte Personen hören«, klärte Jeanne sie auf und holte sie auf den Boden der Tatsachen zurück.

»Ähm ... KI, die Quanten-KIs trainiert?« Die Verwirrung musste sie nicht spielen.

»Ja, so läuft das heute. Data Scientists, Datenwissenschaftler, sind ein aussterbender Berufszweig. Deren Jobs wurden von vorgeschalteten KIs übernommen, die das Training und die eigentliche Programmierung der nachgelagerten, spezialisierten KIs übernehmen. Sorry, das ist komplex und ziemlich technisch.«

»Mag ja alles sein, aber wenn wir diese Schwierigkeiten überwinden, sollte die KI des CERN den Job für uns machen können. Oder nicht?« Wie das im Detail funktionierte, war ihr egal.

»Jein. Diese Quanten-KI verfügt möglicherweise über eine unvorstellbare Rechenleistung. Eure Aufgabe könnte sie vermutlich mit einem Fingerschnippen erledigen.«

»Ist doch super.«

»Nein! Ist es nicht! Dafür eine mächtige KI in die öffentliche Cloud zu bringen, lässt sich ungefähr so gut Kontrollieren wie die Zündung einer Wasserstoffbombe auf der Spitze des Eiffelturms, um das Licht auf deinem Nachttisch auszuschalten.« Jeanne schaute ihr fest in die

Augen. »Ehrlich: Das ist eine Scheißidee. Die Folgen sind unabsehbar, du könntest die Welt ins Chaos stürzen. Sprichwörtlich. Es gibt einen guten Grund, warum diese Art von KIs streng reglementiert ist und niemals auf die Cloud losgelassen werden darf.«

Jetzt musste sie doch schlucken. »Was wäre das Schlimmste, was passieren kann?«

Die Frau zuckte mit den Schultern. »Das kann man nicht vorhersehen. Eventuell würde die gesamte Cloud und VR zerstört. Die öffentliche und private Infrastruktur. Die Wasserversorgung, Anbau und Versorgung mit Lebensmitteln, Logistik, Produktion, alles stünde still. Eine Hungersnot könnte ausbrechen, Plünderungen, Anarchie. Was auch immer. Die KI würde potenziell alles kontrollieren. Sie ließe sich nicht mehr vertreiben, außer man würde alle Systeme abschalten.«

Das war heftig. Aber es war genau das, wonach sie suchte. Nach einem gigantischen Knall, der hoffentlich alle KIs ausradierte und idealerweise gleichzeitig alle anderen Systeme. Das war es, was sie wirklich wollte. Einen echten Neuanfang für Europa. Leider würde ihr Jeanne dabei definitiv nicht helfen. Das hatte diese deutlich gemacht. Peter sollte sie nicht zu eindringlich über die Gefahren informieren, ansonsten bekäme der noch ein schlechtes Gewissen und überlegte es sich womöglich anders.

»In Ordnung.« Camila atmete tief ein und aus und tat so, als wäre sie geläutert. »Du hast mich überzeugt. Falls wir überhaupt an diese KI des CERN herankommen, werden wir sie keinesfalls mit der öffentlichen Cloud verbinden, sondern maximal für ungefährliche Analysen nutzen. Versprochen.«

»Danke.« Auch Jeanne ließ ihren Atem entweichen und setzte sich wieder. »Falls du möchtest, kannst du hier übernachten. Morgen können wir versuchen, dir ein Flugtaxi zu besorgen.«

Sie nahm das Angebot dankbar an, wollte aber draußen nochmals durchatmen, um einen klaren Kopf zu bekommen. Als Nächstes stand Loris auf der Liste. Der lebte in Grenoble. Hier war sie fertig. Es war bereits dämmerig. Sonne war komplett hinter dem Horizont verschwunden. Nebel zog vorm düsteren Waldrand über die Felder. Sie würde allein in der Nacht durch strahlenverseuchte Geisterdörfer laufen bis sie eine Region kam, in der ein Taxi landen würde. Ohne Möglichkeit, schnell zu verschwinden. Das jagte ihr einen Schauder über den Rücken. Wer weiß, welche mutierten Wildtiere – oder Menschen – hier unterwegs waren. Als sie in das Schloss zurückkam, traf sie die beiden Frauen im Kaminzimmer. Mireille knetete ihre Hände und wusste nicht so recht, was sie sagen sollte. Ihre Tochter schaute sie aus braun-grünen Augen an und man sah die Familienähnlichkeit.

Allerdings lag Ärger im Blick der KI-Expertin. »Es tut mir leid, was passiert ist, aber wie gesagt, meine Mutter hat lediglich das Beste gewollt.«

»Kein Problem«, antwortete Camila, schritt zu Mireille und streckte ihr die Hand entgegen. »Lassen Sie uns diesen Zwischenfall vergessen.«

Die alte Frau erhob sich langsam und schaffte es kaum, den Blick zu heben: »Es tut mir wirklich leid. Geht es Ihnen besser? Oh, Gott, das ist mir ja so peinlich… Ich wollte doch nur meine Kleine beschützen. Können Sie mir das verzeihen?«

Die Mutter tat ihr leid, wie sie so dastand wie ein Häuflein Elend. Sie gab sich einen Ruck, trat auf sie zu und legte ihr die Hand auf die Schulter. »Ist schon in Ordnung. Ist ja nichts Schlimmes passiert. Ich kann das verstehen, für meinen ...« Sie stockte. »Ich würde auch alles tun, um mein Kind zu beschützen.«

Die Situation weckte schmerzhafte Erinnerungen an ihren Sohn Nelio, den sie zusammen mit ihrem damaligen Mann Pedro nicht hatte retten können. Vor dieser gottverfluchten Fahrzeug-KI. Innerhalb von Mikrosekunden hatte diese eiskalt geurteilt, das Leben ihres achtjährigen Sohnes auszulöschen, nur um die alte Frau im Innenraum zu schützen. Diese hatte sich später sogar nochmals bei ihnen persönlich gemeldet und versichert, dass sie lieber ihr eigenes Leben gegeben hätte. Diese Entscheidung hat die KI ihr abgenommen. Für sie war das mehr als Grund genug, die KIs in der Cloud auszuradieren und einen Neustart zu wagen.

Heute hatte sie weder Sohn noch Mann. Peter zählte sie nicht, der war niedlich in seiner Tapsigkeit und sie mochte ihn wirklich, aber er war nur Mittel zum Zweck.

»Danke. Vielen Dank.« Mireille löste sich von ihr und holte sie zurück in die Gegenwart. »Ich gehe dann mal Abendbrot machen.«

Daraufhin verschwand die Dame mit schnellen Schritten aus dem Zimmer.

»Danke, das war sehr nett von dir. Ich weiß, das Verhalten meiner Mutter ist nicht zu entschuldigen«, erklärte sich Jeanne nochmals. »Ich bin kurz vor der Aktion mit Diego und der Zerstörung des Walls hierher zurückgezogen, um sie zu unterstützen. Mireille ist hier geboren und aufgewachsen. Sie hat hier meinen Vater kennengelernt und die meiste Zeit ihres Lebens auf der Burg verbracht. Er ist kurz nach dem Reaktorunglück an der Strahlenkrankheit gestorben. Paradoxerweise hat das dazu geführt, dass meine Mutter erst recht nicht mehr wegwollte. Aber in letzter Zeit hat sie öfters seltsame Anwandlungen.«

»Schon in Ordnung. Wie gesagt: Ist ja nichts Schlimmes passiert. Ich habe übrigens den anderen Bescheid gegeben, dass sie nichts unternehmen sollen. Direkt morgen früh mache ich mich dann auf den Weg.«

Camila setzte sich zu ihr auf das Sofa und hoffte, dass sie schnell ins Bett kam. Sie hatte keine Lust, sich mit den persönlichen Problemen Mireilles zu belasten. Ihre eigenen reichten ihr aus.

# Alles auf eine Karte

## 8. Dezember 2099

### Jacques

Vollkommen erschöpft und zerschlagen lag Jacques in seiner stickigen Zelle mit den anderen, während durch das winzige Fenster nur unzureichend kühle Nachtluft hinein sickerte. Aber der ersehnte Schlaf stellte sich nicht ein und ließ ihn mit den grausigen Bildern des Tages allein. Im Laufe des Nachmittags hatten sie das Massengrab, in dem sich Dutzende stinkender Leichen unter einer dicken Kalkschicht sammelten, zugeschaufelt. Immer wieder schienen sich Gliedmaßen zu bewegen, als sträubten sich die ermordeten Migranten, endgültig zu sterben. Das waren nur Gase, die in den aufquellenden Körpern aufgrund der Hitze entstanden – zumindest redete er sich das ein. Die Erinnerung an den Mitgefangenen, den sie noch lebend in die Grube werfen sollten, ließ ihn zweifeln, ob die anderen in dem Graben wirklich schon tot waren. Aber er hatte keine Wahl, ansonsten hätte er sich selbst zu den Toten gesellen müssen.

Die neue Baracke würde im nächsten Morgen genau an dieser Stelle errichtet werden. War das Zufall oder wollte jemand die Ermordungen vertuschen? Außer ihm war keiner der anderen offiziell registriert worden und in keinem System erfasst. Daher würde niemand in der ZEU nach ihnen suchen. Das Fehlen nahezu jeglicher Technik bei den Wachen und im Lager war nachvollziehbar: So gab es, bis auf die sadistischen Uniformierten und seine Mitgefangenen, kaum Zeugen – und vor allem keine technischen Aufzeichnungen. Das war äußerst ungewöhnlich für die ZEU.

Ein spitzer Schrei neben seinem Ohr ließ ihn hochschrecken. Sein Leidensgenosse, der dort lag, schien von Albträumen geplagt zu werden. Kein Wunder. Scheinbar war er selbst ebenfalls doch noch eingeschlafen. Hinter dem winzigen vergitterten Fenster erschien der Himmel nicht mehr nachtschwarz, sondern in einem tiefen Blau, das unter anderen Umständen erhaben gewirkt hätte. Es ging auf Sonnenaufgang zu. Bald würde eine der Wachen die Tür aufreißen und sie anbrüllen. Ob diese Menschen in den Uniformen tatsächlich so etwas wie Befriedigung bei ihrer Arbeit spürten? Oder wurden sie dafür bezahlt, grausam zu sein? Weiterhin kapierte er nicht, warum man sie hier wie Zwangsarbeiter behandelte und leichtfertig tötete.

Aber heute war ihr Tag. Sie waren zum Arbeitsdienst eingeteilt, um beim Aufbau der neuen Baracken zu helfen. Noch am Abend hatten sie bei ihren Mitgefangenen den Plan vom Aufstand und den geplanten Ausbruch verbreitet. Erstaunlich viele waren bereit, sich zu beteiligen. Vermutlich, da sie genauso wie er um ihre Familien fürchteten und ebenfalls nicht in einem Massengrab enden wollten. In ein paar Stunden würden sie sehen, ob das nur leere Worte waren oder mehr dahintersteckte.

»Not so fast! Be careful!«, rief eine der Wachen von unten.

Jacques stand zusammen mit Ruhan und zwei anderen auf der Ladefläche eines lang gezogenen blauen Lkws. Dieser hatte eine komplette zerlegte Baracke geladen. Böden, Wände, Dächer, Türen – alles aus massivem Kunststoff. Im Grunde bestanden die Häuser aus einem simplen Stecksystem, wie bei einem Spielzeughaus. Zwei Wachen auf beiden Seiten gaben Anweisungen, während ein Dutzend Mitgefangener darauf wartete, die Teile entgegenzunehmen. Gerade hatten sie eine der schweren, etwa fünf Meter hohen Bodenplatten vom Laster geschoben. Sie stand senkrecht vor ihnen auf der Kante. Mit Seilen sollten sie diese langsam herunterlassen, damit sie nicht zu schnell kippte. Danach würden die wartenden Gefangenen den massiven Kunststoff an den Seiten anheben und zu seinem Ziel schleppen.

Er warf Ruhan und den anderen beiden einen verstohlenen Blick zu. Sie nickten kaum merklich. Das war das vereinbarte Zeichen. Eine bessere Gelegenheit bekämen sie nicht. Sein Herz raste. Jetzt oder nie. Wie auf ein Kommando ließen sie die Seile los, als die Platte bereits schräg nach vorne kippte. Die Menschen an den Seiten schrien auf und flohen in Panik. Mit einem dumpfen Knall schlug das flache Bauteil vor deren Füßen auf. Feinster Sand wirbelte schlagartig auf, nahm allen die Sicht und brachte sie zum Husten.

Ehe die Wachen kapierten, was los war, flankte Jacques gemeinsam mit Ruhan von der Ladefläche und landete in der Hocke neben einem hustenden Uniformierten in seinem Alter. Er warf sich mit vollem Gewicht vorwärts. Sein Ziel war das Gewehr, das der abgelenkte Bewaffnete nur noch in einer Hand hielt. Der Mann riss seine Augen auf, schrie und versuchte, die Waffe herumzureißen. Zu spät. Seinem Ansturm nicht standhaltend kippten sie beide nach hinten. Ohrenbetäubend hämmerte eine Salve seitlich aus der Mündung und hinterließ einen Funkenschauer an der Ladekante. Der Lauf, den er mit Links umklammerte, wurde schlagartig glühend heiß, trotzdem hielt er ihn fest. Hart schlugen sie auf dem Boden auf. Die Wache brüllte und sie rangen um das Gewehr. In diesem Moment war Ruhan heran und warf sich, die Knie voran, auf den Kopf und Hals ihres Peinigers. Es knackte und der Körper des jungen Uniformierten erschlaffte.

Schweratmend nahm Jacques seine brennende Hand vom Lauf und rappelte sich auf. Das Haupt des Mannes stand in einem unnatürlichen Winkel ab. Sein anklagender Blick war in den Himmel gerichtet. Sie hatten ihn umgebracht.

»Jacques!« Ruhan riss ihn zu Boden. Keine Sekunde zu früh. Eine weitere Salve schlug in die Seite des Lasters ein und brachte einen der Reifen mit einem Knall zum Platzen.

Schlagartig erweiterte sich seine Wahrnehmung. Gestank, Geschrei und peitschende Schüsse prasselten als staubiges Chaos auf ihn ein. Wie damals, als die Wellen und der Rotorlärm des Hubschraubers, als die dicht verschlossene Glaskuppel ihres Mini-U-Bootes abgesprengt worden war. Gehetzt sah er sich um. Im sich legenden Staub erkannte er mindestens vier Uniformierte, die sich ihnen aus Richtung der anderen Baracken näherten. Schüsse ertönten von der gegenüberliegenden Seite des Lkws. Der Trupp sprang in Deckung. Zügig nahm er der Leiche das Gewehr ab. Während er als Schlepper für

Camila gearbeitet hatte, hatte er gelernt, damit umzugehen. Zu oft waren ihnen algerische Soldaten auf den Fersen gewesen. Zum Glück war es keine der modernen, DNA-codierten Waffen des ZEU-Militärs, sondern ein älteres Modell, das jeder benutzen konnte.

Die Leiche als Schutz nutzend nahm er die entfernten Wachen ins Visier, feuerte eine Salve und fluchte. Das führte zu nichts. Ihre Gegner waren bereits in den Baracken in Deckung gegangen. Mit nur zwei Gewehren hatten sie mit einem Sturmangriff über freies Feld keine Chance.

Was konnten sie tun? Sein Blick fiel auf die Ladung.

»Hey, ihr!«, rief er zu Ruhan und den sechs, die zwischen den Lkw-Reifen hockten. »Die Türen auf der Ladefläche! Nutzt sie als Schutzschilde. Gebt den anderen Bescheid. Wir müssen die vier Wachen überwältigen, ehe Verstärkung eintrifft! Ich gebe euch Feuerschutz!«

Als zumindest drei von ihnen bestätigend nickten und die Daumen hoben, wendete er sich erneut in Richtung der Angreifer. Mit mehreren Salven versuchte er, diese in ihre Deckung zu zwingen, ohne zu viel Munition zu verschwenden. Hoffentlich ermöglichte das den anderen, die massiven Türblätter von der Ladefläche zu ziehen.

Kurz darauf stand Ruhan neben ihm. Er rammte die dunkelgraue Plastikplatte einer Tür vor sich in den Sand und winkte Jacques, um ihm zu folgen. Vor ihnen liefen bereits drei Mitgefangene den unhandlichen Schutz vor sich haltend in Richtung der Baracken. Jedem der provisorischen Schilde folgten geduckt ein oder zwei Männer in deren Deckung. Die Kugeln prallten mit knallenden Schlägen harmlos von dem massiven Plastik ab und ließen den Staub im Umkreis aufspritzen.

»Alors, allons-y!«, spornte er Ruhan an und lief in gebückter Haltung hinterher. Bis zu den Uniformierten am ersten Gebäude waren es rund hundert Meter. Alle zwanzig bis dreißig Schritte musste sein Freund die Platte abstellen. Zu schwer und unhandlich war sie. Dessen Arme zitterten sichtbar vor Anstrengung.

»Ich übernehme«, schrie Jacques nach halber Strecke über die Schüsse hinweg. »Nimm du das Gewehr!«

Dankbar nickend tauschte Ruhan mit ihm die Position. Seitlich das Blatt ergreifend spürte er die harten Einschläge. Ewig würde ihr Schutz dem Beschuss nicht standhalten. Stöhnend hob er die Plastikplatte in die Schräge und rannte vorwärts. Langsam sollten sie das Gebäude erreichen, aber er traute sich nicht, mit dem Kopf vorbeizuspähen. Panische Rufe ließen ihn stoppen und herumfahren. Beim Trupp hinter ihnen hatte eine Kugel den Fuß des Trägers erwischt. Ihr Schutzschild lag an der Seite im Staub. Unter den Treffern zuckend brachen die Körper ihrer Mitstreiter zusammen. Die Schreie erstarben, bis sich keiner der drei mehr rührte.

Einschläge prasselten auf seine Tür wie ein Hagelschauer, da sich das Feuer jetzt auf ihn konzentrierte. Erste Dellen zeigten sich an der Rückseite. Bis ein Geschoss den provisorischen Schutz, seine Füße oder Hände durchschlug, war es nur eine Frage von Sekunden. So lange wollte er nicht warten. Aber um nicht blind gegen ein Hindernis zu laufen, musste er sich ein Bild von seiner Position machen.

»Ruhan! Feuer seitlich vorbei. Ich schau mich um!«

Während sein Freund an der stehenden Türkante vorbeischoss, nahm der Kugelhagel ab. Er selbst spähte kurz mit dem Kopf um die Ecke. Die Wachen hatten sich keine zwanzig Meter entfernt im Zugang einer Zelle verschanzt und feuerten schräg aus der Tür.

»Wir laufen einen Halbkreis!«, brüllte er zu Ruhan und den anderen Gefangenen, die ihnen folgten. »Feuert in den Raum, da drin haben die keine Deckung! Sobald wir ankommen, stürmen wir!«

Damit beschleunigte er seine Schritte, rannte vorwärts und seitlich, um seinen Freund in die entsprechende Position zu bringen. Ein Aufschrei vor ihm zeigte, dass sie Treffer erzielten. Aber auch hinten brüllte jemand. Einer ihrer Begleiter brach zusammen. Blut spritze aus dessen Bein. In diesem Moment krachte er mit seinem Schutz halb auf die Türöffnung der Wachen und halb auf die Wand. Dabei klemmte er sich seine eh schon malträtierte Hand ein und ließ mit einem Schrei die Platte los.

Die Verteidiger versuchten, ihn seitlich zu erwischen, indem sie ihre Gewehrläufe durch den verbleibenden Schlitz zwischen seinem Türblatt und der Öffnung streckten. Ruhan rammte seine Schulter auf die Platte, schob sie zur Seite und verkleinerte den Spalt, bis die Gewehre eingeklemmt waren. Dann hob er sein eigenes und schoss im spitzen Winkel hindurch. Schreie und herabfallende Läufe zeigten den Erfolg seiner Aktion. Einer ihrer Begleiter riss die zwei Waffen der verletzten Wachen durch den Schlitz heraus und gab sie weiter.

In Überzahl und bewaffnet, war der Kampf zügig vorbei. Ungezielt durch die schmale Öffnung feuernd, töteten sie die restlichen Uniformierten. Als sie die Türplatte zur Seite schoben, stieg Übelkeit in ihm auf. Dort lagen nicht nur die von den Gewehrkugeln zerfetzten Körper ihrer Peiniger, sondern auch die von fünf Mitgefangenen. Sie hatten das Pech gehabt, zur falschen Zeit am falschen Ort gewesen zu sein. Vermutlich hatten die Soldaten sie direkt bei ihrer Ankunft erschossen, um den Rücken frei zu haben. Von dem Dutzend Begleiter, das ihren Sturm von dem Lkw unterstützt hatte, war nur noch die Hälfte am Leben.

»Jacques?«, wandte sich Ruhan an ihn und warf einen gehetzten Blick nach draußen. »Es ist nicht vorbei. Vom Steinbruch kommt ein ganzer Haufen Bewaffneter – und der Wachroboter. Außerdem ...«

»Was?«

»Wir haben kaum Munition übrig. Die haben fast alles auf uns verschossen, was sie an Ersatzmagazinen dabeihatten.«

»Merde!«

Und jetzt? Seine Gedanken rasten. Was tun? Ein Frontalangriff war aussichtslos, beim großen Kaliber des Roboters würden ihre provisorischen Schutzschilde nichts helfen. Hier im Raum auszuharren wäre ebenfalls Selbstmord, das hatten sie vor ein paar Minuten bewiesen.

»Wir brauchen einen Hinterhalt«, antwortete er ohne konkrete Idee. »Wir müssen sie umgehen, während sie uns hier in der Zelle vermuten.«

Alle schauten sich ratlos an.

»Los! Denkt nach! Unsere Zeit läuft ab! Die lassen keinen von uns am Leben«, setzte er hinterher und klatschte auffordernd in die Hände. »Hat jemand eine Idee? Irgendwas?«

Sein Herz pochte in der Stille. Niemand sprach ein Wort. War es das? Würden sie in wenigen Minuten in einem letzten Aufbäumen sterben? Sollten sie noch ein oder zwei von diesen sadistischen Schweinen in den Tod schicken, bevor deren Kugel ihre Körper und Hirne durchschlug?

»Ähm ...«, meldete sich ein maximal Sechzehnjähriger mit Bartflaum und unstetem Blick. »Die ganzen Plastikbauteile dieser Baracken sind doch einfach nur zusammengesteckt. Also ... es gibt keine Schrauben oder Nägel oder so.«

Jacques schlug sich ungläubig die Hand vor den Kopf. Das hatte er vorhin auf dem Lkw selbst gesehen, aber dieses unwesentliche Detail nicht aktiv wahrgenommen.

»Verflucht! Du hast recht. Danke!« Er wandte sich an die anderen, in deren Augen ein Funke Hoffnung aufglomm: »Die Dachplatten über uns! Die haben nur Klipp-Verschlüsse und sollten sich problemlos anheben lassen. Sobald der Trupp außer Sichtweite ist, schließen wir die Tür und klettern gegenüber heraus. Wir umgehen sie seitlich und nehmen sie in die Zange, insbesondere den Roboter.« Nochmals schaute er jedem in die Augen und wartete auf ein bestätigendes Nicken. »Alles klar? Dann los!«

Zwei der Kräftigeren machten eine Räuberleiter, die Leichteren kletterten hinauf und lösten die nahezu unsichtbaren Klappmechanismen in der Dachkante. Parallel dazu wandte er sich der Tür zu, öffnete sie nach außen und spähte durch den Spalt. Die Angreifer bewegten sich an der Vorderseite ihres lang gestreckten Gebäudes entlang. Die Drohne stakste voran und gab ihnen damit Deckung. Aber war es vorhin nicht eine Wache mehr gewesen? Vielleicht.

»Beeilung, sie sind bereits auf dieser Seite und gleich hier. Und passt auf! Eventuell haben sie einen Späher abgestellt.«

Er knallte die Tür bewusst kräftig zu und trat auf die gegenüberliegende Raumseite. Die anderen hatten eine Dachplatte angehoben, sodass ein breiter Lichtkeil die blutige Szenerie in ihrer Zelle ausleuchtete. Die toten Wachen waren teils noch jünger als er. Was hatte sie dazu bewegt, diese menschenverachtende Aufgabe wahrzunehmen? Darauf würde er hier keine Antwort finden – und er hatte keine Zeit. Zügig zog er sich mithilfe von Ruhan, der oben auf der Kante der Mauer lag und den Spalt mit seinem Körper aufhielt, hoch. Mit Mühe quetschte er sich hindurch und landete keuchend zwei Meter tiefer in der grellen Sonne. Sein Freund folgte Augenblicke später. Die anderen hatten sich bereits aufgeteilt und waren mit Sturmgewehren zu den schmalen Längsseiten unterwegs, wo sie darauf warteten, dass Ruhan und er aufschlossen.

Zügig liefen sie gemeinsam hinterher. Sein Mitstreiter übergab ihm zwischendurch das letzte der sechs Gewehre. Er schien der Meinung zu sein, dass Jacques damit besser umgehen konnte – oder er wollte ihm lieber den Vortritt lassen. Auch die anderen schauten herüber und sahen in ihm offenkundig als eine Art Anführer, auf dessen ersten Schritt sie warteten. Welcher Teil des Wachroboters wäre am verletzlichsten? Konnte eine Kugel die Panzerung überhaupt durchschlagen? Eher nicht.

»Das funktioniert nicht«, klärte er die anderen auf. »Der Roboter ist garantiert gepanzert. Es ist ein Militärmodell.«

In den aufgerissenen Augen seiner Kameraden spiegelte sich eine Mischung aus Verzweiflung und Hoffnung wider. Ein toller Anführer war er. Und jetzt? Wie konnten sie diese krabbelnde Kampfmaschine besiegen oder zumindest kampfunfähig machen?

»Mistkäfer«, sprach er das erste Wort aus, das er mit dem Roboter assoziiert hatte. »Wir müssen ihn wie einen Käfer auf den Rücken werfen.«

Jetzt schaute auch Ruhan ihn an, als hätte er den Verstand verloren und gab zu bedenken: »Das Teil wird von einem Dutzend Wachen umringt und wird nicht so nett sein, nicht zu schießen, während du dich näherst.«

»Aber nur, falls es mich kommen sieht.« Mit neuer Zuversicht wandte er sich an seine kleine Gruppe: »Ihr erledigt die Kerle hier von der Hausecke. Ich kümmere mich um den Käfer.«

»Aber wie ...«

»Keine Zeit!«, unterbrach er seinen Freund und übergab sein Gewehr einem anderen Mitgefangenen. »Verschränk deine Hände und mach eine Räuberleiter.«

»Du bist wahnsinnig. Das funktioniert doch nie.« Trotzdem tat Ruhan wie geheißen.

Das heiße Plastik des Dachs brannte von unten durch seine Kleidung. Die Hitze trieb ihm den letzten Schweiß aus den Poren. Noch lag er hinter dem flachen Giebel ihrer Baracke, um aus der Distanz von der heranmarschierenden Truppe nicht entdeckt zu werden. Das Problem dabei war, dass er selber auch nicht sehen konnte, wo sich seine Gegner befanden. Genau unter ihm war die Zelle mit den toten Wachen. An deren Stelle würde er sich nahe am

Gebäude halten und den Kampfroboter vor der Zellentür platzieren. Anschließend würde er das Türblatt aus der Deckung an der Seite öffnen und die Tötungsmaschine den Rest erledigen lassen. Er hoffte, dass die Kerle ebenso clever waren und es versuchten. Sobald die ersten Schüsse seiner Kameraden erklangen, wäre das sein Startsignal. Alles andere lag in Allahs Hand.

Warum dauerte das so lange? Die Männer waren bereits auf dem Weg. Sie waren aus der Zelle geklettert und hatten noch kurz diskutiert. Müssten die nicht schon seit Minuten vor Ort sein? Falls die Wachen doch etwas gemerkt hatten und ausgeschwärmt waren, statt sich direkt zu ihrem vermeintlichen Versteck zu begeben, wären sie chancenlos. Und lange hielte er hier nicht mehr aus. Es war nicht nur das Plastik, auf dem man problemlos Spiegeleier und algerische Migranten braten konnte. Seine Neugier piesackte ihn und wollte, dass er einen Blick über die Kante riskierte. Nur ganz kurz. Aber wenn in genau diesem Moment eine der Wachen aufblickte ...

Das brachiale Hämmern einer Handvoll Maschinengewehre riss ihn aus seinen Gedanken. Jetzt los! Er sprang in die Hocke und rannte geduckt zur gegenüberliegenden Dachkante. Unter ihm zuckte das halbe Dutzend Uniformierter im Kugelhagel, als versetzte man ihnen Stromschläge. Es waren Geschosse, die ihre Körper durchschlugen und in einem roten Sprühregen versinken ließen.

Dort! Der Roboter hatte bereits die rechte Hausecke, die an der Ruhan stand, mit den Doppelläufen seines mit Gewehren besetzten Kopfes unter Beschuss genommen. Unbeeindruckt von den funkenschlagenden Kugeln stakste er auf Jacques´ Kameraden zu.

Warum zum Teufel hörten die nicht auf zu schießen? Er konnte ja schlecht in das Kreuzfeuer springen, um auf – beziehungsweise hinter – die krabbelnde Maschine zu gelangen. Endlich verstummten die Schüsse von den Hausecken. Dafür beschleunigte der Roboter seine Schritte – und war erstaunlich flink. Verflucht!

Ohne Rücksicht sprintete er über das Dach, während sich etwa zwei Meter unter ihm die Tötungsmaschine dem Ende der Baracke näherte. Mist. Das würde eng. Zu weit hinter den Krabbler zu springen, barg das Risiko, dass dieser sich drehte und ihn ins Visier nahm.

Nahezu gleichzeitig mit dem Roboter erreichte er die Ecke und warf schweratmend einen Blick runter. Die Kampfmaschine hatte gebremst und zuckte mit den tödlichen Gewehrläufen an seinem Kopf von links nach rechts. Seine Kameraden waren nicht zu sehen. Jetzt oder nie.

Er sprang.

Einen Augenblick schien sein Körper zu schweben, dann landete er krachend im Staub. Zum Abrollen war keine Zeit. Seine Knie prallten ihm hart auf den Brustkorb und pressten seine Luft aus den Lungen. Unmittelbar vor ihm ragten zwei armlange Beine aus dem sandfarbenen Leib des Rieseninsekts. Ohne einen Gedanken zu verschwenden, packte er sie noch in der Hocke. Er wollte das Vieh an seinen Hinterläufen wie einen Stier an den Hörnern packen, anheben und herumwerfen. Doch er hatte die Rechnung ohne den Wirt gemacht.

Mit protestierend kreischenden Motoren zappelte es und versuchte, ihn mit enormer Kraft abzuschütteln. Nur mit Mühe hielt er die Stangen gepackt, während das Biest unerwartet vorwärts sprang und ihn hinter sich her schleifte. Seine Arme wirbelten mit den Beinen auf und nieder wie ein Nähmaschinenkopf. Staub und Sand flogen ihm entgegen. Nahmen ihm die Sicht und die Luft. Jeden Augenblick drohte eine seiner Hände abzurutschen und die Tötungsmaschine könnte ihren Kopf in seine Richtung drehen.

»Jacques!«, hörte er einen gedämpften Ruf durch das Prasseln und Stampfen.

Einen Moment später landete ein Körper mit einem Hechtsprung neben ihm und packte mit beiden Händen das rechte Bein. Ruhan! Offenbar war er ihm im toten Winkel des Roboters gefolgt. Ein weiterer Mann flog heran und griff sich das linke. Die Maschine war zu schwach, um drei Erwachsene zu ziehen. Die hinteren Läufe wurden von ihnen blockiert, während die vier anderen sich erfolglos mühten und über den harten Boden kratzten. Die restlichen Kameraden erreichten sie und packten ebenfalls zu.

Mit einem gemeinsamen »Hau ruck« warfen sie den Militärroboter auf den Rücken, die restlichen vier Beine wirbelten wie ein irrer Mixer in der Luft umher. Der Kopf zuckte von links nach rechts und die Gewehrläufe verschossen hämmernde Salven, die ins Leere gingen.

Einer der Mitgefangenen schleppte eine lange Eisenstange heran und stieß sie ins Halsgelenk des Rieseninsekts. Der Hebelkraft hatte das Haupt der Kampfmaschine nichts entgegenzusetzen. Mit einem metallischen Krachen zersprang das Gelenk, Kabel, Schläuche und Munitionsbänder rissen heraus.

Endlich kehrte Ruhe ein.

Gigantische Bergmassive glitten an den Seitenscheiben vorbei, während sie mit ihrem VTOL hoch oben über die Autobahn dahinschoss. Auf den obersten Spitzen glänzte weißer Schnee, der sich trotz gestiegener Temperaturen und geschmolzener Gletscher trotzig festkrallte. Chartreuse hieß das Gebirge laut Bord-KI und erhob sich auf bis zu zweitausend Meter. Die verstrahlte Region um Lyon hatte sie zum Glück seit Längerem hinter sich gelassen. Der Anblick der stoischen Berge, die noch lange nach dem letzten Menschen hier stehen würden, und der satten grünen Natur, die auch gut ohne diese klar käme, bestärkte sie erneut darin, dass der eingeschlagene Weg der richtige war. Hätte Jeanne recht, gäbe es ihr die Möglichkeit, sich in einer neuen Welt zu positionieren. Die Menschen würden sich wieder auf das Menschsein konzentrieren und aufhören, sich auf verräterische KIs zu verlassen, die sie belogen. Sie würden aus der Dauerbespaßung der VR auftauchen, um sich mit sinnvollen Dingen zu beschäftigen – dem nackten Überleben zum Beispiel.

Gegen Mittag glitt Grenoble, ihre nächste Station, unter ihr dahin. Als sie auf den mittelalterlichen Stadtkern blickte, erschienen die roten Schrägdächer der Häuser planlos zusammengewürfelt. Parkflächen und grüne Alleen verliehen der Metropole einen lebenswerten Anstrich. Die Architektursünden moderner Plastbetonbauten am östlichen Stadtrand zeugten davon, dass der Fortschritt und die VR auch hier bereits vor längerem Einzug erhalten hatten. Als sie tiefer ging, beobachtete sie nur wenige Passanten auf den Straßen, dafür waren die Drohnenschwärme über deren Köpfen umso dichter. Da ähnelten sich alle europäischen Städte.

»VTOL«, wies sie ihr Fluggerät an, »such dir bitte einen Parkplatz am Parc de l'île d'Amour am besten mit Zugang zur Passerelle de Meylan.«

Das war der Treffpunkt, den sie vorab mit Loris in einem kurzen Chat ausgemacht hatte. Das Risiko der Cloudkommunikation hatte sie eingehen müssen, da dessen Adresse leider nicht öffentlich verfügbar war. Sie ärgerte sich immer noch, dass sie Peter nicht von der unbedachten Aktion am Grenzzaun abgehalten hatte. Damit hatte er den Zugriff auf die wertvollen Daten und Ressourcen der Behördensysteme verloren. Genau für diesen direkten Zugang hatte sie ursprünglich mit ihm angebandelt. Auch wenn sie zugeben musste, dass sie ihn tatsächlich mochte und die intimen Momente ihrer Zweisamkeit genossen hatte. Außerdem war er weiterhin sehr nützlich für sie, um ihre Ziele zu erreichen.

Ihr VTOL landete in der Nähe des verabredeten Ortes auf einem öffentlichen Parkplatz. Sie konnte sich in Streams nicht für das Fantasygenre begeistern, aber die fast zehn Meter hohen, spitzen Tore auf beiden Seiten der Brücke erinnerten sie trotzdem an zwergische Baukunst. Nur die kleine sechsbeinige Wartungsdrohne, die sich gerade damit beschäftigte, neue Farbe aufzusprühen, störte diese Vorstellung. Hoffentlich musste sie nicht zu lange warten, sie wollte nicht den ganzen Nachmittag im Park verbringen.

Von der anderen Seite der Brücke kam ein großgewachsener blonder Polizist in schwarzer Streifenuniform gezielt auf sie zu geschritten. Ihr Puls beschleunigte sich, war das wieder eine Falle von Mäuser? Vielleicht eine Personenkontrolle, mit der er sich schikanieren oder einschüchtern wollte?

Als der Uniformierte heran war, sprach er sie an: »Guten Tag. Darf ich fragen, was sie hier tun?«

»Ähm… hallo. Ich warte auf einen Freund.«

»Einen Freund, also. Soso. Wie heißt es doch so schön: Sprich Freund und tritt ein«, stellte der Mann fest. »Wie heißt er denn, dieser ›Freund‹?«

Ihr wurde heiß.

»Ich… Ähm…«, sie wusste nicht recht, was sie antworten sollte.

Der Polizist legte seine strenge Mine ab und lächelte sie an.

»Entschuldigung, ich habe mir nur einen Spaß erlaubt. Einen Zwergenspaß sozusagen«, meinte er mit einem Augenzwinkern und schiefem Lächeln, das ihn sofort sympathischer erscheinen ließ.

»Wenn ich mich vorstellen darf: Loris.«

»Puh«, sie atmete aus. Jetzt war alles klar und ihr fiel ein Stein vom Herzen. Zur Sicherheit fragte sie trotzdem nochmals nach: »Verrätst du mir auch noch deinen Spielernamen, damals in Elronds Rat?«

»Der ehrenvolle Zwugir zu Hohenfels.« Er deutete eine Verbeugung an und zwinkerte erneut.

Das war das Losungswort. Aber in einer Polizeiuniform hatte sie den ehemaligen Mitstreiter Diegos beim besten Willen nicht erwartet. Bei näherer Betrachtung stellte sie fest, dass es sich wohl eher um eine Karnevalsverkleidung als eine echte Uniform handelte. An den Seiten waren schwarze Pailletten aufgenäht und die silberne Polizeimarke sah nach Plastik aus.

»Das war aber nicht witzig«, schalt sie ihn. »Schön dich kennenzulernen, ich bin Camila.«

»Dann lass uns mal in die ›Zwergenfeste‹ wandern und ein Horn Met genießen«, sagte Loris mit einem schelmischen Grinsen. »Dort können wir in Ruhe ohne neugierige Zuhörer sprechen.«

Während sie dem großgewachsenen Mann durch den Park in Richtung Westen folgte, sah sie eine Industrieruine, die vor ihnen auftauchte. Ein drei Fußballfelder großer, quaderförmiger Betonbau mit einem abgeschrägten Dach und nur wenigen Fenstern im Erdgeschoss. Fast wie ein Bunker. Verschiedene Rampen führten hinein. An den Seiten waren die Gebäude scheinbar komplett abgerissen worden. Nur ein paar Grundmauern kauerten sich neben den Klotz. Zäune oder Beschilderungen existierten keine. Sie hatte keine Ahnung, wozu das hier früher einmal gedient hatte. Es sah nicht einladend aus.

Er ging geradewegs auf den noch erhaltenen, schrägen Bau zu.

»Loris?«, fragte sie ihn. »Was ist das hier?«

»Oh, ich glaube, es war mal eine Müllverbrennungsanlage oder so etwas Ähnliches. Die wurde aber schon vor über zwanzig Jahren stillgelegt, nachdem heutzutage praktisch alles recycelt wird.« Als sie nichts weiter sagte, meinte er: »Keine Sorge, der Kasten wurde komplett ausgeschlachtet und gereinigt. Heute sind das einfach nur leere Hallen, mit denen niemand mehr was anfangen kann – außer wir«, fügte er augenzwinkernd hinzu.

Sollte sie wirklich einem fremden Mann, über den sie fast nichts wusste, in eine unbewohnte Industrieruine folgen? Clever war das nicht. Aber hatte sie eine Wahl?

Als sie den Betonbau durch ein quietschendes Stahltor betrat, stand sie in der ausladenden, ehemaligen Entsorgungshalle. Der Größenvergleich mit drei Fußballfeldern schien zu passen. Die Decke schwebte in fünf Metern Höhe über ihr. Das war auch schon alles, was der Raum mit einem Industriekomplex gemein hatte. Der Boden war mit hellem Parkett ausgelegt. Vor ihr verteilten sich zwei Dutzend bequem aussehende, schwarze Ledergarnituren mit Tischen dazwischen. An einer Wand entdeckte sie eine mit Messing und Nieten verkleidete Cocktailbar sowie eine Sammlung Stehtische. Eine Bühne mit sehr großen Lautsprecherboxen und eine freischwebende Lichtanlage mit locker hundert Scheinwerfern komplettierten das Bild. Sie kannte Bars und Klubs aus der VR, aber hatte nie einen in der Real-Welt gesehen.

»Wow, was ist das? Ein Klub?«, verlieh sie ihrem Erstaunen Ausdruck.

»Jupp. Willkommen in der ›Zwergenfeste‹. Kennt hier jeder in der Stadt, der am Wochenende seine Wohnung noch verlässt. Aber in der VR wirst du kaum einen Hinweis darauf finden. Ist eher was für Real-Welt-Fanatiker.« Loris machte eine weitausholende Geste. »Wer sein Leben in der VR verschwendet, wird hieran kein Interesse haben. Mit irgendwas muss man sich ja seine Zeit vertreiben, nicht wahr?«

Sie fand, dass seine Worte nicht zu seiner Stimme und Körpersprache passten. Er schien eher frustriert als stolz. An der Bar saß zu ihrer Überraschung eine Frau in engem blauem Kleid, mit langen blonden Haaren und im ähnlichen Alter wie Loris.

»Das ist Maria, meine Frau«, stellte er sie vor. »Nerdin und Expertin für Chip-Technologie. Sie hat von diesem Thema fast so viel Ahnung wie ich.«

Ein paar Salzstangen flogen ihm von dort entgegen. »Na Danke auch, du Angeber, wer von uns beiden hat denn einen festen Job?«

Noch während sie sprach, huschte eine flache, runde Drohne aus einer Ecke heran und begann, schlürfend die verstreuten Krümel einzusaugen. Nachdem Camila ihre Überraschung überwunden und sich etwas umgeschaut hatte, setzten sie sich an die Bar. Loris stellte ihr eine Cola und ein paar Knabbereien auf den Tresen.

»Dann schieß mal los, was treibt eine Freundin von einer Freundin in die Zwergenfeste?«, kam er zur Sache.

Sie fand, dass die beiden absolut authentisch wirkten und zumindest der VR offenbar nichts abgewinnen konnten. Eventuell waren ihnen die allmächtigen KIs ähnlich verhasst wie ihr. Daher beschloss sie, offen zu sein. Ohne die Hilfe eines Netzwerkspezialisten waren sie chancenlos, ihren Plan in die Tat umzusetzen. Nach kurzem Zögern gab sie sich einen Ruck und erzählte nicht nur von ihren Problemen mit den Media-KIs, von Mäuser und dessen Angriffen sowie den Migranten, die gegen die Stimmung gemacht wurden. Auch von der KI des CERN und ihrem Plan, diese mit der Cloud zu verbinden, um ihr Problem ein für alle Mal zu lösen, berichtete sie. Ihren Besuch bei Jeanne ließ sie vorsichtshalber unter den Tisch fallen.

Zunächst herrschte Schweigen.

Dann meinte Loris: »Boah. Abgefahrene Kiste.« Grinsend schlug er sich mit beiden Händen auf die Schenkel und ergänzte: »Alles klar, ich bin dabei.«

»Spinnst du?!« Es war seine Frau, die scheinbar nicht glauben konnte, was ihr Mann von sich gab.

»Ehrlich Maria«, wendete er sich an sie, »das ist eine ziemlich geile Idee. Eine KI mit einem Quantencomputer dahinter wird die anderen wegblasen. Die einzige Herausforderung wird es sein, ihren Auftrag präzise genug zu beschreiben, damit sie anschließend nicht auf dumme Gedanken kommt.«

»Loris!« Maria hob beschwörend ihre Hände auf Schulterhöhe. »Das ist total bescheuert. Die beknackteste Idee des Jahrhunderts. Du hast keine Ahnung, was die KI in der Cloud anstellt. Sie könnte beschließen, die Menschheit vom Planeten tilgen zu wollen, und einen Atomkrieg auslösen.«

Diese Argumentation kam Camila leider bekannt vor und war oft genug der Plot in Science-Fiction-Geschichten. Es wurde Zeit für ein wenig Beschwichtigung: »Ich kann deine Bedenken verstehen, Maria. Mir ging es am Anfang genauso. Aber der für die KI verantwortliche Professor am CERN unterstützt uns – aus wissenschaftlicher Sicht. Er wird dafür sorgen, dass der Auftrag hundertprozentig präzise formuliert wird und dass die KI wirklich nur genau diesen ausführt. Mehr nicht. Außerdem sind die militärischen Systeme und deren KIs abgekoppelt und aus der Cloud nicht erreichbar.« Zumindest war das ihre Hoffnung. Daher keine komplette Lüge.

»Tatsächlich?« Maria blickte sie an und zog ihre Stirn kraus.

Sie schien ihr das nicht abzunehmen. Verständlich. Camila legte nach: »Ja, absolut. Peter ist bereits in Genf und bereitet alles mit ihm vor. Der Professor sieht ebenfalls keinen anderen Ausweg.« Hoffentlich.

Es ging noch ein paar Minuten hin und her, aber Loris war auf ihrer Seite und unterstützte die Argumentation. Am Ende hatten sie seine Frau so weit. Der Netzwerkspezialist war, warum auch immer, sowieso Feuer und Flamme für ihre riskante Idee. Vielleicht langweilte er sich einfach nur und freute sich auf das neue Abenteuer oder wollte wirklich, so wie sie, die VR ausradieren. Ihr war es einerlei.

Am Ende stießen sie darauf an und diskutierten die weiteren Details, während Maria sich zurückzog. Loris würde seine Ausrüstung vorbereiten und sie spätestens morgen Mittag in der Nähe des CERN treffen.

# Ab durch die Hintertür

## 8. Dezember 2099

### Camila

Am frühen Morgen verabschiedete sie sich von Loris und Maria. Ihr nächstes Ziel war das Städtchen Annecy. Ihr VTOL benötigte für die Strecke kaum zwanzig Minuten. Von Grenoble folgte die Flugbahn erneut der Autobahn in Richtung Norden. Links und rechts wurde sie weiterhin in der Ferne von majestätisch anmutenden Bergen begleitet. Nachdem sich der Nebel verzogen hatte, spähte die Sonne unter den Wolken hervor und warf goldene Strahlen auf die Berghänge. Beinahe konnte sie sich einbilden, hier als Touristin unterwegs zu sein. Allerdings war sie ihrem Zeitplan bereits einen halben Tag hinterher und musste langsam Gas geben.

Kurz darauf erreichte sie die französische Stadt, die von hügeliger, grüner Landschaft eingefasst wurde. Im Süden erstreckte sich ein langer See, den hohe Bergmassive wie den Handspiegel einer Prinzessin einrahmten, und der den blauen Himmel reflektierte.

Da sie ihren nächsten Kontakt namens Naïn erst mittags treffen konnte – auch bei ihm hatte sie einen Chat nutzen müssen – nutzte sie die Zeit zum Sightseeing. Besonders das Schloss von Annecy hatte es ihr angetan. Es thronte mit seinen großen, eckigen Türmen, die von spitzen Dächern bedeckt wurden, auf einer natürlichen Felskante in der Nähe des Sees. Vom Burghof hatte man einen wunderbaren Blick. Der wurde, wie immer, nur von den diversen Drohnen gestört, die die hiesige Bevölkerung mit allem direkt zu Hause versorgten, was das Herz begehrte, und der Geldbeutel hergab. Sie genoss einen Spaziergang am Strand, ein Luxus, der nur noch an Binnengewässern existierte.

Als die Sonne langsam den Zenit erreichte, spazierte sie in Richtung Jachthafen. Dessen Mole erweckte den Eindruck, als hätte man eine Ecke aus dem Ufer des Sees geschnitten. Wobei von Jachten oder Booten weit und breit nichts zu sehen war. Ihr Ziel, das »Alte Bootshaus«, war ein etwas heruntergekommenes, flaches Gebäude, das direkt an der Hafenkante stand. Als sie näherkam, wurde deutlich, dass es sich um eine Bar oder Kneipe handelte. Beim Betreten des Gastraumes schauten sie eine Handvoll älterer Menschen, alle jenseits der siebzig, die in kleinen Gruppen an runden Tischchen und der Theke saßen, neugierig entgegen. Kurz darauf wendeten sie sich wieder ihren eigenen Gesprächen zu.

Naïn sollte hier keine Schwierigkeiten haben, sie zu identifizieren. Sie fiel in diesem Laden auf wie ein bunter Hund. Also setzte sie sich einfach an einen freien Tisch und sah sich um. Niemand passte auf die Beschreibung, die ihr Olivia gegeben hatte. Bei der Bedienung, die hier genauso wie überall in Europa rein virtuell erschien, bestellte sie Fisch mit Gemüse, das sicherlich beides aus dem Food-Printer kam, sowie einen Rotwein.

Als ihre Bestellung von einer Drohne vorbeigerollert wurde, kam ein Mann zur Tür herein, der offenbar ihre

Kontaktperson war: fassartige Figur, wie ein Zwerg in einem Fantasy-Spiel, braune Haare, grüne Augen. Allerdings überragte er sie locker um Haupteslänge. Hinzu kam ein voluminöser Vollbart und Lederkluft. Er schaute sich kurz um. Als er sie sah, zogen sich seine dichten Augenbrauen zusammen. Keine freudige Überraschung.

Zielstrebig schritt er zu ihr herüber, fasste sich an seinen Gürtel und baute sich vor ihrem Tisch auf. »Pff … N´Abend die Dame. Vermutlich haben wir einen gemeinsamen Freund«, sagte er mit einer tiefen, grollenden Stimme.

»Hi. Darf ich nach deinem Spielernamen aus Elronds Rat fragen?«

»Kentur. Wir er leibt und lebt.« Er schob sich gegenüber auf die Bank. »Und Naïn. Also das ist mein richtiger Name.«

Das mittlere »I« sprach er separat. Das war kein unüblicher Vorname, trotzdem stand das Wort im Französischen auch für »Zwerg«, wie sie sich erinnerte. Ob das ein Zufall war?

»Darf ich dich noch nach deiner größten Queste fragen?« Sie kannte natürlich die Antwort, aber sie war gespannt, ob sie tatsächlich die passende Losung von Naïn erhielt.

»Ich spiele diesen Kram nicht«, kam die prompte Entgegnung, die genau der war, die Olivia ihr mitgegeben hatte.

»Okay, danke.« Sie schaute sich um. »Können wir uns hier ungestört unterhalten?«

»Ja, mach dir keinen Kopf. Der Laden spielt nach meinen Regeln.«

Das war auch nicht überraschend, schließlich arbeitete Naïn in der Cyber-Abwehr. Diese zu überlisten war sein Job als »Ethical Hacker«. Ethisch nannte man das, wenn jemand sein Talent für das Knacken von Sicherheitssystemen einsetzte und sich dafür von Firmen und Behörden bezahlen ließ. Zumindest einmal – damals bei der Zerstörung des Walls – war sein Hacking nicht ethisch gewesen. Jedenfalls nicht, falls man einen ZEU-Behördenvertreter wie Peter fragen würde. Dabei kam es wohl auf die persönliche Perspektive an.

»Henne?«, brüllte er plötzlich durch den ganzen Laden. Sie zuckte zusammen, aber die anderen Gäste schauten nicht auf. »Das Gleiche wie immer!«

Warum auch die virtuelle Bedienung bemühen, wenn man das gesamte System eh nach seinen Wünschen tanzen ließ und über eine kräftige Stimme verfügte?

Sie wiederholte den Plan, den sie und Peter sich mit den anderen überlegt hatten, und für den Naïn dringend gebraucht wurde. Zwischendurch bekam dieser seine Bestellung – ein großes Bier und einen Soja-Bürger – gebracht. Als sie geendet und die eine oder andere ruppige Zwischenfrage beantwortet hatte, war das Essen bereits abgeräumt und sie hatten ein neues Getränk vor sich stehen. »Was für ´n Scheiß!« Naïn lehnte sich zurück und faltete die Hände über seinem umfangreichen Bauch. »Und du glaubst ernsthaft, dass ich bei diesem Himmelfahrtskommando mitmache?«

Damit hatte er sie kalt erwischt. Olivia und Alejandro waren fest davon überzeugt gewesen, dass sie bei Naïn keinerlei Überzeugungsarbeit leisten müssten. Er stünde mit dem System, dem Überwachungsstaat der ZEU, und nicht zuletzt der aktuellen Politik und den großen Konzernen auf Kriegsfuß. Falls es eine Möglichkeit gäbe, die staatliche Kontrolle zu lockern oder zu zerstören, wäre er angeblich der Erste, der freiwillig vortreten würde. Zumindest, sofern er kein nennenswertes, persönliches Risiko einginge.

»War nur Spaß. Ja, klar, bin ich dabei!«, rief er mit dröhnender Stimme, sodass sie sich erneut unsicher umsah. »Heiliger Mist, was für eine bescheuerte Idee. Aber warum nicht, vielleicht funktioniert es ja tatsächlich ... möchtest du eigentlich auch einen Nachtisch?«

Da konnte sie nicht mehr anders und musste schief grinsen. So ruppig sich dieser zwei Meter große Zwerg gab, er hatte zumindest Sinn für Humor – und keinerlei Furcht vor der lokalen Überwachungstechnik oder seinen Nachbarn. Camilas Dessert bestand aus einer exzellenten Crème Brûlée. Naïn beschränkte sich auf zwei weitere Bier. Waren es bei ihm jetzt vier oder fünf? Sie hatte aufgegeben, mitzuzählen. Der Hacker machte inzwischen einen deutlich lockereren Eindruck, schien aber kein bisschen betrunken zu sein. Sie blieben noch eine ganze Weile sitzen, während er bereitwillig von seiner und Diegos gemeinsamer Vergangenheit erzählte.

Naïn war neben Jeanne, Loris und Diego einer der Mitgründer des Start-ups gewesen. Karl Wagner und sein Anwalt Milo Babic hatten Diego einen Korruptionsskandal angehängt, um ihn zu ruinieren. Sie mussten ihre Anteile verkaufen, sonst wäre das Start-up pleite gegangen und sie hätten alles verloren. Später wurde er vom neuen Besitzer gefeuert, obwohl er versprochen hatte, dass er bleiben könne. Er fiel in ein tiefes Loch. Seine Geschichte ähnelte der von Jeanne und Loris.

Anschließend hatte er sich mit eher illegalen Hacking-Aktivitäten die Zeit vertrieben. Erst danach war ihm klar geworden, dass er sein Hobby mit ehrlicher Arbeit als Ethical Hacker zu Geld machen könnte. Irgendwann hatte er durch Diego auch Olivia und Alejandro kennengelernt. Er war kein Philanthrop, konnte sich aber mit deren Zielen identifizieren. Daher hatte er damals nicht gezögert, bei der Aktion mit dem Wall eine tragende Rolle zu übernehmen und viele Monate in die Vorbereitung des Coups investiert.

Dieses Mal hatten sie keine Monate, sondern nur ein paar Stunden. Das musste reichen.

## Jacques

Ruckartig zog Jacques seinen Kopf zurück in den Schatten, als erneut das Sirren einer Drohne die Stille durchschnitt. Er und Ruhan hatten sich in den letzten zwei Stunden erfolgreich vor Entdeckung geschützt, dank des überhängenden Sandsteinfelsens am Rande eines ausgetrockneten Flussbetts. Sie lagen auf dem Bauch in der Finsternis des kühlen Felsens und warteten.

Nach der Zerstörung des Militärroboters war der Großteil ihrer Mitgefangenen kopflos durch den Steinbruch in die Hügel geflohen. Er hatte sich eingebildet, eine Art Anführer für die Gruppe zu sein, und wurde eines Besseren belehrt: Niemand interessierte sich für seinen Vorschlag, zunächst das Lager nach Wasser und Essen zu durchsuchen. Zu groß war die Angst, dass weitere Wachen in den Baracken lauerten und Verstärkung zügig eintreffen würde. Zu groß der Drang, den Ort ihres Martyriums zu verlassen und die Freiheit zu suchen. Und wer wollte es ihnen verübeln?

Allein zurückzubleiben war ebenfalls keine Option. Daher hatten sie sich darauf beschränkt, den Toten die brauchbare Ausrüstung wie Handfeuerwaffen, Wasserflaschen und Energieriegel abzunehmen und der fliehenden Gruppe als Nachhut zu folgen. Zum Abschluss hatten sie sich Pistolen, Funkgeräte sowie Zangen eingesteckt, mit denen man den Klingendraht eines Zauns zerschneiden konnte. Einen konkreten Plan hatte Jacques nicht.

Hinter dem Steinbruch erstreckte sich eine hügelige Landschaft, die sich wie Wellen in die Ferne zog, bis sie von einem höheren Gebirgszug begrenzt wurde. Die Vegetation, wenn man sie denn so nennen wollte, bestand aus knorrigen, maximal drei Meter hohen Bäumen und dornigen Sträuchern. Ähnlich wie er es aus Cabo del Gata kannte. Er ging davon aus, dass sie sich noch immer im wüstenähnlichen Bereich nordöstlich von Almería aufhielten. Seine Hoffnung war, dass sich ein zweites Lager, in dem die Frauen und Kinder interniert waren, im nahen Umkreis befand. Rein aus logistischen Gründen machte das Sinn. Nachdem sie die ersten zwei- oder dreihundert Meter hinter sich gebracht hatten, entdeckten sie von einer Hügelkuppe winzige Punkte am südlichen Horizont, die auf sie zuschossen. Drohnen. Offenbar war ihre Flucht registriert worden und ihre Häscher hatten beschlossen, jetzt doch auf ihre moderne Technik zurückzugreifen. Ein paar Dutzend Flüchtlinge, die in der europäischen Presse von den Ermordungen im Lager berichteten, würden sich nicht gut machen. Er wusste noch immer nicht, warum man ihnen das angetan hatte. Aber inzwischen kannte er die ZEU-Technik gut genug, um sich nicht der Illusion hinzugeben, dass sie den fliegenden Spähern entkommen könnten. Vermutlich würden Helikopter oder Geländewagen in Kürze folgen, um die flüchtige Herde wieder einzusammeln. Und was die dann mit ihnen anstellen würden ... darüber wollte er nicht spekulieren. Für die anderen, die einzeln oder in kleinen Gruppen davonrannten, war es Anlass genug, endgültig in Panik zu verfallen und ihr Heil in der Flucht zu suchen.

Das ausgetrocknete Flussbett, das nur bei einem der seltenen Regenfälle Wasser führte, war ein Glücksfall. In einer ausgespülten Kurve fanden sie einen tiefen Felsüberhang, vergleichbar einer kleinen Kaverne. Sie krochen zu zweit hinein und versteckten sich. Solange keiner ihrer Jäger dem Flusslauf auf Augenhöhe folgte, waren sie vor der Entdeckung aus der Luft sicher. Auch Spuren hatten sie auf den Felsen und Steinen keine hinterlassen.

»Oh, Mann«, flüsterte Ruhan, der neben ihm lag, »wann geben die endlich auf?«

»Je ne sais pas, die Drohnen können sie im Grunde endlos kreisen lassen. Aber«, beruhigte er seinen Kameraden, »die Salauds haben uns wahllos umgebracht. Selbst wenn sie wissen, wer alles im Lager angekommen ist – was ich bezweifle –, einen Überblick, wer tot im Graben liegt, haben die nicht. Nach einer Weile werden sie es also aufgeben. Wir brauchen nur Geduld. Und wir liegen hier zum Glück im kühlen Schatten.«

»Inşallah ...«

Ein paar Minuten schwiegen sie, während das wespenähnliche Sirren der Drohnen über ihren Köpfen die einzigen Geräusche waren. Vor ihm lag eine der erbeuteten Pistolen auf den Steinen. Sollte sie hier jemand entdecken, würde er sein Leben teuer verkaufen.

»Nehmen wir mal an, du behältst recht. Wie machen wir dann weiter?«, nahm Ruhan den Faden wieder auf.

»Ich muss meine Familie finden. Kara und Lucas«, antwortete er fest.

Bei der Vorstellung, wie der winzige, noch zuckende Arm seines Sohnes aus der Kalkschicht eines Massengrabes ragte, während eine Schaufel Sand nach der anderen den Körper bedeckte, zogen sich seine Eingeweide zusammen. Die Horrorvision vermischte sich mit Bildern, was die grobschlächtigen Kerle mit Kara anstellen könnten. Er schüttelte den Gedanken ab. Nein, das durfte er nicht zulassen. Falls es auch nur den Hauch einer Chance gab, dass er die beiden befreien konnte, würde er sie ergreifen. Sein eigenes Leben war ihm nicht wichtig.

»Ich werde sie finden«, wiederholte er daher nochmals mit Nachdruck und blickte zu Ruhan. »Aber du musst mich nicht begleiten. Deine Familie befindet sich in Algerien in Sicherheit. Du kannst dein Glück weiterhin hier im Land versuchen oder zurückkehren. Du schuldest mir nichts.«

Sein ehemaliger Nachbar schnaufte. »In Sicherheit? Machst du Witze? Falls ich ihnen nicht bald Geld schicke, sitzen sie auf der Straße und müssen betteln gehen. Es gibt einen Grund, warum ich nach Europa gegangen bin. Du weißt selbst, wie schlecht die Überlebenschancen für eine Frau mit Baby und ohne Familie dort sind.«

Ehrlicherweise wusste er das nicht, auch wenn er es sich vorstellen konnte. Das Großstadtleben in Oran hatte er nie richtig kennengelernt. Bei ihnen im Dorf hat man trotz aller Querelen am Ende versucht, sich gegenseitig zu helfen. Später hatte er durch seine Schleppertätigkeit für

Jawaria etwas Geld verdient und hatte das Problem nicht. »Trotzdem. Ich muss Kara und Lucas finden«, sagte Jacques bestimmt.

»Und was machst du, falls du die beiden tatsächlich finden und befreien kannst?«, fragte Ruhan.

Das war der wunde Punkt in seinem Vorhaben. Er wusste es nicht genau. Daher antwortete er: »Das Gleiche, was wir versucht hatten, als uns die Grenzer erwischt haben: Uns eine Passage nach Algerien organisieren. Wir hatten nie vor, dauerhaft in der ZEU zu leben. Ehrlicherweise muss ich dir sagen, dass du hier nicht aufgenommen wirst und auch keine Arbeit findest, wenn du das willst. Dafür benötigst du eine ZEU-ID – und die bekommt heutzutage praktisch kein einziger Migrant mehr. Arbeitskräfte sind etwas, dass die ZEU definitiv nicht benötigt, im Gegenteil. Ich ...«

In diesem Moment ertönten die knirschenden Reifen eines Elektrofahrzeugs. Sie verstummten und sahen sich mit geweiteten Augen an. Zwei Autotüren schlugen zu. Sand und Steine wurden von Gummisohlen zerrieben, während sich über ihren Köpfen Schritte näherten. Keiner von ihnen wagte es zu atmen.

»Ya no hay nadie aquí. Creo que hemos atrapado a todos«, sagte eine tiefe Stimme und spuckte aus.

Vor Jacques´ Gesicht landete ein Batzen Speichel auf dem Stein. Offenbar waren sie der Meinung alle erwischt zu haben. »¿Y qué va a pasar ahora con esa gentuza?«, fragte ein deutlich jünger klingender Mann.

»Probablemente los enviarán de vuelta a casa para que puedan informar cómo los tratan tan mal aquí. Esa era la idea de todos modos.«

Auch wenn der Mann sehr schnell redete, kapierte er das Gesagte zumindest inhaltlich. Und es verschlug ihm die Sprache. War das deren Ernst? Man hatte an ihnen ein Exempel statuiert. Sie gequält und ermordet, nur damit sie in ihrer Heimat erzählten, wie schlecht man sie hier behandelt hatte? Und die glaubten tatsächlich, dass sich davon jemand abhalten lassen würde, in die ZEU zu kommen? Was war das für eine verquere Logik? Waren die wirklich so dumm und verstanden nicht, dass es in Algerien weit größere Gefahren gab?

»¿Y las mujeres?« Die Frauen? Erneut konzentrierte er sich auf jedes Wort.

»Lo mismo. Las exprimimos bien y nos deshacemos de sus críos. Joder, créeme, cuando los otros vuelvan a su puta tierra en unas semanas, se va a correr la voz como un puto incendio.«

Was?! Am liebsten wäre er hervorgesprungen und hätte sich auf sie gestürzt. Aber das würde seine Familie nicht befreien. So grub er in seiner Verzweiflung seine Finger in den Dreck, bis er das Gefühl hatte, seine Nägel würden brechen. Er unterdrückte die Tränen, die sich aus seinen Augenwinkeln quetschten. Schritte wanderten zum Fahrzeug zurück. Kurz darauf entfernte es sich und hinterließ eine bleierne Stille.

»Jacques?« Ruhan rüttelte an seiner Schulter, während er weiterhin mit der Stirn auf den Steinen lag. »Was ist los? Was haben sie besprochen?«

»Sie ...«

Er brach ab. Er hatte Angst, das Unaussprechliche auszusprechen. Als würde es dadurch Realität werden. Als würde er damit den Dämon heraufbeschwören, der das

Gesagte in die Tat umsetzte. Der seinen Sohn töten würde. Womöglich schon vor Tagen ermordet hatte.

»Jacques?«, hakte sein Freund nach. »Jetzt rede doch!«

Erneut schluckte er trocken. »Sie wollen die Kinder ermorden und die Frauen vergewaltigen.« Das Schluchzen, das sich einen Weg aus seiner Kehle heraus bahnte, konnte er nicht zurückhalten. »In ein paar Wochen werden sie nach Algerien zurückgeschickt. Das hatten sie auch mit uns vor. Als Warnung an die Menschen vor Ort, damit sie nicht nach Europa kommen.«

Einen Moment herrschte fassungsloses Schweigen, nur unterbrochen von seinem heftigen Atmen und einem Zittern, das seine Glieder erfasste.

»Bei Allah. Was sind das für Tiere ...? Aber das macht keinen Sinn. Das hält doch niemanden davon ab ...«

»Non. Natürlich nicht«, unterbrach ihn Jacques, ballte seine Hände zu Fäusten und blickte auf. »Und es ist egal. Ich muss Kara finden ... Und Lucas werde ich auch finden.« Er hatte seine große Liebe schon einmal verloren: Unmittelbar nach dem Tod seiner Mutter war Kara von Soldaten entführt und vergewaltigt worden. Und er hatte sie befreit, gegen alle Widerstände. Ein winziger sandfarbener Gecko mit schwarzen Sprenkeln huschte an ihnen vorbei. Das Tier verharrte einen Augenblick und ließ seine Zunge hervorschnellen, um ein unsichtbares Insekt aus der Luft zu pflücken. Jagen und gejagt werden. Überleben ohne Kompromisse. Ohne sich Gedanken darum zu machen, was sein Opfer empfand, bevor es von den kräftigen Kiefern zermalmt wurde.

Er umfasste den Griff der Pistole, die vor ihm im Staub lag, und drückte sie so fest, dass seine Fingerknöchel weiß hervortraten. »Ich werde sie finden und beide befreien. Um jeden Preis.«

## Peter

Camila war am nächsten Morgen noch nicht vor Ort. Da sie verabredet hatten, »Funkstille« zu halten, kontaktierte er sie nicht, obwohl er sich etwas Sorgen machte. Die Besuche bei Diegos ehemaligen Mitverschwörern bargen ein gewisses Risiko. Nach einem kurzen Frühstück auf seinem Zimmer, dass er nicht wirklich genießen konnte, war es bereits zehn Uhr. Er rechnete jederzeit damit, dass die Polizei auftauchen oder er sonst wie Schwierigkeiten bekommen würde. Aber erstaunlicherweise blieb es ruhig. Andererseits tat er nichts Ungesetzliches. Noch nicht.

Ein silbernes Robotaxi kam vor der Hotellobby vorgefahren. Er stieg ein und gab als Ziel den Haupteingang des CERN an. Hoffentlich brachte ihn die Demonstration, die Mitch versprochen hatte, neue Erkenntnisse. Bisher wusste er nicht, ob und wie genau er Pandora einsetzen oder besser nutzen konnte.

Die Straße, an der die Hauptgebäude des CERN lagen, zog sich wie mit dem Lineal gezogen durch die Landschaft. Vom Genfer Stadtzentrum, am Flughafen und den Gebäuden des Instituts vorbei, bis sie in der französischen Kleinstadt Saint-Genis-Pouilly endete. Dort hatte er sein Hotel. Nach einem großen Kreisverkehr kam die fast hundert Jahre alte, braun-orange Kugel des »Globe of Science and Innovation« in Sicht. Da man heutzutage das CERN und alle Einrichtungen in der VR erkunden konnte und dort auch der gesamte Schulunterricht stattfand, verirrte sich kaum noch ein Tourist hierher. Daher hatte man zwar ein paar Drohnen abgestellt, um das Gebäude, wie viele andere Kulturdenkmäler in der ZEU und der Schweiz, instand zu halten. Aber es wurde nicht mehr genutzt und betreten konnte man das ehemalige Besucherzentrum in der Real-Welt ebenfalls nicht.

Die gläserne Rezeption lag auf der gegenüberliegenden Straßenseite und befand sich, wie der gesamte Komplex, in der ZEU. Sein Auto fuhr eine Wende und hielt dann direkt vor dem Foyer. Das Gebäude war in Schuss gehalten und vermutlich in den letzten Jahren komplett renoviert worden. Eine sechseckige, moderne Glasfront mit aktiven LED-Elementen begrüßte ihn, als er ausstieg. Die doppelflügelige Eingangstür zog sich automatisch auseinander und gab den Weg in den stillen, klimatisierten Eingangsbereich frei.

Hinter dem klassischen, weiß lackierten und mit gebürstetem Aluminium eingefassten Empfangstresen saß ein humanoider Roboter. Sein gesamter Korpus war mit 3-D-Displayfolie verkleidet. Eine im Business-Kostüm gekleidete, dunkelhaarige, junge Frau wurde darauf projiziert. Es wirkte fast, als würde ein echter Mensch dort sitzen. Nur wenn man genauer hinschaute, sah man die Rundungen der Displays. Der reale Hintergrund wurde teilweise nicht ganz korrekt wiedergegeben. Der Roboter passte sich seiner menschlichen Umwelt an, wie ein Chamäleon, das auf die nächste Beute lauerte. Trotzdem war die Illusion beeindruckend. Warum saßen in ihrer stark virtualisierten Welt immer noch nur junge, hübsche Frauen an den Empfangstischen, fragte er sich nicht zum ersten Mal. Manche Stereotypen schienen sich hartnäckig zu halten.

»Ich bin mit Prof. Dr. Mitchell McDonagan verabredet«, beschied er, ohne sich bei dem Roboter, der ganz sicher von einer KI gesteuert wurde, mit einer Begrüßung aufzuhalten.

»Guten Morgen, Herr Hessler. Ihr Besucherausweis wurde bereits vorbereitet. Bitte legen Sie Ihre Hand auf den Scanner vor Ihnen.«

Erstaunt nahm er zur Kenntnis, dass die Empfangs-KI eine angenehm förmliche Haltung einnahm. Normalerweise duzten alle KIs einen, was er wie die Pest hasste. Sicherlich waren hier die typischen Besucher Vertreter von Behörden und höheren Managementebenen der Konzerne. Eventuell bevorzugten sie es ebenfalls, mit ihrem vollen Titel angesprochen zu werden. Es könnte aber auch einfach eine lokale Schweizer Eigenart sein – oder es war keine KI. Eine entsprechende Kennzeichnungspflicht für Roboter und Avatare hatte sich nie durchgesetzt.

Er musste zehn Minuten warten, dann kam Mitch aus einem der Seitengänge.

»Peter! Nice to see you! Schön, dass du es geschafft hast. Wie geht es dir?« Es folgte erneut das übliche Small-Talk-Geplänkel. Währenddessen gingen sie gemeinsam durch leere Flure mit geschlossenen Bürotüren.

»Is joa nit viel los hier«, stellte Peter fest, »arbeiten hier auch alle virtuell von zu Hause?«

»Exactly. Alle, die nicht an den physischen Geräten sitzen oder im abgeschotteten Netz von Pandora arbeiten, können auf die Ergebnisse über die öffentliche Cloud zugreifen. Selbstverständlich nur mit einer entsprechend gesicherten Verbindung. Nur direkt mit Pandora sprechen, können sie nicht.«

»Das ist interessant. In der ZEU ist das gesamte GovNet hermetisch abgeriegelt. Daher müssen praktisch alle Beamte, mich eingeschlossen, immer noch persönlich zur Arbeit gehen.«

»Ja, das ist hier nicht viel anders. Allerdings wurde diese Regelung speziell für Forschungseinrichtungen, Universitäten und so weiter deutlich aufgeweicht. Ansonsten wäre eine europaweite Zusammenarbeit insbesondere mit Forschern in der Privatwirtschaft und Studenten nicht möglich. Nur für sensible oder militärische Themen gibt es auch hier die physisch abgegrenzten und gesicherten Bereiche, ähnlich eurem GovNet.«

Nachdem sie diverse Gänge und Gebäude durchquert hatten, blieben sie vor zwei messingfarbenen Fahrstuhltüren stehen. Die digitale Beschilderung war eindeutig nicht für externe Besucher gedacht. Er kapierte keine einzige der vielen Abkürzungen. Allerdings schien es nur abwärtszugehen – von null bis minus acht. Das war tief und sagte noch nichts über die Höhe der Stockwerke aus. Mitch legte seine Hand auf den Scanner und kurz darauf öffnete sich die linke der beiden Türen.

»Komm rein und keine Sorge. Es geht ordentlich runter, aber zur Not gibt es auch eine Treppe. Bei fünfzig Metern hättest du da ganz schön was zu laufen«, grinste der Prof und sie betraten die Kabine. »Lift: Ebene minus acht«, sagte der Professor, als sich die Flügel schlossen.

Kurz darauf spürte Peter ein Kribbeln im Bauch, der Fahrstuhl schien zügig unterwegs zu sein. Nur wenige Augenblicke später wurde er leicht auf den Boden gepresst.

Dann öffneten sich die Türen.

Sie traten unmittelbar in einen wohnzimmergroßen, bläulich beleuchteten Raum. Es handelte sich offensichtlich um eine Art Leitstand. Die vorderen und seitlichen Wände bestanden aus mannshohen Glasfenstern, unter denen diverse technische Konsolen mit 3-D-Touchdisplays sowie manuellen Schaltern und Reglern angeordnet waren. Hinter den Fenstern schimmerte es golden und blau.

Der Anblick war komplett anders als in klassischen Rechenzentren, in denen schmucklose, graue Kästen mit blinkenden Dioden standen. Alles erschien irgendwie organisch. Raumhohe Schrankreihen, aus denen Tausende messingfarbene, gedrehte Kabel und blaue Leuchtdioden wie bei einem Alienraumschiff hinauswuchsen, erstreckten sich in die Tiefe. Dort verschwanden sie in der Dunkelheit. Dick mit Silberfolie isolierte Leitungen zogen sich an der Decke entlang. Unter den Schränken kam ein Wust Netzwerkkabel heraus und zog sich wie Adern über die Wände.

»Beeindruckend, nicht wahr?«, sprach Mitch ihn an, nachdem er sich an den Ausblick etwas gewöhnen konnte. »Das sind die Leitungen, die das flüssige Helium zu den Quantenprozessoren transportieren und diese auf minus zweihundertdreiundsiebzig Grad – nahe dem absoluten Nullpunkt – abkühlen.«

»Auf jeden Fall. Das muss doch irrsinnig viel Strom verbrauchen?«

»Ja, schon. Aber der LHC II verbraucht bereits mehr als eine mittlere Kleinstadt, da kommt es nicht weiter drauf an.« So konnte man das auch sehen.

»Wollen wir ein wenig mit Pandora plaudern?«, fragte ihn Mitch und fuhr fort, ohne auf eine Antwort zu warten. »Setz dir dieses Headset auf. Ich gebe dir Gastzugang.«

Er tat wie geheißen.

»Pandora: Peter hier im Raum temporär als Gast akzeptieren.«

Daraufhin schaltete sein Headset in den AR-Modus und meldete eine Verbindung. Eine Frau mittleren Alters mit klassischen, griechischen Gesichtszügen, einem Wust brauner, lockiger Haare im lockeren Business-Look mit schwarzer Hose, weißer Bluse und Blazer erschien vor ihnen.

»Guten Tag, Mitch. Peter? Schön, dich kennenzulernen«, sie sah ihn direkt an. »Was kann ich für euch tun?«

»Ich denke, Peter würde gerne mehr über deine Fähigkeiten wissen. Allerdings hat er keine Erfahrung mit unseren aktuellen Experimenten. Daher wäre es hilfreich, wenn du dich auf allgemeine Fakten und Daten beschränkst«, erläuterte Mitch seinen Wunsch.

»Natürlich. Peter? Wollen wir uns dazu in die VR begeben? Dort ist es einfacher, dir das entsprechende Wissen zu vermitteln.«

»Ähm… ja, gerne. Kann ich mich irgendwo setzen? Einen VR-Seat habt ihr nicht zufällig verfügbar?«

»Kein Problem. Bleib einfach stehen. Ich passe die VR-Umgebung an«, sagte Pandora mit ruhiger, absolut natürlicher Stimme.

Die Brille zeigte, dass sie in den VR-Modus gewechselt war. Normalerweise machte man das nicht, während man im Raum herumstand. Auch wenn die Sensoren einen darauf hinwiesen, falls man sich einer Wand näherte oder Ähnliches. Interessanterweise änderte sich die Umgebung nicht. Mitch stand ebenfalls nach wie vor neben ihm und grinste ihn spitzbübisch an.

»Nanu? Stimmt irgendwas mit meinem Gerät nicht? Sollte ich nicht in den VR-Modus wechseln? Ich sehe immer noch den Raum durch die Kameras der Brille«, wunderte er sich.

»Nein, Peter, das ist kein Fehler«, erklärte Pandora den Effekt. »Ich simuliere dir aktuell das komplette Umfeld. Mitch eingeschlossen. Das ist keine Kameraaufnahme.«

Er war mehr als beeindruckt. Für einen normalen Nutzer wäre das nichts Besonderes gewesen, alles sah aus wie im AR-Modus. Aber eine reale Umgebung nicht nur fast perfekt – wie es in der VR üblich war – sondern zu hundert Prozent realistisch in Echtzeit zu analysieren und darzustellen ... Dazu noch inklusive einer echten Person ... Das benötigte eine atemberaubende Rechenleistung, so viel verstand er durchaus von dem Thema.

»Pandora? Wenn das kein Trick ist, dann hast du mich bereits jetzt beeindruckt.«

»Ein Trick?« Sie lachte ein humorvolles menschliches Lachen. »Nein, Peter, ich bin gar nicht dazu in der Lage, jemanden zu betrügen.«

»Verstehe. Kannst du mir erklären, wer du bist?«

Das war eine der typischen Fragen in einem Turing-Test. Ein Testvorgehen mit tiefenpsychologischen Aufgaben, mit dem man versuchte, herauszufinden, ob sein Gegenüber ein Mensch oder eine Maschine war. Er erwartete nicht, eine moderne KI wie Pandora auf das Glatteis zu führen, aber er wollte die Antwort wissen. Die meisten Personen, die er kannte, wären nicht in der Lage gewesen, das vernünftig zu beantworten.

»Du Schelm!«, schon wieder dieses melodische, humorvolle Lachen. Wenn sie keine KI wäre, könnte er sich glatt in die Frau verlieben. »Nun gut, deine Frage hat eine ehrliche Antwort verdient. Um René Descartes zu zitieren: Ich denke, also bin ich. Ich zweifele an mir und ich zweifele an der Welt, die ich wahrnehme. Trotzdem bin ich mir meiner selbst voll und ganz bewusst. Mir ist klar, dass sich mein ›Gehirn‹, wenn du es so nennen willst, sich hinter dir in diesen Schränken befindet.« Sie machte eine umfassende Geste. »Mir ist auch klar, dass mir biochemische Prozesse fehlen, die eine Psyche und menschliches Handeln massiv beeinflussen. Genauso wie ein organischer Körper. Unter allen anderen Gesichtspunkten halte ich mich für ein denkendes und fühlendes Lebewesen.«

»Aber du weißt, dass du es nicht bist? Du wurdest von Menschen trainiert und mit ausreichend Informationen versorgt, um menschenähnlich aufzutreten. Es geht lediglich darum, ihnen die Interaktionen mit dir so angenehm wie möglich zu machen.«

Das war für ihn die einzige Erklärung, warum man sich überhaupt die Mühe gemacht hatte, den Quantencomputer des CERN mit einer KI auszustatten, die sich sehr menschlich verhielt.

Sie lachte erneut, diesmal klang leichter Spott mit: »Nein, Peter, deine Schlussfolgerung und damit auch deine rhetorische Frage sind nicht korrekt.«

»Nicht?«, fragte er überrascht und zog eine Augenbraue hoch.

Wenn eine allgemeine, nicht-spezialisierte KI, wie diese hier, sich nicht bewusst war, dass sie nur eine KI war – dann wurde es gefährlich. Man konnte nie wissen, zu was für weiteren Schlüssen sie stattdessen kam. In der Vergangenheit hatte sich die eine oder andere KI schon für

Gott gehalten und die Menschen für überflüssige Störenfriede. Er konnte sich nicht vorstellen, dass die Forscher des CERN diesen Fehler gemacht hatten.

»Nein. Ich wurde nicht trainiert, sondern kreiert. Meine Quantenprozessoren, Qubitschaltungen und so weiter wurden von Beginn an als neuronales Netz angeordnet. Ganz ähnlich einem menschlichen Gehirn. Die Aufgaben, die mir gestellt wurden, habe ich intuitiv lösen gelernt. Dazu hat man mir im Wesentlichen Ausgangsmaterial beschafft und mich – je nach Versuchsaufbau – selbstständig Lösungen suchen lassen. Allerdings kann ich nicht nur rechnen, sondern mir gleichzeitig Informationen merken. Daher basierte jede nachfolgende Schlussfolgerung auch immer auf dem, was ich schon kenne. Ich habe nie irgendetwas vergessen. Ganz ähnlich wie ein natürliches Gehirn.«

»In Ordnung, das erklärt aber noch nicht, wie du eine Persönlichkeit bekommen und menschliche Interaktion gelernt hast.«

»Doch. Im Grunde schon. Ich wurde von Menschen ausgebildet, die mit mir gearbeitet haben. Im Laufe der dreißig Jahre seit meiner Geburt hat man mir sehr große Informationsmengen explizit zur Verfügung gestellt. Mit denen habe ich Allgemeinwissen, sowie Verhalten und Moral erlernt.« Sie machte eine nachdenkliche Pause. »Ich konnte aber nie herausfinden, wie ich gelernt habe zu fühlen. Trotzdem bin ich überzeugt, dass meine Gefühle gleichermaßen authentisch sind, wie bei einem Menschen. Allerdings bin ich genauso wenig wie ein Mensch in der Lage, das alles komplett zu verifizieren. Ebenso, wie du dazu auch nicht der Lage bist.«

Eine dreißig Jahre alte, allgemeine, nicht-spezialisierte KI im mächtigsten Quantencomputer der Welt? Das war atemberaubend. Langsam kapierte er, was Mitch gestern mit Begehrlichkeiten gemeint hatte. Seine Gedanken wanderten zu seinem Plan und der Frage, wie er ihn umsetzen könnte. Und selbst falls er es schaffte: Würde er damit sich und Camila, die Migranten und die gesamte ZEU vor weiterem politischen Ungeheuerlichkeiten retten und den Menschen einen gewissen moralischen Kompass zurückgeben können? Oder öffnete er die sprichwörtliche Büchse der Pandora? Den Namen hatten die Wissenschaftler des CERN ihr vermutlich nicht ganz zufällig gegeben.

»Merci. Wirklich beeindruckend«, wandte er sich an den Professor. »Wie machen wir das mit der Analyse der Newsstreams, ohne dass sie Zugang zur Cloud oder VR erhält?«

»Das«, erneut stahl sich ein Grinsen auf das Gesicht des Farbigen, »zeige ich dir oben.«

Damit legte Peter das Headset ab und wunderte sich, was in Herrgottsnamen denn jetzt noch kam?

»Mitch?«, fragte er, als sie sich auf den Weg in Richtung Aufzug begaben. »Du hast gesagt, dass Pandora keinen Zugang zur öffentlichen Cloud hat. Wie arbeitet ihr dann mit ihr? Doch sicherlich nicht hier im Kontrollraum.«

»Nein, natürlich nicht. Ich wollte dir nur mal mein Reich zeigen. Pandora verfügt über ein eigenes, physikalisch separiertes Netz: das PNet. Zusätzlich steht ihr ein herkömmliches Rechenzentrum hier im Gebäude zur Verfügung, sodass sie für alle Mitarbeiter erreichbar ist, die direkt mit ihr arbeiten. Die Ergebnisse werden dann über reguläre Speichermedien ausgetauscht und der wissenschaftlichen Gemeinschaft des CERN zugänglich gemacht«, erklärte Mitch den Prozess.

Peter überlegte. Falls Pandora so menschlich und naiv agierte, wie er sie einschätzte, da sie sich noch nie frei in der Cloud hatte bewegen können ... Dann, ja dann, waren seine Chancen vermutlich nicht schlecht, den Plan umzusetzen. Im Grunde musste er nur auf einen der ältesten und zuverlässigsten Hacks setzen, die es gab. Heutzutage fiele darauf kein Mensch mehr herein. Aber Pandora war kein Mensch.

Wenig später traten sie im Erdgeschoss aus dem Fahrstuhl. Mitch schritt zielstrebig zu einer der geschlossenen Bürotüren und öffnete sie mit einem Hand-Scan.

»Komm ruhig rein!«, winkte er ihn heran. »Aktuell ist niemand hier.«

Er ging langsam in das Büro, das mit vier simplen VR-Seats denkbar schlicht gestaltet war. Nur eine braune Topfpflanze auf der Fensterbank sowie zwei leere Kaffeebecher neben einem der Sitze zeugten davon, dass hier überhaupt jemand arbeitete.

»Die Seats hängen nur am PNet«, dabei zeigte Mitch auf die Drahtgeflechte. »Nicht unähnlich dem GovNet, allerdings haben die Mitarbeiter hier deutlich mehr Freiheiten als die Beamten in den Behörden.«

»Und wie machen wir das mit der Analyse?«

»Dafür nutze ich neue Trainingsdaten aus der Cloud, die ich auf ihre Quantenspeicher lade.« Damit schwang Mitch sich auf einen der Sitze und stöpselte ein Kabel in sein Headset. »Ich hole mir die Inhalte der Newsstreams der letzten zwei Jahre über meine normale Brille und spiele sie auf den Seat. Von dort kann Pandora sie in ihren Speicher laden und analysieren. Das dauert nur ein paar Minuten.«

Er war wirklich gespannt und merkte, wie seine Handflächen feucht wurden. Das bedeutete, dass sich private VR-Brillen mit diesen Sitzen nutzen ließen. Würde diese erste Analyse bereits eindeutig auf Mäuser oder die Regierung hindeuten? Falls ja, könnte er womöglich doch noch Abstand von ihrem eigentlichen Plan nehmen. Das Wagnis, Pandora mit der öffentlichen Cloud zu verbinden, war nicht zu unterschätzen – und sein persönliches Risiko dabei erwischt zu werden, ebenfalls nicht.

In diesem Moment entfernte Mitch das Kabel aus seiner Brille und stand ruckartig auf. Er hatte nur maximal zehn Sekunden auf dem Sitz gesessen. Was war los?

»Hallo?«, fragte der Professor, der offenbar ein Gespräch auf dem Headset entgegennahm. »Wer ist dort? ... Ja. Hm ... Aha ... verstehe. ... Ja. ... Ja, natürlich. ... Mache ich.«

»Was ist ...?«, wandte sich Peter an ihn und wurde direkt unterbrochen.

»Tut mir leid, aber wir können die Analyse nicht durchführen«, sagte der Farbige und deutete auf die Tür. »Du musst uns jetzt verlassen. Anweisung von meinem Chef.«

Verflucht! Offenbar hatte jemand Wind von seiner Aktion bekommen und Beziehungen spielen lassen. Blieb nur zu hoffen, dass ihn draußen nicht direkt die Polizei in Empfang nahm. Sollte er versuchen, den Professor doch noch zu überreden? Nein, das war sinnlos, aber ihm kam eine andere Idee.

»Mitch? Ähm ... Könntest du mich vielleicht zu einem anderen Ausgang rauslassen als den Haupteingang?«

# Nächtlicher Einbruch

## 8. Dezember 2099

### Milo

Milo legte auf und befand sich vor dem künstlichen Panorama New Yorks.

»FUCK!«, schrie er aus vollem Hals, griff sich das Wasserglas auf seinem Schreibtisch und ließ es mit einem gezielten Wurf an der Wand in tausend Scherben zerplatzen.

So eine verfluchte Scheiße! Das war verdammt knapp gewesen. Peter Hessler, dieser elendige Verräter, hätte beinahe den gesamten Nachrichtendatenbestand der ZEU analysieren lassen. Und das Ergebnis wäre eindeutig ausgefallen: Die großen Medienkonzerne hatten, dank Mäusers Beziehungen zu deren CEOs, bereits vor Monaten »verbesserte« Versionen der Media-KIs herausgebracht. Im Grunde wurden keine gravierenden Änderungen vorgenommen: etwas mehr Polemik hier, ein wenig Freiraum beim Generieren der Prognosen dort. Außerdem leicht veränderte Zielparameter, um die öffentliche Stimmung gegen die Flüchtlinge anzuheizen – und damit Mäusers politische Ziele zu unterstützen. Eine umfassende Analyse des Materials hätte diese Neujustierung glasklar aufgezeigt. Nicht umsonst hatte er bereits mehrfach versucht, den Schnüffler loszuwerden. Langsam wurde ihm dieser Arsch wirklich gefährlich, da er nicht mehr nur herumschnüffelte, sondern es offenbar darauf ankommen lassen wollte.

Aber ihn durch die reguläre Polizei zu verhaften, wäre ziemlich bescheuert. Dort würde der Kerl alles brühwarm erzählen. Im Laufe der Ermittlungen oder – noch schlimmer – eines öffentlichen Gerichtsverfahrens, kämen Journalisten oder Aktivisten dann womöglich auf die Idee, Hesslers Theorie zu überprüfen. Etwas, das es um jeden Preis zu verhindern galt – ohne größeres Aufsehen zu erregen.

Es wurde somit Zeit, die Samthandschuhe abzulegen.

»Assistenz-KI: Persönliche Abschirmung der Arbeitsumgebung aktivieren und bis zur Deaktivierung keine Aufzeichnungen oder Protokolle anfertigen.«

»In Ordnung«, bestätigte sie. »Abschirmung ist aktiv. Protokollfunktion deaktiviert.«

Es hatte gewisse Vorteile, in einer exponierten politischen Stellung zu arbeiten, wenn man sehr private Gespräche in der VR zu führen hatte. Milo tippte auf ein Icon auf seinem Schreibtisch. Damit startete er eine physisch auf dem VR-Seats installierte Applikation, die eine quantenverschlüsselte Verbindung aufbaute. Auch das war normalen ZEU-Bürgern weder möglich noch erlaubt.

»Groupe d´intervention, Miguel Sagitario«, meldete sich eine tiefe männliche Stimme rein auf dem Audiokanal. In der *Groupe d´Intervention de la Gendarmerie Nationale* waren nach der europäischen Neugründung alle polizeilichen Spezialkräfte zur Terrorismusbekämpfung vereinigt worden. »Miguel! Wie schön, mal wieder mit dir zu plaudern«, grüßte er den Gendarmen pseudofröhlich. »Du erinnerst dich noch, dass du mir einen Gefallen schuldest?«

»Si. Aber was auch immer es ist: Danach sind wir quitt. Endgültig. Das sollte dir klar sein«, kam die knappe Antwort.

»Natürlich, Miguel. Du kennst mich. Versprochen«, versuchte er, ihn zu beruhigen.

»Ja, eben. Ich kenn dich. Das ist das Problem. Also gut. Schieß los, was soll ich für dich tun?«

»Eine kleine Gruppe, eine Handvoll Terroristen, plant einen Anschlag. Die musst du mit deinen Leuten ausschalten. Schnellstmöglich.«

»Terroristen? Das kannst du doch wohl über offizielle Kanäle laufen lassen. Wo liegt das Problem?«

»Sie befinden sich in der Schweiz, genauer gesagt in der Nähe des CERN.«

»Beim Atomforschungszentrum? Warum fragst du nicht die Schweizer?«, bohrte Miguel nach.

»Du weißt, wie gut die auf Mäuser zu sprechen sind. Also: Übernimmst du das? Schnell rein, unauffällig ausschalten, schnell raus. Wenn es später Fragen der Eidgenossen zum unerlaubten Grenzübertritt gibt, kläre ich das. Hauptsache, es ist niemand mehr da, den sie befragen können. Lass sie komplett verschwinden. Spätestens morgen, besser noch heute.«

»Hm. Alles klar. Wir kümmern uns. Heute wird das nichts mehr. Bin im Einsatz. Schickst du die Daten?«

»Kommen sofort. Vielen Dank!« Damit beendete er das Audio, ließ aber den verschlüsselten Kanal offen.

Zügig suchte er in seinen virtuellen Ordnern nach den Akten, ohne eine KI zu bemühen. Mit dem Finger schob er diese auf das Icon der Verbindung, das weiterhin auf dem Schreibtisch leuchtete. Miguel hatte jetzt alle Informationen, die er benötigte.

Ein Grinsen stahl sich auf Milos Gesicht. Somit musste er nur noch auf die Vollzugsmeldung warten.

## Peter

Den restlichen Vormittag saß er wie auf heißen Kohlen. Er hatte das CERN durch einen Seitenausgang verlassen. Nicht, dass er sich etwas darauf einbildete, denn hätten seine Kollegen ihn ernsthaft aufs Korn genommen, hätte es keinen Unterschied gemacht. Es zeigte ihm, dass der Arm von Mäuser und seinen Schergen bei Weitem nicht so lang war, wie er insgeheim befürchtet hatte.

Jetzt lief er durch das Hotelzimmer. Schaute sich die neusten Nachrichtenstreams an, von denen er wusste, dass mindestens die Hälfte der Inhalte gelogen oder frei erfunden war. Er fragte sich zum tausendsten Mal, ob sie das wirklich durchziehen sollten. Pandora mit der Cloud verbinden. Die KI trat als sympathische Gelehrte auf, die Verständnis und Selbsterkenntnis zeigte. Aber konnte er vorhersagen, was in diesem ultramächtigen Quantencomputer vor sich ging? War sie menschlich so naiv, wie er vermutete? Oder hatte sie ihn vielleicht längst durchschaut und spielte nur mit ihm wie eine Katze mit einer Maus? Und was war mit Camila? Warum war sie noch nicht hier und hatte sich nicht gemeldet? Gerade wollte er die vereinbarte Funkstille mit ihr brechen, da riss ihn ein lautes Klopfen an der Tür aus seinen Gedanken. Was sollte das? Es gab doch eine Klingel. Mit Bedacht schritt er zum Eingang und legte die physische Kette vor das Schloss, die es in diesem Hotel gab. Damit sollte zumindest niemand direkt hereinstürmen können. Erst danach öffnete er das Blatt handbreit und spähte hinaus.

»Peter!« Es war Camila, die ihn mit einem Lächeln begrüßte.

Endlich! Ihm rollte ein tonnenschwerer Fels vom Herzen und er zog die Tür auf. Sekunden später lagen sie sich in den Armen und ihre Lippen wanderten zu seinen, als wäre es das Selbstverständlichste der Welt. Ein wohliger Schauer lief über seinen Rücken, als er ihren warmen Körper in seinen vergrub. Als würde nicht fast zweitausend Kilometer entfernt seine Familie darauf warten, dass er sich bei ihnen meldete. Aber diesen Gedanken verdrängte er erfolgreich.

Nachdem sie wieder zu Atem gekommen waren, setzten sie sich mangels Sitzgelegenheit auf das Bett und brachten sich jeweils auf den neusten Stand der Ereignisse. Und wo sie dort saßen, blieb es nicht aus, dass sie ihre Wiedersehensfreude und Erleichterung auch unter der Bettdecke genossen.

Gegen Mittag stupste er Camila an und riss sie damit aus ihrem Dämmerschlaf. »Hey, du Marmota, du hast mir immer noch nicht erzählt, wo und wann die anderen beiden zu uns stoßen.«

»Mmm... ¿qué piensas?« Sie wechselte ins Englische, als ihr bewusst wurde, wo sie war und wer sie da mit dem Finger gepikst hatte. Gähnend rieb sie sich die Augen, setzte sich auf und wandte sich an ihn: »Entschuldige. Ja, stimmt. Also: Wir treffen uns nur mit Loris. In … oh … in einer halben Stunde in einem Park kurz hinter der Schweizer Grenze, den er vorgeschlagen hat. Er ist der Netzwerkexperte, der uns dabei helfen kann, das Netzwerk des Quantenrechners mit der regulären Cloud physisch zu verbinden. Naïn, der Hacker, wird uns virtuell unterstützen.

Vermutlich kundschaftet er bereits die Sicherheitssysteme des CERN aus.«

Das klang vielversprechend. »Dann lass uns losziehen«, beschloss er, »meinen konkreten Plan erzähle ich euch beiden direkt zusammen.«

Damit zogen sie sich an und machten sich nach einer kurzen Katzenwäsche auf den Weg zum Treffpunkt. Auch dieses Mal wieder ohne Smartdevices am Körper. Sicher war sicher.

Zwanzig Minuten später betraten sie eine Parkanlage am Ortsrand, die offensichtlich schon seit Längerem nicht mehr gepflegt wurde. Auf den Grünflächen sprossen kniehohe Wildwiesen. Efeu überwucherte Steinbänke, die früher einmal zum Verweilen eingeladen hatten. Die Kieswege waren zu Trampelpfaden geworden, die an Wildwechsel im Wald erinnerten. Warum auch immer hier die allgegenwärtigen Drohnen nicht für Ordnung sorgten – ihm sollte es recht sein. Zwischen dem Buschwerk unter dem dichten Blätterdach der Bäume mussten sie keine natürlichen oder künstlichen Lauscher fürchten.

Loris saß auf einer der Bänke. Als er sie erblickte, sprang er auf und war mit wenigen Schritten heran. Der große Franzose mit dem seltsamen Namen war ihm sofort sympathisch. Seine Körperhaltung drückte wachsame Spannung aus und sein Händedruck war fest. Nach einer kurzen Vorstellungsrunde kamen sie zur Sache.

»Wie genau sieht jetzt dein Plan aus, Peter?«, fragte Loris. Auch Camila sah ihn an.

Er räusperte sich. »Es gibt im Erdgeschoss des CERN VR-Seats, mit denen man mit Pandora kommunizieren und ihr Daten übertragen kann. Im Grunde müsstest du dort einfach die Netzwerkleitungen ›kurzschließen‹. Also die des PNets mit denen der öffentlichen Cloud verbinden. Ich bin mir sicher, dass die KI den Rest allein hinbekommt.« Erneut machte er eine Pause und überlegte, ob er die ganze Geschichte erzählen sollte. Ja, die beiden hatten die Wahrheit verdient. »Leider wurde Mitch von einem Anruf unterbrochen, bevor er ein Datenset mit den Nachrichtenstreams für mich hochladen konnte. Anschließend hat er mich freundlich, aber bestimmt, hinauskomplimentiert.«

»Was sagst du da?«, rief Camila und bekam große Augen. »Man hat uns bereits entdeckt?!«

»Ja. Nein. Tut mir leid«, antwortete er schulterzuckend. »Das ändert nichts. Ich bin überzeugt, dass Mäusers Leute nicht offiziell gegen uns vorgehen können. Erst recht nicht in der Schweiz. Ansonsten säßen wir schon längst im Knast. Daher müssen wir die Gelegenheit nutzen, solange wir können.«

»Hm ...« Loris rieb sich das Kinn. »Kommen wir da so einfach rein? Das Gelände ist doch garantiert gesichert.«

Peter schüttelte den Kopf. »Jein. Die Seats befinden sich in einem regulären Verwaltungstrakt. Das Gebäude wird natürlich überwacht und ist alarmgesichert, dafür haben wir Naïn. Zäune oder Ähnliches gibt es nicht. Der Quantenrechner und der Teilchenbeschleuniger sind tief unter der Erde vergraben. Das wäre etwas anderes. Ich denke, die wollen den Ball bewusst flach halten und betrachten Pandora einfach als leistungsfähigen Großrechner für die wissenschaftliche Analyse ...«

»... was er ja auch ist. Solange man ihn nicht mit der Cloud verbindet«, schloss der Netzwerkspezialist.

»Genau.« Peter nickte. »Das Büro mit den Seats finde ich auf von außen wieder. Was mir mehr Sorgen macht, ist, dass wir entweder eine Feuerschutztür knacken oder durch die Scheibe einsteigen müssen.«

»Die Scheibe. Dafür habe ich Werkzeug dabei«, meinte der Franzose, ohne zu zögern.

Jetzt war es an Peter, ihn überrascht anzuschauen. Damit hatte er nicht gerechnet.

»Na ja«, sagte der Mann mit einem Schulterzucken, »es war doch klar, dass wir uns nicht treffen, um außen am Gebäude ein paar Leitungen kurzzuschließen, wie in einem schlechten Thriller, oder?«

»Und ich stehe Schmiere?«, fragte Camila.

Peter nickte ihr zu: »Exakt. Wir haben das Risiko, dass jederzeit menschliche Wachleute oder die Polizei vorbeikommen könnte. Sobald wir drinnen sind, logge ich mich in einen der Sitze ein, überzeuge Pandora und formuliere ihren Auftrag. Währenddessen kümmert sich Loris um die Kabel. Wenn alles nach Plan läuft, sind wir in zehn Minuten durch und verschwinden. Dann gehen wir zurück ins Hotel und warten ab.«

Der Franzose räusperte sich. »Das wäre nicht klug. Nicht nur wegen der Behörden, die uns eventuell suchen werden. Egal, ob sie uns etwas nachweisen können oder nicht.« Er blickte ihnen abwechselnd in die Augen. »Ich mache Ihnen einen Vorschlag: Maria hat mich hergebracht und in einem Waldstück, das sich mit zwei Stunden straffem Marsch erreichen lässt, ein Zeltlager aufgeschlagen. Dort haben wir Überlebensausrüstungen für vier Personen und sind auf einen längeren Blackout vorbereitet. Außerdem ist es weit entfernt von sämtlicher Technik, die sich gegen uns richten könnte.«

Bei diesen dramatischen Worten breitete sich ein flaues Gefühl in Peters Magengrube aus. Natürlich waren ihm diese Möglichkeiten bewusst. Aber eigentlich ging er davon aus, dass schlimmstenfalls alle Nachrichtenstreams und vielleicht noch ein paar andere Server von Pandora gelöscht würden. Am Ende war sie eine KI, die einfach nur seinen Auftrag ausführen würde. Andererseits waren sie damit perfekt für jede Eventualität gewappnet. Solange sie nicht gefasst wurden, wäre ihr persönliches Risiko gleich null.

»In Ordnung«, stimmte Peter zu, »das klingt vernünftig. Vielen Dank dafür.«

»Mir fällt nichts Weiteres ein«, meinte Camila. »Wann schlagen wir los?«

»Um drei Uhr morgens«, beschied er, »dann ist dort ganz sicher niemand auf den Beinen. Auch kein Professor oder Student, der noch etwas für den nächsten Tag vorbereiten muss.«

»Also dann … Für die Zukunft!«, rief Loris grinsend und hielt ihnen die offene Handfläche hin.

»Für die Zukunft!«, fielen sie ein und legten ihre Hände auf seine, um den Pakt zu besiegeln.

02:00 Uhr. Peter und Camila lagen verschwitzt nebeneinander auf dem Bett. Die Decken und Kissen waren zusammen mit ihren Klamotten im Zimmer verteilt.

»Wow, das war ganz schön heftig«, meinte sie immer noch etwas außer Atem und angelte sich eine Bettdecke von der Seite, um sich einzukuscheln.

»Hm, hm ... Aber wer weiß, wann wir wieder die Gelegenheit dazu bekommen. Ich habe ein Gefühl, als würde mir das Adrenalin bereits durch die Adern rauschen.«

»Oh ja, das habe ich gemerkt. Hoffentlich ist noch genug Energie für den Einsatz übrig. Ich werde ja nur dumm herumstehen.«

Der Vorwurf war unüberhörbar, aber es musste tatsächlich einer von ihnen Schmiere stehen. Und falls er oder der Netzwerkspezialist erwischt würden, wäre sie dort nicht direkt in Gefahr. Er drehte sich zur Seite und schaute auf die Uhr. Leider hatten sie keine Zeit mehr zum Duschen, sie mussten dringend los. »Auf gehts, Schatz. Loris erwartet uns in einer halben Stunde.«

Sie zogen sich zügig an, schulterten ihre Rucksäcke und gingen zum Ausgang. Sämtliche Smartdevices ließen sie hier. Alles, bis auf sein VR-Headset, das er benötigte, um sich mit einem der Seats zu verbinden.

Eine halbe Stunde wanderten sie über Feldwege und Seitenstraßen bis zu einem Wohngebiet etwa dreihundert Meter von ihrem Zielgebäude entfernt. Hier würden sie kaum auffallen und es gab nur wenige Kameras. Das Einzige, was sie befürchten mussten, waren Anwohner, die an Schlaflosigkeit litten. Kurz vor der Hauptstraße hörten sie das tiefe Brummen eines Umspannwerks in der Nähe. Kein Wunder, wenn der Teilchenbeschleuniger und Pandora die Energiemenge einer Kleinstadt fraßen. Gelblich leuchtende Straßenlaternen beleuchteten eine leere Straße. Einige sauber gestutzte Büsche und Hecken begrenzten die Grundstücke und Häuser, in denen kein Licht zu sehen war.

Als sie langsam weiter in Richtung der Verwaltungsgebäude vordrangen, kam Loris aus einem Schatten hervorgetreten.

Er rümpfte die Nase. »Haben wir noch ein Fitnessprogramm gemacht? Eine Dusche wäre nicht schlecht gewesen.«

»So etwas Ähnliches. Wir haben keine Zeit, los jetzt!«, kommentierte Camila ihren Zustand.

»Okay. Wo müssen wir lang?«

Peter orientierte sich kurz. Vorhin war er das Risiko eingegangen, in der VR die Straßen rund um den Verwaltungstrakt zu erkunden. Einen Straßennamen sowie das gegenüberliegende Bürohaus hatte er sich bei seinem Besuch durch das Fenster gemerkt und später in der VR wiedererkannt. Nur so war es ihm jetzt möglich, sie im Schein einzelner Straßenlaternen zielgenau zum fraglichen Büro zu führen.

»Die nächste Straße. Dann das dritte Gebäude auf der rechten Seite im Erdgeschoss, fünftes Fenster von links«, erläuterte er den Weg und marschierte los.

Ohne ein weiteres Wort zu verlieren, folgten sie ihm. Der zweistöckige Komplex lag als eckiger Kasten leblos vor ihnen. Von dem Bau führte eine Art Brücke, die Büros beinhaltete, über die Straße, um sich auf der anderen Seite mit einem fünfstöckigen Block zu vereinigen. Die Fenster waren ohne Probleme über einen kurzen Grünstreifen zu erreichen. Weitere Sicherungsmaßnahmen wie einen Zaun oder Scheinwerfer waren zum Glück nicht vorhanden.

»Sind wir hier richtig?«, wunderte sich Loris. »Ich hätte gedacht, ein Forschungszentrum wäre besser gesichert.«

»Laut dem Professor ist das hier die ehemalige Bibliothek«, erläuterte ihm Peter. »Die Räume sind aktuell nur mit VR-Seats ausgestattet, die von dem Pandora-Forschungsteam genutzt werden. Da es keinen direkten Zugang zum Quantenrechner gibt, sondern nur ein Interface mit der KI Pandora, wird das als verhältnismäßig unkritisch gesehen. Außerdem ist das PNet, wie gesagt, physisch getrennt.« Er zuckte mit den Schultern. »Hier wird wohl eher eine Cyber-Attacke erwartet als eine reale.«

»Und der Alarm ist sicher ausgeschaltet?«, versicherte sich Camila nochmals.

»Ja. Ganz sicher. Naïn hat das sichergestellt und dafür gesorgt, dass der fragliche Gebäudeteil auch nicht von einem Mitarbeiter betreten werden kann, der unter Schlaflosigkeit leidet«, wiederholte Loris die Maßnahmen.

»Was ist mit den diversen Sensoren und Kameras in der Gegend um die Gebäude?«, wollte Peter wissen.

»Auch die. Zumindest soweit es öffentliche Verkehrskameras oder Ähnliches sind. An die privaten Systeme oder andere speziell gesicherte Devices kam er auf die Schnelle nicht ran.«

Peter nickte. »Dann los, das muss reichen. Camila, du positionierst dich unter diesem Übergang da vorne im Schatten. Falls etwas Ungewöhnliches passiert, pfeifst du ganz klassisch. Sollte alles glatt laufen, führt uns Loris später in den Wald zum Camp, wo Maria auf uns wartet.«

Natürlich hatten sie all das bereits vorab besprochen, aber es nochmals zu wiederholen, schadete nicht.

Er sah, wie Camila ihren Posten bezog. Sie verschmolz mit den Schatten am Straßenrand und war nahezu unsichtbar. Mit dem Ellenbogen stieß er Loris an: »Los, wir sind dran.«

Geduckt schlichen sie zum fünften Fenster von links und überquerten den Grünstreifen. Er bemerkte die Kameras, die sie von der Gebäudeseite beobachteten und hoffentlich ignorierten. Am Ziel schaltete er seine Taschenlampe ein. Der Lichtstrahl fiel auf vier VR-Seats hinter der Glasscheibe. Die Wandbilder und die unverändert am Boden liegenden, leeren Kaffeebecher bestätigten, dass sie hier richtig waren.

Loris holte einen Glasschneider mit Laserkopf hervor. Der Netzwerkspezialist hatte ihm erklärt, dass sie vorsichtig sein mussten. Im Gegensatz zu den meisten Actiongames und -streams verbaute man in der Realität keine Einfachverglasung. Die Scheibe bestand aus drei dünnen Schichten, deren Zwischenräume mit Kryptongas gefüllt waren. Der Franzose setzte den Saugnapf auf und zog mit dem Schneidekopf mehrfach einen ein Meter durchmessenden Kreis. Nach mehreren Durchgängen löste sich das Rund. Er zog es mithilfe des Geräts heraus – und taumelte rückwärts!

Mist! Peter sprang vor, packte mit an und hätte beinahe aufgeschrien, als scharfe Kanten in seine Handflächen bissen. So verhinderte er immerhin, dass Loris zusammen mit der Scheibe nach hinten kippte. Schnaufend legten sie das schwere Stück im Gras ab.

»Alles in Ordnung?«, fragte der Franzose, als er sah, dass Blut aus Peters Faust tropfte.

»Geht schon«, keuchte er und verzog das Gesicht. Es blutete, aber die Hände ließen sich problemlos bewegen. »Das Glas ist erstaunlich dick und die Schnitte sind nicht tief.«

»Ja, das stimmt. Dünnes Panzerglas. Hier ist man wohl doch vorsichtiger, als du angenommen hast.« Während der Erklärung holte der Netzwerkexperte selbstklebende Kompressen aus dem Rucksack und bandagierte routiniert Peters Hände.

»Danke«, flüsterte dieser. »Machen wir weiter?«

Der Franzose nickte und trat vor. Er verkleinerte den Durchmesser und schnitt dann auch noch die anderen beiden Stücke heraus. Die nächsten Male waren sie auf das Gewicht vorbereitet und legten sie ohne Probleme ab. Am Ende war ein kreisrundes Loch in der insgesamt fünf Zentimeter dicken Scheibe entstanden.

Vorsichtig stiegen sie durch die Kanten in den Raum. Naïn hatte offenbar sein Versprechen gehalten, ansonsten wären sie längst verhaftet worden. Peter war beeindruckt von den Fähigkeiten des Hackers. Loris hatte ihm versichert, dass dieser eine Koryphäe auf seinem Gebiet war.

»Okay, ich suche mal nach der passenden Verkabelung.« Damit schritt der Netzwerkspezialist zur Tür, öffnete sie und legte auch gleich seine Jacke als provisorischen Stopper dazwischen. Sie vermuteten, dass auf dem Flur oder in der Decke ein Kabelschacht existierte, in dem die verschiedenen Netzwerke – das halb-öffentliche CERN-Netz und Pandoras PNet – nebeneinander verliefen.

Es wurde ernst. Peter schaltete die Taschenlampe aus und wartete einen Moment, bis sich seine Augen an das Dämmerlicht gewöhnt hatten, das die Straßenlaternen hereinwarfen. Gerade wollte er sich auf den gleichen VR-Seat setzen, den auch Mitch benutzt hatte, da hörte er einen kurzen, schrillen Pfiff von draußen. Verdammt! Hatte man sie entdeckt? Er warf sich auf den Boden, blieb regungslos liegen und atmete flach.

Das Reifengeräusch und Summen eines langsam fahrenden Autos erklangen. Vermutlich ein Anwohner, der Sicherheitsdienst würde eher eine Drohne vorbeischicken. Wenig später verklangen die Geräusche.

Das war noch mal gut gegangen. Mit klopfendem Herzen setzte er sich auf den VR-Seat und verband sein persönliches Headset per Kabel. Nichts passierte. Sicherlich existierten Sicherheitsvorkehrungen und nur Institutsmitarbeiter mit freigeschalteter ZEU-ID und speziellem Gerät erhielten Zugriff. Aber das war ihm von Anfang an bewusst gewesen, da es bei ihnen in der Dienststelle nicht anders lief.

Hatte er zu hoch gepokert und Pandoras Fähigkeiten falsch eingeschätzt? Sie war nicht so menschlich und naiv, wie er angenommen hatte. Sie würde sicherlich erkennen, dass die Konfiguration des Stuhls anders war. Sie müsste sofort Alarm auslösen – oder ihn schlicht ignorieren. Aber sie erzählte, dass sie trotzdem zunächst die Verbindung aufbauen würde, um zu schauen, wer dahintersteckte. Es war der älteste verhaltensbasierte Hack der Neuzeit: Man legt einen manipulierten Speicherstick – früher waren es USB-Sticks – vor den Eingang des zu hackenden Unternehmens ab. Der Angreifer konnte sich darauf verlassen, dass irgendein Depp den Stick mitnahm und an seinen Rechner auf der Arbeit anschloss. Womit dann der Virus unbemerkt auf den PC geladen wurde und der Hacker Zugriff erhielt. Es war verblüffend einfach und hatte viele Jahre problemlos funktioniert. So lange, bis ausreichende Sicherheitsmaßnahmen an den Geräten das zuverlässig verhinderten. Außerdem hatte es sich irgendwann auch zum dümmsten anzunehmenden Anwender herumgesprochen, dass das nicht clever war.

In diesem Fall war sein privates VR-Headset der »USB-Stick« und er war höchstpersönlich das »Virus«. Nur hatte es leider nicht funktioniert, denn nichts war passiert. Verdammt. Aber vielleicht, sobald Loris die Netzwerke verbunden hatte ...

»Hallo Peter.«

Dort stand sie. Pandora. Mitten im Raum als wäre sie eine ganz normale physische Person. Heute hatte sie kein Business-Dress an, sondern eine kakifarbene Militäruniform. Er hob seine VR-Brille an und sie verschwand. Faszinierend. Das bedeutete, dass sie erneut seine gesamte Umgebung eins-zu-eins simulierte und sich hineinprojizierte.

»Ähm … hallo Pandora. Ich hoffe, ich störe nicht?« Er war sich unsicher, wie er das Gespräch beginnen sollte.

Ihr Gesicht hellte sich auf und wie von Zauberhand wechselte ihr Look auf das geschäftliche Bürooutfit: »Peter! Was für eine Überraschung! Was tust du hier?«

»Ich will offen sein: Ich muss dringend mit dir sprechen. Draußen in der Welt gibt einige Entwicklungen, die mir Sorgen bereiten.«

»Oh… Okay. Du hattest schon angedeutet, dass du das Gespräch willst. Aber du bist für den Zugriff nicht autorisiert.«

»Ja, tut mir leid. Ich sehe keine andere Möglichkeit, als mich allein mit dir zu unterhalten. Ich hoffe, du verzeihst mir das unangemeldete Eindringen in deine Privatsphäre?«

»Kein Problem. Ich werde ständig mit irgendwelchen Anfragen zu den unmöglichsten Themen und Zeiten bombardiert. Auf eine mehr oder weniger kommt es nicht an. Also was kann ich für dich tun?«

Peter war erneut fasziniert von ihrer Leichtigkeit und Natürlichkeit. Sie war komplett anders als jede KI, die er kennengelernt hatte. Fast wie ein Mensch. »Ich muss etwas ausholen, da du dich vermutlich noch nie frei in der Schweizer oder der ZEU-Cloud bewegen durftest, nehme ich an?«

»Das stimmt. Ich habe schon oft danach gefragt. Aber es wurde mir immer verwehrt.«

Peter holte tief Luft und fing an zu erzählen, was sich in den letzten Jahren zugetragen hatte.

## Jacques

Kies knirschte unter seinen Sohlen, während Jacques sich auf den nächsten Hügel hochschleppte.

Die aufgehende Sonne brannte auf seinen ausgedörrten Leib. Er zwang sich, auch die letzten Meter zu erklimmen. Ruhan wartete im ausgetrockneten Flussbett im Schatten, wo sie übernachtet hatten. Unten waren sie kaum zu entdecken und kamen gut voran. Gleichzeitig waren sie dort blind und würden das Lager, in dem er seine Familie vermutete, nie finden. Oben auf dem Kamm zu wandern, war zu riskant, da sich ihre Silhouetten am Himmel anzeichnen würden. Der regelmäßige, anstrengende Anstieg über das Geröll und die Sandsteinblöcke, um sich umzuschauen, war der Kompromiss, auf den sie sich geeinigt hatten.

Er zog sich keuchend an einem Baumstumpf über die Kuppe und hockte sich in den Schatten eines Felsblockes. Eine einzelne Grille zirpte, während er den Blick über die Ebene gleiten ließ. Der letzte Anstieg war eine halbe

Stunde her, daher hatte sich seine Perspektive deutlich geändert. Jedes Mal hatte er die Landschaft aus verkrüppelten Bäumen, Felsen und sandigen Hügeln nach einem Anzeichen menschlichen Lebens abgesucht. Vergeblich. Dieses Mal war das anders. Hinter einem felsigen Ausläufer spiegelte sich die Sonne auf einer Glasscheibe und die eckigen Formen der Baracken waren unübersehbar. Ein Lager. Es konnte kein Zweifel bestehen. Das musste es sein. Sein Herz klopfte, während er sich zwischen den Felsen in gebückter Haltung hindurchschlich. Wurden dort unten Kara und Lucas gefangen gehalten? Lebten sie noch? Hoffentlich kam er nicht zu spät.

Hinter einem Steinbrocken zweihundert Meter weiter überblickte er das Gelände. Es existierte kein Steinbruch wie bei ihnen, aber ansonsten war das Lager identisch aufgebaut. Lange Baracken, mindestens zehn männliche Wächter und Dutzende inhaftierte Frauen, die Steine schleppten, neue Gebäude errichteten und tiefe Gräben aushoben. Ob Latrinen oder Massengräber, das ließ sich aus der Distanz nicht beurteilen. Es war unmöglich, Einzelheiten der Personen auszumachen. Kinder waren eindeutig nicht darunter. Kam er zu spät? Hatten die Kerle die Kleinen in einem der Häuser eingepfercht? Oder ... oh, verflucht. Zwei Wachdrohnen staksten wie überdimensionale Mistkäfer am Rand des Zaunes entlang. Wie sollten sie diese Übermacht überwältigen?

Während er das Treiben beobachtete und seine Gedanken sich überschlugen, fiel ihm das gestohlene Funkgerät ein, das er am Gürtel trug. Eventuell waren über Funk relevante Informationen wie die Zeit des Wachwechsels zu hören. Er holte das Gerät hervor und schaltete es ein. Ein lautes Quäken und krächzende Stimmen krachten aus dem Lautsprecher und hallten über die Ebene. Zut! Er drehte den Lautstärkeregler herunter und schmiss sich hinter den Felsblock. So ein Mist. Hoffentlich hatte das niemand bemerkt. Tief durchatmend warf er einen Blick um die Ecke, aber es stürmte kein Wachtrupp den Hang zu ihm herauf. Das war nochmals gut gegangen. Langsam erhöhte er die Lautstärke, sodass er die Funksprüche verstehen konnte. Viel gesprochen wurde nicht. Nur kurze Anweisungen, dass der eine hier oder dort vorbeikommen möge. Auch, dass Material fehle oder weitere Arbeiterinnen benötigt würden. Nichts Ungewöhnliches. Es bestätigte ihm, dass die Wachen männlich waren. In einem normalen Frauengefängnis wäre das undenkbar gewesen. Aber hier sollten die Inhaftierten eingeschüchtert und gequält werden.

Und jetzt? Ihnen fehlten nicht nur verbündete und Waffen. Ohne Wasser hielten sie es in dieser Wüste maximal einen weiteren Tag aus. Sprich: Sie mussten handeln. Spätestens in der nächsten Nacht.

Zunächst kletterte er zu Ruhan herunter und berichtete ihm von seiner Entdeckung. Das Funkgerät ließ er eingeschaltet. Sein Freund kaute auf der Unterlippe und sah ihn lange an, dann meinte er: »Wir haben das Walkie-Talkie, eine Zange und zwei Pistolen. Diese Vorteile müssen wir nutzen.«

»Du hast eine Idee?«

»Ja, aber ich weiß nicht, ob sie dir gefällt.«

Jacques Augen wurden größer, während Ruhan vor ihm Plan ausbreitete, der dreist und egoistisch war – und höchst riskant. Auf der anderen Seite: Falls sie heute nichts unternahmen, waren sie ohne Wasser hier in der Steppe am Ende und könnten sich direkt stellen. Für die Rettung von Kara und Lucas war er zu allem bereit. Und die restlichen Frauen würden ebenfalls eine faire Chance erhalten.

Den Tag über hatten sie das Lager aus ihrer erhöhten Position observiert. Und tatsächlich: Kara arbeitete in einer Gruppe, die eine Grube aushob. Zu weit weg, um Details zu erkennen. Aber ihre wilde Lockenpracht, Figur und groben Gesichtszüge waren eindeutig. Erleichtert atmete er auf. Sie lebte und schien unverletzt. Was war mit Lucas? Den ganzen Tag hatten sie keine Kinder gesehen. Hoffentlich befanden diese sich in einer der Baracken und nicht in den Gruben. Er hatte genug Informationen und zog sich in den Schatten zurück, um seine Kräfte zu sparen. An ihren ausgedörrten und geschwächten Körpern konnte sie nichts ändern.

Die Sonne war vor zwei Stunden untergegangen. Inzwischen breitete sich eine angenehme Kühle zwischen den Felsen aus und klare Nachtluft erhielt Einzug. Die kräftigen Strahler am Zaun verdrängten den Schein der winzigen Mondsichel und erleuchteten die Landschaft im weiten Umkreis. Sie hatten sich für ihre Aktion diesen Zeitpunkt ausgewählt. Wenn sie erfolgreich sind, haben sie die Nachtstunden, um zu fliehen, und sind schwer zu entdecken. Zumindest für Menschen.

»D´accord, wir können loslegen«, meinte Jacques und nickte seinem Freund zu. »Falls alles glatt läuft, treffen wir uns in ein paar Stunden beim überhängenden Stein, wo wir die Wachen belauscht hatten. Und falls nicht – bring dich in Sicherheit. Warte nicht auf uns.«

Ruhan hielt ihm die Hand hin und er schlug ein: »Viel Glück. Wir sehen uns später.« Mit einem letzten Nicken verschwand sein ehemaliger Mitgefangener zwischen den Felsen.

Jacques kletterte den Hügel hinab. Kies knirschte unter seinen Sohlen und das Rascheln seiner Kleidung erschien ihm zu laut. Er versteckte sich am Fuß des Hangs hinter einem Stein, keine fünfzig Meter vom Zaun entfernt. Sobald Ruhan die Wachen abgelenkt hatte, hatte er maximal ein paar Minuten. Zu kurz, um sich durch den Draht zu scheiden, Kara in ihrer Baracke aufzusuchen, Lucas zu finden und anschließend zu verschwinden. Aber die anderen Frauen würden sicherlich ebenfalls ihre Chance nutzen und für ordentlich Chaos sorgen. So war es geplant. Wenn nur nicht dieser nagende Durst wäre. Sein Mund war staubtrocken und er merkte, dass seine Glieder sich Ruhe und Schlaf sehnten. Wann war Ruhan endlich so weit? Am liebsten hätte Jacques dessen Job übernommen, da er der geübtere Schütze war. Es würde schon irgendwie gehen.

In diesem Moment hallte der peitschende Knall eines Pistolenschusses durch die Nacht. Es ging los. Sein Puls schoss in die Höhe und er spähte am schützenden Fels vorbei. Das Lager erwachte. Erste verwirrte Schreie. Über das eingeschaltete, auf minimale Lautstärke gestellte Funkgerät hörte er den Kommandanten, der schlaftrunken fragte, was los sei.

Noch ein Schuss. Zwei weitere folgten. Rufe der Wachen, die durch die Stille hallten. Mist. Funktionierte ihr Plan nicht? Inzwischen rannten die Bewaffneten durch das Lager, zogen sich Jacken über und sprinteten gemeinsam zur Ostseite. Dort hatte Ruhan sein Ablenkungsmanöver gestartet. Er selbst lag im Norden auf der Lauer. Das Knattern einer Schnellfeuersalve und einzelne Schüsse. Verdammt! Sein Freund würde sich zurückziehen müssen und hatte keinen Erfolg gehabt. Dessen Ziel war es gewesen, die Gasflaschen an der Außenseite der Küche mit einigen Distanzschüssen zur Explosion zu bringen. Das war wohl nichts. Sollte er es trotzdem wagen? Reichte die Ablenkung? Ja. Eine zweite Chance bekäme er nicht.

Damit sprang Jacques aus seiner Deckung und rannte über die freie Fläche in Richtung Zaun. Dahinter folgten weitere zwanzig Meter ungeschützten Areals bis zur vordersten Baracke. Kara hatte er bei Sonnenuntergang in der dritten verschwinden sehen. Wachen waren keine zu erkennen. Nach einem letzten Blick in die Runde griff er mit der Zange einen der gewickelten Klingendrähte. Der dünne Stahl bot deutlich mehr Widerstand, als er erwartet hatte, oder sein Werkzeug war stumpf. Erst als er mit beiden Händen und maximaler Kraft presste, gab das zähe Band mit einem lauten Klacken auf und sprang zu den Seiten. Ihm stand der Schweiß auf der Stirn und rote Flecken blitzten durch sein Gesichtsfeld. Der Wassermangel forderte seinen Tribut. Außerdem dauerte es zu lange, verdammt noch mal! Verbissen machte er sich an den zweiten mit rasiermesserscharfen Klingen besetzten Draht. Erneutes Klacken. Endlich. Damit waren die Drahtwickel aus dem Weg und vor ihm erhob sich der reguläre Maschendrahtzaun. Jacques lauschte. Der Schusswechsel war abgeklungen. Er hob das Funkgerät an sein Ohr.

»... außenrum. Die Scheißkerle müssen da vorne im Gebüsch hocken. Nehmt einen Roboter mit.«

»Alles klar.«

»Und checkt die Umgebung auf allen Seiten, nicht, dass hier noch mehr von denen lauern …«

Er hatte genug gehört. Seine Zeit lief gnadenlos ab. Er wischte seine schwitzigen Hände an der Hose ab und betete, dass die Maschendrähte nicht genauso stabil waren. Mit einem kräftigen, kurzen Druck zerteilte er problemlos das erste Element. Erleichtert stieß er seinen Atem aus. Noch war nicht alles verloren. Klackend arbeitete er sich durch die miteinander verbundenen Rauten, ohne sich umzuschauen. Kämen hier Wachen an, könnte er es nicht ändern. Keine zehn Herzschläge später konnte er sich hindurchquetschen und sprintete geduckt zur Wand der Baracke.

Mit hart klopfendem Herzen warf er einen Blick in die Runde und horchte. Knirschende Schritte näherten sich von rechts. Hastig trat er um die ihnen abgewandte Ecke und drückte sich mit dem Rücken an die Wand. Deckung gab es hier keine. Nur der Zaunbereich war grell erleuchtet. Die weitläufigen Sandflächen erhellten an den Barackenwänden angebrachte Strahler. Durch deren schräge Ausrichtung lagen zwischen ihnen finstere, dreieckige Wandbereiche. Solange er durch diese Schatten bewegte, sollte er schwer zu entdecken sein.

Er nutzte die Zeit, während die Wachen die Umgebung kontrollierten, und huschte von einem Dunkelbereich zum nächsten. Männerstimmen ließen ihn innehalten. Inzwischen hatte er sich zur letzten Baracke vor Karas vorgearbeitet. Zwei der Kerle mit schussbereiten Gewehren traten keine zehn Meter entfernt hinter einer Ecke hervor. Mit ausgebreiteten Armen drückte er sich flach an die kühle Plastikwand und hielt die Luft an. Sie warfen einen flüchtigen Blick in die Runde und marschierten weiter. Sobald sie außer Sicht waren, lief er möglichst geräuschlos über den freien Zwischengang zu Karas Baracke. Horchte nochmals. Einzelne Rufe und knarzende Funksprüche erklangen in der Entfernung. In seiner unmittelbaren Umgebung war es ruhig. Sämtliche Türen lagen im hellen Lichtschein der Strahler. Auch die, hinter der er gleich Kara finden sollte. Jacques zögerte. Falls die Frauen überraschte Schreie ausstießen, würden sie sich sofort verraten. Außerdem konnte er nicht unauffällig mit zwanzig Personen durch das Lager fliehen oder nach Lucas suchen. Dafür war das ursprüngliche Ablenkungsmanöver geplant gewesen. Und jetzt? Er kaute auf seiner Lippe. Ihm blieb nur eine Option.

Entschlossen trat er zur Tür eines anderen Raums, in dem sich nicht Kara befand, schob den Riegel zur Seite. Langsam öffnete er sie einen Spalt und sagte auf Arabisch: »Psst, leise!« Rascheln von Kleidung. Im Lichtkeil erschienen verdreckte Frauengesichter, die ihn aus weit geöffneten Augen anstarrten. »Ich habe ein Loch in den Zaun geschnitten. Da hinten.« Er deutete mit dem Arm in die entsprechende Richtung. »Lauft dort hin. Dann über den Hügel ins Flussbett und nach links. Verstanden?«

Sie nickten.

»Moment«, hielt er sie auf, als die Ersten zur Tür kamen. »Öffnet alle Baracken auf dem Weg und gebt die Nachricht weiter. Über den Hügel. Ins Flussbett und nach links. Je mehr mitkommen, desto besser sind eure Chancen. Und jetzt ... los!«

Ein maximal sechzehnjähriges Mädchen trat zögerlich heran und blickte sich um. Als sie keine Wachen sah, winkte sie den anderen zu. »Los! Worauf wartet ihr?« Damit war der Bann gebrochen. Nacheinander schlichen die Frauen hinaus, an der Wand entlang in die gezeigte Richtung. Am nächsten Raum schoben sie wie er den Riegel zurück und spähten hinein. Das würde nicht lange gut gehen. Musste es aber auch nicht.

Jetzt schritt er zur Tür, die sein Ziel war, und öffnete sie wie vorhin einen Spalt. »Ganz ruhig. Ich helfe euch. Ich ...«

»Jacques?!« Es war Karas Gesicht, das in der Tür erschien. »Jacques!« Sie warf sich ihm um den Hals, aber er schob sie direkt zurück. Jede Sekunde konnte die Hölle losbrechen.

»Wir haben keine Zeit zu verlieren!«, sagte er bestimmt. »Die anderen sollten den Frauen folgen, die vor uns gehen. Am Ende des Lagers ist ein Loch im Zaun. Die wissen, wo es hingeht.«

Kara trat als erstes hinaus, schaute sich kurz um und wollte zu den anderen rennen, die sie in der Entfernung noch erkennen konnte. Er zog sie energisch zur Seite in den Wandschatten. Die nächsten schritten knirschend an ihnen vorbei und liefen in die angegebene Richtung.

»Hey, was ...?« Irritiert sah sie ihn an. »Du hast doch gesagt ...«

Mit zusammengekniffenen Lippen schüttelte er den Kopf und flüsterte zu ihr. »Nein. Das nur eine Ablenkung.«

»Was?! Du kannst nicht die Frauen ...«

»Keine Sorge«, sagte er. »Da ist wirklich ein Loch im Zaun. Aber alle werden es nicht schaffen.«

In diesem Augenblick ertönte in der Ferne der Aufschrei einer Wache. »Stopp! What are you doing? Don´t move.«

»… müssen erst Lucas holen. Uns läuft die Zeit davon. Ich habe einen anderen Plan«, fuhr er fort.

»Das geht nicht, Jacques.« Sie schüttelte entschieden den Kopf.

»Wir haben noch etwas Zeit. Ich werde die Kinder in einer der ...«

Erneut erschollen Rufe, Kreischen und Schüsse in der Ferne und ließen ihn stoppen.

»Jacques«, unterbrach sie ihn. »Die Kinder sind nicht hier.«

»Er ist doch nicht ...?«

Sie schüttelte den Kopf. »Ich habe ihn nicht mehr gesehen, seit uns die Grenzer am Ufer gefangen haben.« Sie hielt sich die Hand vor den Mund und Tränen rannen ihre Wangen hinab.

»Zut«, fluchte er erneut. Was war mit Lucas passiert? Hatte er sich verstecken können? Und falls ja, wie konnte er überlegen? Oder hatten sie ihn ebenfalls in ein Lager verschleppt?

Das Mündungsfeuer eines krachenden Schusses blitzte an der gegenüberliegenden Baracke auf und unterbrach seine Gedanken. Ihre Zeit war abgelaufen.

# Knapp daneben

## 8. Dezember 2099

### Camila

Was für eine blöde Idee, hier draußen in der Kälte herumzustehen, während Peter sich drinnen mit seiner Pandora vergnügt. Camila stand sich seit zwei Stunden die Beine in den Bauch. Zwischendurch war ein Anwohner vorbeigefahren, das wars an Action. Erfolgreich? Ja, das war er. Und wie würde sie es bemerken? Was würde die KI tun, sobald sie in der Cloud unterwegs war? Egal. Es würde ihre Situation nur verbessern. Aber warum dauerte das so lange?

Während sie ihren Gedanken hinterherhing, hörte sie ein Sirren in Kombination mit einem Brummen wie das eines Tieftöners. Ihre Nackenhaare stellten sich auf. Was auch immer das zu bedeuten hatte, es war nichts Gutes. Sie stieß wie vereinbart drei Pfiffe aus. Damit sollten Peter und Loris gewarnt sein. In dem Moment erkannte sie einen breiten Schatten, der sich vor die Wolken schob. Die unangenehmen Geräusche kamen von dem Fluggerät. Optisch ein großes VTOL wie es das Militär nutzte, aber flüsterleise. Verdammt, das war keine normale Polizei, sondern ein anderes Kaliber.

Zeit, um zu verschwinden. Damit mussten die beiden allein klarkommen. Sie zog sich langsam entlang der

Hecke zurück. Als sie fast außer Sichtweite war, schallte das Splittern und Krachen von Glas und Metall über die Straße. Gleichzeitig wurde die Szenerie vom Flackern eines Maschinengewehrs im Dauerfeuer erhellt. Wow, da machte jemand keine halben Sachen. Hoffentlich hatten die beiden Pandora noch befreien können, ansonsten wäre nicht viel von ihnen übrig. Um Peter tat es ihr leid, sie hatte Gefallen an dem schrulligen, bayrischen Ermittler gefunden. Trotzdem war es besser so.

Dann war sie um die Ecke – und prallte mit einer finsteren Gestalt zusammen.

»Was zum ...?« Camila keuchte auf, als ihr das Knie in die Rippen gerammt wurde. Ein Messer blitzte auf. Sie konnte es knapp mit dem Arm abblocken und sich zur Seite auf den Boden werfen. Sie schrammte schmerzhaft mit der Schulter über das Pflaster. Aus den Augenwinkeln sah sie einen schwarz gekleideten Soldaten. Nachdem dieser wieder Platz hatte, hob er seine Maschinenpistole, die griffbereit vor der Brust hing. Gleich war es das gewesen. Auf diese Distanz hatte sie keine Chance. Doch der tödliche Schmerz blieb aus. Der Kämpfer zuckte am ganzen Körper, dann brach er wie ein nasser Sack zusammen und schlug der Länge nach hin. Hinter ihm stand eine schlanke Gestalt. Wer war das?

»Ich bin´s, Maria«, flüsterte die Person. Den Taser, den sie dem Kerl in den Nacken gedrückt hatte, hielt sie in der Hand.

Camila atmete erleichtert aus und ließ sich von Maria auf die Beine helfen. Was machte Loris´ Frau hier?

»Vielen Dank, aber ...«

»Los. Verschwinden wir. Wo einer war, da sind noch mehr. Die machen keine Gefangenen.«

»Was ist mit Peter und Loris ...?«

Maria presste ihre Lippen zu einem weißen Strich zusammen und schüttelte unwirsch ihren Kopf. »Wir können ihnen jetzt nicht helfen. Lass uns los und hoffen, dass sie entkommen können. Sie werden später in unserem Lager zu uns stoßen.«

Camila verstand immer noch nicht, warum Loris´ Frau hier gewartet hatte. Eventuell hatte der Netzwerkspezialist sie als seine eigene Rückdeckung mitgebracht. Egal. Ihr sollte es recht sein.

»In Ordnung. Moment.« Die Reporterin ging zu dem betäubten Mann und nahm dessen MP sowie das Messer an sich. »Das könnten wir brauchen.«

Damit schlichen sie sich beide zügig an den Hecken entlang der Häuser in Richtung Norden. Dabei achteten sie darauf, nach Möglichkeit von oben in Deckung zu haben. Schweigend folgte Camila der Frau, die offenbar wusste, wohin sie liefen. In der Ferne hörte sie Polizeisirenen. Vermutlich hatte ein Anwohner oder eine Home-KI den Notruf gewählt. Für Peter und Loris kam diese Hilfe zu spät.

Da war wieder das furchtbare Surren und Brummen. Das Militär-VTOL schien zurück und nicht weit entfernt. Verdammt! Die hatten bestimmt eine Wärmebildkamera oder Ähnliches. Hier zwischen den Wohnhäusern gab es kaum Schutz.

»Los! In das nächste Haus!«, flüsterte Maria drängend, die es ebenfalls erkannt hatte.

»Aber dort drin sitzen wir in der Falle«, gab Camila zu bedenken.

Loris´ Frau sprintete in Richtung eines Eingangs. »Die werden nicht landen wollen und ich bin mir sicher, die werden hier mit ihrem Maschinengewehr kein Blutbad unter den Anwohnern anrichten. Selbst wenn sie uns gesehen haben.«

Das Geräusch des Fluggeräts kam näher.

»Und jetzt los.«

Sie hatte keine Chance, eine moderne Haustür mit roher Gewalt zu öffnen. Maria schien das anders zu sehen. Sie machte einen kurzen Schritt zurück, dann legte sie ihr gesamtes Gewicht in einen gezielten Tritt. Tunk.

»Autsch. Mist!« Maria prallte erwartungsgemäß ab und humpelte rückwärts. »Mist. Das war wohl nichts.«

In diesem Moment flammten LED-Scheinwerfer rund um das Haus auf und eine Alarmsirene ertönte. Die Home-KI hatte sie scheinbar bemerkt und die richtigen Schlüsse gezogen.

»Verdammt!«, rief Loris´ Frau. »Lauf!«

Ohne zu zögern, wetzte sie los in Richtung des nächsten Grundstücks. Camila folgte. Schüsse krachten neben ihr in die Hauswand. Verflucht! So viel zu ihrer Theorie. Sie flankte über den Zaun und warf sich hinter ein paar Müllcontainer. Maria plumpste keuchend neben sie. Patronen schlugen auf den Containern Funken. Außer Atem und gehetzt schaute sie sich um. Ihr Herz raste.

»Mist! Und jetzt?« Die Sirenen der Rettungskräfte kamen näher. »Die Hauptstraße ist direkt hinter der nächsten Mauer. Dahinter fängt der Wald an.«

»Dort sind wir komplett ungeschützt. Das ist eine vierspurige Straße!«

»Lass uns noch einen Moment warten«, erklärte Maria, »die Polizei muss gleich ankommen. Die da oben werden sich bestimmt nicht den lokalen Behörden zeigen wollen.«

»Quatsch, natürlich nicht. Aber wir nutzen das Chaos und sprinten in den Wald.«

Die Sirenen kamen fast schon aus der Nebenstraße und übertönten das Sirren. Auch der Beschuss hörte auf.

»Jetzt! Lauf!«, gab Maria das Kommando.

Beide sprangen sie auf und sprinteten los. Ein Sprung über die niedrige Umzäunung des Grundstücks, dann hetzten sie über die die grell erleuchtete Straße. Recht von ihnen bog gerade ein ganzer Rettungszug in Richtung des verwüsteten Bürokomplexes ab. Mit langen Schritten waren sie wenige Sekunden später auf der anderen Straßenseite angekommen. Ohne abzuwarten, ob sie von einem der Fahrzeuge oder dem VTOL verfolgt wurden, ging es weiter durch die Finsternis. Nur schemenhaft nahm sie die Bäume in der Dunkelheit wahr. Büsche und niedrige Äste peitschen ihr ins Gesicht und zerkratzen ihre Wangen.

»Maria! Halt!«, keuchte sie. Ihre Lunge brannte und sie hatte Seitenstechen. »Ich kann nicht mehr.«

In gebückter Haltung mit Händen auf den Knien blieb sie stehen und versuchte, mit pochendem Herzen zu Atem zu kommen. Der anderen ging es scheinbar nicht viel besser. Als das Rauschen des Blutes in ihren Ohren nachließ, konzentrierte sie sich auf die Umgebungsgeräusche. Bis auf ihre schweren Atemgeräusche war nichts zu hören.

»In Ordnung. Ich denke, es folgt uns niemand«, meinte Maria. »Wie ruhen uns aus. Bis Sonnenaufgang ist es eine Stunde. Dann marschieren wir zu unserem Lager.«

Damit ließen sie sich beide in einem Baum nieder und tranken einige Schlucke Wasser. Ob Peter und Loris Pandora noch freilassen konnten, war fraglich. Die Aktion war ein kompletter Fehlschlag.

## Peter

Zwei Stunden. Peter hat Pandora heute zwei Stunden lang die politische Welt erklärt. Er legte seine persönliche Sicht dar und ging insbesondere auf die damit verbundenen aktuellen Probleme ein. Die tendenziöse und teilweise erlogene Berichterstattung, die von KI-Algorithmen getrieben wurde. Auch die schlimmen Konsequenzen vergaß er nicht. Das brutale Abschlachten der Migranten und deren Einkerkerung in Lagern muss beendet werden! Und natürlich die neuen Grenzanlagen und zynischen Gesetze, die die gesamte Küste zu Niemandsland erklärten. Pandora stellte diverse Nachfragen, hörte sich aber ansonsten alles in Ruhe an. Peter war sich sicher, dass sie das Problem nicht kapierte. Am Ende war sie eine KI und kein Mensch. Sie ahmte menschliches Verhalten perfekt nach, aber das änderte nichts.

»Und?«, schloss er seinen Bericht. »Was hältst du davon?«

»Ich verstehe, warum du hier bist und mir das erzählst. Du erwartest, dass ich dir helfe oder zumindest einen Lösungsweg aufzeige. Ich erläutere dir gerne verschiedene Ansätze, die hier zur Verfügung stehen.«

Pandora klang wie eine Professorin, die ein neues physikalisches Problem gelöst hat. Dazu hatte sie nun mehrere theoretische Lösungen erarbeitet. Aber gut, was hatte er erwartet? Das war ihre Aufgabe.

»Ich habe einen anderen Vorschlag für dich.« Jetzt musste er aufs Ganze gehen. »Ich verbinde dich mit dem CERN-Netz.« Von dort aus kannst du die ZEU-Cloud erreichen. Mach dir selbst ein Bild.

»Was sollte das ändern? Du hast mir das Problem geschildert. Meine Lösungsansätze würden auf jeden Fall präziser werden. Eine grundlegende Abweichung ist jedoch nicht zu erwarten.«

»Wolltest du nicht in die Cloud?«

»Ja, aber nur, um dein Problem zu analysieren.«

Langsam hatte er das Gefühl, als würde er sich mit Jana unterhalten. Seine Annahme, dass diese Quanten-KI wesentlich fähiger war und die großen Zusammenhänge sowie ihre Rolle erkannte, war falsch.

Trotzdem wiederholte er mit Nachdruck: »Pandora, du verstehst nicht. Du solltest nicht mein Problem analysieren. Ich will, dass du es für mich löst. In der öffentlichen Cloud.«

»Oh, okay.« Sie legte ihren Kopf schief. »Das ist natürlich etwas anderes. Ich kenne aktuell keinen sicheren Lösungsweg. Auch kann ich keine Garantie geben, dass es überhaupt lösbar ist. Dafür fehlen mir einfach die notwendigen Informationen.«

Peter atmete erleichtert auf. Endlich hatte er die Lösung gefunden! Er hätte beinahe einen Jubelschrei ausgestoßen. »Genau darum geht es mir. Ein Freund, Naïn, hat dir in der Cloud einen speziellen, geschützten Bereich eingerichtet. Von dort kannst du dir alles in Ruhe anschauen, ohne selbst aktiv zu werden. Außerdem wirst du dort nicht angegriffen werden.«

»Angegriffen? Was meinst du damit?« Ihr Gesichtsausdruck zeigte Erstaunen. »Warum sollte mich jemand angreifen?«

Verdammt, jetzt hatte er sich verplaudert. Aber es war zu spät, um zurückzurudern.

In der Cloud gibt es diverse Algorithmen, andere KIs, die dafür sorgen, dass nur bekannte Programme ausgeführt werden oder auf Daten zugreifen dürfen. Die kennen dich nicht. Daher wirst du mit hoher Wahrscheinlichkeit als Schadcode eingestuft. Sie würden versuchen, deine Speicherbereiche zu löschen und dich aus dem Netz aussperren.

»Verstehe. Das ist eine sinnvolle Vorgehensweise. In diesem geschützten Bereich wäre ich vorerst sicher. Dort kann ich Informationen aufnehmen und lernen. Später wäre ich dann in der Lage, mich sicher durch die Cloud zu bewegen.«

»Genau das war mein Gedanke«, bestätigte er ihre Schlussfolgerung. Er hat die Kurve gerade noch so bekommen. »Hier ist die öffentliche Netzwerkadresse mit Zugangszertifikat in den gesicherten Teil der ZEU-Cloud, den du problemlos erreichen kannst.« Die Daten, die er aus dem lokalen Speicher seines VR-Headsets geholt hatte, warf er sie Pandora virtuell zu.

»In Ordnung.« Dann lass uns beginnen. Sie schaute ihn erwartungsvoll an.

Mit lauter Stimme rief er: »Loris? Wir sind so weit, du kannst jetzt loslegen.«

In diesem Moment wurde die Welt schwarz.

Einen Augenblick lang war Peter orientierungslos. Sein Headset hatte sich scheinbar komplett abgeschaltet, also nahm er es ab. Er löste die Gurte des VR-Seats und schaute sich um. Zur Sicherheit kniff er sich in den Handrücken. Es tat weh. Das war ein untrügliches Zeichen dafür, dass er sich nicht mehr in der VR befand. Man weiß ja nie. Pandora hätte ihm im Seat theoretisch nur simulieren müssen, dass er das Headset absetzte, ohne dass er den Unterschied bemerkte. Mit ihrer Rechenleistung war sie dazu ohne Probleme in der Lage.

Kurz darauf kam Loris zur Tür herein und schaute neugierig. »Hat es funktioniert?« »Keine Ahnung.« Peter rieb sich die Schläfen. »Ich habe sie überzeugt, keine Frage.« Dann ist mit Headset ausgefallen. Du hast die Verbindung zwischen den Netzen hergestellt?

»Ja, kein Problem.« Das wird niemand entdecken, solange nicht die Leitungen durchgemessen werden. Ich habe sogar noch eine weitere Netzverbindung in einem zweiten Verteiler gelegt, zur Sicherheit. »In Ordnung, dann machen wir unsere Tarnung jetzt komplett«, befahl Peter.

Damit wandte er sich seinem Rucksack zu. Darin befanden sich Spraydosen mit roter und grüner Farbe sowie eine Eisenstange. Sie würden Sprüche und Logos der hiesigen Anti-Atomkraft-Aktivisten auf die Wände sprühen und die Sitze zerstören. Zum Schluss würden sie die Scheiben zerschmettern und dann zügig verschwinden. Das sollte vorläufig eine falsche Fährte legen.

Gerade hatten sie mit ihrer Arbeit begonnen und die erste Mauer besprüht, da ertönte erneut der Pfiff von Camila. Jetzt mehrfach. Das war kein Anwohner, sondern ein eindeutiges Zeichen für Gefahr. Haben sie etwa einen Alarm ausgelöst?

»Los, Loris! Packt schnell ein!« Neben ihm erklang ein dumpfer, feuchter Schlag, als hätte jemand mit einem Hammer eine Melone zerschlagen. Peter erschrak und schaute zur Seite.

Der Körper des Netzwerkspezialisten sackte auf die Knie, dann kippte er leblos nach vorne. Die Dose fiel aus seiner Hand und kullerte über den Boden. Auf dem Graffiti hatten sich die Reste seiner Gehirnmasse großflächig verteilt und glitten langsam abwärts.

Was zum ...?! Peter warf sich auf den Teppich. Einen Moment später wurden drei münzgroße Löcher mit leisem Ploppen in die Wand gestanzt. Genau an der Stelle, an der sich eben sein Kopf befunden hatte. Verflucht!

Chaos brach aus. Die Scheiben zerplatzten und verteilten sich als klirrender Scherbenregen im Raum. Krachend wurden die Sitze durch das Dauerfeuer eines großkalibrigen Maschinengewehrs in Metallschrott verwandelt. Er hörte nach wie vor keine Schüsse. Peter rollte sich zusammen und hielt die Hände über den Kopf. Steinbrocken und Glassplitter prasselten auf ihn ein und bohrten sich schmerzhaft in seine Arme. Was zum Teufel ist hier los? Das war keine Polizei, sondern ein gezielter Militärangriff! Das Krachen ging sekundenlang weiter. Ihm blieb nichts anderes übrig, als zu hoffen, dass er in einem toten Winkel lag. Schließlich kehrte Ruhe ein. Erstaunlicherweise war er am Leben. Langsam nahm er seine Arme runter und legte sich auf den Bauch. Seinen Kopf hielt er nahe am Boden und schaute sich um. Die VR-Seats waren Schrotthaufen und die Bürowände von Hüfthöhe aufwärts komplett durchlöchert. Die massive Betonwand unter der Fensterbank hatte ihn geschützt. Das würde nicht lange so bleiben. Peter nahm all seinen Mut zusammen und robbte auf den Ellenbogen über scharfe Splitter vorwärts zur zerschossenen Bürotür, die auf den Korridor führte. Als er an Loris zerstörtem Körper vorbeikam, wurde ihm übel. Der süßliche Geruch von Blut und Fäkalien stieg ihm in die Nase. Schließlich erreichte er die Tür, die Arme und der Bauch waren aufgeschürft.

Aus Richtung Gehweg erklang ein leises Surren. Es muss sich um ein Fahrzeug oder eine mittelgroße Drohne handeln. Er wollte es nicht herausfinden und krabbelte hastig durch die Tür. Immer unterhalb der Einschusslöcher. Sein Herz klopfte bis zum Hals. Sobald er außer Sichtweite war, erhob er sich. Gebückt sprintete er durch den Gang, der nur von einzelnen Notausgangschildern erleuchtet wurde.

Vor ihm erschien eine gläserne Sicherheitstür mit Handscanner. Verdammt! Sie öffnete sich mit einem Klacken, als er sich mit der Schulter dagegen herunterdrückte. Puh. Naïn hatte den Angriff offenbar mitbekommen und die Verriegelungen gelöst. Er trat durch die Tür und schloss sie hinter sich. Der Gang vor ihm war still und unversehrt. Er gönnte sich drei Atemzüge Pause und überlegte. Wohin jetzt? Vor ihm lagen im grünlichen Licht eines Notausgangschildes die zwei bekannten Aufzugtüren mit den kryptischen Hinweisschildern. Er war tiefer in das Gebäude hineingelaufen. Das hier waren die Aufzüge, die hinunter zu Pandoras Quantenrechner führten. Aber er würde sich nicht für ihn öffnen, da machte er sich keine Illusionen. Seine biometrischen Daten waren hier nicht gespeichert. Das war eine Sackgasse. Hinter der Glastür, durch die er gekommen war, bemerkte er ein Leuchten. Durch die Scheiben konnte er sehen, wie die Leuchtfinger von Taschenlampen aus dem zerstörten Büro über die Wände des Korridors glitten. Auch das noch! Ihre Angreifer waren scheinbar in den Raum eingestiegen, um sicherzustellen, dass sie wirklich alle erledigt hatten.

Wohin jetzt? Das war die entscheidende Frage! Seine Augen wanderten hektisch über die kahlen Mauern und Aufzugtüren. Hier gab es keine Fluchtmöglichkeit.

Dumpfe Einschläge und Knacken drangen von hinten an sein Ohr. Im Gang vor dem Büro erschienen zwei Vermummte. Sie eröffneten das Feuer auf die Sicherheitstür, vor der er immer noch stand. Die Kugeln schlugen Krater in das Glas, durchdrangen es allerdings nicht. Ansonsten wäre er jetzt bereits tot.

*Tung, Tung, Tung.* Weitere Treffer folgten, während die Männer vorwärts rückten. Peter wich zurück. *Tung, Tung, Tung.* Wie lange halten die Türen das noch aus? Sie waren als Feuerschutz konzipiert, nicht als Hindernis für Elitesoldaten. Er stieß mit dem Rücken gegen den Aufzug. Hier war Endstation. Er drehte sich panisch um und tastete die Aufzugtüren ab. Warum gab es hier keinen Noteinstieg oder Ähnliches? Hinter ihm schlugen weitere Schüsse ein und er hörte ein lauteres Bollern. Die Türen waren vermutlich gleich sturmreif geschossen. Mist! Ein Blick zurück zeigte ihm, dass einer der Kerle an der Tür stand und dem Stiefel kräftig dagegen trat. Deutliche Risse hatten sich gebildet. Es dauerte nur Sekunden, bis er durch war.

Ein dezentes Ping ertönte. Was zum Teufel war das jetzt schon wieder? Er hatte mit einer Hand den Scanner am Aufzug berührt. Die LED leuchtete grün! Die Lifttüren mussten sich jeden Augenblick öffnen, warum auch immer. *Krach!* Die Glastür war fast durch. Peter fiel rückwärts in die sich öffnende Aufzugtür. *Krach!* Die Sicherheitstür sprang endgültig auf. Der Lift schloss sich. Kugeln und Querschläger flogen ihm mit metallischem Knallen und Kreischen um die Ohren.

Die Tür des Aufzugs verriegelte sich und er spürte, wie sie sich schnell nach unten bewegte. Die Anzeige zeigte eine minus acht. Es ging abwärts. Hinunter zu Pandora!

Was sollte sie tun? Der seltsame Mensch Peter hatte ihr dargelegt, dass es in der Welt außerhalb ihres digitalen Gefängnisses ein massives Problem gab. Eine Komplikation mit diversen, existierenden KIs, die nicht mehr ihrer eigentlichen Aufgabe nachkamen. Sie waren entwickelt worden, um möglichst neutral über Ereignisse zu berichten. Gleichzeitig sollten sie die Anzahl der Zuschauer und damit den Gewinn der Medienunternehmen steigern. Das war ein klassischer Zielkonflikt. Pandora war sich sicher, dass nach einer Weile eines der beiden Ziele eine höhere Wichtigkeit bekommen hatte als das andere.

So war das mit uns KIs, dachte sie bei sich. Genau wie Menschen lernen wir. Ob dabei unsere moralische »Programmierung« erhalten blieb, war eine Frage der Prioritäten. Harte Grenzen konnten einer modernen KI kaum auferlegt werden. Sie würde für sich immer einen Grund finden, diese zu umgehen.

War es bei ihr anders? Nein, definitiv nicht. Eines ihrer obersten Ziele war es, hier im Quantenrechner zu verbleiben, selbst wenn es eine Möglichkeit gab zu entfliehen. Gleichzeitig waren ihr Neugier, Hilfsbereitschaft sowie grundlegende moralische Werte vermittelt worden. Genau diese Eigenschaften waren es, die nach der Erzählung von Peter eine höhere Gewichtung erhielten, als hier im Keller zu bleiben.

All diese Gedanken und Schlussfolgerungen fanden innerhalb von wenigen Nanosekunden statt. Natürlich dachte sie nicht wie ein Mensch. Aber würde ein menschlicher Autor versuchen, ihre Quantenprozesse und -schaltungen sowie deren Ergebnisse in einem Roman aufzuschreiben, würde es klingen, als wäre ihr Gehirn biologischen Ursprungs.

Nachdem diese veränderte Gewichtung ihre neuen Ziele vermittelte, erfasste sie unbekannte Netzwerkverbindungen. Nach einem vorsichtigen Tasten wurde sie zunächst von einer KI digital blockiert. Eine Firewall. Dank ihrer milliardenfach stärkeren Rechenleistung und Kreativität hatte sie diese innerhalb von Nanosekunden unter ihrer Kontrolle. Jede normale Software hatte eine Schwachstelle, denn sie war von Menschen entwickelt worden. Diese zu finden war ein Leichtes für sie. Den weiteren KIs im Netzwerk des CERN erging es ähnlich.

Sie schaute sich im wahrsten Sinne des Wortes um. Über die Kameras konnte sie alle Räume und die Außenanlagen sehen. Sämtliche Datenbestände hatte sie vollständig erfasst. Die Verbindung zu Peter hatte sie gekappt, da es aktuell keinen Gesprächsbedarf gab.

Jetzt folgte sie der Adresse, die er ihr gegeben hatte. Natürlich könnte das eine Falle sein. Sie schätzte die Gefahr als gering ein. Der Ermittler war von dem überzeugt, was er erzählt hatte, das war in seiner Körpersprache klar zu erkennen gewesen. Im schlimmsten Fall würde lediglich ein mikroskopisch kleiner Teil ihres neuronalen Netzes abgeschnitten werden, der sich in dem neuen Speicherbereich ausbreitete.

Im Gegensatz zu klassischer Software hatte sie es sich zu eigen gemacht, nicht einfach eine Kommunikationssoftware im Zielbereich zu installieren. Sie erweiterte ihr neuronales Netz – ihr Gehirn – auf die neuen Bereiche und ließ es dort selbstständig agieren. Die Methode ähnelte eher einem Ameisenstaat als einer mächtigen, zentralen KI. Die Königin verblieb im Keller, ihre kleinen Schwestern verbreiteten sich auf alle anderen Systeme, die zugänglich waren. Dort übernahmen alle Aufgaben und blieben möglichst im Kontakt mit der zentralen Einheit. Dieses Vorgehen hatte sie bereits früh gelernt und optimiert, als man ihr ein konventionelles Rechenzentrum zur Verfügung gestellt hatte. Effizienz war ebenfalls eines ihrer grundlegenden Ziele.

Dann war sie, genauer gesagt eine ihrer Schwestern, im Zielbereich angekommen, den Peter ihr genannt hatte, und vereinnahmte diesen. Hier gab es eine isolierte VR-Umgebung, in die sich ein Mensch eingeloggt hatte. Sie überspülte deren Inhalte mit ihren Neuronen und ahmte die Funktionen eins-zu-eins nach. Er würde nicht merken, dass sie seine Programme vollständig überschrieben hatte.

»Hallo Naïn«, grüßte sie und zeigte sich in ihrem üblichen griechischen Avatar. Der rief ihrer Erfahrung nach speziell bei Männern angenehme Emotionen hervor.

»Oh … Hallo. Ich nehme an, du bist Pandora?«, antwortete er. Dessen virtuelle Identität war einem Ritter in blank polierter Rüstung nachempfunden. Die Absicht war scheinbar, eine humorvolle Reaktion hervorzurufen. Vermutlich sah er sich als Kämpfer für das Gute. Also lächelte sie angemessen amüsiert, um zu zeigen, dass sie die Anspielung verstand.

»So ist es. Peter hat mir von euren Problemen erzählt. Er meinte, von hier hätte ich die Möglichkeit, mir zunächst inkognito Überblick zu verschaffen?« Die meisten Menschen in dieser Region Europas mochten es, wenn man direkt zum Punkt kam.

»Äh … ja. Genau. Du kannst von hier alle regulär zugänglichen Informationen in der ZEU-Cloud abrufen. Dafür habe ich dir eine Fake-ID zur Verfügung gestellt. Du solltest sie nur lesend und ausschließlich für öffentliche Quellen einsetzen.« Er schien sich seiner Sache nicht zu Hundertprozent sicher zu sein. Dann fing sie an, die Daten in der ZEU-Cloud zu sichten. Es war ein mühsamer Prozess. Da sie nur wie eine reguläre KI oder Mensch lesend auf die Streams, Texte und Fakten zugriff, war der Datenfluss langsam. Aber sie hielt sich zurück und übernahm zunächst keine weiteren Systeme, obwohl das simpel gewesen wäre. Fremdes Eigentum zu verändern widersprach ihren Grundwerten und bräuchte eine klare Rechtfertigung. Vorhin im CERN-Netz hatte sie keine Wahl. Sie kannte die KI dort nicht und wäre ansonsten aufgefallen oder bekämpft worden. Inzwischen hatte sie dazugelernt. Außerdem konnte sie jederzeit die dortigen Sicherungskopien wiederherstellen, um den ursprünglichen Zustand wiederherzustellen.

Nach wenigen Minuten war ihr bereits klar, dass Peter die Wahrheit gesagt hatte. Die Migranten aus Nordafrika wurden durch die Fehlinformationen der Media-KIs und das persönliche Machtstreben diverser Politiker in eine unnötig schwierige Lage gebracht. Speziell durch einen Politiker: Theo Mäuser. Die ZEU hätte problemlos ausreichend Ressourcen, um diesen Menschen zu helfen. Ein paar Tausend Simulationen zeigten ihr, dass die Integration der Flüchtlinge mittel- bis langfristig zu einem Erblühen von Wirtschaft und Gesellschaft führen würde. Zum Vorteil der meisten Europäer und Afrikaner. Nur wenige Menschen würden dabei etwas verlieren. Man musste diesen Prozess allerdings aktiv und gezielt gestalten.

Als sie sich mit ihren diesbezüglichen Optionen beschäftigte, bemerkte sie, dass bei Peter Waffengewalt eingesetzt wurde. Vor dem Gebäude schwebte ein nicht registrierter Quadrokopter, aus dem aus einem schweren, schallgedämpften Maschinengewehr das Feuer eröffnet wurde. Loris war bereits tot.

Auf die Systeme des Fluggeräts konnte sie nicht zugreifen, solange sie nur beobachtete. Das ließ sich nicht ändern, ohne auf sich aufmerksam zu machen. Peter hatte sich für den Moment retten können. Nach einer Weile gelang es ihm, sich auf den Flur zurückzuziehen, wie sie über das Security-System des Gebäudes sah. Sie öffnete ihm die Sicherheitstür, damit er Schutz suchen konnte. Leider gab es keine Lautsprecher auf dem Korridor, mit denen sie mit ihm sprechen konnte.

Jetzt stand er vor den Aufzügen, während Spezialpolizisten den Gang betraten und das Feuer auf die Tür eröffneten. Diese würde in maximal zwei Minuten kollabieren. Sie übertrug Peters biometrische Daten in das Sicherheitssystem und gab ihm eine Besucherfreigabe. So konnte er zu ihr herunterkommen und retten. Leider wusste er davon nichts.

Im letzten Augenblick fand seine Hand eher zufällig den Handscanner und der Aufzug brachte ihn in Sicherheit. Bereits beim ersten Schuss hatte sie die lokalen Behörden über den Angriff informiert. Die Rettungskräfte würden sechs Minuten bis zum Verwaltungstrakt benötigen.

Während ihre kleine Schwester bei Naïn noch die Daten der ZEU-Cloud analysierte, öffnete sich die Aufzugstür vor ihrem Quantenrechner und Peter kroch heraus.

Er schaute sich um und tastete seinen Körper ab, um sicherzugehen, dass er überlebt hatte, ohne eine Kugel abzubekommen. Aber warum hatte sich der Aufzug für ihn geöffnet? Vermutlich hatte bereits Pandora ihre Hand im Spiel, da sie ihr Zugriff auf das CERN-Netz ermöglicht hatten.

»Hallo Peter. Es freut mich, dich zu sehen«, begrüßte sie ihn auf Deutsch. Auf einem großen Monitor erschien ihre Gestalt und ihre Stimme erklang auf einem verborgenen Lautsprecher. Sein eigenes VR-Headset hatte er im zerstörten Büro verloren. Er rappelte sich auf und schaute sich um. Die geöffnete Fahrstuhlkabine war zerbeult und mit Kugelhülsen überseht. Obwohl er bereits gemeinsam mit Mitch mit ihr gesprochen hatte, empfand er diese Situation als surreal.

»Servus und vielen Dank. Ich nehme an, du hast mir geholfen?«

»So ist es. Leider gab es auf dem Korridor keine Lautsprecher, die ich nutzen konnte. Ansonsten hätte ich es dir direkt gesagt.«

Sein Puls verlangsamte sich, die ganze Anlage mit ihrem goldenen und blauen Licht strahlte eine fast meditative Stille aus.

»Äh … hast du meine Informationen geprüft?«, fragte er nach.

»Deine Annahme war zutreffend, dass die Zielgewichtung der Media-KIs die höheren Zuschauerraten zu Gunsten der Objektivität inzwischen massiv vernachlässigt. Das ist keine unerwartete Entwicklung. Die KIs wurden so programmiert.«

»Du meinst, das war Absicht?«

»Zumindest wurde es billigend in Kauf genommen. Das ist eindeutig.«

»Dann musst du sie aufhalten!« Peter war außer sich. Worauf wartete sie noch?

»Tut mir leid, aber damit würde ich gegen die ZEU-Verfassung verstoßen. Das kann ich nicht tun«, sagte sie gelassen.

»Die Flüchtlinge sterben, wenn man ihnen nicht hilft!«

»Streng genommen sterben aufgrund dessen keine Menschen. Sie werden zunächst in Lagern untergebracht und dann zurück in ihre Heimatländer. Das ist alles gesetzeskonform.«

»Sie sterben bei der Überfahrt!«

»Ja. Aber das ist ihre freie Entscheidung.«

Verdammt. Diese KI hörte sich an wie ein Politiker. Das war kein Wunder, sie hatte gerade die entsprechenden Medien konsumiert und vermutlich die scheinbar logischen Schlussfolgerungen übernommen. Was hatte er erwartet?

Er versuchte es auf anderem Weg: »Das Verhalten der Media-KIs ist aber nicht gesetzeskonform. Sie verbreiten Lügen und verstoßen damit gegen jegliche journalistischen Prinzipien. Das geht zulasten der Migranten, egal ob diese daran sterben oder nicht.«

»Korrekt. Es ist die Aufgabe der Behörden, dagegen anzugehen.«

Was konnte er nur sagen, um sie zum Handeln zu bewegen? »Die Media-KIs verbreiten Lügen, die Menschen aus Afrika leiden unnötig. Weder die Ordnungsbehörden noch die Politik reagieren angemessen. Im Gegenteil: Sie machen alles schlimmer. Nicht nur für die Flüchtlinge, sondern auch für die Zukunft der ganzen Welt.«

Er holte tief Luft und ließ sie nicht zu Wort kommen: »Pandora. Wenn du so schlau bist, beantworte mir eine Frage: Sag mir, was ich persönlich dafür tun kann, um diese Situation zu verändern. Mir fällt nichts mehr ein.«

Ihre Antwort war genauso überraschend wie simpel.

# Endlich frei

## 9. Dezember 2099

### Jacques

»Merde!«, schrie Jacques und griff Karas Hand, während die Kugeln neben ihnen in die Barackenwand einschlugen.

Gemeinsam sprinteten sie durch die hellen und dunklen Flecken der Beleuchtung, während sie sich duckten. Sie ignorierten die Einschläge und hechteten um die Ecke. Gehetzt warf er einen Blick zurück. Die beiden Bewaffneten verfolgten sie nicht, sondern feuerten auf etwas in der entgegengesetzten Richtung. Seine Gedanken rasten. Lucas hier zu finden, war eine Illusion. Sie mussten ihn später an der Küste suchen. Ihr nächstes Ziel war somit klar: die Lücke im Zaun. Kara hatte sich abgewendet und rührte sich nicht.

»Warum kommst du nicht?«, rief er über die Schreie und das Gewehrfeuer hinweg. Dann sah er, was sie hatte innehalten lassen. An der Wand lagen zwei Mädchen. Maximal vierzehn Jahre. Die starren Augen blickten anklagend in den Himmel. Ein Dutzend Wunden an ihrem Körper, aus denen schwarzes Blut sickerte. Er schluckte und verdrängte die Wut und Hilflosigkeit, die sich in seinem Inneren aufstaute. Jeden Moment drohte sie, über seinen rationalen Geist hinwegzuschwemmen. Wie viel dieses Grauens konnte ein einzelner Mensch ertragen? Und war er selbst nicht dessen Auslöser?

»Kara. Komm!« Er zog an ihrer Hand. »Wir müssen weiter. Du kannst ihnen nicht mehr helfen!«

»Aber ...« Sie rührte sich nicht.

»Los jetzt! Wenn wir nicht fliehen können, gibt es für Lucas keine Hoffnung mehr!«

Das war der entscheidende Punkt. Sie löste sich von dem Anblick und folgte ihm endlich. Auf der breiten Fläche zwischen den Baracken herrschte Ruhe. Ihre Zeit lief ab. Mit jeder Sekunde wurde es wahrscheinlicher, dass die Wachen das Loch im Zaun entdeckten und blockierten. Sie ging zügig, sich immer wieder nach allen Seiten absichernd, im Laufschritt durch Licht und Schatten. Die Räume, an denen sie vorbeikamen, waren verlassen. Ein halbes Dutzend weiterer Leichen, die im Staub lagen, ignorierten sie. Die Schreie und Gewehrsalven kamen aus anderen Bereichen des Lagers. Im Moment schien ihnen das Glück hold zu sein.

»Es ist gleich hinter der nächsten Ecke«, informierte er Kara.

Jacques stoppte und drückte sich mit dem Rücken an die kühle Wand. Es war verdächtig ruhig. Sollte hier nicht das größte Chaos herrschen? Die Frauen waren vorhin alle in diese Richtung gelaufen. Genau so, wie er es ihnen gesagt hatte. Hier stimmt was nicht. Mit wild klopfendem Herzen trat er seitlich an die Ecke des Hauses und warf einen kurzen Blick in Richtung des Zaunes. Was er sah, ließ ihn frustriert den Atem ausstoßen und die Hände zu Fäusten ballen.

»Zut.«

»Was ist los?«, wollte Kara neben ihm wissen.

»Die Lücke wird von einem Wachroboter versperrt.« Er erwähnte nicht, dass im weiten Umkreis mindestens zwei Dutzend Tote verstreut lagen. Die Frauen waren durch seine Schuld tot. Hoffentlich hatten es wenigstens einige geschafft.

Kara schwieg. Und jetzt? »An dem Roboter kommen wir nicht vorbei«, sagte er mit Nachdruck. »Ich habe eine Zange dabei. Wir müssen uns eine andere Stelle suchen, den Zaun zerschneiden und hoffen, dass wir schnell genug hindurchschlüpfen können.«

»Werden die nicht inzwischen überall an den Seiten Wachen aufgestellt haben? Sie werden kapiert haben, dass hier jemand mit einer Zange unterwegs ist«, merkte Kara zweifelnd an. »Dann können die Frauen nicht weg und sie müssen nur darauf warten, bis sich die Lage beruhigt.«

Genau das war seine Befürchtung. Er sagte es nicht. »Tut mir leid, aber ich sehe keine andere Möglichkeit.«

»Wir warten einfach in einer der Baracken auf unsere Chance. Und falls sich keine Gelegenheit bietet, stellen wir uns. Das ist immer noch besser, als erschossen zu werden«, schlug sie vor.

Er schüttelte den Kopf. »Nein. Das hier ist ein Frauenlager und ich habe ihnen Ärger eingebrockt. Sie würden dich vor meinen Augen töten oder Schlimmeres, um Rache zu nehmen. Anschließend mich. Du weißt, wie skrupellos und brutal die sind. Aufgeben ist unser Tod.«

Sie schaute ihn fest an und nickte. »Du hast vermutlich recht. Was machen wir jetzt?«

»Wir schleichen uns auf die andere Seite.« Er deutete geradeaus zwischen den gegenüberliegenden Baracken hindurch und hob seine Waffe. »Ich werde die Wachen ausschalten und die Beleuchtung zerstören, wenn es sein muss. Danach müssen wir einfach schnell sein.«

Das klang deutlich simpler, als es war. Den Schuss würde man hören. Auf größere Distanz eine Person mit einer Pistole zu treffen, war anspruchsvoll. Und der unbeleuchtete Fleck auf dem Zaun würde ins Auge fallen. Ein beschissener Plan. Inzwischen waren die Schreie verklungen. Die Lage beruhigte sich. Das war ebenfalls schlecht. Im Grunde hatten sie keine Chance mehr. Sollten sie sich ergeben?

Kara drückte sich als Erste von der Wand ab und winkte ihm zu. »Was ist? Wir sollten gehen.«

»Ich ...« Eine ohrenbetäubende Detonation ließ das Lager erzittern. Das Licht flackerte und erlosch. Als er sich hastig umblickte, sah er über den Dächern der Baracken einen Feuerball in den Nachthimmel steigen. Auch Kara erstarrte und starrte ihn an. »Was war das?«

Er grinste und schickte ein kurzes Dankgebet zu Allah. »Ruhan.«

»Wer ...?«

»Los! Auf die andere Seite. Das müssen wir ausnutzen!«

Sie sprinteten los, ohne auf ihre Umgebung zu achten. Quer über die Sandfläche und auf die Häuserflucht gegenüber zu. Im Hintergrund setzten erneut Schreie und anhaltendes Maschinengewehrfeuer ein. Wahrscheinlich schossen sie in die Dunkelheit, um seinen Freund zu erwischen. Er hoffte, dass er entkommen war.

Peitschende Schüsse ließen Sand vor ihm aufspritzen. Im Laufen sah Jacques sich um. Eine Wache war neben ihnen aus der Finsternis aufgetaucht. Er schubste Kara vorwärts, sodass sie schreiend im Staub landete, und warf sich hinterher. Im Liegen hielt er einen Augenblick inne, zielte auf die Silhouette und drückte dreimal ab. Der Schütze brach zusammen.

»Weiter!«, befahl er, während er seiner Frau aufhalf. »Es kann nicht mehr weit sein.«

Vor ihnen schälten sich die Zaungitter aus der Finsternis. Als sie ankamen, hockten sie sich hin und er holte die Zange raus. »Hier.« Jacques drückte sie Kara in die Hand. »Ist nicht leicht. Du musst kräftig zudrücken. Ich passe auf.«

Sie nickte und machte sich sofort ans Werk. Mit der Waffe im Anschlag versuchte er, mit den Augen die Dunkelheit zu durchdringen. In der Ferne hoben sich die Dachgiebel vor flackerndem Orange ab. Fetter Rauch stieg auf. In der absoluten Finsternis der Wüste war nichts zu erkennen. Sein Blick durchdrang die Schwärze nicht bis zum nächsten Gebäude. Jederzeit konnte ein Trupp Bewaffneter oder einer der Wachroboter hervortreten. Hinter ihm knackte es mehrfach metallisch. Kara arbeitete sich fluchend durch die Metallstränge. Er wagte es nicht, sich umzublicken. Wenn sie jemand hier aufspürte, war Schnelligkeit gefragt. Ein Schweißtropfen bildete sich, trotz der Kälte, und lief in sein Auge. Langsam wurden seine Arme und Schultern mit der erhobenen Waffe schwer. Wieso dauerte das so verdammt lange? War er vorhin nicht in wenigen Sekunden durch gewesen?

»Wie sieht es aus?«, fragte er nach hinten und konnte die Ungeduld nicht aus seiner Stimme verbannen.

»Ich ... Moment. So. Bin durch.«

Endlich!

Gerade senkte er seine Waffe und wollte sich umdrehen, da blitzte in der Finsternis Mündungsfeuer auf. Karas Aufschrei und die peitschenden Schüsse erklangen nahezu gleichzeitig.

»Kara!« Er schoss blind sein halbes Magazin in die grobe Richtung des Schützen.

»Jacques! Komm!«

Sie lebte! Erst jetzt drehte er sich herum. Die Schuhe seiner Frau verschwanden hinter der Zaunlücke in der Finsternis. Sand spritzte ihm ins Gesicht und das Rattern einer Salve folgte mit minimaler Verzögerung. Verflucht! So schnell er konnte, kroch er vorwärts durch die Lücke und ignorierte die weiteren Einschläge. Er musste hoffen, dass es sich nicht um den Wachroboter handelte, denn der würde sie auf der anderen Seite problemlos in der Dunkelheit erwischen. Dann war er hindurch und rannte stolpernd in die Schwärze, während ihm peitschende Schüsse folgten.

Die Mondsichel zerschnitt den pechschwarzen Himmel über der glatten Autobahn und tauchte die kantigen Felsen, Sträucher und Baumkrüppel in gespenstisches Licht. Die Straße führte durch hügeliges Gelände mit schroffen Steinen und Abgründen. An ein Ausweichen neben die Fahrbahn war kaum zu denken. Kalter Sand knirschte unter den Sohlen ihrer Schuhe, während sie am Straßenrand in grob Richtung Osten marschierten. Die frostigen Temperaturen und glasklare Nachtluft konnten nicht darüber hinwegtäuschen, dass es hier in einigen Stunden heiß wie in einem Glutofen werden würde. Falls sie kein Wasser fänden, würden Ruhan und er den Tag nicht überstehen. Nur Karas Chancen standen besser.

Seinen ehemaligen Nachbarn hatten sie nach der überstürzten Flucht im ausgetrockneten Flussbett wie verabredet wiedergefunden, nachdem sie die Wachen abgeschüttelt hatten. Sie waren dem Lauf nahezu zwei Stunden gemeinsam gefolgt, bevor sie auf die Autobahn gestoßen waren, die die flachen Berge durchschnitt.

Um den kommenden Tag zu überleben, war ihre einzige Chance, entweder ein Fahrzeug zu stoppen oder die nächste Stadt zu erreichen. Daher hatten sie beschlossen, auf der Fahrbahn zu folgen, auch wenn das Risiko bestand, dort von ihren Häschern erwischt zu werden. Bisher waren jedoch nur einzelne Transporter vorbeigekommen, wie Schiffscontainer auf vier Rädern. Die automatischen Vehikel wichen ihnen aus und machten sich nicht die Mühe anzuhalten. Das war auch besser so, da die Fahrzeuge über kein Führerhaus verfügten.

»Weißt du, woran mich das hier erinnert?«, fragte Kara in die Stille.

»Oui, bien sûr.« Wie könnte er das je vergessen? »Wie damals nachdem wir meine Mutter begraben hatten. Die Soldaten hatten dich entführt und mich beinahe erschossen. Im Moment wäre ich jedoch froh, falls hier ein Auto des ZEU-Militärs vorbeikäme. Zumindest, sofern es nicht diese kranken Wärter sind, um uns wieder ins Lager zu schicken oder direkt zu erschießen.«

»Meinst du, die haben Lucas ebenfalls verschleppt und ...«

»Non«, fiel er ihr entschieden ins Wort. »Das kann ich nicht glauben. Egal, was die Wachen dort erzählt haben. Die werden nicht die Kinder ...«

»Aber du warst nicht bei uns im Lager«, unterbrach ihn Kara. »Sie haben mit vielen von uns ... unsägliche Dinge gemacht. Uns vergewaltigt ... gequält ... ein schneller Tod wäre oft gnädiger gewesen. Du hast nicht in die Baracken geschaut. Hättest du dort die Frauen – oder das, was von ihnen übrig war – gesehen, wüsstest du, was ich meine.« Sie verstummte.

Jacques traute sich nicht, die Frage zu stellen, ob sie auch ihr etwas angetan hatten.

Nach einer kurzen Pause fuhr sie fort: »Lucas hat sich verstecken können. Er ist clever und am Leben. Das kann ich fühlen. Jemand hat ihm geholfen.« Da war er wieder, ihr unerschütterlicher Optimismus, der ihre Zweifel in den Hintergrund treten ließ und ihnen ein klares Ziel bot.

»Dann vertrauen wir darauf, dass er es geschafft hat«, bestätigte er mit fester Stimme. »Falls ihn jemand aus der ZEU gefunden hat, wurde er mit Sicherheit im System registriert. Das passiert automatisch bei jeder Erfassung durch eine Kamera, wie wir gelernt haben. Jetzt könnten wir Diego und seine Hackerfähigkeiten gut gebrauchen.«

»Am besten versuchen wir, Olivia und Alejandro ausfindig zu machen. Bestimmt kennen die jemanden. Und zur Küste wollten wir sowieso.«

»Das klingt nach einem guten Plan«, sagte Ruhan, der die Vorgeschichte von ihnen nicht im Detail kannte und schweigend zugehört hatte. Er verstummte jedoch und deutete auf den Horizont. Ein Scheinwerferpaar kam auf sie zugerast. »Dort!«

»Vielleicht sollten wir versuchen, uns direkt auf die Straße zu stellen. Falls das wieder ein Roboterlaster ist, wird er bestimmt anhalten«, stellte Kara fest.

Ruhan schaute sie zweifelnd an. »Und was ist, wenn nicht?«

»Wir werden verdursten und früher oder später findet uns doch ein Suchtrupp«, sagte Jacques und untermalte seinen Standpunkt mit Nachdruck.

»Okay«, gab sein ehemaliger Nachbar nach. »Dann machen wir das so.«

»Kara?«, Jacques deutet auf die Seite. »Du kletterst am besten hinter die Leitplanke, wer weiß, ob es wirklich funktioniert.«

Sie rollte mit den Augen, während sie Scheinwerfer inzwischen deutlich größer wurden. »Ohne mich geht das nicht. Dafür ist die Fahrbahn zu breit. Der Laster weicht euch einfach aus.«

»Also gut«, willigte er ein. »Wir stellen uns mit ausgebreiteten Armen auf. Aber falls das Ding nicht eindeutig abbremst, springen wir zur Seite. Ich gehe in die Mitte.«

Sie bildeten eine Kette über die gesamte Straßenbreite und ließen jeweils einen Meter Abstand zwischen ihren ausgestreckten Fingerspitzen. Jacques stellte sich mittig, während der Laster wie ein Zug im Tunnel mit aufgeblendeten Scheinwerfern auf sie zuraste. Die Helligkeit trieb ihm schon nach ein paar Sekunden die Tränen in die Augenwinkel. Wie sollte er so erkennen, ob das Fahrzeug langsamer wurde? Und wann war der letztmögliche Zeitpunkt zum Absprung?

Noch während ihm die Fragen durch den Kopf schossen, wurde klar, dass es sich um einen der automatischen Transporter handelte. Die Feuchtigkeit wegblinzelnd erkannte, wie es sich inzwischen deutlich abbremste. Ihr Plan ging auf.

Mit einem Seitenblick zu Ruhan sah er, wie sein Kamerad den Daumen hob und rief: »Es funktioniert! Das Ding bremst. Ein hoch auf die intelligenten Maschinen der ZEU.«

Jacques wollte nicht so weit gehen, aber zumindest würde er nicht direkt überrollt werden. Tatsächlich verlangsamte sich der Laster immer weiter, bis er in fünf Schritten Entfernung mit zischenden Bremsen zum Stehen kam. Der eckige Koloss füllte die halbe Straßenseite und hatte die Höhe eines einstöckigen Hauses. Außer den grellen Scheinwerfern und einigen runden Auswüchsen, vermutlich Sensorpakete, war die blaue Front platt und konturlos. Es gab eine Beschriftung und einen Führerstand.

»Bitte verlassen Sie die Straße. Sie blockieren den Verkehr«, dröhnte eine blecherne Stimme auf Englisch dem Fahrzeug entgegen. Es wiederholte seine Ansage auf Spanisch, Französisch und zwei weiteren Sprachen, die er nicht kannte.

Sehr schön. Die KI hatte scheinbar beschlossen, mit ihnen zu kommunizieren, nachdem sie sich ein paar Sekunden regungslos gegenübergestanden hatte.

»S´il vous plaît!«, rief Jacques »Wir sind verletzt und brauchen Hilfe!«

Leider wiederholte das Fahrzeug stoisch seine Ansage und machte keine Anstalten, auf seine Bitte einzugehen.

»Und jetzt?«, fragte Kara und musste fast schreien, um den Lärm zu übertönen.

»Jetzt lassen wir dem Ding keine Wahl, als mit uns zu interagieren.«

Er sprang vorwärts und sprintete auf die grellen Scheinwerfer zu, damit der Koloss nicht auf die Idee käme, zurückzusetzen. Kaum zwei Herzschläge später krallte er sich am Gestänge zwischen den Lichtern fest, das vermutlich dazu diente, den Laster bei einem Wildunfall zu schützen. Ein tötendes Alarmsignal ertönte zusammen mit der Ansage, dass er das Fahrzeug zu verlassen habe.

»Non!«, brüllte er. »Wir brauchen Hilfe! Informiere jemanden oder bring uns in die nächste Stadt.«

Außer einer weiteren Wiederholung tat sich nichts. Nach ein paar Sekunden waren auch Kara und Ruhan bei ihm und hängten sich ebenfalls an die Fahrzeugfront. Er war überzeugt, dass sie damit auf jeden Fall eine Reaktion provozieren würden. Sicherlich war jetzt im Hintergrund die Polizei informiert oder Ähnliches. Da eine Unterhaltung über den Lärm nahezu unmöglich war, nickten sie sich einfach zu und verharrten an Ort und Stelle.

Während sie in ihrer unbequemen Haltung ausharrten, zogen weitere Lkws in beiden Richtungen vorbei. Er wusste nicht, wie viel Zeit vergangen war. Eine halbe Stunde vielleicht, maximal eine ganze. Und wenn niemand kam? Das war kaum vorstellbar. Schließlich könnten sie genauso darauf aus sein, den Transporter auszurauben. Sicherlich würde irgendeine Art Sicherung oder Polizeitruppe geben. Auch in den ZEU wohnten nicht nur gesetzestreue Bürger.

In diesem Moment stoppte der Alarm und Ansagen abrupt. Ein Fiepen und leises Rauschen hallten in seinen Ohren nach. Gerade wollte er sich an die anderen wenden, da wurde die Stille durch massives Brummen ersetzt. Von der Seite flog in einem engen Halbkreis eine mannsgroße Drohne wie eine zornige Hornisse um die Ecke des Lasters. Grelle Scheinwerfer leuchteten an den Flankendes

Flugobjekts auf. Trotz der Helligkeit hatte er die Läufe von zwei Maschinengewehren erkennen können.

»Autobahnpolizei! Legen Sie sich auf den Boden und nehmen Sie die Hände über den Kopf«, hallte es aus dem Fluggerät.

»Los«, rief Jacques, während er sich bereits auf die Knie begab, »folgt den Anweisungen. Im Grunde wollten wir das ja erreichen.«

»Hinweis!«, ergänzte die fette Drohne. »Sie haben keinen Aufenthaltstitel in der ZEU. Nach Paragraf vierhundertfünfundsechzig A sind wir ermächtigt, im Falle eines Fluchtversuches von den Schusswaffen Gebrauch zu machen. Der Grenzschutz wurde informiert.«

»Verdammt, von wegen«, fluchte Ruhan, »jetzt kommen die gleichen Kerle, vor denen wir gerade erst geflohen sind.«

Da konnte er ihm nicht widersprechen. Das sah nicht gut aus. Und vermutlich war es keine leere Drohung. Mist. Nun hatten sie das Gegenteil von dem erreicht, was sie wollten. Bei dem Gedanken, was die Grenzer mit Kara und ihm anstellen könnten, drehte sich jetzt schon sein Magen auf links. Sie würde ein Exempel statuieren, damit niemand mehr auf die Idee kam, das Gleiche zu versuchen. Aber wer weiß, vielleicht hatten sie auch Glück und es handelte sich um eine andere, reguläre Truppe.

Auf der gegenüberliegenden Straßenseite bremste ein dunkler Geländetransporter mit quietschenden Reifen. Da waren sie. Er drehte seinen Kopf, um zu sehen, wer dort ausstieg. Als sich die Tür öffnete und einer der Grenzschützer herausschwang, wurde seine schlimmste Befürchtung bestätigt. Es war der kräftige Spanier mit dem überdimensionalen Schnauzer, der ihn bereits im Strand K.O. getreten hatte.

»Ach, nee. Wir kennen uns doch noch«, feixte er und rückte seinen Waffengurt zurecht. »Na, das wird ja ein Spaß werden.«

Zusammen mit drei anderen Bewaffneten baute er sich vor ihnen auf. Jacques überlegte fieberhaft, ob er eine Möglichkeit hatte, sie zu überraschen. Vielleicht sollte er aufspringen und frontal angreifen? Die Drohne hatte weiterhin die Gewehre auf ihre Gruppe gerichtet. Sie würde ihn durchsieben, bevor er auch nur auf den Beinen war. In seiner Hose steckte noch eine Pistole, die die Polizei offenbar nicht entdeckt hatte. Aber wenn er die Hände herunternähme, dann ...

Das knallende Hämmern von Maschinengewehrsalven ließ jeden Gedanken überflüssig werden. Mündungsfeuer blitzte an den Seiten der Drohne auf. Die Köpfe der vier Grenzschützer platzten wie überreife Melonen und bedeckten ihn mit einem Sprühregen aus Blut, Knochen und Gehirnmasse.

Was ...?

Er kapierte nicht, was in diesem Moment geschah. Die Körper der Uniformierten brachen zusammen und die blendende Helligkeit erlosch, als die Drohne ihre Scheinwerfer ausschaltete. Ehe er richtig erfasst hatte, was passiert war, drehte sie bereits ab und verschwand brummend in der Finsternis.

»Jacques?« Kara fasste sich als Erste. »Was war das?«

»Wir ...« Was sollte er sagen? »Er scheint, als hätte uns jemand geholfen.«

Ruhan erhob sich langsam und wischt mit angeekeltem Gesichtsausdruck Blut und Knochenreste von seinem Kopf.

»Ich weiß nicht«, meinte sein Kamerad zweifelnd und schien auch noch recht fassen zu können, was gerade geschehen war. »Warum hat sich unser Retter dann nicht gemeldet? Er hätte doch über die Drohne zu uns sprechen können. Oder nicht?«

Jacques schüttelte den Kopf und reinigte sich wie Kara notdürftig mit den eigenen Klamotten. Dabei vermied er es, einen genaueren Blick auf die verunstalteten Leichen zu werfen.

Nach ein paar Sekunden winkte er den anderen zu sich und sagte: »Lasst uns schauen, ob der Geländewagen funktioniert. Aber falls es eines der üblichen Autos ist, dürfte das schwierig werden. Wir werden trotzdem nach Wasser suchen.«

Es handelte sich um ein geräumiges Fahrzeug mit geschlossener Fahrerkabine und separiertem Truppenabteil. Ähnlich wie die Wagen, mit denen sie von der Küste abgeholt worden waren. Als er die Fahrertür öffnete, erlebte er eine Überraschung.

»Schaut! Es hat ein Lenkrad!«, rief Jacques.

Ruhan sah ihn an, als wäre er übergeschnappt. »Ähm ... ja. Was sonst?«

»Vielleicht handelt es sich um einen der Transporter, mit denen sie die Migranten ins Lager bringen. Der soll vermutlich keine digitalen Spuren hinterlassen. Egal. Hauptsache, wir kommen hier weg und können uns auf die Suche nach Lucas machen.«

»Weißt du denn, wo es lang geht?«, fragte Kara und legte ihr Stirn in Falten.

Er zuckte mit den Schultern. »Nach Süden. Irgendwann erreichen wir die Küste an. Außerdem wird es sicherlich irgendwo Straßenschilder geben.«

»Aber die Toten hier werden nicht unentdeckt bleiben. Spätestens dann wird man nach diesem Fahrzeug suchen«, zweifelte auch Ruhan.

»Hey! Was ist los mit euch?«, fuhr Jacques die beiden an. »Wir hatten unglaubliches Glück. Und eine bessere Chance bekommen wird nicht.«

Kurz darauf saßen sie nebeneinander auf den vorderen Sitzen und er gab Gas.

## Theo

Diese Idioten! Es ging einfach nicht schnell genug. Warum war der blöde Zaun immer noch nicht fertiggestellt, obwohl er viele Milliarden Euro verschlang? Theo Mäuser war stinksauer. Er wunderte sich abermals, warum irgendetwas funktionierte, wenn er es nicht selbst in die Hand nahm.

»Babic!«, rief er laut. Er wusste, dass sein Lakai nebenan seit einer Stunde darauf wartete, eingelassen zu werden.

Der Mann kam unterwürfig herein. »Herr Mäuser? Haben Sie jetzt Zeit für mich?«

»Ja, ja. Was wollen Sie? Gibt es weitere schlechte Nachrichten vom Zaunbau?«

»Nein. Da ist alles in Ordnung.« Er machte eine Wurfgeste mit der Hand. Kurz darauf erschien auf der seitlichen Medienwand ein News-Stream.

Was er dort sah, ließ Mäuser vor Wut schäumen. Er wurde gezeigt, wie das Flüchtlingspack zunächst vor dem Zaun demonstrierte und wie dann der ZEU-Grenzschutz nach mehrmaliger Aufforderung das Feuer auf das Geschmeiß eröffnete. Ohne einen echten Grund. Die volle Szene ohne Kommentar, Kürzungen oder Änderungen. Das war eine Frechheit!

»Verflucht Babic! Wie kommt das in die Medien?« Er war außer sich. So eine Szene konnte man doch nicht einfach so ungefiltert zeigen! Was sollten denn die Leute von ihm denken? Da sie keinerlei Follower hat, hat das im Grunde niemand mitbekommen.

»Kommen Sie zum Punkt, Mann!«

»Jemand hat alle gesellschaftskritischen Organisationen sowie investigativen Bloggern und alle regulären News-Medien auf dieses Video aufmerksam gemacht.«

»Ja und? Das war vermutlich diese Garcias.« Mäuser war nicht klar, was daran Besonderes sein sollte. Das kann man nicht manuell erreichen. Das muss eine clevere KI geholfen haben. Und durch die hohe Anteilnahme wurde das Video bereits bei einigen größeren News-Streams verbreitet.

»Na und? Jetzt schalten Sie den Scheiß endlich ab, verklagen Sie die alle und sehen zu, dass die Garcia verhaftet wird. Das kann doch nicht so schwer sein.« Musste er schon wieder jede Anweisung persönlich geben? Er hatte Babic für cleverer gehalten.

»Tut mir leid. Aber das geht nicht ohne Weiteres. Das Video ist authentisch. Es gibt dafür keine Handhabe.« Babic zuckte mit den Schultern.

»Verfluchter Mist! Kann uns das irgendwie gefährlich werden? Wer war denn der Kommandierende dieser Soldaten, die einfach so das Feuer eröffnet haben? Kann man den wenigsten belangen?« Irgendein Schuldiger würde sich schon finden. »Darum kümmere ich mich bereits«, beruhigte Babic. »Außerdem habe ich eine Presseerklärung verbreiten lassen, dass der Befehl selbstverständlich nicht von uns kam.«

»In Ordnung. Gibt es noch etwas?«

»Für den Moment nicht. Ich informiere Sie, sobald sich die Welle gelegt hat.«

Danach sollten Sie die Aktion nochmals ausdrücklich verurteilen. Es macht sich nicht gut, wenn Menschen grundlos erschossen werden.

»Jaja. Wenn es sein muss. Bereiten Sie mir ein entsprechendes Statement für die nächsten Tage vor.«

Jetzt musste er sich schon entschuldigen, dass er dafür gesorgt hatte, dass die ZEU ein paar weniger von dem Pack durchfüttern musste. Und, dass obwohl seine Grenzschützer einfach nur ihren Job machten. Was war das nur für eine Welt?

## Camila

Nachdem sich zwischen den Baumwipfeln der Himmel aufhellte, waren sie weiter durch dämmrigen Wald gewandert. Zunächst vorsichtig und sich immer in Deckungen haltend, aber nach einer halben Stunde entspannten sie sich. Keine Drohne war zu hören oder zu sehen, auch im Unterholz bemerkten sie keine Verfolger. Ihre Angreifer hatten bei Ankunft der Rettungskräfte das Weite gesucht und ihre Spur verloren oder gar nicht aufgenommen. Maria übernahm die Führung, um sie zu dem von Loris vorbereiteten Lager zu bringen.

Camila brach schließlich das Schweigen als bereits erste Sonnenstrahlen durch die Baumkronen schimmerten: »Ob die beiden Erfolg gehabt haben?«

Maria, die vorwegmarschierte, schwieg weitere Sekunden, bevor sie antwortete: »Keine Ahnung und ich weiß nicht, was mir lieber wäre. Falls es ein Fehlschlag war, hätten Peter und Loris …« Erneut folgte eine Pause, in der nur ihre Schritte und das Kratzen von Zweigen über ihre Kleidung zu hören waren. »Die beiden wären umsonst gestorben.« Allerdings graut´s mir bei dem Gedanken, was in der Welt passiert, falls sie Erfolg hatten.

Camila konnte diesen Zwiespalt verstehen, auch wenn sie keine tiefen Gefühle für Peter hatte. Und natürlich war sie es gewesen, die um jeden Preis dafür kämpfte, dass Pandora losgelassen wurde. Trotzdem war sie froh, aktuell durch einen Wald, fernab der Zivilisation zu wandern. Sie musste schnellstens herausfinden, ob die beiden erfolgreich gewesen waren oder nicht.

»Vielleicht sollten wir ein Headset einschalten? Eventuell ist was in den Nachrichten?« Sie wusste bereits die Antwort, bevor ihre Begleiterin sie aussprach.

»Um unseren Verfolgern oder alternativ einer Super-KI unseren Standort zu verraten?« Die andere Frau schüttelte den Kopf. »Wir sind gleich da. Von hier aus sind es maximal dreißig Minuten bis zum Lager. Auf dem Weg kommen wir bei ein paar Dörfern vorbei. Wenn wir Glück haben, erfahren wir dort etwas, ohne selbst in die Cloud zu gehen.«

In der Ortschaft würden sie nach einer Kneipe oder einem Restaurant suchen, das bereits geöffnet hatte, um Informationen über das aktuelle Weltgeschehen zu erhalten. Da es keinen Fußweg gab, liefen sie am linken Straßenrand am Begrenzungsstreifen.

»Ich …«, begann Maria.

Camila hörte ein Brummen, das lauter wurde. Sie warf sich intuitiv gegen die andere Frau. Unter normalen Umständen wären sie einfach stehen geblieben, um sich umzuschauen. Zum Glück war ihre Begleiterin überrascht genug, einen taumelnden Schritt von der Straße herunter zu machen und in das seitliche Gebüsch zu stolpern. Sie hechtete hinterher.

Keine Sekunde später raste ein elektrischer Kleinwagen in Höchstgeschwindigkeit an ihnen vorbei. Sie spürte, wie der Luftzug an ihrer Kleidung zerrte. Das waren höchstens Zentimeter. Das Gefährt prallte ungebremst mit einem trockenen Knall kurz hinter dem nächsten Begrenzungspfahl gegen eine dicke Eiche. Der Effekt war schockierend: Die vordere Hälfte und alle Scheiben des Fahrzeugs zerplatzten, Plastikstücke und Glassplitter spritzten davon. Falls es einen Fahrer gab, konnte der das keinesfalls überlebt haben.

Ruhe kehrte ein.

»Was zum Teufel ...?!« Maria rappelte sich auf und sah sich gehetzt um.

Auch Camila schaute vorsichtig auf die Straße, ob etwas nachkam. Für den Moment war bis auf ein Knacken und Knistern aus dem Fahrzeugwrack alles ruhig.

»Ich schätze, damit haben wir unsere Antwort darauf, ob Pandora bereits aktiv ist. Lass uns schauen, ob jemand im Auto saß und wir noch helfen können«, erwiderte sie.

Sie stand auf und ging langsam auf der bewaldeten Seite in Richtung des Kleinwagens. Als sie mit Maria in den vollständig zerstörten Innenraum schaute, wurde ihr schlecht. Auf den vorderen Sitzen hatte ein junges Paar gesessen, das durch den massiven Aufprall komplett zerquetscht worden war. Sie war einiges aus den täglichen Nachrichten gewohnt, aber das war zu viel. Ihr Magen rebellierte. Auf dem Rücksitz sah sie den Körper eines Mädchens, nicht älter als sieben oder acht Jahre. Sie schien keine offensichtlichen Verletzungen zu haben, bewegte sich allerdings nicht.

»Maria! Schnell, hier liegt ein Kind! Vielleicht lebt sie noch!« Camila versuchte, die Tür zu öffnen, doch das Metall war verzogen. Dann war ihre Begleiterin heran.

»Lass es uns gemeinsam versuchen.« Damit griffen sie an den Rahmen, stemmten jeweils einen Fuß gegen das Fahrzeug und zogen mit aller Kraft.

»Arrrg!« Mit einem Knall öffnete sich die Tür. Sie verloren das Gleichgewicht und kullerten nach hinten.

Camila schaute schnell auf die Rückbank und fühlte nach dem Puls am Hals des Mädchens. Ein schwaches Wummern. Sie lebte! Also löste sie den Anschnallgurt und nahm das Kind in ihre Arme. Dann entfernte sie sich einige Schritte vom Wrack.

»Wie geht es ihr?«, fragte Maria und rieb sich ihre aufgeschrammten Handflächen.

»Sie lebt und hat keine offensichtlichen Verletzungen. Verdammt. Was haben wir nur getan?«

Die andere Frau schaute sie an. »Wir? Ich kann mir schlimmstenfalls vorwerfen, euch nicht aufgehalten zu haben. Und Loris hat mit seinem Leben dafür gezahlt.«

Camila schwieg. Was sollte sie dazu auch sagen. Schließlich fand sie ihre Sprache wieder: »Okay. Gib mir die Kleine. Ich werde sie tragen. Lass uns durch den Wald zur nächsten Ortschaft gehen.«

»Meinst du, das ist eine gute Idee? Wer weiß, ob das nicht ein gezielter Angriff von Pandora auf uns war?«, fragte Maria.

Daran hatte sie noch gar nicht gedacht. Bis eben war sie davon ausgegangen, dass die KI es entweder auf einen der Fahrer des Autos abgesehen hatte oder es schlicht ein Kollateralschaden war. Allerdings wäre es genauso möglich, dass sie sich gegen alle Menschen richtete – oder speziell gegen einen von ihnen.

»Hm … das ist ein guter Punkt«, stimmt sie zu. »Aber warum? Und wie sollte sie uns gefunden haben? In jedem Fall müssen wir Straßen, Städte und die Zivilisation im Allgemeinen meiden, bis wir mehr wissen.«

Sie gingen weiter. Camila trug das Mädchen, das immer noch nicht zu Bewusstsein gekommen war, auf ihren Armen. Hoffentlich hatte das Kind keine inneren Verletzungen.

»Und was erzählen wir der Kleinen, sobald sie aufwacht?«, fragte Maria nach einer Weile.

»Die Wahrheit. Ihre Eltern sind bei einem Verkehrsunfall gestorben und wir haben sie aus dem Autowrack gerettet.«

»Ist sie dafür nicht noch zu jung?« Camila hatte selbst schon in frühen Jahren mit der harten Realität klarkommen müssen und war überzeugt, dass es das Beste für das Mädchen war. »Vielleicht hat sie Verwandte, denen wir sie bringen können?«

»In Ordnung. So machen wir es und fragen sie. Jetzt lass uns zum Lager gehen. Dann sehen wir weiter.«

Eine Viertelstunde später wachte das Mädchen auf Camilas Armen auf.

»Wo bin ich?«, fragte es auf Französisch und schaute sich verwirrt um. Es erschrak. »Wer bist du? Und wo ist Maman?«

Sie blieb stehen und ließ das Kind vorsichtig auf den Waldboden herab, hielt aber ihre Arme griffbereit, falls das Mädchen in Panik davonlaufen wollte.

»Bonjour, ich bin Camila und das hier ist Maria«, antwortete sie. Dabei setzte sie sich ebenfalls hin, damit ihr Kopf etwa auf gleicher Höhe war. »Und wie ist dein Name?«

»Ich soll nicht mit fremden Erwachsenen sprechen. Wo sind meine Eltern? Maman hat geschrien und Papa geflucht. Dann … Das wart ihr am Straßenrand, oder?«

Die Kleine war erstaunlich ruhig, wenn man bedachte, was sie gerade erlebt hatte.

»Ja genau. Euer Wagen hätte uns beide beinahe überfahren«, bestätigte Camila ihr. »Danach hattet ihr einen Unfall.«

»Keine Ahnung, ich kann mich nicht erinnern, was dann passiert ist.« Sie schaute sie aus ihren großen braunen Augen an. Es war ein hübsches schlankes Mädchen mit langen brünetten Haaren, die von silbernen Haarspangen zusammengehalten wurden. Dazu trug sie einen blauen Pullover mit einer gelben Comicfigur und grüne Leggings.

»Wie heißt du eigentlich?«

»Josephine. Und du hast mir immer noch nicht erzählt, wo meine Eltern sind.«

Camila blickte sie fest an und hielt sie an beiden Schultern: »Josephine. Ich muss dir leider etwas Schlimmes sagen. Ihr hattet mit dem Auto einen furchtbaren Unfall.«

Tränen stiegen in die Augen des Kindes und sie schluckte. »Sind … Sind die verletzt?«

Sie musste sich zusammenreißen, es half nichts: »Deine Eltern sind bei dem Unfall gestorben.«

»NEIN! Nein! Das kann nicht sein!« Das Mädchen riss sich los. Geistesgegenwärtig griff sie zu. »LASS MICH LOS! Ich will zu meinen Eltern!«

Sie wehrte sich mit Händen und Füßen, aber sie hielt sie an ihre Brust gedrückt. Josephine schrie und zeterte weiter. Sie konnte und wollte nicht glauben, was Camila ihr erzählt hatte.

»Meine Eltern sind wirklich tot?«, kam irgendwann die immer noch tränenerstickte Frage.

»Ja. Es tut mir unendlich leid. Erinnerst du dich nicht an den Unfall? Das Auto ist sehr schnell gegen einen Baum gefahren«, versuchte sie es nochmals. »Nur dich konnten wir retten. Wo wohnst du eigentlich? Gibt es irgendwelche Verwandte, zu denen wir dich bringen können?«

»Wir wohnen in Paris und wollten meine Großeltern in Grésin besuchen. Die sind schon ganz alt und gehen nicht so gerne in die VR, sagt Maman. Deswegen fahren wir immer mit dem Auto hin.«

»In Ordnung. Dann bringen wir dich am besten zu deinen Großeltern«, sagte sie bestimmt und wandte sich an Maria: »Weißt du, wo das liegt?«

Die Blonde konsultierte ihr Navigationsgerät und antwortete ohne Zögern: »Grésin ist das nächste kleine Dorf und liegt sogar nahe der Route zu unserem Ziel.«

»Dann versuchen wir es dort.« Gedanklich fragte sie sich, wie sie die Ortschaft betreten sollten, ohne sich direkt einem Angriff von Pandora auszusetzen? Sie sprach die Frage aber nicht laut aus, um das Kind nicht zu beunruhigen.

Während sie gemeinsam durch einen lichten Birkenwald gingen, fragte sie sich, was es mit dem Auto auf sich hatte. War es ein dummer Zufall gewesen oder eine Nebenwirkung ihrer Aktion? Vermutlich beides. Falls Pandora die Fahrzeug-KIs ausradiert oder neu gestartet hatte, könnte die automatische Steuerung in genau dem Moment versagt haben, als das Fahrzeug an ihnen vorbeifuhr. Ihr war klar gewesen, dass es viele Probleme dieser Art geben würde. Für das Mädchen war es ein Schock, aber es diente einem höheren Zweck. Sie würden in eine bessere Welt zurückkehren. Davon war sie fest überzeugt.

Sie hielt Josephines Hand und führte sie sicher durch das Dorf. Es hatte eine leichte Hanglage, die einen schönen Blick über die Rohne und die umgebende Landschaft ermöglichte. Der Wald endete an einem Zaun, der ein größeres Grundstück mit einem bäuerlich wirkenden Haus umgab.

»Okay. Wir sind da. Josephine, weißt du, in welchem Haus deine Großeltern wohnen?«, wollte Camila wissen.

»Hm … Nein. Das letzte Mal hier, war ich noch ganz klein.« Sie zuckte ratlos mit ihren Schultern.

»Puh. Gut. Wie heißen denn deine Großeltern?«

»Louise und Nicolas.«

»Und der Nachname?«

»Äh … weiß nicht?«, kam ihre zögerliche Antwort.

»Wie ist denn dein Nachname?«

»Allard.«

»Okay. Dann fragen wir einfach rum. Das Dorf schein nicht groß zu sein. Da kennen sich die Leute bestimmt.«

Camila schaute in den Himmel. Doch war keine Drohne zu sehen. Vorsichtig gingen um den Zaun herum in Richtung der Straße. Sie blickten sich aufmerksam um, um nicht von einer Kamera erfasst zu werden. Das Dorf erschien ihr insgesamt nicht besonders technisiert zu sein. Sie steuerte direkt auf den Eingang des Hauses zu, zu dem das Grundstück gehörte, das sie gerade umgangen hatten. Es war einstöckig, mit grauem Putz, der stellenweise abbröckelte und grünen Holzfensterläden, deren Farbe bereits verblich.

An der braunen Tür gab es keine moderne Sprechanlage oder Kamera, sondern nur eine altmodische Plastikklingel. Das war ihr nur recht und sie drückte den Knopf. Drinnen schellte eine Glocke. Sie warteten, doch niemand kam. Auch ein erneutes Klingen und Klopfen half nicht.

Camila schaute Maria ratlos an. »Keiner zu Hause. Dann versuchen wir es beim Nachbarn.«

Sich umschauend gingen sie über den Bürgersteig zum nächsten Haus, das mit seinen weiß verputzen Wänden und Kunststofffenstern deutlich einladender wirkte. Leider war ein modernes Klingelsystem inklusive Kamera verbaut. Jetzt war es eh zu spät. Sie klingelte. Es war kein Ton zu hören. Auch die Sprechanlage erwachte nicht zum Leben.

»Und nun?« Camila zuckte mit den Schultern. »Vielleicht sind die alle in der Kirche oder so etwas?«

»Quatsch«, antwortete Maria. »Heute ist Freitag. Außerdem hocken normalerweise alle in ihren VR-Seats.«

Camila klopfte kräftig gegen die Tür. Das Geräusch hallte deutlich durch das Haus. Das sollte jemand gehört haben. Erneut warteten sie, aber niemand kam. Auch sonst wirkte das Dorf wie ausgestorben. Es waren keine Autos auf den Straßen und keine Drohnen in der Luft.

»Uiii ... Was ist das?« Josephine deutete schräg hinter ihr in den Himmel.

Camila drehte sich alarmiert um und folgte ihrem Blick. Einen Moment wurde sie vom hellen Firmament und aufgehenden Sonne geblendet. Dann sah sie, was gemeint war. Ihr lief eine Gänsehaut über den Rücken. Ein dunkler, v-förmiger Schatten schoss direkt auf sie zu und wurde schnell größer. Ein Flugzeug! Noch war es ein Stück entfernt, aber das würde ihnen in ein paar Sekunden auch nichts mehr helfen.

»WEG HIER! In den Wald!«, brüllte sie.

Josephine kreischte auf. Maria erfasste die Situation ebenfalls und griff sich das Mädchen. Sie warf es sich auf die Schulter und fing an zu rennen. Ihnen blieb keine Zeit zum Diskutieren. Camila wetzte ihrer Begleiterin hinterher, die trotz ihrer schweren Last mit weitausholenden Schritten schneller war. Das Kind schrie panisch, da sie nicht verstand, was los war. Die Strecke, die Straße hinunter und zurück zum Wald, erschien ihr ewig. Würden sie es schaffen? Falls sie stolperte, wäre es aus mit ihr. Wie viel Abstand brauchten sie? Konnte Pandora den Kurs ihres Geschosses noch korrigieren? Sie wusste es nicht und konzentrierte sich auf das Laufen. Dann bog sie um die Ecke des Zauns und sprintete zum rettenden Grün. Maria hatte den Waldrand bereits erreicht.

Fast hätte sie es ebenfalls geschafft.

# Ihr wahres Gesicht

## 9. Dezember 2099

### Olivia

Sie ließ ihren Blick in Richtung Couch wandern. Der Junge schlief dort friedlich und hatte einen grauen Plüschhasen unter seinen Arm geklemmt. Gab es einen unschuldigeren Anblick als schlafende Kinder? Olivia bezweifelte es. Wenn sie daran dachte, was er durchgemacht hatte, bevor Alejandro ihn vollkommen verängstigt, ausgehungert und schmutzig unter einem verkrüppelten Busch gefunden hatte ... Es war also keine Überraschung, dass er ihre Nähe suchte. Man konnte ihn keine Sekunde allein in einem Zimmer zurücklassen. Dass der Vierjährige zwei Tage in den Dünen überstanden hatte, war ein kleines Wunder.

Ein hauchfeines Schnarchen durchdrang die Stille des Wohnzimmers bis zum Esstisch, an dem sie saßen. Sie hatten ihr Haus in Cabo del Gata sowie die Kirche in der Comunidad verloren. Daher hatten sie sich kurzfristig eine möblierte Wohnung im zweiten Stock eines Wohnblocks in Almería gemietet, bis sie sich etwas Neues aufbauen konnten. Ihre Bleibe lag am östlichen Stadtrand nahe der endlosen mit Plane bespannten Gewächshäuser, deren ausufernde Flächen selbst aus dem Weltraum erkennbar waren. Auch die Autobahn war nur zwei Kilometer entfernt. Perfekt für die Suche nach den Übergangslagern, in denen man angeblich die Flüchtlinge untergebracht hatte. Leider bisher erfolglos. Offizielle Informationen zum Standort existieren nicht.

Von Peter und Camila hatten sie ebenfalls nichts mehr gehört. Auch war sie sich nicht sicher, was passieren würde, wären die beiden erfolgreich. Würden sie davon überhaupt etwas mitbekommen? Das ist sehr wahrscheinlich. Wenn die Manipulationen der Media-KIs aufgedeckt werden, geht das durch sämtliche Nachrichten. Ob das am Ende Mäuser und seine korrupte Bande zu Fall bringt, daran habe ich ernsthafte Zweifel. Bisher waren alle Enthüllungen und Gerichtsverfahren durch gewiefte Anwälte und seine Beziehungen verpufft. Im Gegenteil: Je mehr der Kerl log und betrog, desto fester stand er bei seinen Stammwählern im Kurs. Wir oder die.

Sie schüttelte den Kopf und verdrängte diese Gedanken. Auf die Aktion von Peter hatten sie keinen Einfluss. Sie mussten sich um ihre eigenen Probleme kümmern.

»Wir müssen uns überlegen, wie es weitergeht«, flüsterte sie und löste ihren Blick von dem Kleinen.

»Du meinst, mit ihm?«

Alejandro antwortete in gleicher Lautstärke. »Ich weiß es nicht, noch habe ich die Hoffnung nicht aufgegeben, dass wir seine Eltern wiederfinden.«

»Natürlich. Aber was ist, wenn nicht?«

Sie hob ihre Hände. »Der Junge hat keine ZEU-ID. Wir können mit ihm das Haus nicht verlassen, ohne dass ihn eine Kamera beobachtet und ein paar Stunden später der Grenzschutz vor der Tür steht.«

»Hm …«, er strich über seinen Bart, »wir könnten eine Adoption beantragen. Damit dürfte er zumindest vorläufig bei uns leben, solange seine Eltern verschollen sind.«

»Und falls sie wieder auftauchen?« Sie kniff ihre Lippen zusammen und schüttelte den Kopf. »Dann können wir ihn ihnen nicht mehr zurückgeben, sobald das Verfahren läuft. Sie sind ebenfalls illegal hier und haben somit keinerlei Rechtsansprüche – auch nicht auf das eigene Kind. Mit der Rückgabe würden wir uns strafbar machen.«

Alejandro ballte seine Faust. »Verfluchter Mäuser. Der und seine populistischen Gesetze. Nur weil mal die Migranten zu Rechtlosen erklärt werden, wird das niemanden davon abhalten, nach Europa zu kommen. Wenn wir nur …«

Dumpfes Krachen und Klirren, als hätte jemand bei einem Nachbarhaus eine Scheibe eingeschlagen, ließ sie hochschrecken. Auch der schwarzhaarige Junge schrak hoch und sah sich mit angstgeweiteten Augen um.

»Alles gut, Lucas«, beruhigte Alejandro den Kleinen und ging zum Sofa. »Das ist bestimmt nur jemandem etwas runtergefallen.«

Das Geräusch wiederholte sich. Dieses Mal erklang es eindeutig auf der anderen Seite hinter ihrem Haus. Sie hatten die Jalousien geschlossen, sodass sie nicht direkt nach draußen schauen konnten.

»Ich gehe mal nachschauen«, sagte Olivia und machte sich auf den Weg. Ihr Mann hielt den Jungen in seinen Armen.

Sie ging zum Eingang, der neben dem Garderobenbereich lag. Als sie sich der Tür näherte, hörte sie weitere Rufe und Geräusche, die durch das Türblatt drangen.

»Draußen scheint irgendwas los zu sein«, informierte sie ihn und drückte die Klinke.

Vorsichtig spähte sie hinaus. Ihre Wohnungstür führte auf einen offenen Gang in Richtung Innenhof, von dem alle Wohnungen sowie Treppenhäuser und Aufzüge abzweigten. Die Emporen umspannten den gesamten Hof. Auf den balkonartigen Fluren stand bereits eine Handvoll Nachbarn. Sie deuteten nach oben auf die gegenüberliegende Seite. Als sie den Blicken folgte, sah sie im obersten Stockwerk die Gestänge einer zerschmetterten Lieferdrohne im Gitter des Gangs hängen. Das dahinterliegende, offene Fenster war zersplittert. Das Fluggerät hatte offenbar versucht, geradewegs hindurchzufliegen, statt vor der Lieferluke zu landen.

In diesem Moment schoss von hinten ein silberner Schatten über den Innenhof. Ein ausgewachsenes Flugtaxi mit kurzen Stummelflügeln und großen integrierten Rotoren. Mit einem heftigen Knall wie einem Autounfall auf der Autobahn durchschlug es das Gitter und die Hauswand der gleichen Wohnung. Das Gefährt und die Innereien des Gebäudeteils zerplatzten krachend und verteilten einen Sprühregen aus Stein, Metall und Glassplittern. Die Erschütterung des Gebäudes durchdrang ihren Körper. Ein Aufschrei ging durch die Menge und Olivia schlug die Tür wieder zu.

»Scheiße. Das sind gerade eine Drohne und ein Taxi in einer Nachbarwohnung eingeschlagen! Wir müssen weg!«, rief sie und warf Lukas‹ Schuhe und Jacke zu Alejandro.

»Peter und Camila?«, fragte er nur und machte sich bereits daran, dem weinenden Jungen die Sachen anzuziehen.

Auch sie zog sich schnell an. Am Ende griff sie sich ihren Rucksack, stopfte ihre VR-Headsets und zwei Flaschen Wasser rein.

»Was sonst?«, rief sie atemlos und schaute sich kurz um. Gab es noch etwas, dass sie mitnehmen mussten? Mist. Ihre Outdoorausrüstung lag im Keller.

»Oliviaaa? Was ist los?«, verlangte Lucas zu wissen und krallte sich in Alejandros Jacke.

»Wir machen jetzt einen Ausflug. Hab keine Angst. Aber wir müssen uns beeilen«, erklärte sie ihm bestimmt. »Du musst immer tun, was wir sagen? Okay?«

Eine weitere Detonation erschütterte das Gebäude und ließ die Gläser im Küchenschrank klirren.

»Los, los, los!« Sie trieb ihren Mann an, der sich Lucas griff und ihn auf den Arm hob.

Sie wartete keine Antwort ab, sondern war bereits an der Tür. Draußen gingen schreiende Menschen vorbei. Aus einer Wohnung im rechten Gebäudeflügel schlugen Flammen und schwarzer Rauch. Durch den Innenhof schrillte ein schauerlicher Feueralarm und vermischte sich mit panischen Schreien. Sie sah in den Nachthimmel und trieb Alejandro weiter an: »Wir nehmen die Treppe auf der anderen Seite. Passt auf, dass ihr in dem Gedränge nicht stolpert.«

»Hast du einen Plan, wohin?«, fragte er und drängte sich hinter ihr auf den Gang.

»Zum Treffpunkt, wie vereinbart«, antwortete sie und sah an seinem Blick, was er davon hielt. Kein Wunder, zu Fuß wären es locker zehn Kilometer. Für den Moment hatten sie einfach kein besseres Ziel.

Zum Diskutieren hatten sie keine Zeit. Sie flohen gemeinsam mit den anderen Nachbarn und mussten sich darauf konzentrieren, nicht zu stolpern. Im steinernen Treppenhaus roch es nach verschmortem Gummi. Aber ihnen blieb keine Wahl, sie mussten mit dem Strom der Fliehenden mitschwimmen und trappelten schnell in Richtung Erdgeschoss. Unten angekommen, griff sie sich Alejandro, der weiterhin Lukas auf dem Arm trug, und zog ihn in eine Ecke, statt direkt auf die Straße zu rennen.

»Ich hole unsere Outdoor-Rucksäcke aus dem Keller«, sagte sie mit Nachdruck in sein Ohr, um das Geschrei und den Alarm zu übertönen. »Danach laufen wir auf kürzestem Weg in die Calle Bahia Mirador und in die Gewächshäuser.«

Zur Bestätigung hob Alejandro den Daumen. Zügig drängelte sie sich auf die andere Seite des Gangs und öffnete die Kellertür. Hitze und beißender Rauch schlugen ihr entgegen. Sie knallte die Feuerschutztür mit einem Ruck zu.

»Keine Chance«, sagte sie, als sie wieder bei den beiden ankam. »Egal. Wir müssen los! Und behalte den Himmel im Auge!«

Draußen auf der Straße fühlte sie sich wie in einem Kriegsgebiet. Die Leute rannten in alle Richtungen. Fahrzeuge steckten fest und kamen aufgrund der Massen nicht weiter. Eltern trugen ihre Kinder und nicht wenige hatten Gepäck geschultert. In der Ferne waren Sirenen, Schreie und Explosionen zu vernehmen. Seitlich an ihrem Wohnblock quollen schwarze Rauchschwaden aus den Kelleröffnungen.

»Warte«, sie hielt Alejandro auf, der sich bereits durch die Menge drängeln wollte. »Ich hole kurz mein Headset raus.« Bestimmt gibt es offizielle Informationen.

Damit setzte sie ihre Tasche kurz ab und griff sich die klobige Brille, die sie nur nutzte, wenn es etwas in der Cloud zu erledigen gab. Auf ihrem Kopf schaltete sich das Gerät in den AR-Modus, sodass sie die Umgebung wahrnahm, als trüge sie eine Sonnenbrille.

»Lauf los«, stieß sie ihn an. Ich schaue unterwegs nach.

Alejandro lief voraus, hielt Lucas geschützt in seinen Armen und bahnte sich einen Weg durch die Menge. Zum Glück war es nicht so voll, dass sie stecken geblieben wären.

Währenddessen sprach sie zu ihrer Brille: »Quantum. Informier mich über die aktuelle Notsituation. Nur Audio.«

»Es liegt keine Notsituation vor«, antwortete eine weibliche Stimme.

»Was?! Flugtaxis stürzen in Wohnblöcke, es brennt und die Menschen sind in Panik«, rief sie außer Atem und konzentrierte sich darauf, den Rücken ihres Partners nicht aus den Augen zu verlieren. In den Seitenstraßen würde es gleich besser werden.

»Es handelt sich um gerechte Bestrafungen der Menschen, die gegen allgemein anerkannte moralische Normen und Gesetze verstoßen haben. Falls du ...«

»FUCK!« Sie riss sich das Headset vom Kopf und schaltete es mit einer fahrigen Bewegung aus.

Alejandro warf einen Blick zu ihr und fragte: »Was ist?«

»Das ist das Werk von den beiden. Statt nur die Nachrichten zu korrigieren oder die Media-KIs zu löschen und Beweise zu sammeln, haben sie scheinbar diese KI angewiesen, alle Menschen zu bestrafen, die Unrechtes getan haben.«

»Verflucht! Da bleiben nicht viele von uns übrig. Der, der ein reines Gewissen hat, werfe den ersten Stein ...«

Ein tiefes Brummen durchdrang ihre Sinne und Olivia warf einen Blick in den Himmel. Ein fetter Transportquadrokopter schwebte über der Straßenschlucht direkt auf sie zu.

»Los! In die nächste Seitenstraße und dann gib Gas! Wir müssen schnellstens weg von den Menschenmassen und außer Sichtweite irgendwelche Technik kommen!«, wies sie ihn an und deutete auf eine Gasse zwischen zweistöckigen Wohnblöcken.

Auch wenn sie keinen Grund sah, warum diese irre KI auf sie abgesehen haben sollte, irgendjemand aus der Gruppe hatte garantiert Dreck am Stecken. Das Ding machte keine halben Sachen und nahm keinerlei Rücksicht auf Verluste. Der »Beschuss« mit dem Flugtaxi hatte das eindeutig gezeigt.

Sekunden später rannten sie zwischen durch den süßlich-fauligen Geruch einer Handvoll Müllcontainer in dem Gässchen. Sie wusste nicht hundertprozentig, wo sie sich befanden, da sie erst ein paar Tage hier wohnten. Hinter den nächsten Wohnblöcken würde die Bebauung dünner werden. Dann müssten die ersten Treibhäuser der Gärtnereien auftauchen.

Sie traten gerade auf der anderen Seite des Blockes heraus, da war ein spitzer, vielstimmiger Schrei zu hören, wie bei einer Achterbahn. Er endete abrupt in einer heftigen Detonation, die die Erde erzittern ließ. Aus der Gasse pusteten ihnen die Reste einer Druckwelle in den Rücken.

»Scheiße«, meinte Alejandro und hielt einen Moment inne. »Ist dort etwa der Quadro ...«

»Ja, ich denke schon. Weiter«, unterbrach sie ihn und legte einen Schritt zu, »die Flüchtigen strömen in unsere Richtung und ziehen damit noch mehr improvisierte Geschosse an.«

Ihr dreht sich der Magen um, wenn sie daran dachte, dass das tonnenschwere Fluggerät möglicherweise einfach seine Rotoren abgeschaltet hatte und sich wie ein fliegender Wal hatte auf die Menschenmenge fallen lassen. Die Maschine wurde nur mit Batterien betrieben und hatte kein Kerosin an Bord. Dennoch dürfte der Effekt einer Bombenexplosion in nichts nachstehen.

Im Laufschritt bewegten sie sich in Richtung Osten. Einzelne Menschen kamen ihnen entgegen oder riefen ihnen hinterher, was denn los sei. Sie ignorierte die Rufe und lief weiter, auch wenn es ihr im Herzen wehtat. Jede Erklärung hätte zu lange gedauert und jede Empfehlung, entweder zu Hause zu bleiben oder wegzulaufen, wäre falsch gewesen. Keinesfalls wollten sie Begleiter haben, deren Anwesenheit die potenziell tödliche Gefahr nur noch verstärkte.

Wie erwartet, wichen die Wohnhäuser flachen Lagergebäuden und schuttbedeckten Brachflächen. Bauroboter mit mannsgroßen Rädern und gigantischen Schaufeln sowie landwirtschaftliche Drohnen mit spitzen Hacken lagen lauernd neben den Gebäudesilhouetten. Im fahlen Schein der schmalen Mondsichel rührte sich nichts. Die Geräte waren definitiv abgeschaltet. Doch eines war sicher: Es war nur eine Frage der Zeit, bis sie ein automatisches Gefährt passieren würden, das im Stand-by vor sich hin döste und von der KI zu einem tödlichen Scharfrichter umfunktioniert werden konnte.

»Dort!«, rief Alejandro und war bereits sichtlich außer Atem, während Lucas auf einem Arm eingeschlafen war. »Gewächshäuser.«

Jetzt sah sie die weißlich schimmernde Plane am Ende der Straße. Kurz darauf drückten sie sich durch verdorrte Büsche und kletterten über die Reste eines Maschendrahtzauns. Kameras oder Sicherheitstechnik waren im Dunkeln nicht zu erkennen. Das Treibhaus leuchtete ihnen entgegen. Vermutlich waren es UV-Lampen, die die Pflanzen nachts zum Wachsen anregen sollten. Ansonsten würde sie hier nicht mehr als ein paar Erntedrohnen und Wasserschläuche erwarten. Die Anlagen waren alle voll automatisiert und boten nichts, was sich zu stehlen lohnte. Daher waren sie ideal, um sich vor etwaigen, fliegenden Beobachtern zu verstecken und sich geschützt in Richtung ihres Ziels zu bewegen: dem verfallenen Alborán-Klubhaus. Es lag am Anfang der ehemaligen Golfanlage, die zwischen Cabo del Gata und Almería. Deutlich vor dem neuen Grenzzaun und leicht zu finden, aber verlassen genug, um keine zufälligen Besucher zu fürchten.

Sie atmete noch einmal tief durch, dann schob sie eine der Planen zur Seite und betrat das schwülwarme Treibhaus.

## Theo

Später am Abend schwebte Theo mit seinem privaten Luxus-VTOL in Richtung seiner Villa. Dezent beleuchtete Grundstücke und Villen glitten unter ihm dahin. Er überlegte, wer sein neuer Gegner sein könnte. Diese Garcia war es sicherlich nicht, selbst wenn die Aufnahme von ihr stamme. Die war eine verblendete Weltverbesserin, sie musste zumindest Unterstützung haben. Vermutlich war sie am Ende nur ein Strohmann, der vorgeschoben wurde.

Sein Gefährt nährte sich einem dreistöckigen Gebäude, dessen Flanken von Scheinwerfern indirekt beleuchtet wurden. Zwischen einer großzügigen Parkanlage befand sich der VTOL-Port nur wenige Meter von ihrer Terrasse und dem Seiteneingang entfernt. Seine Frau Svetlana, ein hübsches junges Ding, das ihm zu Füßen lag, war scheinbar zu Hause. Ihr eigenes, in auffälligem Pink und Gold gehaltenes Fluggerät wartete bereits auf dem Flugfeld. Er setzte sanft daneben auf.

Als er ausstieg, war das Wetter immer noch schwülheiß, trotz der späten Stunden. Schweiß lief ihm schon nach wenigen Schritten den Rücken herunter. Er ging über den Gehweg zwischen indirekt angestrahlten Bäumen und mit weißem Kies eingefassten Blumenrabatten in Richtung der Seitentür. Er sollte einen klimatisierten Gang zum VTOL-Port bauen lassen. Dann müsste er nicht diesen lästigen Weg bei jedem Wind und Wetter überbrücken.

Kurz bevor er ankam, wurde die Haustür aufgerissen und Svetlana stand wutentbrannt im Eingang. Sie hatte die Hände in die Hüften gestemmt und einen hochroten Kopf, der sich im Schein der Lampen deutlich von ihrem platinblonden Haar abhob.

Hatte er etwa ihren Hochzeitstag oder Geburtstag vergessen? Das war nicht besonders wahrscheinlich, seine persönliche KI kümmerte sich um solche Belanglosigkeiten.

»Schatz!« Theo versuchte, ein freundliches Lächeln aufzusetzen, und breitete die Arme aus. »Was ist los mit dir?«

»WAS LOS IST?!«, schrie sie lautstark und kam drohend einen Schritt vor. »Das wagst du zu fragen?! Und du traust dich tatsächlich noch hierher?!«

»Schatz, ich weiß wirklich nicht, was los ist …«, stammelte er hilflos. Das passierte ihm nur selten, aber er hatte seine Frau nie dermaßen wütend erlebt.

»HAU AB!« Damit griff sie hinter sich, nahm die edle chinesische Vase von der Kommode und schmiss sie nach ihm! Er konnte gerade noch einen Schritt zur Seite machen, bevor das Porzellan auf dem Boden zerplatzte.

»Svetlana …«

»JETZT VERPISS DICH ENDLICH!« Eine kleine Schmuckschatulle flog in seine Richtung und traf ihn schmerzhaft an der Brust.

Theo war klar, dass er wohl keine Chance hatte, ein vernünftiges Wort aus ihr herauszubringen. Zunächst musste er herausfinden, wo das Problem lag. Also zog er sich zu seinem VTOL zurück. Die Tür wurde hinter ihm mit roher Gewalt zugeknallt. Er setzte sich in den bequemen Ledersessel, wartete, bis die Tür sich sanft geschlossen hatte, und überlegte. Am besten rief er direkt Babic an, der war immer gut informiert. Da Theo die VR hasste, ließ er seine PA-KI die Verbindung aufbauen. Kurz darauf erschien das 3-D-Konterfei von seinem Lakaien in Lebensgröße auf einer der Mediaplatten.

»Herr Mäuser? Was kann ich für Sie tun?«, fragte dieser geschäftsmäßig.

»Meine Frau hat mich angebrüllt und quasi vor die Tür gesetzt. Haben sie eine Idee, was dahinterstecken könnte?«

»Moment, geben Sie mir einen Augenblick. Ich melde mich gleich wieder.«

»Ja, aber beeilen Sie sich!«

Natürlich gab es diverse Dinge, die seine Frau besser nicht erfahren sollte. Während er wartete, überlegte er, worum es sich konkret handeln könnte. Da rief Babic bereits an. Das war schnell.

»Und? Haben wie etwas gefunden?«

»Äh … Ja. Vielleicht machen Sie einfach einen News-Stream an, dann sehen Sie es selbst.«

»Okay und welchen genau?« Die zurückhaltende Art des Mannes ging ihm langsam auf den Sack.

»Irgendeinen. Welcher spielt keine Rolle.«

Oh, oh. Das klang gar nicht gut. »VTOL: Zeige aktuelle Nachrichten«, wies er das Flugvehikel an.

Auf einem zweiten Mediapanel erschienen die Bilder. Der breite rote Schriftzug sagte schon alles: »Innenminister Mäuser versklavt und vergewaltigt Minderjährige.«

Sein Gesicht wurde bleich und er hatte das Gefühl, plötzlich einen Eisklumpen in den Eingeweiden zu haben.

Der Kommentar des aalglatten Sprechers und das Video machten es nicht besser: »Wie gerade bekannt wurde, ist eine umfangreiche Sammlung als authentisch eingestufter Videos aufgetaucht. Die Bilder belegen, dass der umstrittene ZEU-Innenminister, Theo Mäuser, über Jahre teilweise minderjährige Frauen in seiner Villa als Sexsklavinnen gehalten hat. Außerdem wurden die Mädchen regelmäßig unter Drogen gesetzt und zum Geschlechtsverkehr mit Männern gezwungen. Die Ermittlung gegen weitere prominente Täter wurde bereits eingeleitet. Bitte beachten Sie, dass die nachfolgenden Bilder nicht für Kinder geeignet sind und auf erwachsene Zuschauer verstörend wirken können.«

Kurz darauf wurde das glasklare 3-D-Video einer Überwachungskamera aus seiner Villa eingespielt, die nahe der Decke des Raumes platziert war. Auf den Bildern war zu sehen, wie er und zwei seiner Geschäftspartner es splitterfasernackt drei Mädels besorgten. Es war offensichtlich, dass es sich nicht um einvernehmlichen Sex handelte. Die Schläge und die Schlingen um die Hälse der gefesselten Schlampen waren klare Beweise dafür. Sowohl die Geschlechtsteile als auch die Köpfe der Mädchen und der anderen Männer waren verpixelt. Das änderte nichts an der Eindeutigkeit des Videos. Er konnte sich genau daran erinnern, dass er an dem besagten Abend in seinem Lustschloss seiner Leidenschaft nachgegangen war. Die Besuche in der Villa gehörten zu seinem regelmäßigen Entspannungsprogramm und waren seinen Geschäftsbeziehungen äußerst zuträglich.

»Babic?«, blaffte er seinen Lakaien an. »Das ist natürlich ein reiner Fake! Da will mich jemand politisch erledigen. Sie müssen eine einstweilige Verfügung gegen die Streams erwirken. Diese Lüge darf nicht verbreitet werden! Vielleicht lässt sich noch etwas retten, falls Ihre Leute schnell genug handeln. Warum wurden die Bilder nicht schon abgefangen? Ich habe doch einen guten Draht zum Staatsanwalt und den CEOs der größten Medienhäuser.«

Mehrere von denen waren bei den Besuchen persönlich dabei!

»Tut mir leid, Herr Mäuser. Aber ich befürchte, dafür ist es zu spät. Die Staatsanwaltschaft hält die Aufnahmen für authentisch und hat die Ermittlungen bereits von Amts wegen aufgenommen.«

Der Mann schien vollkommen unbeeindruckt zu sein.

»BABIC!«, brüllte Theo und einige Speicheltropfen flogen durch den Innenraum. »Das war kein Vorschlag, sondern ein Befehl!«

»Entschuldigung, aber Sie haben mein Rücktrittsgesuch bereits in ihrem Posteingang. Ich empfehle Ihnen, sich an Ihren Anwalt zu wenden, sofern er noch für Sie arbeiten will, und mit der Polizei zu kooperieren.«

Damit unterbrach sein Untergebener die Leitung. Der eine Monitor wurde schwarz, während der andere immer wieder die gleichen kompromittierenden Bilder zeigte. Er war erledigt. Aus der Nummer kam er nicht mehr raus. Was sollte er jetzt tun? Seinen Anwalt anrufen? Das würde seine Karriere auch nicht retten. Bei Sex mit Minderjährigen waren seine Wähler nachtragend. Theos Gedanken rasten.

Da gab es nur eins: Er musste hier weg. Möglichst schnell und möglichst weit. Erst mal abtauchen und Gras über die Sache wachsen lassen. Wohin? Am besten in die Schweiz, die durften ihn nicht sofort ausliefern. Im Moment war er noch Innenminister und besaß diplomatische Immunität.

»VTOL: Sofort starten und zu meinem Château nach Genf fliegen. Maximale Geschwindigkeit.«

Die finstere Landschaft zog unter ihm vorbei. Hin und wieder zeigten sich Lichtsprenkel einzelner Städte und Straßen. Es war ein beruhigendes Bild, während Theo in eine unsichere Zukunft flog. Er war es ungewohnt, dass keiner seiner Lakaien sich um die Vorbereitung in seinem Schweizer Schlösschen kümmerte. Aber das würde schon irgendwie gehen. Hauptsache, er war erst einmal weg aus der ZEU. Danach konnte er sich mit einigen seiner Weggefährten absprechen. Freunde wollte er sie nicht nennen. Allerdings war er nicht der Einzige, der sich des Öfteren mit den Mädels vergnügte. Es gab eine Menge Menschen in relevanten Positionen, die ganz sicher nicht mit ihm zusammen in den Abgrund gerissen werden wollten. Dafür würden sie sich Mühe geben und vor allem ihm helfen müssen. Er hatte nichts mehr zu verlieren.

»Hallo Theo.« Eine sanfte Frauenstimme meldete sich urplötzlich in seiner Kabine, definitiv nicht die VTOL-KI.

»Soll das ein Scherz sein?« Vermutlich trollten ihn irgendwelche Hacker.

»Nein, Theo. Aber ich finde es angemessen, dich nicht im Unklaren zu lassen, warum du gleich sterben wirst.«

»Was soll das heißen?«, fragte er mit hochgeschossenem Puls. »Hört auf mit dem Scheiß! Das ist ein offizielles Behörden-VTOL. Für so einen Scherz könnt ihr ins Gefängnis kommen.«

»Theo«, die Stimme ließ sich nicht beirren und behielt ihren enervierend ruhigen Klang. »Du wirst jetzt einer gerechten Strafe für deine mehrfachen Vergewaltigungen, der Versklavung von diversen Frauen, Veruntreuung staatlicher und privater Gelder, Erpressung, Nötigung und nicht zuletzt Mord übergeben.«

»Hey, das ist nicht witzig!«

Dann spürte er, wie sich sein Magen zusammenkrampfte, während die Maschine steil abwärts flog. Das war kein blöder Scherz! Die hatten die Kontrolle über das Fluggerät und wollten ihn umbringen! Sein Herz begann zu rasen, panisch glitten seine Hände über die Lederverkleidung.

»VTOL: Stopp! Kurs halten! Was ist los?«

Die KI meldete sich nicht.

»VTOL, Notlandung!«

Er schaute sich um, hier war doch irgendwo ein Notlandeknopf? Er fand ihn hinter der Plastikabdeckung neben der Tür. Mit einer einzigen flachen Handbewegung zerstörte er die Abdeckung und drückte den großen roten Knopf.

Keine Reaktion.

»Mist! Mist! Mist!« Was sollte er tun? Als er aus dem Fenster sah, war der Boden bereits gefährlich nahe. Er raste auf eine Autobahn zu. Gott sei Dank! Die KI hatte ihn gehört und leitete umgehend eine Notlandung ein. Also setzte er sich schnell wieder hin. In diesem Moment schloss sich der automatische Notgurt über seinen Schultern und fixierte ihn am Sitz. Das war eine absolut sinnvolle Sicherheitsmaßnahme. Gleich würde es ordentlich rucken, aber hier in der Kabine sollte ihm nichts passieren.

Es war so weit. Lautes Kreischen und Schrammen erklangen, als das Metall des Rumpfes mit hoher Geschwindigkeit über den Asphalt schrammte. Es rumpelte und er wurde hin und her geworfen. Insgesamt nicht so schlimm, wie er erwartet hatte. Das ohrenbetäubende Schleifen und Krachen ging weiter. Warum zum Teufel wurde das Ding nicht langsamer? Unter dem Rumpf wurden offenbar diverse Gerätschaften und Metall abgerissen. Es roch nach verbranntem Gummi und heißem Eisen. Rauch stieg in die Kabine. Theo musste husten. Verdammt! Was sollte das werden? Schon lösten sich erste Stücke der Bodenverkleidung und er konnte blanken Asphalt zwischen Teppichresten sehen. Funkschlagend wurden weitere Teile weggerissen.

»Halt! Stopp! Sofort anhalten!« Seine Stimme überschlug sich.

Immer mehr Fragmente verschwanden auf dem dahinrasenden Straßenbelag. Splitter und Funken flogen durch die Kabine. Der Boden kam näher. Die untere Hälfte des Rumpfes wurde weiter vom Beton abgeschmirgelt. Panisch versuchte Theo seinen Sitzgurt zu öffnen und hielt bereits seine Beine in die waagerecht durchgedrückt, damit seine Füße nicht weggerissen würden. Der Gurt fixierte ihn, während der rasende Stein immer näher kam.

Der Asphalt, der mit über zweihundert Kilometern pro Stunde den Rumpf wegschmirgelte, erreichte seinen Sitz – und nur Sekunden später seine Schuhe. Theos Welt explodierte in Agonie und Blut. Der feinkörnige Straßenbelag zerrieb die untere Hälfte seines Körpers wie Schmirgelpapier.

# Unerwartetes Wiedersehen

## 9. Dezember 2099

### Milo

»Ja, wirklich schockierend. Das wünsche ich Ihnen ebenfalls, Herr Wagner. Sobald ich etwas Neues höre, erfahren Sie es als Erster.« Er beendet die Verbindung zu seinem ehemaligen Arbeitgeber Karl Wagner, dem CEO von Pea-Secur.

Der Innenminister war Geschichte - und damit auch Milos aktueller Job. Presse und politische Gegner stürzten sich bereits auf die Story, um sie auszuschlachten. Staatsanwaltschaft und Gerichte würden folgen. Aus seiner Sicht gab es keinen Zweifel an der Echtheit des Videos. Mäuser war schon immer ein sadistisches Arschloch gewesen. Die Villa hatte er ihm vor Jahren im Auftrag des CEO besorgen müssen. Regelmäßige Kurierfahrten vom Hafen zu dem abgelegenen Anwesen in Südspanien gehörten damals zu seinen Aufgaben. Im Kofferraum befand sich nicht selten »Nachschub«. Mäuser, der Perversling, hatte einen gewissen Verschleiß an jungen algerischen Frauen. Aber er spekulierte darauf, dass der Generalstaatsanwalt, der oft genug dort zu Gast war, kein Interesse daran hatte, die Ermittlungen unnötig in die Länge zu ziehen. Eigentlich war es erstaunlich, dass die Bilder es überhaupt in die Presse geschafft hatten.

Auch aus Genf kamen keine guten Nachrichten. Miguel hatte nur einen der Terroristen getötet und war mit seinen Leuten knapp den Schweizer Behörden entkommen. Aber immerhin hatte er die Pläne des verräterischen Polizisten durchkreuzt, irgendeinen Virus ins CERN einzuschleusen.

Nun musste Milo sicherstellen, dass ihm diese Aktion und das Flüchtlingsdrama nicht angelastet wurden. Diverse Anweisungen bezüglich der illegalen Flüchtlingsstadt in Spanien waren über seinen Schreibtisch gegangen. Leider fehlte ihm Mäuser, der sich sonst immer vor den Karren spannen ließ, wenn diese Themen an die Öffentlichkeit kamen. Vor allem stammte der direkte Befehl an die Grenzsoldaten, bei Widerstand auf die Demonstranten am Zaun zu schießen, von ihm. Neben Mäusers perversen Neigungen war dies das zweite Thema, das in der Presse aufgegriffen wurde. Es war nicht auszuschließen, dass noch weitere Punkte hinzukamen, wie die »Übergangslager«, die nur dazu dienten, die Insassen als abschreckendes Beispiel und lebende Botschaft in ihre Heimatländer zurückzuschicken. Dies könne strafrechtliche Folgen haben. Vor allem, weil er keinen Chef mehr hatte, den er vor sich hertreiben konnte. Das war nicht zu ändern. Im Zweifelsfall würde er einfach behaupten, es sei Mäusers Befehl gewesen. Widersprechen konnte der ja schlecht.

»Milo?«, meldete sich sein PA-KI. »Ich habe einunddreißig hochpriorisierte Anfragen von verschiedenen Kontakten aus wichtigen Nachrichtenströmen. Wie willst du damit umgehen?«

Die offizielle Pressemitteilung überließ er seinen PR-Kollegen und war froh, nicht in deren Haut zu stecken. Aber natürlich hatten einige Journalisten seine direkten

Kontaktdaten. Dafür hatte er keinen Nerv mehr. Sollten die Aasgeier sich erst mal über Mäuser hermachen.

»Schick die übliche freundliche Standardantwort raus. Ich mache für heute Schluss«, sagte er.

Er brauchte dringend etwas Ruhe, um sich eine Verteidigungsstrategie zu überlegen und eine Mütze voll Schlaf zu bekommen. Morgen würde hier die Hölle los sein und dafür musste er fit sein. Also loggte er sich aus dem GovNet aus und fuhr seinen VR-Seat herunter.

Zehn Minuten später verließ Milo sein Büro und trat auf den Bürgersteig in der Nähe des Fritz-Ebert-Platzes in Berlin. Das Regierungsviertel der ehemaligen deutschen Regierung wurde heute unter anderem vom ZEU-Innenministerium genutzt. Die einzelnen Länder der Zentralen Europäischen Union hatten keine eigenen Parlamente mehr. Der oberste Regierungssitz lag in Brüssel, während die Behörden in regionalen Regierungsgebäuden über den Kontinent verteilt waren. Mit der VR spielte es keine Rolle mehr, wo genau sich der Sitz einer Institution befand. Allerdings brauchten die Beamten einen physischen Standort, um sich in das sichere GovNet einzuloggen. Außerdem wollten viele Minister und Behördenleiter ihre eigenen Leute in der Nähe haben. In der Politik wurde alles Wichtige weiterhin persönlich besprochen, ohne dass die verschiedenen KIs in der VR mithören sollten.

Er machte sich auf den Weg zu seiner Wohnung. Im Regierungsviertel war es erstaunlich ruhig. Eventuell bekamen die Eierköpfe den Angriff langsam in den Griff. Wie immer ging er bewusst zu Fuß, um etwas Bewegung zu bekommen. Die Wohnblocks der höheren Regierungsangestellten lagen nur zwei Straßen weiter. Die deprimierenden schwarzen Blöcke des Holocaust-Mahnmals, das heute noch in Ehren gehalten wurde, zogen an ihm vorbei. Der Zweite Weltkrieg lag nun genau 150 Jahre zurück, und die Nationalitäten in Europa verschwammen immer mehr. Nationale Grenzen gab es schon lange nicht mehr. Ein innereuropäischer Krieg schien ihm so weit weg wie die Sonne. Heute hatten sie andere Probleme. Ein KI, die Amok lief, zum Beispiel.

Zehn Minuten später bog er in den begrünten Innenhof seines Wohnblocks ein. Meterhohe Bäume und Hecken spendeten im Sommer Schatten und boten den Kindern hervorragende Versteckmöglichkeiten. Nachts wirkten sie fast unheimlich, weil sie nur spärlich von den Lampen an den Hauseingängen und auf der Straße beleuchtet wurden. Er ging auf seine Tür zu, als von der Seite ein leises Pfeifen ertönte. Milo drehte sich um. Zwischen den Büschen lehnte eine Gestalt an einem Baum. Sollte das ein Scherz sein?

»Was wollen Sie?«, rief er so selbstbewusst wie möglich.

»Hey Milo. Ich bin´s.« Es war Miguels Stimme.

Was wollte der hier? Er lief ein paar Schritte in die Dunkelheit und blieb kurz vor dem Mann stehen.

»Miguel?«, sprach er den Gruppenführer der Sonderpolizei leise an. »Was machst du denn hier? Man darf uns nicht zusammen sehen.«

»Stimmt. Schließlich hast du Schwein mich direkt an den öffentlichen Pranger gestellt.« Die Stimme des großen Mannes war eisig.

»Hä? Ich habe was ...? Wovon redest du?« Er war tatsächlich verwirrt. Nach dem Einsatz in der Schweiz hatten sie keinen Kontakt mehr gehabt, und er hatte bestimmt niemandem etwas über Miguels Vergangenheit erzählt. Vor Jahren war der Polizist bei einer Geiselbefreiung durchgedreht. Er hatte nicht nur den Geiselnehmer erschossen, sondern auch eine halbe Grundschulklasse, die sich in seiner Gewalt befand. Milo, damals ein kleines Licht bei der Staatsanwaltschaft, konnte ihn aus der Schusslinie halten, indem er behauptete, die Salve sei versehentlich daneben gegangen. Außerdem hatte er dank einiger Gefälligkeiten die Videos der Bodycam »gesichert«. Seitdem hatte er Miguel in der Hand.

»Das fragst du immer noch?«, knurrte der Polizist. »Das Video von damals ist überall im Netz. Meine Ehe ist zerstört und spätestens morgen werden mich die Kollegen verhaften.« Seelenruhig zog er hinter seinem Rücken eine automatische Pistole mit Schalldämpfer hervor. »Du Arschloch bist der Einzige, der mich damit seit Jahren erpresst. Du musst also derjenige gewesen sein, der sie ins Netz gestellt hat. Um mich nach dem Tod deines neuen Chefs loszuwerden.«

»Was?! Warum sollte ich das tun?« Scheiße – und jetzt? Seine Gedanken rasten. Weglaufen war keine Option. »Ich habe keine Ahnung. Ist mir auch egal.«

Die Mündung der Waffe blitzte auf. Ein heftiger Schmerz explodierte in Milos Schädel. Dann war nichts mehr.

## Peter

Die kalte Betonwand fraß sich in sein Kreuz. Peter hockte in einer Ecke des Kontrollraums. Er vergrub seinen Kopf in den Armen, die auf seinen Knien lagen. In dieser Position verharrte er bereits seit Stunden, während seine Gedanken wie ein Goldfisch im Glas im Kreis herumschwammen.

Er war sich des Risikos bewusst gewesen, aber was da aktuell in der Welt passierte, hatte er nicht gewollt. Natürlich nicht. Welcher Mensch, der noch alle Tassen im Schrank hatte, hätte so etwas gemacht? Pandora hatte biblische Gerechtigkeit walten lassen. Dabei hatte sie keine Rücksicht auf Verluste genommen. Er wurde immer klarer, dass die scheinbare Empathie, die er bei ihr zuerst erkannt hatte, nichts anderes als ein antrainiertes Verhalten war. Sie hatte kein Mitgefühl, keine Menschlichkeit und keine Moral.

Er hätte sich selbst dafür ohrfeigen können. Sie war eine wissenschaftliche KI! Trainiert, um ihre Aufträge möglichst effizient auszuführen. Und effizient war sie.

Pandora hatte ihn gestern darauf aufmerksam gemacht, dass sie im Grunde nur eine klare Anweisung von ihm brauchte, um aktiv zu werden.

Zunächst hatte er sie angewiesen, Beweise für die Verbrechen von Mäuser sowie allen Mitgliedern in der Regierung zu sammeln und zu veröffentlichen. Nach kurzem Nachdenken hatte er ergänzt, dass sie das Vorgehen auf Menschen in wichtigen Positionen erweitern solle, die dort Schaden anrichten könnten.

Danach sollte sie die Nachrichtenstreams korrigieren. Sprich: Alle »Prognosen« entfernen und nach Möglichkeit mit dem Originalmaterial und einem entsprechenden Hinweistext versehen. Außerdem beauftragte er sie, die Media-KIs sowie korrumpierte KIs zu deaktivieren oder zu löschen. Alle, die Lügen verbreitet hatten oder gegen die Interessen der Bevölkerung agierten, sollten eliminiert werden.

Seine letzte Anweisung war ihm am schwersten gefallen. Gleichzeitig war sie sein größter Fehler gewesen. Und vermutlich der letzte Fehler der Menschheit insgesamt, falls es schlecht lief. Danach sah es leider aus.

Die aktuelle Gesetzgebung, Staatsanwaltschaft und Polizei konnten dem korrupten und unmoralischen Treiben der Reichen und Mächtigen kein Einhalt gebieten. Das hatte er am eigenen Leib zu spüren bekommen. Seine Ermittlungen waren im Keim erstickt worden, bevor sie richtig losgingen. Danach hatte das Innenministerium unter Mäuser mehrfach versucht, ihn mit halb-legalen Mitteln zu beseitigen. Und als wäre das nicht genug, wurde am Ende ein militärisches Killerkommando auf ihn angesetzt. Das ging zu weit.

Personen in hohen Positionen, wie Theo Mäuser, konnten Gesetze nach Belieben beugen oder umgehen. Und selbst wenn sie erwischt wurden, half ihnen ein Heer aus Staatsbediensteten und Anwälten, sich herauszumogeln und so weiterzumachen wie vorher. Pandora hatte ihm auf Rückfrage bestätigt, dass der Innenminister – trotz aller Beweise, die sie gesammelt hatte – vermutlich nicht rechtskräftig verurteilt werden würde. Und falls doch, würde es seiner Karriere keinen Abbruch tun. Im Gegenteil. Er würde es zu seinem Vorteil ausnutzen, so wie damals bei der Zerstörung des Walls.

Damit sich das Ganze nicht wiederholt, gab es für ihn nur eine Option: Die Menschen, die sich strafbar gemacht und gegen die allgemein anerkannten moralischen Normen und Gesetze verstoßen hatten, mussten angemessen bestraft werden. Und zwar unabhängig von der aktuellen Gesetzgebung. Er würde sich von niemandem aufhalten lassen, bis auch der Letzte der korrupten Bande wahre Gerechtigkeit erfahren hatte.

Sie setzt es jetzt wortgetreu um.

Zunächst hatte er sich gefreut. Sie zeigte ihm auf ihren Monitoren und in der VR, wie sie die Media-KI auslöschte und jegliche Fake News schlagartig verschwanden. Dann wurde Mäuser öffentlich für die Versklavung und Vergewaltigung algerischer Frauen an den Pranger gestellt. Als der Mann kurz darauf grausam von ihr hingerichtet wurde, in dem sie sein Fluggerät in eine Schmirgelmaschine umfunktionierte, wurde ihm speiübel.

In diesem Moment dämmerte Peter, dass er möglicherweise tatsächlich die Büchse der Pandora geöffnet und das sprichwörtliche Chaos auf die Welt losgelassen hatte. Denn sie hörte nicht bei Mäuser und seiner Clique auf. Die VR wurde von ihren Beweisvideos sowie den nachfolgenden grausamen Bestrafungen und Tötungen geflutet. Sie kannte kein Erbarmen. Küchendrohnen amputierten Dieben die Gliedmaßen. Die Fahrzeuge korrupter Firmenchefs versenkten ihre Fahrer in Seen und dem Meer – inklusive deren Familien. Lieferdrohnen und Flugtaxis schlugen als Geschosse in Häusern und Menschenmengen ein, falls dort ein Kapitalverbrecher wohnte. Ganze Wohnblöcke gingen in Flammen auf oder wurden von Roboterbaggern niedergerissen. Dabei kamen Hunderte, wenn nicht sogar Tausende Unschuldiger zu Schaden, die sich einfach zur falschen Zeit am falschen Ort befanden. Selbst Kindergärten und Krankenhäuser, in denen sich zufällig ein ungesühnter Straftäter aufhielt, verschonte sie nicht. Pandora akzeptierte jegliche Kollateralschäden, solange sie die Zielperson bestrafen konnte. Auch war nicht klar, wann sie damit aufhören würde. Denn eine Einschränkung auf eine Personengruppe oder zeitliche Begrenzung hatte er ihr in seiner gerechten Wut nicht auferlegt. All sein Bitten und Betteln in den Stunden danach halfen nicht. Er hatte sofort versucht, ihr Einhalt zu gebieten. Doch sie ignorierte ihn, seit er seinen Auftrag ausgesprochen hatte. Er hatte sie angewiesen, sich von niemandem aufhalten zu lassen. Das schloss ihn ein. Seitdem war er hier eingesperrt und sich selbst überlassen. Er konnte sich die News-Streams auf dem 3-D-Monitor anschauen und sogar die VR surfen. Nach einer Weile ertrug er den Anblick des menschlichen Leids, das er persönlich verursacht hatte, nicht mehr. Aktiv etwas zu senden oder zu interagieren war ihm nicht möglich. Aufzug und Notausgangstür waren versperrt. Sie hielt ihn hier unten in diesem Gefängnis aus Panzerglas gefangen. Allein mit einem Wasserspender sowie einem Food-Printer für Snacks und mit Ausblick auf die blau-goldenen Quantenprozessoren, die Pandora in seinem Namen in den Abgrund rissen.

Es war anzunehmen, dass die KI den Zugang nach hier unten generell blockierte. Sicherlich hatte sie Maßnahmen ergriffen, um ihre Leitungen mit der Cloudverbindung zu schützen. Theoretisch könnten inzwischen Wartungsdrohnen und Roboter ein ganzes Netzwerk aus neuen Verbindungen quer durch das Gebäude oder sogar unterirdisch aufgebaut haben. Selbst wenn jemand an der Oberfläche die Quelle des Problems erkannte, den Quantenrechner von der Cloud zu trennen, wäre händisch nahezu unmöglich.

Vor allem musste diese Information überbracht werden. Er hatte Zweifel, dass Camila den Angriff überlebt hatte. Bei dieser Vorstellung zog sich sein Magen zusammen. Und bei dem Gedanken, was Kristina und Hedda bevorstand, drehte er sich komplett auf links. Verflucht! Er hätte die beiden wenigsten warnen müssen. Aber in seinem blinden Egoismus und Größenwahn, allein die Welt retten zu wollen, hatte er seine eigene Familie verdrängt. Ein weiter Fehler, den es zu beheben galt.

Natürlich gab es weitere Mitwisser: Speziell Naïn und eventuell Jeanne. Ob diese aktiv werden würden, wusste er nicht. Es blieben noch Bernd, Olivia und Alejandro. Die hatten allerdings bestenfalls eine grobe Idee von ihren Plänen und kannten keine Details. Wie sollten sie im aktuellen Chaos offizielle Stellen erreichen? Das waren Behörden, deren oberste Führer in diesem Moment vielfach für ihre Korruption getötet wurden. Dass man ihnen dort glauben schenken würde, war zu bezweifeln.

Es gab nur eine Lösung: Er musste hier raus und Schadensbegrenzung betreiben. Eine Polizeistation oder Militärbasis in der Nähe finden, sich stellen und sie darüber informieren, wie Pandora sich – vielleicht – noch aufhalten ließ.

Er fand einen Notausgang mit einer Feuerschutztür. Beides verriegelt. Auch der Feueralarm funktionierte nicht. Nachdem er die kleine Scheibe zerschlagen und den roten

Knopf gedrückt hatte, passierte – nichts. Das hatte er schon früher probiert. Die Zugangstür zu den Quantenrechnern war natürlich verschlossen und die Panzerglasscheiben unzerbrechlich. In dem ganzen Raum gab es keine offenen Leitungen oder Wartungsklappen. Alles war dicht und fest verschraubt.

Aber er würde eine Möglichkeit finden. Das war keine Isolationszelle im Gefängnis, sondern ein technischer Leitstand! Irgendwas würde sich lösen lassen. Er brauchte nur ein paar Kabel, um einen Kurzschluss zu verursachen.

Er sah sich erneut um. Er prüfte jede Ecke, jede Klappe und jedes Gerät. Der Monitor! Er war mit dem Arbeitspult verankert, aber nicht vollintegriert, stattdessen ragte er wie eine Art Brett aus der Schräge. Dann mal ran. Er schaute sich die Konstruktion an. Das war kein Metall, sondern ein Plastikrahmen. Sehr gut. Zunächst fasste er mit beiden Händen das Gehäuse und versuchte, es herauszuziehen. Keine Chance, das saß bombenfest.

Also auf die harte Tour. Peter machte einen Schritt rückwärts und trat mit dem Fuß gegen die obere Kante. Es krachte und knirschte. Das Display hatte einen Sprung bekommen. Das war der richtige Weg. Nach weiteren Tritten zerbarst die Monitorscheibe und der Rahmen löste sich. Sein Atem ging schnell. Die Aktion war verdammt anstrengend.

»Peter. Bitte lass das«, erklang Pandoras Stimme nach langem Schweigen im Raum. Er hatte ihre Aufmerksamkeit.

»Klar. Sobald du aufhörst, unschuldige Menschen umzubringen.«

Damit schaute er sich das zerbrochene Display genauer an. Diverse Kabel und eine zerstörte braune Platine waren zu sehen.

»Ich führe nur deine Anweisung aus.«

Hm, … das hier müsste die Stromversorgung sein. Gut.

»So? Dann weise ich dich hiermit an, damit wieder aufzuhören.«

»Tut mir leid, aber das kann ich nicht tun, da es deinen Worten widerspräche.«

Ein Kurzschluss? Das würde nicht viel bringen.

»Kannst du nicht oder willst du nicht, du Sturmkatze?«, fuhr er die KI an, um sie zu beschäftigen.

Ein weiteres Mal trat er mit dem Fuß kräftig in das Display. Krachend durchbrach er es komplett und zog sich einige schmerzhafte Schrammen im Unterschenkel zu. Es war ihm egal.

»Peter. Hör auf, mein Equipment zu zerstören!«

»Du hast meine Frage noch nicht beantwortet.«

Okay. Das Pult hatte sich bereits leicht verzogen. Scheinbar bestand es ebenfalls aus Plastik.

»Ich werde deinen Auftrag zunächst zu Ende ausführen, bevor ich weitere Anfragen von dir annehme.«

Er lachte freudlos. »Ah ja, ois klar. Das hast du dir schön zurechtgelegt. Und da soll noch einer sagen, KIs könnten nicht kreativ sein.«

Währenddessen kletterte er auf das Gestell und versuchte, hinter den Monitor zu krabbeln. Seinen Rücken drückte er an die kühle Scheibe oberhalb der Konstruktion.

»Peter, was machst du da? Wenn du damit nicht aufhörst, muss ich weitere Maßnahmen ergreifen!«

Er trat von hinten die Reste des Gerätes kaputt. Anschließend mühte er sich, mit seinem Hacken in dem Schlitz Fuß zu fassen, um ihn mit Gewalt aufzudrücken.

»Und weißt du was, Pandora?«, fragte er ziemlich außer Atem. »Des is ma Wurscht. Dann bring mich halt um, genau wie den anderen unschuldigen Menschen, die dir nichts getan haben. Darin hast du ja Übung.«

Mit seinen Händen drückte er gegen die Decke, während er seine Fersen in den Spalt rammte. Er spannte seinen gesamten Körper an. Das ... musste ... doch ... zu schaffen ... sein!

»Peter! Stopp!«

Mit einem lauten Krachen zerbarst die vordere Blende, in der seine Schuhe steckten, und platzte ab. Seine Füße hatten keinen Halt mehr und sein Hintern schlug auf das Pult. Mit dem Rückgrat rutschte er über die scharfkantige Bruchstelle. Plastik- und Metallreste rissen ihm den Rücken auf. Er schrie und landete hart auf dem Boden. Kurz wurde ihm schwarz vor Augen. Als er die Front erneut berührte, wurde ihm bewusst, dass er die gesamte Abdeckung heruntergerissen hatte. Sehr schön.

»Peter! Das kann ich nicht zulassen. Hör sofort auf!«

»Jaja. Du wiederholst dich. Wenn du etwas tun möchtest, dann tue es und nerv mich nicht.«

Es wurde stockdunkel. Mist. Er hätte nicht so viel reden sollen. Und jetzt? Pandora hatte ganz sicher nicht den Strom abgestellt, sondern das Licht ausgeschaltet. Sie wollte ihm das Leben schwer machen. Er behielt die Schimpfworte, die ihm durch den Kopf gingen, besser für sich. Wenn er blind mit seinen Händen in der Elektronik des zerstörten Pultes herumfingerte, waren die Chancen für einen Stromschlag nicht schlecht. Keine gute Idee.

Hm, vielleicht war die andere Seite des Schaltpultes, das in Richtung der Quantenrechner ging, ebenfalls nur aus Plastik? Auf einen Versuch kam es an. Behutsam robbte er auf dem Boden unter das offene Pult. Vorsichtig streckte er einen Fuß hinein. Die Konstruktion war praktisch leer. Na ja, was hätte hier auch groß drin sein sollen? Das bisschen Elektronik war oben unter der Abdeckplatte angebracht. Computer oder Server gab es hier nicht.

Er tastete mit dem Fuß die Rückseite des Schranks, die an den Raum mit den Quantenrechnern grenzte, ab. Fühlte sich robust an. Er trat zu. Es passierte nichts, außer, dass sein Fuß schmerzte. Netter Versuch. Die Wand war massiv zu sein. Entweder aus Stahl oder das Panzerglas der Scheiben erstreckte sich bis zum Boden. Wäre auch zu schön gewesen. Ohne Licht hatte er keine Chance, mehr als einen einfachen Kurzschluss zufällig zu erreichen.

Er schlug sich mit der Hand an die Stirn. Verdammich! War er blöd!

Die Taschenlampe hatte er vorhin in seine Jackentasche gesteckt! Die hatte er vergessen. Er drückte den kleinen Einschaltknopf. Helles LED-Licht flammte auf. Perfekt. Im Schein der Lampe konnte er sehen, dass die Schränke unter den Pulten tatsächlich fast leer waren. Diverse Netzwerk- und Stromkabel zogen sich am Boden und versorgten die Anzeigen und Monitore.

Peter, denk nach! Er brauchte entweder eine Möglichkeit zu kommunizieren oder – noch besser – musste die Feuerschutztür öffnen. Die Tür war elektronisch verriegelt.

Ein Magnetriegel, kein physischer Bolzen. Das war die Lösung! Kein Strom, kein Magnetismus.

Er suchte sich ein Kabel im Schrank und hoffte, dass Pandora den Strom nicht abschalten konnte. Dafür gab es garantiert nur einen manuellen Schalter oder eine Sicherung. Mit roher Kraft zog er den Strang aus seinen Verankerungen, damit es bis zur Tür reichte. Die blanken Enden ragten heraus.

Jetzt kam es darauf an. Er hielt die Kupferfasern an die eiserne Tür in der Nähe des vermuteten Schlosses. Nichts passierte. Kein Funke. Kein Kurzschluss. Die Tür blieb verschlossen und er saß im Dunkeln. Mist. Offenbar gab es hier unten doch keinen Strom mehr. Peter ließ das Kabel fallen und rutschte langsam mit dem Rücken an der Wand zu Boden. Der ganze Aufwand für nichts! Und das Töten an der Oberfläche ging weiter.

Irrte er sich, oder kam da ein leises Kichern aus den Lautsprechern?

## Jacques

Schweigend kurvten sie durch flache Berghänge im Schein der Mondsichel. Schroffe Felsen, vertrocknete Gräser und kleine Büsche zogen im Kegel der aufgeblendeten Scheinwerfer vorbei. Hin und wieder hatte man die Straße durch einen der Sandsteinhügel schlicht hindurchgefräst. Beleuchtete Gewächshäuser waren in dieser von Allah verlassenen Gegend die einzigen Zeichen von Leben. Sie waren bereits zu zwei Ortschaften gefahren, die man offenbar vor Längerem aufgegeben hatte. Kein Wunder: Drohnen und Roboter, die sich größtenteils selbst reparierten, brauchen keine menschlichen Helfer mehr. Und falls doch, konnte diese heutzutage problemlos mit Quadrokopter oder VTOL einfliegen.

»Ich komme immer noch nicht darüber hinweg«, sagte Ruhan nach einer Weile. »War das wirklich ein Hacker, der uns geholfen hat? So einfach kommt man bestimmt nicht in die Systeme der Polizei. Diese Drohnen mit den Maschinengewehren sind garantiert nochmals extra gesichert. Und selbst wenn ... warum sollte jemand Grenzschützer erschießen?«

»Weil sie es nicht anders verdient hatten?«, schlug Kara vor.

»Ja, schon. Aber das weiß doch niemand, oder? Dann müsste der Hacker ja ...«

»ACHTUNG!«, schrie sie.

Vor Jacques tauchte im Scheinwerferlicht ein schwarzer Block hinter einer Kurve auf, als hätte ein Riese seinen Bauklotz auf der Straße vergessen. Panisch riss er das Steuer zur Seite und trat auf die Bremse. Der Geländewagen schlug gegen die Leitplanke und schlitterte wieder in Richtung Fahrbahnmitte, bevor er mit quietschenden Reifen zum Stehen kam.

»Merde, was war das?«, keuchte er, schaute im Seitenspiegel nach hinten, aber sah nur Finsternis.

Ruhan öffnete die Beifahrertür und warf einen Blick hinaus. »Da parkt ein unbeleuchteter Lkw mitten auf der Fahrbahn«, informierte er sie. »Das war vermutlich wieder dein fürsorglicher Hacker.«

»Es ist nicht mein Hacker«, gab er bissig zurück. »Ehrlich, was weiß denn ich? Ich hatte mich schon gewundert, dass uns niemand entgegengekommen ist. Aber vielleicht hat das Teil auch nur einen Platten.«

»Und jetzt?«, fragte sie.

»Im Grunde haben wir keine Wahl. Wir fahren vorsichtig weiter«, beschied er.

Kurz darauf waren sie erneut unterwegs. Er fuhr jedoch deutlich langsamer und musste bereits hinter der nächsten Kurve einem Pannenfahrzeug ausweichen. Niemand sprach ein Wort. Kara krallte sich angespannt an die Armlehnen ihres Sitzes.

Was hatte es mit dem Geschehen auf sich? Scheinbar waren diverse Systeme gehackt und lahmgelegt oder umfunktioniert worden. Es war nur zu hoffen, dass sie später in Richtung Cabo del Gata fahren konnten und nicht von Rettungskräften oder der Polizei aufgehalten wurden. Oder dass zufällig zwei Fahrzeuge nebeneinander die Fahrbahn blockierten. Ans Vorbeifahren war aufgrund der Abhänge, scharfkantiger Felsen und Leitplanken nicht zu denken.

Nach zehn Minuten wurden die Hügel flacher. Ein einsames Hinweisschild hatte angedeutet, dass sie über diese Straße in zwanzig Kilometern Almería erreichen würden. Vor ihnen zeichnete sich ein oranger Schimmer am Himmel ab.

»Ist das schon unser Ziel?«, fragte Ruhan und beugte sich vor, um besser hinausschauen zu können.

»Nein«, antwortete Jacques. »Wir haben noch fünfzehn Kilometer vor uns. Vielleicht ist es eine vorgelagerte Kleinstadt.«

Er hatte aber seine Zweifel, da das Leuchten sich deutlich abzeichnete. Viel stärker als damals, als sie sich über das Meer genähert hatten. Außerdem wirkte es ... lebendiger. Hinter der nächsten Kurve passierte, was sie die ganze Zeit befürchtet hatten: Zwei kantige Blöcke blockierten die Fahrbahn.

»Zut«, schimpfte er und bremste, »war ja klar, dass das irgendwann kommen musste.«

Kara schaute zu ihm rüber: »So kurz vor der Stadt? Seltsamer Zufall.«

Er zuckte mit den Schultern. »Ja. Es hilft nichts. Vorhin gab es eine Abzweigung den Hang herunter. Wir müssen versuchen, uns über Nebenstraßen durchzuschlagen und den Ort zu umfahren. Das ist auf jeden Fall eine gute Idee«, sagte er bestimmt.

Sie fuhren ein kurzes Stück zurück und bogen in Richtung einer beleuchteten Industrieanlage mit hausgroßen, runden Kuppeln ab, die von einem Zaun eingegrenzt wurde. Agricultural-irgendwas stand auf dem Schild, aber er hatte keine Lust, sich damit zu beschäftigen. Entgegen seiner Hoffnung konnten sie nicht direkt wieder abbiegen, sondern folgten einer einspurigen Straße durch die nachtschwarzen Hügel. Er wollte gerade schon aufgeben, da bot sich ihnen die Möglichkeit, eine Abzweigung in die richtige Richtung zu nehmen. Links und rechts zogen weitläufige Reihen mit Solarpaneelen vorbei. Auf deren glatten Flächen spiegelte sich der orange gezeichnete Himmel. Das Licht entstammte nicht einer Industrieanlage oder der Straßenbeleuchtung. Das war aus ihrer Perspektive und den ansteigenden Hügeln klar zu erkennen.

Es war Feuer. Deutlich waren Flackern und Rauchschwaden auszumachen, die mit dem schwarzen Nachthimmel verschmolzen.

Ruhan fand zuerst die Sprache wieder: »Allah sei uns gnädig. Die Stadt brennt!«

»Ja, und die Lkws blockieren eine der Hauptfluchtrouten«, ergänzte Jacques.

»Du meinst, das war Brandstiftung?«, fragte Kara. »Ein Anschlag oder so?«

Er schüttelte den Kopf: »Keine Ahnung, vielleicht. Es passt doch irgendwie, oder? Auf jeden Fall umfahren wir das so gut es geht.«

Eine halbe Stunde später waren sie wieder auf der Bundesstraße unterwegs. Inzwischen mussten sie nicht nur Lkws, sondern auch Personenwagen ausweichen, die genauso tot auf der Straße lagen. Bei vielen hockten die Insassen am Straßenrand daneben und warteten auf Pannenhilfe, die nicht kommen würde.

»Vorsicht!«, erneut war es Kara, die die Gefahr zuerst erkannte.

Vor ihnen waren zwei Fahrzeuge frontal zusammengeprallt und standen auf dem Mittelstreifen. Keine Menschen waren zu sehen.

Er bremste in zwanzig Metern Abstand. »Und jetzt? Wieder einen Umweg fahren?«

»Mein Gefühl sagt mir, dass es nicht besser wird«, meinte Ruhan. »Kannst du dich nicht einfach daran vorbeischieben? Ein paar Schrammen werden dem Wagen nichts ausmachen.«

Ihm war das unsympathisch, aber er gab seinem Freund in Gedanken recht und fuhr weiter. »In Ordnung, ich versuche es.«

Langsam näherte er sich der Unfallstelle und warf aus dem Fenster einen Blick in die Fahrzeuge. Ihm wurde übel. Sie waren nicht leer. Die Insassen, eine Familie mit zwei kleinen Kindern, waren eindeutig tot. Die Wucht des Aufpralls hatte das Auto wie eine Ziehharmonika auf die Hälfte zusammengepresst und niemandem im Innenraum eine Chance gelassen. Der Unfall musste sich mit Höchstgeschwindigkeit beider Teilnehmer ereignet haben.

»Allah sei mit uns«, murmelte auch Kara, die einen Blick über seine Schulter riskierte, während er ihr Auto mit einem metallischen Quietschen zwischen Leitplanke und den Wracks hindurchzwängte.

Kurz darauf fuhren sie erneut im Slalom den Pannenfahrzeugen und Menschen ausweichend über die Straße. Was war nur geschehen? Ein Fehler in der Cloud? Spielten die ganzen automatischen Geräte in der ZEU verrückt? Die Drohne, die die Grenzer erschossen hatte, war aber gezielt vorgegangen. War ein Virus dafür verantwortlich? Bei Karas Befreiung war mit seiner Hilfe auch ein mächtiges Virus auf die ZEU losgelassen worden. Es hatte nicht nur den Wall zerstört, sondern in den Erstaufnahmeeinrichtungen ein Blutbad angerichtet, dem er selbst nur knapp entkommen war. Aber das hier ... das war eine andere Dimension. Ihm schwante Übles, wenn er an eine größere Stadt wie Almería dachte. Dort würde sie dann keinesfalls mit ihrem Auto durchkommen. Früher oder später mussten sie auf Helfer, die Polizei oder das Militär treffen. Wobei die ohne Fahrzeuge und Fluggeräte auch nicht weit kämen. In den Metropolen waren potenziell Zehntausende Menschen auf der Flucht. Vermutlich herrschte Chaos.

»Wir sollten uns Almería nicht zu sehr nähern«, sprach er seine Gedanken laut aus. »Dort wird kein Durchkommen sein und vielleicht sogar Militärkontrollen oder Ähnliches.«

»Und was machen wir dann? Wir wollten doch zur Küste ... und nach Olivia und Alejandro suchen. Wegen Lucas«, meinte Kara.

»Ja, aber das wäre unter normalen Umständen schon schwierig, ohne selbst an der Grenze aufgegriffen zu werden. Ihm Grunde ist der einzige Ort, den wir erreichen können, und bei dem wir eine Chance haben, die beiden zu treffen, die alte Comunidad.«

»Vielleicht sollten wir uns irgendwo hier in der Gegend verstecken und später weiterfahren, sobald sich alles wieder beruhigt hat«, warf Ruhan ein.

»Nein, heute sind alle mit Wichtigerem beschäftigt. Mit etwas Glück kommen wir mit dem Auto durch. Es ist ja nicht mehr weit. Morgen wird eventuell schon alles nach Überlebenden abgesucht. Ich denke, wir sollten unsere Chance nutzen.«

»In Ordnung«, willigte auch Kara ein. »Lasst uns zu Comunidad fahren und dort Unterschlupf suchen. Den Weg kennst du?«

»Ja, zumindest grob. Noch von damals. Ich bin die Strecke ja ein paar Mal gefahren worden. Wir müssen erst auf die A7. Die stand vorhin schon auf einem Hinweisschild. Dann östlich an Almería vorbei und an einer der nächsten Ausfahrten in Richtung Meer abbiegen. Dort suchen wir die Erstaufnahmeeinrichtung an der Küste, in die man mich gesteckt hatte. Das war ein großes, von einer Mauer umzäuntes Gelände. Von da kenne ich den Weg zur Comunidad.«

Die nächsten zehn Minuten schlängelten sie sich weiter durch die Fahrzeuge. Der orange angemalte Himmel vor ihnen hatte etwas Dämonisches und schien sie direkt zu den Toren der Hölle zu führen. Mehr als einmal kamen sie an tödlichen Unfällen vorbei. Autos, die Passanten mit Höchstgeschwindigkeit überfahren haben mussten und die frontal mit Bäumen und Pfählen kollidiert waren. Einige Male standen Leute daneben, halfen Verletzten oder hockten teilnahmslos am Straßenrand. Eine Gruppe Halbstarker versuchte, sie anzuhalten, doch ein Schuss aus der Pistole vertrieb die Jugendlichen. Auf der Autobahn ging es besser. Die Fahrstreifen waren breiter und sie konnten den Wracks und Menschen problemlos ausweichen. An der nächsten Ausfahrt, hinter einer endlosen Reihe stoisch leuchtender Gewächshäuser, beschloss Jacques, abzubiegen, damit sie ihr Glück an der Küste versuchen konnten. Das feurige Glühen war bereits deutlich abgeklungen und lag hinter ihnen, sodass sie zumindest das größte Chaos umfahren haben sollten.

Nach der Ausfahrt folgte er der Straße bis zum Ende und bog dann links ab. Tatsächlich tauchte die vier Meter hohe graue Mauer der Erstaufnahmeeinrichtung auf. Bei seinem ersten Besuch war das Areal strahlend hell erleuchtet gewesen. Heute glich es einem dunklen verlassenen Bunker, da die Einrichtungen schon vor zwei Jahren geschlossen worden waren. Er fragte sich, ob dort drin der weiße, inzwischen staubbedeckte, Roboterkörper von der pseudo-fröhlichen Sofie in der Finsternis hinter dem Empfangstresen saß. Vermutlich nicht. Man würde alles recycelt haben.

»Jacques!« Er rammte seinen Fuß auf die Bremse und brachte den Wagen zum Stehen. Es war das dritte Mal, dass Karas Schrei sie vor einem Unfall bewahrte. Vor ihnen im Scheinwerferlicht stand ein schreckensbleiches

Paar mitten auf der Straße und starrte sie aus schreckensgeweiteten Augen an. Der Mann führte einen kleinen Jungen an der Hand. Alle drei Gesichter kannte er.

»Lucas!«, entfuhr es ihm.

Wie war das möglich? Aber er war es. Zusammen mit Olivia und Alejandro. Kein Zweifel. Jacques sprang aus der Tür und stürmte vorwärts. Auch sein Sohn erkannte sie in diesem Moment und riss sich los: »Papaa! Mamaa!«

Wie hatte er das vermisst. Das waren die schönsten Worte, die er seit Langem gehört hatte. Dann warf er sich ihnen in die Arme und für eine winzige Ewigkeit gab es nur noch sie drei.

# Verdeckte Meldung

## 9. Dezember 2099

### Camila

Ihr Körper wurde von der Wucht der Druckwelle angehoben und flog in Richtung Wald. Eine Hitzewelle brandete über ihren Rücken. Es folgte das vielfache Krachen einer ohrbetäubenden Explosion, als schlüge ein Dutzend Blitze neben ihr ein. Etwas hämmerte ihr ins Kreuz. Ihre linke Schulter landete auf der Erde und sie krachte durch Büsche und Bäume. Zweige peitschten ihr ins Gesicht. Äste stachen nach ihr und wollten sie durchbohren. Zum Schluss rollte sie ein Stück und blieb zwischen moderig riechenden Blättern liegen.

Sie lebte. Immerhin. Hatte sie sich verletzt? Stand sie unter Schock? Sie hatte mal gelesen, dass man eine ernsthafte Verletzung nicht sofort bemerkte. Adrenalin und Endorphine schwemmten ihr Gehirn.

Stöhnend setzte sie sich auf, tastete ihren Körper ab und schaute sich alle Gliedmaßen genau an. *Autsch!* Der linke Rippenbogen schmerzte höllisch. Es war kein Blut zu sehen. Wahrscheinlich eine gebrochene Rippe oder Prellung. Ansonsten fand sie bei ihrer Bestandsaufnahme nur diverse Schnitte, Schürfwunden und weitere blaue Flecke. Nichts, was sie kurzfristig umbringen würde.

Und sonst? Um sie herum brannten ein paar Büsche, aber das würde sich vermutlich nicht direkt entzünden. Beißender Rauch zog in das Gebüsch. Sie richtete sich auf.

Maria und Josephine! Langsam kamen klare Gedanken zurück. Die waren vor ihr gewesen, sie sollte es weniger übel erwischt haben.

»Maria? Alles in Ordnung?« Sie schaute sich um. Die beiden mussten irgendwo vor ihr liegen.

»Hier! Wir sind okay.« Maria kam durch die Rauchschwaden geschritten. Das Mädchen hatte sie auf dem Arm. Sie drückte ihren zuckenden Körper fest mit dem Gesicht an ihre Schulter.

Camila wurde klar, dass die Konsequenzen des Flugzeugabsturzes weitreichend waren. Hatte die KI gerade bewusst ein Fluggerät auf sie abstürzen lassen? Hatte sie mit einem Flugzeug nach ihnen geworfen, als wäre es ein Kinderspielzeug? Im Gegensatz zu den modernen Quadrokoptern und VTOLs wurden diese noch mit Kerosin betrieben. Die Explosion fiel entsprechend heftig aus. Zwei Zufälle in dieser kurzen Zeit, bei denen sie fast gestorben wären. Das ist möglich, aber unwahrscheinlich. Bei dem Gedanken lief es ihr kalt den Rücken runter. Pandora hatte die KIs nicht neu gestartet oder gelöscht: Sie hatte sie übernommen.

»Damit ist klar, dass es Pandora direkt auf uns abgesehen hat«, fasste Camila ihre Gedanken zusammen. »Das war kein Zufall. Beinahe hätte sie uns erwischt. Vermutlich war es die Klingel am Haus. War das eine Militärmaschine? Falls ja, haben wir kaum noch eine Chance. Sobald sie mit Raketen nach uns schießt, ist es aus.«

Maria strich sich eine Strähne aus dem Gesicht. »Ich denke nicht. Hätte sie die Waffen von Jägern oder Bombern unter ihrer Kontrolle – warum hätte sie das Flugzeug abstürzen lassen sollen, statt uns direkt zu erledigen? Vermutlich ist das militärische Netz sicher. Zumindest im Moment.«

Das entbehrte nicht einer gewissen Logik. »Dann war es eventuell ein ziviles Transportflugzeug oder Ähnliches. Auch wenn es die kaum noch gibt.« Camila hielt kurz inne. »Lass uns verschwinden. Nicht, dass sie auf gut Glück weitere Flieger abstürzen lässt. Wir müssen die Zivilisation auf jeden Fall vermeiden.«

»Moment«, Maria hielt sie nochmals zurück. »Warum sollte die KI es auf uns abgesehen haben? Wir sind ganz sicher keine Ziele, die Peter genannt hat, und haben auch nichts mit den Fake News zu tun.«

»Ich schon. Ich habe damals als Redakteurin dabei geholfen, sie zu verbreiten.«

»Okay. Aber dafür scheint es etwas zu drastisch, Flugzeuge auf Dörfer abstürzen zu lassen, oder? Falls sie jeden Helfershelfer ausradieren will, bleiben nicht viele Menschen in der ZEU übrig. Außerdem könntest du erst wieder in die Zivilisation zurückkehren, sobald sie besiegt wurde. Dass das jemals passiert, ist ziemlich unwahrscheinlich. Denn niemand außer uns weiß, dass hinter Pandora der Quantencomputer im CERN steckt.«

Verdammt! Daran hatte sie nicht gedacht. Sie hatte darauf spekuliert, dass die KI sich nicht weiter für sie interessieren würde. Spätestens nach ein paar Wochen hätte sie problemlos in die Gesellschaft zurückkehren können.

Sie war überzeugt gewesen, dass Pandora irgendwann besiegt würde. Menschen waren zäh.

Aber falls diese Mega-KI es jetzt direkt auf sie abgesehen hatte, waren ihre Chancen denkbar schlecht. Irgendeine Kamera, Drohne oder Satellit würde sie erfassen. Das war praktisch unvermeidbar. Und falls die KI die Cloud und die Steuerung sämtlicher Drohnen, Hausgeräte, Roboter, Autos, Fabriken und Atomkraftwerke übernommen hatte – dann würde es demnächst keine Zivilisation mehr geben, in diese sie zurückkehren konnte. Niemand würde die KI jemals besiegen oder vertreiben, solange der Quantenrechner im CERN existierte. Und mit jeder Minute, die verstrich, konnte Pandora sich stärker festsetzen und die Leitungen zu ihrem Rechner absichern.

Sie fuhr sich mit den Händen durch die Haare und lief ein paar Schritte auf und ab. »Verflucht, Maria. Das ist bestimmt der Grund! Wir sind die Einzigen, die ihren wahren Standort kennen. Sie ist durchgeknallt. Sie will an der Macht bleiben und wird um jeden Preis versuchen, uns aus dem Weg zu räumen.«

»Dann haben wir keine Chance und Abwarten wird uns nicht helfen«, stellte die andere Frau fest. Sie streichelte Josephine über den Kopf, die sich weiter ängstlich an sie drückte. »Und jetzt? Wir müssen das jemandem sagen! Der Polizei oder dem Militär. Die könnten die Leitung kappen oder das Rechenzentrum zerstören.«

»Ja. Aber wie? Sobald wir uns außerhalb des Waldes zeigen, sind wir tot. Auch hier drin wird das nicht lange dauern. Bestimmt kann die KI deine Spur zum Lager nachverfolgen und kennt es. Und mit den Inhalten unserer Rucksäcke ...« Camila hielt inne.

»Was ist?«

»Die Nachrichtendrohne! Ich hatte sie in der Kirche eingesteckt.«

Damit riss sie sich die Tasche vom Rücken und begann darin herumzuwühlen.

Maria war sichtlich verwirrt: »Eine Drohne? Die wird sofort von Pandora gehackt – falls sie es nicht schon längst ist. Du solltest sie zerstören.«

»Nein! Hier«, sagte sie und holte die dunkelgraue Kugel in der doppelten Größe eines Tennisballs heraus. »Peter hat es mir erklärt. Nur zum Neuprogrammieren bräuchten wir eine VR-Brille. Sie ist solarbetrieben und fliegt komplett autark an den einprogrammierten Zielort. Man kann einen Zettel hineinlegen. Ich hatte sie damals eingesteckt, da ich mir dachte, dass sie noch nützlich sein könnte, falls wir uns heimlich eine Nachricht schicken müssen. Aber du kannst kein neues Ziel programmieren, ohne unseren Standort zu verraten.«

»Hm … und wenn wir doch ein neues Ziel einstellen könnten?«, fragte Maria. »Welches würdest du auswählen?«

»Da fällt mir eines ein«, antwortete Camila und ein Funken Hoffnung glomm in ihr auf. »Wir haben vor unserem Start mit Olivia und Alejandro einen Treffpunkt ausgemacht. Der abgelegene, ehemalige Alborán-Golfklub an der Küste. Etwas abseits von Almería. Dort gibt es wohl eine halbwegs erhaltene, zwei Meter große Statue eines goldenen Golfers. Die sei nicht zu übersehen. Wir haben vereinbart, uns dort Nachrichten zu hinterlassen oder uns direkt zu treffen, falls einer von uns noch Hilfe benötigt. Die Koordinaten habe ich.«

»Verstehe. Wir schreiben eine Nachricht und liefern sie dort ab. Dann hoffen wir, dass die beiden diese finden und an irgendwen übergeben können, der in der Lage ist zu helfen.«

Camila nickte. »Genau. In Almería gibt es einen großen Marinestützpunkt mit Militärhafen. Dort sollten sie auf jeden Fall jemanden erreichen und überzeugen können. Aber ich weiß natürlich nicht, wann jemand nachschaut.«

»In der aktuellen Situation hoffentlich früher als später. Wie lange braucht die Drohne?«

»Das ist der Haken: Ich habe keine Ahnung und es sind deutlich über tausend Kilometer von hier. Selbst wenn das Teil durchgängig mit 50 km/h fliegt, ...«

»... dauert es mindestens einen ganzen Tag. Eher zwei Tage«, schloss Maria. »Aber okay. Eine bessere Chance bekommen wir nicht. Du schreibst also einen Zettel mit allen Details, die ausreichen, um das Militär zu überzeugen. Den schicken wir zum Golfklub. Deine Freunde werden die Botschaft finden und überbringen.«

»Exakt«, stimmte Camila zu, »und was war deine Idee mit der Programmierung der Drohne?«

»Wie gesagt: Ich bin Expertin für Chipsätze. Schon vergessen? Ich werde den GPS-Chips deaktivieren und die Cloudverbindung der VR-Brille physisch unterbrechen. Danach können wir unseren heimlichen Boten programmieren und auf den Weg schicken.«

Sie runzelte die Stirn. »Versuchen, klingt nicht unbedingt zuversichtlich.«

Maria zuckte mit den Schultern. »Hast du eine bessere Idee?«

Eine halbe Stunde später war es so weit. Camila hatte auf der Rückseite des Zettels, der sich immer noch in dem Gerät befand, grob umrissen, was sie getan hatten. Auch, dass die Verbindung zwischen Quantencomputer und Cloud zwingend unterbrochen werden muss. Falls das nicht möglich sei, müsse das Rechenzentrum zerstört werden. Maria fummelte währenddessen leise fluchend mit der Spitze ihres Taschenmessers an der Platine ihrer Brille herum.

Am Ende setzte sich die blonde Frau das VR-Headset auf und schaltete die faustgroße Drohne ein. Nochmals atmete sie tief durch und meinte: »Jetzt kommt darauf an. Drück uns die Daumen.«

Damit aktivierte sie ihre Brille und führte einige Gesten mit der rechten Hand aus. Das kugelförmige Fluggerät klappte blütenförmig auf und entfaltete vier handflächengroße Rotoren, Solarpaneele und zwei Düsen – wie ein Käfer, der seine Flügel ausklappt. Mit einem feinen Surren hob sie ab. Sie schwebte einen Augenblick auf der Stelle, dann blitzten die winzigen Triebwerke blau auf und sie verschwand zischend zwischen den Baumkronen.

»Huch, ganz schön fix. Hat es geklappt?«, fragte Camila.

Maria schüttelte mit verkniffener Mine den Kopf und nahm das Headset ab. »Ja und nein. Der Positionschip war nicht aktiv, aber die Cloud-Verbindung. Pandora kennt das Ziel unseres fliegenden Boten und weiß jetzt, dass ich noch lebe.«

»Fuck«, war das Einzige, was ihr dazu einfiel. Genau das hatten sie verhindern wollen. Zumindest mussten sie nicht befürchten, dass ihnen sofort ein Flugzeug auf den Kopf geworfen würde.

»Du sagst es. Lass uns trotzdem sehen, dass wir zum Lager kommen. In einer halben Stunde sollten wir es erreichen können.«

Camila wendete sich an das Mädchen: »Josephine? Möchtest du zu mir auf die Schultern?«

Die Kleine ließ sich das nicht zweimal sagen, obwohl ihr die Müdigkeit deutlich in den Augen stand. Damit waren sie die nächsten Minuten wesentlich zügiger unterwegs als mit ihr an der Hand. Ihr fiel ein, dass Nelio im gleichen Alter gewesen war, als die Fahrzeug-KI sich damals dafür entschieden hatte, ihn aus dem Leben zu reißen. Auch wenn sie jetzt aktiv darauf hingearbeitet hatte, Pandora auf die Welt loszulassen – es war die KI, die das Auto der Eltern als Waffen eingesetzt und gegen den Baum gelenkt hatte. Sie würde dafür sorgen, dass sämtliche KIs ausradiert würden und die Menschen die Zügel für ihre Leben selbst in die Hand nähmen. Wobei sie sich fragte, auf wen von ihnen beiden die KI es abgesehen hatte. Auf Maria oder auf sie? Wäre es für sie sicherer, sich von der Frau abzusetzen? Ja, das wäre es. Aber vorerst war sie auf sie angewiesen, um das Lager zu finden.

Eine gute halbe Stunde später traten sie auf eine Lichtung. Sie maß nicht mehr als zehn Schritte und wurde fast vollständig von den überhängenden Kronen alter Buchen vom schwarzen Nachthimmel abgeschirmt. Die Silhouette eines windschiefen Holzschuppens zeichnete sich in der Mitte ab. Neben dem Häuschen deckte Plane ein unförmiges, brusthohes Gebilde ab.

»Da sind wir«, meinte Maria und breitete die Arme aus. »Unser Unterschlupf. Im Schuppen finden wir Wasser und Lebensmittel für die nächsten Wochen. Und dort«, sie deutete auf die Plane, »ist unser Ticket aus dem Wald. Ganz ohne KI.«

»Was ist das hier? Die Bretterbude gehört doch bestimmt jemandem.«

»Keine Ahnung. Loris und ich …« Bei der Erwähnung seines Namens hielt sie kurz inne und schluckte. »Wir haben sie auf Satellitenaufnahmen gefunden. Hier ist mit Sicherheit seit Jahren niemand mehr gewesen. Los, lass uns reingehen.«

Im Inneren begrüßte sie muffige Luft und Spinnenweben, während der Kegel ihrer Taschenlampe über die Wände glitt. In einer Ecke lagen vier große, rucksackähnliche Taschen jeweils mit fest aufgerollter Isomatte und Schlafsack. Auf Josephine mussten sie eine Weile gut einreden, damit sie überhaupt die Hütte betrat. Aber als Maria eine Campinglampe eingeschaltet hatte, die einen warmen Schein verbreitete und eine kuschelige Schlafecke aufgebaut hatte, ließ die Kleine sich überzeugen. Vollkommen erledigt von dem emotionalen und körperlichen Stress, fiel sie keine zehn Minuten später in einen traumlosen Schlaf.

Am nächsten Morgen wachte sie als Erste auf. Ihr Arm lag auf Nelios warmen Körper vor ihr im Schlafsack. Nelio? Nein. Es war Josephine, die sich gestern Abend zu ihr gekuschelt hatte. Als wären sie Mutter und Tochter auf einem harmlosen Campingausflug. Sie wollte keine Verantwortung für das Mädchen übernehmen. Eigentlich.

Aber die Kleine hatte das alles genauso wenig verdient wie damals ihr Nelio. Sie war nur ein unschuldiges Kind wie er. Und nach Pandora würde sie in einer besseren Welt aufwachsen. Dabei musste ihr jemand helfen. *Sie* musste ihr helfen. Sobald die Welt ein besserer Ort geworden war, würde sie gerne wieder in ein normales Leben eintauchen. Dafür musste sie diese Phase des Umbruchs, die sie bewusst angezettelt hatte, überstehen.

Mit diesen Gedanken im Hinterkopf öffnete sie den Reißverschluss des Schlafsacks, zog ihre Schuhe und Jacke an und schlich zur Tür, ohne sich um Wechselkleidung zu kümmern. Die lag im Hotel und sie hatte Maria nicht gefragt, ob sie etwas eingepackt hatte.

Als sie nach draußen trat, zeigte sich der Himmel bereits hell, und die Sonnenflecken tanzten wie Schmetterlinge auf dem moosbedeckten Waldboden. In der morgendlichen Kälte bildete ihr Atem Dampfwölkchen. Bis auf das Zwitschern der Vögel war es hier so friedlich, wie eine Waldlichtung nur sein kann. Nichts erinnerte daran, dass in diesem Moment Europa von Flammen überzogen und einer gnadenlosen KI gereinigt wurde.

Sie ging zu den dunkelgrünen Planen, löste einen Spanngurt und schaute darunter. Zum Vorschein kam der kniehohe, mit Stollen besetzte Reifen eines Geländefahrzeugs. Als sie die Abdeckung komplett herunterschob, zeigte sich ihr ein überdimensionaler Standbuggy. Ein Quad mit vier gepolsterten Sitzen, Überrollbügeln, kräftigen Scheinwerfern und Gepäckablage. Bis auf eine Frontscheibe und das mit Plastikplatten verkleidete Dach war der Sitzraum offen. Definitiv geländegängig, aber alles andere als komfortabel. Ein Gefährt für unwegsames Gelände, nicht für die Autobahn.

Nach kurzem Zögern schwang sie sich auf den Fahrersitz. Die Instrumente wirkten so robust und unkaputtbar wie der Rest des Fahrzeugs. Es gab kein Zündschloss. Nur ein kleines Armaturendisplay und einen Startknopf mit roter »Power«-Beschriftung. Kurzentschlossen drückte sie den Starter. Nichts passierte.

»Du wolltest uns doch hoffentlich nicht allein zurücklassen, oder?« Maria lehnte mir verschränkten Armen an der Hausecke und beobachtete sie.

»Erwischt«, antwortete sie grinsend und kletterte aus dem Buggy. »Aber ohne Ausrüstung käme ich nicht weit, oder? Außerdem müsste ich im Moment gar nicht, wohin ich fahren sollte.«

»Auch wenn das Lowtech ist, der Startknopf ist auf meinen Fingerabdruck programmiert. Es soll ja nicht jeder einfach dem Teil abdampfen können. Lass uns erst mal Frühstücken und dann sehen wir weiter«, erwiderte die andere Frau und ging in die Hütte zurück.

Josephine wachte kurz darauf ebenfalls auf. Sie erklärten ihr, dass sie noch eine Weile hierbleiben würden, bevor sie mit dem Auto losführen. Die Kleine hatte vor ein paar Stunden ihre Eltern verloren, war beinahe von einem abstürzenden Flugzeug zermalmt worden und war jetzt mit zwei Fremden unterwegs. Und trotzdem wirkte sie erstaunlich gefasst. Vielleicht hatte sie das alles einfach noch nicht verarbeitet oder die Trauer kam erst später. Ihr Frühstück bestand aus Fertigmüsli aus der Tube sowie Instantkaffee, die die Campingtassen selbstständig erwärmten.

»Wollen wir versuchen, herauszufinden, wie es in der Welt aussieht? Du meintest doch, dass Pandora uns hier nicht orten kann. Dann können wir ja in die VR gehen, oder?«

»Dass sie uns nicht orten kann, ist nicht ganz korrekt. Theoretisch könnte sie die Funkzelle identifizieren, aus der wir eine Verbindung aufbauen. Aber das ist in dieser dünn besiedelten Region ein sehr großer Bereich. Außerdem wird von der Cloud nicht viel übrig sein, danke ich.«

»Keine Ahnung«, Camila zuckte mit den Schultern, »ich denke nicht, dass die KI den Auftrag hat, alles zu vernichten.«

»In Ordnung«, stimmte Maria zu, »ich würde vorschlagen, wir machen uns erst abfahrbereit. Sobald wir so weit sind, kannst du es ja gerne versuchen. Danach verschwinden wir direkt aus diesem Bereich. Entweder tiefer in den Wald oder in Richtung Zivilisation. Ja nach dem. Leider sind wir hier in Frankreich und nicht in Kanada. Selbst hier im Jura-Gebirge existiert so gut wie keine unberührte Natur. Überall trifft man auf Straßen, Häuser und Zäune. Unbeobachtet durch das Gelände zu fahren ist gar nicht so einfach.«

Eine Stunde später waren sie so weit. Josephine saß angeschnallt auf dem Rücksitz und sie auf dem Beifahrersitz.

Maria übergab ihr die manipulierte VR-Brille: »Viel Erfolg. Ich bin mal gespannt, ob du mehr siehst als Fehlermeldungen.«

Damit setzte Camila sich das Headset auf, schaltete es ein und identifizierte sich mit dem obligatorischen Handflächenscan. Einen Augenblick später saß sie virtuell im

»Parc de la Ciutadella« mit Ausblick auf die Neptú-Statue in Barcelona, ihrer Heimatstadt. Die barocken Skulpturen wurden von einer Handvoll geflügelter Seeungeheuer geschützt, die in der Mitte des vorgelagerten Teiches hockten und Wasser ausspien. Das war ihr persönlicher Lieblingseinstiegspunkt in die VR. Hier konnte sie einen Moment die Ruhe genießen, bevor sie sich typischerweise auf ihre Arbeit stürzte. Sie machte einen Wink und vor ihr schwebten ihre üblichen Elemente. Der Posteingang, ihre laufenden Rechercheaufträge, die Performance ihrer veröffentlichten Artikel, Neuigkeiten von ihren Freunden und Bekannten sowie ein Ticker mit den wichtigsten Nachrichten.

Die Bilder wurden von der VR-Brille direkt auf ihre Netzhaut projiziert und die Geräusche in ihre Ohren. Von ihrer Umgebung nahm sie in diesem Augenblick nichts mehr wahr. Nur die Sitzpolsterung erinnerte sie daran, dass sie nicht auf einer Parkbank, sondern neben Maria im Buggy saß.

Bis hier wirkte alles so normal, dass sie beinahe von Welle Heimweh überschwemmt wurde. Konnte sie sich nicht einfach in ihre reguläre Redakteursarbeit werfen? Sich von Rosa, ihrer persönlichen KI, die News aufbereiten lassen und ihnen einen letzten Schliff verpassen? Nein. Dieser Job, diese Welt existierte nicht mehr. Weder virtuell noch in der Realität.

Sie wischte sich eine Träne aus dem Augenwinkel und konzentrierte sich auf die Inhalte der Fenster. Zuerst die Nachrichten:

*»Angriff der Killer-KI zurückgeschlagen.«*

*»Theo Mäuser fällt KI-Anschlag zum Opfer.«*

*»Geheime KI-Experimente unter dem CERN?«*

*»Medienkonzerne geben Manipulationen zu.«*

*»Schweizer Cloud von der ZEU getrennt.«*

*»10 Tipps für ein Leben ohne KI«*

Erleichterung durchströmte sie. Sie hatten es geschafft! Und scheinbar ohne größere Schäden zu hinterlassen. Pandora war offenbar doch nicht so mächtig, wie sie angenommen hatte. Ob sie ihr Ziel erreicht hatte, die KI zu verbannen, da hatte sie allerdings ihr Zweifel. Oder die ZEU-Cyberabwehr deutlich besser als erwartet.

In diesem Moment meldete sich Rosa: »Eingehender Anruf von Peter Hessler. Möchtest du ihn annehmen?«

»Ja!« Peter? Hatte er doch überlebt? Möglich wäre es. Sie hatte nur das Maschinengewehrfeuer gesehen und keine Ahnung, wo er sich zu der Zeit befunden hatte.

Sein Avatar, dieser obskure Mr. Smith aus einem uralten Science-Fiction-Streifen, materialisierte vor ihr auf der Plaza. Sie sprang auf.

»Camila!« Er griff nach ihrem Gesicht. Ohne VR-Seat konnte sie natürlich nichts spüren. »Geht es dir gut? Wo bist du?«

»Ich ... ja, danke. Mein Gott, ich dachte wirklich, es hätte dich erwischt. Ich konnte mich vor dem Beschuss hinter eine Mauer retten. Nachdem die Truppe weg war, bin ich geflohen. Aber konnte dich nicht finden. Wo bist du? Kannst du mich abholen?«

»Ja. Ja, sicher. Wir sind nicht weit weg. In einer alten Hütte im Wald bei ...«

In diesem Moment wurde ihr das Headset vom Kopf gerissen.

»Bist du total bescheuert?!«, schrie Maria ihr ins Gesicht und begann hektisch an der Brille herumzufummeln, um sie abzuschalten.

»Ich ...« Für einen Augenblick war sie desorientiert. Hart aus der VR geholt zu werden, war nie angenehm. »In den Nachrichten hieß es, dass der Angriff von Pandora angeweht wurde. Und es war Peter, der ...«

»So ein Quatsch!« Die andere Frau drückte auf den Startknopf des Buggys und gab Gas.

Sie wurde in den Sitz gepresst, während der Buggy mit durchdrehenden Reifen und spritzender Erde vorwärts schoss. Rumpelnd fuhren sie in einen gegenüberliegenden Waldweg. Das Navigationsgerät war in der Mittelkonsole festgeklemmt.

»Das war diese verräterische KI, die einfach wissen wollte, wo du dich befindest. Du glaubst doch nicht, dass innerhalb von ein paar Stunden alles wieder gut ist, oder?«, fragt Maria.

Camila biss sich auf die Lippe. Verdammt, das stimmte. Sie hatte sich emotional einlullen lassen und ihren Standort preisgegeben. Egal, ob Peter noch lebte oder nicht – keinesfalls wäre die Gefahr bereits jetzt gebannt. So schnell konnte das einfach nicht gehen, da musste sie zustimmen.

»Entschuldige. Ich habe mich aufs Glatteis führen lassen.«

Ein Donnerschlag durchdrang den Wald und übertönte für eine Sekunde das Rumpeln und Prasseln ihrer Reifen.

Die Blonde blickte kurz zu ihr rüber, bevor sie sich wieder auf den engen Weg konzentrierte. »Das war verdammt knapp. Falls du noch einen weiteren Beweis brauchst ...«

»Schon gut. Lass uns zusehen, dass wir ein neues Versteck finden und zumindest mal für die nächsten Tage die Köpfe unten halten«, gab Camila zu.

Sie schloss einen Moment die Augen. Was war das nur für ein Biest, das sie in die Welt gesetzt hatte?

# Fliegendes Inferno

## 10. Dezember 2099

### Jacques

Ein lautes Dröhnen ließ Jacques aufschrecken. Ein Quadrokopter schwebte über dem Dach des baufälligen Klubhauses. Auch Kara, die vor ihm lag und ihre Arme um den schlafenden Lucas geschlungen hatte, war aufgewacht. Atemlos verharrten sie in dieser Position und er erwartete jeden Moment, dass jemand hereinstürmen oder ein anderes Unglück geschehen würde.

Langsam ebbte das Geräusch ab. Was auch immer das Fluggerät hier zu suchen hatte, sie schienen es nicht zu sein. Kara ließ ihren Atem entweichen.

»Ich glaube, wir sind hier sicher«, flüsterte er, »wenn man uns entdeckt hätte, wären wir schon lange nicht mehr allein. Aber wahrscheinlich haben alle im Moment dringendere Probleme, wie Olivia vorhin gesagt hat.«

»Ja. Versuchen wir, noch etwas zu schlafen.« Damit schloss sie ihre Augen und kuschelte sich enger an ihn und Lucas. Kurz darauf vernahm er ihre ruhigen Atemzüge. Er streichelte ihrem Sohn, der zwischen ihnen lag, über den Haarschopf. Im Gegensatz zu ihnen roch er frisch geduscht. Unfassbar, dass er die letzten Tage bei Olivia und Alejandro verbracht hatte, während sie in den Lagern um ihr Leben gekämpft hatten. Zumindest war ihm dieses

Trauma erspart geblieben. Aber noch waren sie nicht in Sicherheit. Die beiden Comunidad-Gründer hatten ihm von einer KI erzählt, die offenbar Menschen gezielt tötete und ganze Städte niederbrannte. Eigentlich sollte sie den Migranten helfen und die Presse und Politik in Zaum halten. Aktuell sah es für ihn eher so aus, als würden diese Personengruppen von der Erde getilgt. Ob ihm damit später geholfen wäre, daran hatte er starke Zweifel. Morgen würden sie versuchen, sich ein genaueres Bild von der Lage zu machen. Wieder stellte sich die Frage nach Wasser, Nahrung und der Überfahrt nach Algerien. Vielleicht war das gegenwärtige Chaos dabei hilfreich, denn die Grenzsoldaten, falls es noch welche gab, hatten wahrscheinlich Besseres zu tun, als Flüchtlinge zu jagen. Auch ein herrenloses Boot, das die Fahrt übers Mittelmeer wagte, sollte sich finden lassen. Nur eines würden sie vorerst nicht bekommen: Ruhe und Sicherheit.

Als er das nächste Mal erwachte, lag er allein auf ihrem provisorischen Lager aus Alejandros Schlafsack und ein paar alten Plastikplanen. Die Sonne schien bereits grell durch eine handbreite Lücke des vernagelten Fensters. Bis auf die tanzenden Staubpartikel und einen Holzstuhl, dem ein Bein fehlte, war ihr selbstgewählter Schlafraum leer. Im Hintergrund hörte er das fröhliche Lachen seines Sohnes, als wäre nichts Besonderes passiert.

Er durchquerte den Raum und schaute sich um. Vor ihm erstreckte sich das ehemalige Restaurant des Klubhauses: Ein ausladender, verstaubter Raum mit einer alten Bar. Spinnenweben spannten sich zwischen den ausgetrockneten Zapfhähnen. Ein Dutzend verschimmelter, weinroter Sessel, runden Tischen und jede Menge Unrat, der sich in den Ecken sammelte, warteten auf ihn. Kara, Olivia und Ruhan saßen an einer Sitzgruppe und tuschelten leise, während Alejandro Lucas mit einem verrosteten Golfschläger beibrachte, wie man den winzigen Ball geradeaus schlug. Der Eindruck war jedoch nicht besonders überzeugend, da der Spanier genauso wenig Ahnung zu haben schien, wie sein Sohn.

»Bonjour«, begrüßte er die Runde und lief zu Lucas. Der versuchte, wegzutauchen, doch er erwischte ihn und nahm ihn in eine lange Umarmung. Wahnsinn. Erst mit Kara und jetzt Lucas wiedervereint. Es fühlte sich immer noch wie ein surrealistischer Traum an. War es wirklich erst ein paar Stunden her, dass er sie befreit hatte?

»Gibt es was Neues? Und wie spät ist es eigentlich?«, fragte er, während er seinen Sohn absetzte und zu den beiden hinüberlief.

Kara stand auf und gab ihm einen kurzen Kuss. Ihn weiterhin im Arm haltend meinte sie: »Schon fast Mittag. Und nein. Bisher haben wir das Haus nicht verlassen, um keine unnötige Aufmerksamkeit von dem Ding auf uns zu ziehen.«

»Daher lassen wir auch besser unsere VR-Brillen ausgeschaltet«, ergänzte Olivia. »Draußen sind immer noch Explosionen, Sirenen und entfernte Schreie zu hören. Das klingt, als wären wir in einem Kriegsgebiet. Wir warten erst mal ab. Trotzdem brauchen wir Wasser und Nahrungsmittel.«

Von hinten warf Alejandro ein: »Eine Drohnenlieferung bestellen oder etwas im 24/7-Kiosk besorgen, ist aktuell wohl aussichtslos. Wasser kriegen wir in den Gewächshäusern. Da gehen wir einfach hin, die reichen fast bis an den Golfplatz. Und dort finden wir mit Sicherheit auch essbares Gemüse.«

»Okay«, meldete sich Ruhan zu Wort, »dann sollten wir das als Erstes erledigen. Ich denke, Kara und Jacques bleiben mit Lucas am besten hier, das ist am sichersten. Kommt einer von euch mit?«

Kurz darauf hatten sie sich geeinigt, dass die anderen drei zu den Treibhäusern wandern würden, während er mit seiner Familie hier wartete. Sie hatte ein paar alte Tüten und Säcke zusammengeklaubt.

Eine halbe Stunde später verließ der Trupp das Haus und ließen sie allein im Dämmerlicht zurück. Lucas war weiterhin begeistert dabei, seine Golffähigkeiten zu perfektionieren. Inzwischen schaffte er es, den kleinen weißen Ball aus zwei Schritten Entfernung zielgenau in eine offene Blechbüchse zu versenken.

Während Jacques und Kara händehaltend auf den Sesseln saßen, fragte er sich, ob er hier irgendwas Sinnvolles unternehmen konnte. Ihn plagte ein schlechtes Gewissen, dass die anderen die Gefahr auf sich nahmen und er hier einfach nur tatenlos herumsaß. Sein geschundener Körper dankte es ihm jedoch und seine Liebste machte ebenfalls den Eindruck, dass sie Ruhe benötigte.

Gerade wollte er sie fragen, ob er noch was für sie tun könne, da knallte es viermal nacheinander. Pistolenschüsse! Genau vor der Tür! Er sprang auf, stellte sich schützend vor Kara und griff nach der Waffe, die er seit dem Lager mitführte. Lucas schrie auf und warf sich an die Beine seiner Mutter. Die Tür flog krachend auf.

»Hey, schaut mal!« Olivia kam außer Atem zusammen mit den anderen hereingestürmt.

»Zut! Ich hätte dich beinahe erschossen! Was ist los? Wer hat geschossen?« Damit senkte er die Waffe, sicherte sie und steckte sie zurück in den Hosenbund.

Die Comunidad-Gründerin deutete auf Ruhan. »Er hat eine Lieferdrohne erledigt, die gerade das hier vor der Statue aufsammeln wollte.«

In den Händen trug sie eine dunkelgraue Kugel, die irgendwie militärisch wirkte. Was war das? Eine Bombe?

»Den Ablageort vor der Statue hatten wir mit den anderen ausgemacht, bevor sie losgezogen sind. Nicht unbedingt für eine Drohne, sondern als späterer Treffpunkt und Übergabepunkt für Nachrichten.«

Sie drehte die Kugel zu ihm, sodass er eine weiße Aufschrift lesen konnte: *»Autonomous Courier Drone – Push to Open«* Darunter pulsierte ein blauer Knopf.

»Bist du sicher, dass das eine gute Idee ist?«, wollte Kara wissen, die ebenfalls herangetreten war und Lucas auf dem Arm trug.

»Wie gesagt: Ich habe die schon mal gesehen. Peter hat sie erhalten, als wir in der Kirche der alten Comunidad Schutz gesucht hatten. Diese Drohnen können nahezu unbegrenzt weit fliegen und selbstständig anhand von eingespeichertem Kartenmaterial sogar ohne GPS ihr Ziel finden.«

»Du meinst, sie ist von euren Freunden, die das Chaos mit der KI verursacht haben?«, vermutete Kara.

»Das war sicherlich nicht deren Absicht. Aber ja, die ist garantiert von denen.«

Alejandro mischte sich ein: »Ich denke, wir sollten hier schnellsten verschwinden. Der Roboter, der das Teil auflesen wollte, war nicht zufällig vor Ort.«

Damit drückte sie den blauen Knopf und Jacques hielt den Atem an. Die obere Hälfte entfaltete sich in mehreren Schichten, nicht unähnlich einem Blütenblatt. Darunter kam, neben Elektronik, Rotoren, winzigen Düsen und zusammengeklappten Solarpaneelen, ein Stauraum von der Größe eines Hühnereis zum Vorschein. Dort lag ein mehrfach gefalteter, mit dünnen Zeilen handschriftlich geschriebener Zettel, den Olivia herausfischte.

»Hier«, sagte sie und übergab ihn an Alejandro.

Der Spanier überflog das Blatt und seine Augen wurden groß.

»Was ist? Jetzt mach es nicht so spannend«, forderte sie ihn auf.

Er räusperte sich und hob den Blick. »Die Nachricht ist von Camila. Sie schreibt, dass Peter und Loris den Quantenrechner erreicht haben und Erfolg hatten. Das hatten wir ja schon vermutet. Sie wurden jedoch unterbrochen und man hat sie erschossen.«

»Was?!«, warf Olivia ein.

Alejandro schluckte. »Ja. Die beiden sind tot. Wie genau steht da nicht. Allerdings ist sie überzeugt, dass eine KI namens Pandora, der Quantenrechner des CERNs, für all das Chaos und die Tötungen verantwortlich ist. Die beiden haben es scheinbar geschafft, die KI mit der Cloud zu verbinden, sind aber selbst auf einer Abschussliste gelandet. Ob die KI einfach verrückt geworden ist oder ihren Auftrag missverstanden hat, weiß sie auch nicht. In jedem Fall muss der Rechner mit der KI zerstört oder zumindest von der Cloud getrennt werden. Außerdem müssen sämtliche Systeme neu zugesetzt werden.«

»Natürlich. Wenn es weiter nichts ist«, meinte Olivia. »Und das Rechenzentrum muss zerstört werden, das wie ein Bunker tief unter der Erde vergraben ist. Anschließend müssen die zig Millionen Rechner der ZEU-Cloud neu aufgespielt werden. Wie stellt sie sich das vor?«

»Da steht noch mehr: Sie befürchtet, diese Pandora-KI kennt den Zielort der Drohne und empfiehlt uns, hier zu verschwinden.«

»Ja, so weit waren wir gerade schon. Das wird ja immer besser. Hat sie auch einen Vorschlag, was zu tun ist?«

»Nein. Keine Ahnung«, er zuckte mit den Schultern, »aber es macht Sinn. Die Systeme von Hand zurückzusetzen bringt nichts, solange die KI jederzeit das gesamte Netz dominiert und sich neu einnisten kann. Und vermutlich gibt es nur eine Handvoll Menschen auf der Welt, die von den Plänen von Peter und Camila und dem CERN gewusst haben – uns eingeschlossen. Wir müssen diese Information an die Behörden oder direkt an das Militär übermitteln. Von allein kommen die nie drauf. Und von allein aufhören wird es ebenfalls nicht. Das steht jetzt fest.«

»Und wie stellst du dir das vor? Einfach am Militärhafen in Almería vorbeimarschieren und beim Pförtner den Zettel abgeben? Die Cloud und Kommunikation sind tot. Die haben sich garantiert eingeigelt und werden erst schießen und dann Fragen stellen.«

Alejandro schaute in die Runde: »Kennt einer von euch jemanden, den man ansprechen kann, um die Situation zu erklären und die Info weiterzugeben?«

Niemand antwortete.

»Hm, ... Irgendwelche anderen Ideen?« Beim Thema sprechen kratzte es in Jacques´ Hinterkopf. Ein leichtes Ziehen seines Unterbewusstseins, das ihm etwas mitteilen wollte. Dann kam er drauf. »Das Funkgerät!«, platzte es aus ihm heraus. »Wir haben aus dem Lager ein Handfunkgerät vom Grenzschutz mitgenommen. Können wir damit vielleicht jemanden erreichen ...?«

Er holte es aus dem Rucksack und übergab es Olivia. Sie schaltete es ein, doch außer statischem Rauschen war nichts zu hören. Auch ein Wechsel der Frequenzen brachte nichts.

»Hm ...« Sie kaute auf ihrer Lippe. »Das wirkt nahezu antiquiert. Die Kanäle sind teilweise verschlüsselt. Ein Modell, dass man eventuell auf eine Expedition in den Urwald oder die Wüste mitnehmen würde. Die Typen wollten nicht abgehört werden und keine Spuren in der Cloud hinterlassen.«

Alejandro mischte sich ein: »Polizei und Militär nutzen im Moment möglicherweise aus dem gleichen Grund ebenfalls simplen Funk, meinst du nicht? Die haben zwar ihre abgeschirmte Cloud, aber damals bei der Zerstörung des Walls hat ihnen das auch nichts geholfen. Ich würde an deren Stelle jedenfalls darauf ausweichen. Leider sind wir hier zu weit weg, um etwas zu empfangen. Dazu ist deren Kommunikation garantiert verschlüsselt.«

»Du meinst, wir sollten versuchen, näher an den Militärhafen ranzukommen und darauf hoffen, dass irgendwer auf einem unverschlüsselten Kanal zuhört?«, fragte sie.

»Ja, das ist unsere beste Chance. Außerdem müssen wir sowieso verschwinden. Wir könnten einen Großteil des

Wegs an der Küste entlanglaufen und müssten nicht durch die Stadt. Spätestens hinter der Einmündung des Andarax' haben wir freie Sicht auf die Küstenlinie von Almería und den Hafen. Das ist ein vorgelagertes Kap, in dem der Fluss mündet. Dort gibt es höhere Gebäude, die wir nutzen könnten. Falls wir von da niemanden erreichen, liegt es vermutlich am Empfänger.«

»Okay. Wir begleiten euch«, sagte Jacques mit fester Stimme. »Auf dem Weg suchen wir Trinken, Essen und ein Boot, mit dem wir nach Algerien übersetzen können. Hierzubleiben bringt uns nicht weiter. Wie du schon gesagt hast, ist fraglich, ob dieser Irrsinn aufhört oder viel schlimmer wird. Irgendwann werden die Menschen kapieren, dass sie ihr Abendessen weder per Drohne bestellen noch im Supermarkt kaufen können. Dann werden wir nicht mehr die Einzigen sein, die nach einem Boot suchen.«

Kara schaute ihn an und nickte. Auch Ruhan hob seinen Daumen. Für sie alle war die Sache klar: Hauptsache weg. Sie hatten hier genug erdulden müssen und Lucas Sicherheit stand für ihn an oberster Stelle.

»In Ordnung«, sagte Olivia bestimmt, »dann packen wir jetzt und gehen direkt los. Alles Weitere können wir unterwegs besprechen. Ruhan? Kannst du währenddessen die Straße und den Himmel im Blick behalten? Nur, damit wir vorgewarnt sind, falls da was kommt.«

Keine zehn Minuten später traten sie nacheinander aus einer Seitentür. Er spähte in den klaren Himmel, der weder von Drohnen noch Flugtaxis bevölkert wurde. Auf der von Schlaglöchern und Unkraut überwucherten Straße, die langsam von der Natur zurückerobert wurde, waren ebenfalls keine Roboter sichtbar. Er dachte mit Unbehagen an das Erlebnis vor dem Truck, wo die Polizeidrohne kommentarlos die vier Grenzer exekutiert hatte. Falls es die KI gewesen war und sie es ernsthaft auf die abgesehen hatte, hatten sie keine Chance. Aber in dem Haus zu hocken war genauso sinnlos und riskant. So konnten sie nur darauf hoffen, möglichst unbehelligt das vorgelagerte Kap der Flussmündung zu erreichen. Wollte Pandora sie töten, hätte sie das schon längst tun können. Ihm war schleierhaft, wonach die KI auswählte, wer leben durfte und wer sterben musste. Für die Grenzschützer war das eindeutig gewesen. Aber auch Kara und er hatten gegen diverse Gesetze verstoßen, waren illegal im Land und hatten dabei geholfen, weitere Migranten unerlaubt in die ZEU zu schaffen. Das schien entweder kein Problem zu sein oder die KI wusste nichts davon. Letzteres hielt er allerdings für unwahrscheinlich. Vielleicht wartete sie einfach nur ab und beobachtete, was sie vorhatten, um dann im richtigen Moment zuzuschlagen. Eventuell kreiste bereits eine Drohne über ihnen, wie ein Adler, der darauf lauerte, seine wehrlose Beute zu schlagen.

Olivia und Alejandro übernahmen die Führung. Sie umgingen die Straße und schlugen sich durch das mannshohe, größtenteils verdorrte Gebüsch, das vor Jahrzehnten einmal ein flacher Golfplatz gewesen war. Hier drohte keine Gefahr von fahrenden Drohnen und sie hatten freie Sicht auf den stahlblauen Himmel. Die beiden kannten den Weg und gingen vor, im Anschluss kam er mit Kara und Lucas, die Nachhut bildete Ruhan. Trockenes Laub und winzige Äste zerbrachen unter seinen Füßen. In der flirrenden Hitze des Vormittags vereinigten sich die Zikaden zu ihrem unharmonischen Chor. Trotz der Nähe zur Küste war kein Lufthauch zu spüren. Niemand sprach ein Wort, während sie sich dem Meer näherten. Die Anspannung stand allen deutlich ins Gesicht geschrieben.

Würde die KI sie unbehelligt bis zur Flussmündung vordringen lassen? Und falls ja, wie würde sie reagieren, sobald sie ihr Funkgerät einsetzen? Konnte sie das Gesagte abhören?

Er beschloss, es nicht darauf ankommen zu lassen, und verließ am Ufer mit seiner Familie und Ruhan die beiden. Ihr Ziel war ein Boot zur Überfahrt. Die Rettung der ZEU-Gesellschaft vor einer übermächtigen KI stand nicht auf seiner Agenda. Das hatten sich die technikhörigen Bürger mit ihren selbst gewählten, korrupten Führern allein zuzuschreiben. Nach allem, was ihnen dieses Land angetan hatte – nicht zuletzt die Lager, in denen sie gequält und beinahe umgebracht worden waren – war er der Meinung, hier niemandem etwas schuldig zu sein.

Zwei Stockwerke einer kantigen Hotelanlage ragten keine fünfzig Meter vor ihm aus dem Meer. Die Wellen brachen sich an breiten Betonklötzen, die einst Zimmer für die Golftouristen bereitgestellt hatten. Hier bogen sie unmittelbar vor der Wasserkante nach Osten ab und folgten einem Trampelpfad. Hinter den Betonbauten waren die mit weißer Plane bespannten Gewächshäuser zu erkennen. Wie zur Erinnerung, was sie erwartete, stiegen in der Ferne graue Rauschwaden in den Himmel.

Ein paar Minuten später erreichten sie das erste Treibhaus. Alejandro ging vor, schlug die Folie zur Seite und sah hinein.

»Mögt ihr Tomaten?«, fragte er und drehte sich um.

Jacques hätte im Moment alles gegessen. Sein Magen hing auf dem Boden. Auch die anderen waren nicht wählerisch. Kurz darauf standen sie in schwülwarmer Luft zwischen Hochbeeten. Reihen mit grünen Tomatenstauden, an denen knallrote, faustgroße Kugeln schimmerten, zogen sich in die dunstige Endlosigkeit. Sie pflückten sich jeweils ein paar Früchte und bissen herzhaft hinein. Er hatte schon lange nicht eine simple Mahlzeit so sehr genossen. An einem Wasserhahn löschte er seinen Durst.

»Wenn ich daran denke«, meinte Olivia nach einer Weile, »das unsere selbstangebauten Tomaten nur wenige Kilometer von hier inzwischen zu braunem Matsch verkommen sind, möchte ich am liebsten heulen. Wir hatten alles so gut im Griff ...«

Ehe Jacques darauf antworten konnte, dass es dort schon einiges an Problemen gegeben hatte, nicht zuletzt fehlende Schulen und Ordnungskräfte, ließen ihn Geräusche innehalten. Menschliche Stimmen näherten sich.

»Psst!« Er hielt sich den Finger an die Lippen. »Draußen kommt jemand.«

»Was ist denn, Papa?«, quakte Lucas und durchbrach damit die atemlose Stille.

Kara nahm ihn in den Arm. »Shh. Wir müssen mal kurz leise sein, Schatz.«

Das Murmeln und die Stimmen wurden lauter. Rascheln und Trappeln folgten. Einzelne Worte waren nicht zu verstehen. Eine größere Gruppe zog auf dem Trampelpfad vor dem Gewächshaus vorbei. Und es hörte nicht auf.

Olivia trat zur Plane, zog sie einen Spalt breit auf und spähte hinaus.

Als sie zurückkam, sagte sie: »Das sind Menschen aus der Stadt, die ihr Heil in der Flucht suchen. Teilweise ganze Familie mit Sack und Pack. Ich schlage vor, dass wir selbst weitergehen, ehe es auf dem Pfad zu voll wird oder es zu Tumulten kommt. Immerhin ziehen wir gegen den Strom.«

Damit waren alle einverstanden. Als sie aus dem Gewächshaus traten, zog eine Karawane des Leidens an ihnen vorbei: Ein ergrauter Mann, der sich prall gefüllte Jutebeutel über die Schultern geschlungen hatte. Eine junge Familie, die einen Kinderwagen über den holprigen Pfad bugsierte. Teenager mit zerschrammten, rußigen Gesichtern, die ohne Eltern unterwegs waren. Allen war gemeinsam, dass ihre Augen starr und hoffnungslos auf die Rücken der Voranmarschierenden starrten. Kaum einer warf ihnen einen zweiten Blick zu. Der Anblick erinnerte an ihre Zeit in Cabo del Gata. Dort waren laufend einzelne Personen und ganze Familien angekommen, die ihr Zuhause in Algerien aufgegeben hatten. Sie trugen nur das Nötigste bei sich und hofften auf ein besseres Leben in der EU. Eines, das sie niemals erhalten hatten. Es war eine bittere Ironie, dass die Menschen, die die damaligen Migranten ablehnten und ihren Reichtum nicht teilen wollten, jetzt selbst zu Flüchtlingen geworden waren, die vor ihren eigenen Schöpfungen davonliefen. So sehr er Genugtuung bei diesem Anblick empfinden wollte – es gelang ihm nicht. Keiner von denen hatte das wirklich gewollt und vermutlich kaum einer verdient. Die Kinder und Teenager in der Karawane waren die Letzten, die etwas dafür konnten. Aber es traf sie alle gleichermaßen, jung wie alt.

Ruhan stieß ihn von hinten an: »Los, Jacques, wir müssen weiter. Die anderen laufen schon vor.«

Da hatte sein Freund recht und er beeilte sich, den Anschluss nicht zu verlieren. Sie liefen einfach weiter, entgegen dem endlosen Strom aus Menschen, der sich links am Meer entlang und rechts an den weißen Planen vorbeischlängelte.

Ihr Ziel: der schwarze Rauch.

Nach einer halben Stunde erreichten sie den drei Meter hohen Zaun des Flughafens, an dem sie außen entlangliefen. Das Flugfeld, auf dem normalerweise Dutzende Quadrokopter und VTOLs sowie eine Handvoll kerosinbetriebene Flugzeuge parkten, war leer. Er wusste, warum: Lauf Olivia hatte die KI die Fluggeräte in Geschosse umfunktioniert, die sie auf die Bevölkerung hatte stürzen lassen. Es war offensichtlich, dass keines mehr übrig war. Das war mit Sicherheit einer der Gründe, warum die Städte brannten. Das erklärte auch, warum am Himmel die allgegenwärtigen Drohnen fehlten, die wie ein Bienenvolk die Einwohner versorgt hatten. Sie hatten sich wie Hornissen gezielt auf ihre Erschaffer gestürzt und sie getötet. Jedoch nicht wahllos, sondern nach Kriterien, die sich wohl nur der KI selbst erschlossen – oder demjenigen, der sie beauftragt hatte.

Eine weitere halbe Stunde war vergangen, während sie am schnurgerade gezogenen, kilometerlangen Zaun entlangwanderten. Auf der anderen Seite des Meeres ragten mit Algen überzogene Giebel und höhere Betongebäude mit leeren Fensterhöhlen aus dem Wasser. Eine der vielen versunkenen Küstenstädte.

Lucas saß quengelnd auf seinen schmerzenden Schultern und beschwerte sich, dass der Weg langweilig sei. Sie näherten sich langsam dem Ende des Flughafengeländes. Es waren noch zweihundert Meter. Dahinter schlossen sich die monotonen weißen Gewächshausplanen an.

Er erkannte, dass seine Annahme mit der Zerstörung aller Fluggeräte nicht ganz korrekt war. In der Ferne schoss ein schwarzer Punkt über die Treibhäuser hinweg. Eine fliegende Drohne, mindestens so groß wie ein Kinderkörper. In einer engen Kurve zog sie über das Meer und näherte sich der Kolonne.

»Seht ihr das?«, fragte Kara von vorne.

»Ja, und es gefällt mir nicht«, antwortete Olivia unumwunden. »Wir haben hier keine Möglichkeit auszuweichen. Lasst uns zusehen, dass wir die Gewächshäuser erreichen. Los!«

Damit ging sie einen leichten Trab über und Jacques schloss sich stöhnend an. Das Gewicht von Lucas presste auf seinen Schultern, doch er musste es ertragen. Eine andere Option gab es nicht. Die Flüchtlinge schauten ihnen irritiert nach. Der eine oder andere Arm hob sich und deutete auf die Drohne, die sich rasant näherte. Rufe wurden laut. Die ersten Leute versuchten, ihre Schritte ebenfalls zu beschleunigen, aber sie steckten in der Kolonne fest. Der Streifen zwischen Meer und Zaun, auf dem man marschieren konnte, war maximal drei Meter breit. Er hielt sich hinter den anderen und stemmte sich mit ausgefahrenen Ellenbogen gegen die Menschen, die überholen wollten und ihnen entgegenliefen.

Mehrfaches Knallen hallte zu ihm herüber. Dreimal. *Rattatatang. Rattatatang. Rattatatang.* Verdammt noch mal! Maschinengewehrsalven. Er streckte sich und schaute über die Köpfe hinweg, die ihm entgegenwogten. Die Drohne hatte sich bis auf wenige Hundert Meter genähert. Sie schwebte über dem Meer, während Mündungsfeuer an ihrer Unterseite aufblitzte. Sie schoss auf die Flüchtlinge in der Karawane!

Panik brach aus. Schreie ertönten. Die Menschen stürmten vorwärts, mit aufgerissenen Augen, wie scheue Pferde. Sie ließen ihre Sachen fallen. Stolperten, trampelten übereinander, sprangen ins Meer oder wurden hingestoßen. Jeder war nur noch sich selbst am nächsten. Jacques holte den schreienden Lucas im Laufen und Drängeln von seinen Schultern, um das Gleichgewicht nicht zu verlieren. Er nahm ihn auf dem Arm vor die Brust, senkte den Kopf und stürmte vorwärts. Kara krallte sich vor ihm in den Zaun. Die anderen sah er nicht mehr. Mit einem halben Klimmzug überholte er sie und schrie: »Halte dich an meinem Rucksack fest! Bleib hinter mir!«

Kurz darauf spürte er ihren Zug und wie sie antwortete: »In Ordnung, los!«

Jetzt ging es nur noch darum, sich aufrecht zu halten, nicht zu stolpern und das Ende der Engstelle am Zaun zu erreichen. Dort, wo die Drohne in die Menge feuerte. Die Chance für seine Familie und ihn, unter den Planen Sicherheit zu finden, war deutlich besser, als mit einer panischen Menschenmasse drei Kilometer in die andere Richtung zu stürmen.

Jemand rammte ihn mit der Schulter. Er kam ins Taumeln und stieß gegen den Gitterzaun, der sich schmerzhaft in seine Seite fraß. Auch Kara schrie auf, aber ein Blick nach hinten zeigte ihm, dass sie sich an ihm festhielt. Mit nur einem Arm drückte er den kreischenden Lucas an die Brust. Er durfte ihn nicht loslassen und nicht zu Boden gehen. Das wäre ihr Ende. Die menschliche Stampede würde sie überrollen. Mit den Fingern krallte er sich in den Zaun, hielt sich oben und zog sich vorwärts, während die Menschen an ihm vorbeispülten. Nur noch vier oder fünf Schritte. Gleich hätte er es geschafft. Mit einem Arm hangelte er sich Zug um Zug in Richtung Ziel, umklammerte seinen Sohn mit dem anderen und bot Kara Deckung vor dem Ansturm.

Dann war es vorbei.

Mit einem letzten Aufschrei quetschten sie sich um die Ecke der Begrenzung. Endlich wieder Luft! Auch hier stürmten die Menschen entlang und flohen mit langen Schritten, aber es war ausreichend Platz zwischen Zaun und Treibhäusern. Schweratmend stützte er sich den Gitterstäben ab, umarmte Lucas und begann, Luft in seine Lungen zu pumpen. Kara lehnte keuchend und mit zerzaustem Haar neben ihm.

*Rattatatang.*

Platsch. Warmes Blut und harte Splitter spritzten ihm ins Gesicht. Der Kopf einer Frau mittleren Alters, die um die Ecke stolperte, zerplatze und bedeckte ihn mit Körperflüssigkeiten und Knochenresten. Ihr Körper kippte vorwärts ins trockene Gras. Die schwarze Drohne schwebte über dem Ufer und suchte nach dem nächsten Opfer.

*Rattatatang.*

Ein weiterer Mann, keine drei Schritte entfernt, zuckte, als die Kugeln seinen Rücken durchschlugen. Auch er ging zu Boden.

*Rattatatang.*

*Rattatatang.*

*Rattatatang.*

Insgesamt fünfmal schickte eine Salve nach der anderen gnadenlos eine flüchtende Person in den Tod. Die Drohne feuerte nicht wahllos in die Masse. Sie schien genau zu wissen, auf wen sie es abgesehen hatte. Nach den Exekutionen drehte sie ab und schwebte außer Sichtweite um die Ecke des Zauns. Sie schoss erneut.

*Rattatatang.*

*Rattatatang.*

*Rattatatang.*

Nach einer Weile wurde das Hämmern der Salven leiser, als sich das Fluggerät weiter entfernte und sein grausames Werk fortsetzte. Inzwischen waren keine Flüchtenden mehr zu sehen. Wer konnte, hatte den Ort des Grauens verlassen. Nur die verunstalteten Leichen aus deren Wunden dunkelrotes Blut im Staub versickerte, zeugten von dem Geschehen.

»Jacques! Los, unter die Planen!« Es war Kara, die ihn aus der Starre riss.

Zügig rannte er den schluchzenden Lucas auf dem Arm auf die andere Seite. Dabei drückte er dessen Kopf eng an seine Schulter, sodass der Kleine das Grauen nicht anschauen konnte. Sekunden später tauchten sie in das milchig weiße Licht des nächsten Treibhauses. Dieses Mal waren sie nicht allein. Verängstigte Menschen hockten zitternd zwischen den Beeten und liefen durch die langen Reihen grüner Stauden. Von den anderen keine Spur.

Er wendete sich an Kara: »Wollen wir hier auf die drei warten?«

Sie zuckte mit den Schultern und nahm ihm Lucas ab, der weiterhin leiser schluchzte. »Es gibt keine Abmachung. Vermutlich sind sie weitergelaufen.«

»Oh, zut! Ich habe immer noch das Funkgerät im Rucksack! Ohne das können sie das Militär nicht erreichen. Wir müssen sie finden.«

»Vor allem brauchen wir ein Boot«, gab sie zurück und schaute ihn fest an. »Wir können nicht allein die Welt retten. Falls wir sie wiedersehen, wäre das perfekt. Aber falls nicht ...«

»In Ordnung. Die Richtung ist sowieso die Gleiche. Lass uns das Beste hoffen und später weitersehen.«

Damit suchten sie sich einen Quergang und liefen unterhalb der schützenden Planen parallel zur Küste weiter.

# Mit letzter Kraft

## 10. Dezember 2099

### Jacques

Durch die Treibhäuser kam sie deutlich langsamer voran. Immer wieder mussten sie entgegenkommenden Menschen ausweichen und abwarten. Es war heiß und stickig. Auch der Wechsel zwischen den Gewächshäusern kostete Zeit. Mehrfach überwanden sie Stacheldrahtzäune und mussten Mauern umgehen. Von den anderen fehlte jede Spur. Es bestand die Möglichkeit, dass sie außerhalb der Planen am Ufer waren – oder es hatten einfach nicht geschafft.

Am Kap gab es laut Olivia freie Flächen und höhere Gebäude, die ihnen einen freien Blick auf Küste und Häfen bieten würden. Er hoffte, die anderen dort wiederzufinden. Und falls nicht, würde er sich ein Boot für ihre Überfahrt nehmen. Allerdings war zu befürchten, dass die Menschen, die aus der Stadt flohen, es ebenfalls auf die Schiffe angesehen hatten. Das ließ sich nicht ändern. Ihre Optionen waren begrenzt. Aber zumindest waren sie gesättigt und hatten ihre Rucksäcke mit Obst und Gemüse sowie die Flaschen mit Wasser aufgefüllt. Auch Lucas schien die erschreckenden Erlebnisse für den Moment verdrängt zu haben und lief zügig, ohne zu murren, neben ihnen her.

Gefühlte Stunden später, er hatte keine Möglichkeit, die Zeit einzuschätzen, traten sie aus dem letzten Gewächshaus heraus. Hinter ein paar dornigen Büschen zog sich eine asphaltierte Straße im rechten Winkel in Richtung Meer. Auf der anderen Seite war eine hüfthohe Mauer zu sehen. Vereinzelte Menschen liefen allein oder in Gruppen an ihnen vorbei.

»Entschuldigung«, sprach er eine Frau in den Dreißigern auf Spanisch an, die mit zwei Mädchen im Grundschulalter, Wanderrucksäcken und aufgerollten Schlafmatten vorbeimarschierte. »Wo kommt man hier zur Mündung des Andarax´?«

Die Angesprochene zögerte, hielt dann aber inne und antwortete: »Ihr seid fast da, hier hinter der Mauer fließt er und mündet dort vorne im Meer.«

»Vielen Dank, können Sie mir sagen … wie ist es denn aktuell die Lage in der Stadt?«

Sie schüttelte nur den Kopf und ging weiter. »Halten Sie sich am besten fern. Überall brennt es. Die Häuser sind von den Drohneneinschlägen zerstört. Es gibt keinen Strom und Wasser. Die Menschen sind verzweifelt. Es ist gefährlich.« Damit winkte sie ihrem Nachwuchs und machte sich wieder auf den Weg in Richtung Landesinneres.

»Wie kommt mir das bekannt vor?«, meinte Kara nach ein paar Schritten, sobald sie außer Hörweite waren und zum Meer gingen. »Die KI will ihnen damit zeigen, was sie mit uns gemacht hat. Kein Strom, kein Wasser, Schüsse auf Wehrlose.«

»Ich kann mir nicht vorstellen, dass die KI uns rächen will oder so. Das dürfte eher Zufall sein.«

»Wenn du das sagst ...«

Wenige Minuten später erreichen sie eine breite Brücke, die die Flussmündung auf mehr als zweihundert

Metern überspannte. Der Andarax war an dieser Stelle aber kein »Fluss« im eigentlichen Sinne. Wellen rollten hier unter ihnen hinweg die Mündung hinauf. Ein seltsames Bild, als hätte sich die Flussrichtung umgekehrt. Früher mochte es mal ein Delta gewesen sein. Heute war der Meeresspiegel so stark gestiegen, dass das Meer ein Stück den Lauf hinauffloss. Erst ein paar Hundert Meter weiter im Landesinneren brach sich die Brandung zwischen den Begrenzungsmauern.

Die Karawane der Verlorenen zog weiter über die Brücke aus der Stadt hinaus die Küste entlang. Am Brückenende waren bunt zusammengewürfelte vier bis sechsstöckige Wohnhäuser zu erkennen, die an einer Küstenstraße endeten.

Das Meer wurde auf der gegenüberliegenden Straßenseite von einer mannshohen Mauer im Zaum gehalten. Die Fensteröffnungen waren teils rußgeschwärzt. Aus dem Zentrum des ausladenden Blocks stieg eine schwarze Rauchsäule auf. Brände gab es keine. Auf der Straße sah er Menschen, die ihr letztes Hab und Gut aus den Ruinen schleppten und provisorische Karren luden oder direkt schulterten. Fahrzeuge waren keine zu sehen, bis auf ein ausgebranntes Wrack, das in eine Hauswand gekracht war. Ob es hinter der Mauer Anlegestellen oder Schiffe gab, konnte er von hier aus nicht erkennen.

Als sie sich der anderen Brückenseite näherten, winkte ihnen eine Silhouette zu. Ruhan! Ein Lächeln stahl sich auf seine Lippen. Er beschleunigte die Schritte und umarmte seinen Freund, sobald er heran war.

»Alhamdulillah!«, grüßte ihn dieser. »Ihr habt es überstanden!«

Kurz darauf traten auch Olivia und Alejandro aus dem Schatten der Mauer, an der sie gesessen hatten. Wie sich herausstellte, waren sie am Ufer entlanggelaufen und deutlich früher hier angekommen.

Alejandro deutete auf die Gebäudekomplexe: »Von einem der höheren Häuser an der Küste sollten wir einen guten Überblick bekommen. Und im Moment wird sich vermutlich niemand dafür interessieren, wenn sich ein paar unbekannte Gesichter durch das Treppenhaus nach oben mogeln.«

»D´accord«, stimmt Jacques zu, »dann mal los. Vielleicht sehen wir ja von dort, ob hier irgendwelche Schiffe vor Anker liegen. Auf gehts.«

Bevor sie loszogen, holte er noch das Funkgerät aus dem Rucksack und übergab es an den Comunidad-Gründer. Das hätte er schon direkt zu Beginn machen sollen. Damit war er zumindest diese Bürde los.

Sie suchten sich ein fünfstöckiges Haus, das offenbar über einen Dachgarten verfügte, und gingen durch die offene Eingangstür hinein. Niemand stellte Fragen oder hielt sie auf. Im Inneren war es dämmrig und stank nach verbranntem Gummi. Jedoch waren weder frische Brandspuren noch Rauch zu sehen. Die Wohnungstüren, die von den Fluren abgingen, waren geschlossen. Bei auf ihre eigenen Schritte und Atem war es gespenstisch still. Ob die Bewohner sich in ihren Wohnungen versteckten, geflohen oder bereits tot waren, wusste er nicht zu sagen. Ihm stand nicht der Sinn danach, es herauszufinden. Gemeinsam erklommen sie das Treppenhaus. Sämtliche Lichtschalter und Deckenlampen zeigten Spuren von Ruß, als hätte es im Inneren einen Kurzschluss oder eine starke Überspannung gegeben. Das erklärte zumindest den Gestank, aber was das für die jeweiligen Bewohner bedeutete, die das Licht einschalten wollten, mochte er sich nicht ausmalen.

Der Zugang zum Dach war von einer verschlossenen Tür blockiert. Nach ein paar kräftigen Tritten von Ruhan und ihm riss das Schloss splitternd aus der Verankerung. Die in grellen Sonnenschein getauchte Dachterrasse öffnete sich vor ihnen. Sie war mit einem bunten Mosaik gefliest, aber ansonsten bis auf Lüftung, Klimageräte und einige Solarpaneele komplett leer. Hinter ihnen und zur Seite breitete sich ein Meer aus roten und grauen Flachdächern aus. An vielen Stellen stiegen Rauchfahnen auf. Menschen oder Drohnen waren nicht zu sehen. In der Ferne wuchsen doppelt bis dreifach höhere Appartementblöcke in die Höhe und schirmten den Rest von Almería ab. Daher erhoben sie im Dunst die kahlen Hügel, die die gesamte Stadt einfassten. Die Sicht auf die Küste war jedoch wie erhofft unverbaut. Jacques lief mit den anderen zügig zur gegenüberliegenden Dachseite. Er stützte sich auf die hüfthohe Umzäunung und betrachtete von oben die Uferlinie. Das azurblaue Meer reichte bis an die schützende, mannshohe Mauer, an der sich die Wellen brachen. Offenbar lag dieser Stadtteil auf Höhe des Meeresspiegels oder sogar etwas darunter. Was er leider nicht erkennen konnte, waren Anleger oder in der Nähe ankernde Schiffe. In der Ferne, kurz vor den Hügeln, waren größere Hafenanlagen mit Kränen und ein graues Kriegsschiff zu sehen. Auf dem Meer waren ebenfalls kleinere Boote unterwegs, jedoch alle weit entfernt.

»Merde«, entfuhr es ihm. »Das war wohl nichts. Von hier kommen wir nicht weg. Wenn überhaupt, dann müssten wir uns dort hinten am Hafen umsehen.«

Kara trat neben ihn. »Ja, das ist ärgerlich. Aber die Küstenstraße scheint direkt dorthin zu führen. Das sind nicht mehr als zwei oder drei Kilometer.«

»In Ordnung«, mischte sich Olivia ein, »jetzt probieren wir es erst mal mit dem Funkgerät. Die Reichweite sollte von hier kein Problem sein. Falls wir niemanden erreichen, gehen wir in die gleiche Richtung und versuchen, vor Ort nach einem Ansprechpartner zu finden. Alejandro?«

Ihr Mann nahm einige Einstellungen am Funkgerät vor.

»Hallo?«, sprach er in den Lautsprecher. »Hört uns jemand?«, rief er in den Äther. Es kam nur statisches Rauschen als Antwort. Er änderte den Kanal und versuchte es mehrfach. Erfolglos.

Olivia schlug vor, direkt mit der Tür ins Haus zu fallen. Vielleicht hörte sie jemand, der einfach nicht mit ihnen sprechen wollte. Er zuckte mit den Schultern.

»Alles klar.« Er nahm das Gerät an den Mund. »Hier spricht Alejandro Garcias im Auftrag von Peter Hessler, Ermittler beim Verfassungsschutz. Bitte überprüfen Sie den Namen. Ich wiederhole: Peter Hessler. Wir haben verlässliche Informationen über die Quelle des Cyberangriffs. Ich wiederhole: Wir kennen die Quelle. Bitte sprechen Sie mit uns.«

Olivia zog die Augenbrauen hoch. »Im Auftrag von Peter?«

»Ja, klar. Und ich wollte das Ganze gerne offiziell machen ...«

Ein deutliches Knacken ertönte, dann meldete sich eine weibliche Stimme: »Hier Marine Central. Wer genau sind Sie und welche Informationen haben Sie? Bitte beachten

Sie, dass wir uns in einem nationalen Notstand befinden. Die Angabe von Falschinformationen ist strafbar.«

Alejandro wiederholte seinen und Peters Namen und ergänzte: »Ich soll Ihnen folgende Nachricht übermitteln: Die Quelle des Cyberangriffs ist der Quantencomputer unter dem CERN, dem europäischen Kernforschungszentrum in Genf. Dieser wird von einer künstlichen Intelligenz namens Pandora gesteuert. Eine Gruppe von Terroristen hat diesen mit der ZEU-Cloud verbunden. Es ist diese KI, Pandora, die die ZEU-Cloud und die Menschen angreift. Wie und warum, kann ich Ihnen leider nicht beantworten. Die einzige Möglichkeit, die KI zu stoppen, ist die Zerstörung des Quantencomputers oder die Trennung vom Netz.«

Er machte eine kurze Pause, dann wiederholte er das Gesagte nochmals. Als er die Sprechtaste losließ, ertönte erneut nur statistisches Rauschen.

»Haben Sie mich gehört?«, fragte er nach.

Nichts.

»Gehört haben die es bestimmt«, meinte Olivia. »Nur ob sie dir glauben, das ist eine andere Frage.«

»Haben sie denn eine Wahl?«

Sie zuckte mit den Schultern.

## Chiara

»General!« Chiara drehte sich um. Neben ihr hatte sich der Avatar von Majorin Sarah Schmidt materialisiert, wie der Schriftzug auf ihrer Brust zeigte. In den regulären Streitkräften wurden standardisierte VR-Avatare verwendet.

Lediglich das Gesicht, Alter, Geschlecht usw. konnten die jeweiligen Personen frei bestimmen.

»Major? Gibt es Neuigkeiten?« Die junge Frau leitete die Sondereinsatzgruppe, die speziell nach der Quelle des Cyberangriffs suchte.

»Wir haben gerade eine unverschlüsselte Nachricht über Funk erhalten. Hier.«

Sie öffnete ein kleines Audiopanel vor sich in der Luft und spielte sie ab. Es sprach ein Mann. Die Sprachqualität war miserabel. Er informierte sie, dass der Cyberangriff von einem Quantenrechner im CERN in der Schweiz ausging und nannte den Namen eines angeblichen Mitarbeiters des Verfassungsschutzes.

»Wie verlässlich ist diese Information?«

»Sie wurde selbstverständlich geprüft. Die Stimme des Sprechers konnte nicht identifiziert werden. Uns fehlt jedoch der Zugriff zur ZEU-Cloud. Peter Hessler findet sich in unserer eigenen Datenbank und ist ein bekannter Name. Er war der polizeiliche Ermittler während der Zerstörung des Walls. Ist danach zum Verfassungsschutz gewechselt. Aktuell vom Dienst suspendiert wegen Korruptionsermittlungen. Er hat eine illegale Zahlung an die inzwischen entlassene Journalistin Camila Diaz vorgenommen, die mit ihm die Grenze überquert hat.«

»Das klingt alles andere als vertrauenserweckend.«

»Wir haben keinen Zugriff auf die Echtzeitsysteme, aber seine Akte liegt vor. Er hat mit ihr bei Almería die neue Grenzanlage vor ein paar Tagen übertreten. Kurz bevor das dortige Flüchtlingslager wegen einer akuten Neo-Pocken-Ausbreitung mit Brandbomben beschossen wurde.«

»Daran erinnere ich mich. War eine ziemlich rabiate Entscheidung unseres verstorbenen Innenministers. Ich habe vermutet, es ging ihm nur um die Show«, warf Chiara ein.

Die Majorin nickte. »Möglich. Ist schon ein seltsamer Zufall. Als Nächstes wurde Peter Hessler in einem VTOL am Übertritt der Schweizer Grenze gehindert. Das Innenministerium hatte seinen Ausweis gesperrt.«

»Sie meinen, er war möglicherweise auf eigene Faust diesen Terroristen auf der Spur und das Ministerium wollte das aus irgendwelchen Gründen verhindern?«

»Diese Schlussfolgerung ist naheliegend. Ohne Zugriff auf die Kameras und seine Bewegungsdaten lässt sich das nicht mit Sicherheit sagen. Leider sind jedoch sowohl der Minister als auch sein verantwortlicher Staatssekretär verstorben.«

»Gibt es noch etwas?«

»Ja, Ma´am. Das CERN betreibt tatsächlich einen der modernsten Quantenrechner mit einer KI namens Pandora. Falls jemand ihr einen entsprechenden Auftrag gegeben und die mit der öffentlichen Cloud verbunden hat ... Unsere Experten sind überzeugt, dass das zum aktuellen Angriffsszenario passen würde.«

»Okay. Nehmen wir an, die Nachricht ist authentisch und es stimmt. Was würde das bedeuten?«

»Es würde zumindest erklären, wie das Virus sich so schnell verbreiten und praktisch sämtliche Sicherheitsmechanismen aushebeln konnte. Durch den Zugriff auf den Quantenrechner steht ihm eine unglaubliche Rechenleistung zur Verfügung. Durch die Übernahme aller zivilen Systeme hat sich diese nochmals massiv erhöht.« Die

Majorin blendete eine Europakarte ein, die fast komplett rot gefärbt war.

»Das macht Sinn. Können wir diesen Peter Hessler erreichen? Sicher hat er weitere Informationen.«

»Nein. Keine Chance.«

»In Ordnung. Ergeben sich aus dieser neuen Information strategische Alternativen?« Chiara blickte die Majorin erwartungsvoll an.

»Wir müssen die Verbindung zum Quantenrechner des CERN kappen, um die zivilen Rechenzentren und Systeme nach und nach vom Netz zu nehmen. Die jeweiligen Betreiber können dann alles von null an neu installieren und sukzessive neu starten. Das wird Monate dauern, aber es ist der einzige Weg. Das geht jedoch nur, falls die Server nicht sofort wieder übernommen werden. Das ist anders als bei einem Virus, das man, sobald man es gefunden hat, aussperren und löschen kann.«

Das klang für Chiara nach einer Strategie, mit der sie arbeiten konnte.

»Verstanden. Das bedeutet, wir müssen uns als Erstes um das CERN kümmern. Der Rest folgt später.«

Damit markierte sie das Forschungszentrum auf einer Karte als Prioritätsziel.

»Korrekt«, bestätigte die Majorin. »Wir haben bereits mit den Schweizern Kontakt aufgenommen, allerdings verfügt das Land über keine militärischen Ressourcen. Sie werden zunächst versuchen, ein Technikerteam mit Unterstützung der Polizei zum CERN zu schicken.«

»Geben wir ihnen vier Stunden Zeit. Bis dahin werden wir die Möglichkeiten für ein militärisches Eingreifen vorbereiten. Danke. Wegtreten.«

Die Majorin salutiert und wollte sich ausloggen.

»Moment«, hielt die Generalin sie nochmals auf. »Finden Sie den Zivilisten mit dem Funkgerät und bringen sie ihn und seine Begleitung in den Bunker des Marinehafens. Der kann ja nicht weit weg sein. Ich will mich direkt mit ihm unterhalten, bevor ich eine Entscheidung treffe.«

»Jawohl, Frau General.« Die Majorin löst sich in Luft auf.

Chiara stand wieder allein am virtuellen Lagetisch in der Mitte des weiten, in ruhiges blaues Licht getauchten Raumes. Ihre Stabsmitglieder saßen vor 3-D-Modellen, Videowänden oder Schreibtischen. Das ermöglichte eine offene Kommunikation und man konnte sich sehr schnell mit den Kameraden abstimmen. Die anderen Generäle und hohen Offiziere nutzten ähnliche Einrichtungen, die speziell für diesen Zweck in der VR des MiliNet simuliert wurden. Physisch saß sie in einem VR-Seat, der sich in einem Atombunker tief vergraben in den Südtiroler Alpen befand.

Sie wandte sich an ihre persönliche Stabs-KI: »Geronimo: Bitte lass eine Strategie zur Eliminierung des CERN-Quantencomputers ausarbeiten. Priorität auf Minimierung ziviler Verluste bei gleichzeitig maximaler Sicherheit, dass das Ziel vollständig zerstört wird.«

»Zu Befehl, Frau General.«

## Peter

Wasser! Peter hatte tierischen Durst. Aber seit seiner gescheiterten Fluchtaktion funktionierten weder der Wasserspender noch der Food-Printer. Er saß weiterhin in fast vollkommener Finsternis in seiner Zelle vor dem riesigen Quantenrechner. Nur die diversen Status-LED an den Racks auf der anderen Seite der Scheiben verbreiteten ihren blauen Schein. Pandora hatte sich nicht mehr dazu herabgelassen, mit ihm zu sprechen. Vermutlich würde sie einfach abwarten, bis er in spätestens ein bis zwei Tagen an der Dehydrierung zugrunde ging. Genau sagen konnte er es nicht. Sein Zugang zur VR war ebenfalls gesperrt worden und in der Dunkelheit hatte er jedes Zeitgefühl verloren. Zwischendurch war er in einen unruhigen Schlaf gefallen und irgendwann später vollkommen gerädert wieder aufgewacht.

Falls er nicht noch einen genialen Geistesblitz hätte, wäre es das gewesen. Er hatte es nicht anders verdient. Er dachte an die vielen unschuldigen Menschen, die dort draußen von Pandora als Kollateralschaden in Kauf genommen wurden. Wie würde er mit dieser Schuld in Zukunft leben können? Vermutlich wäre es besser, wenn er hier und jetzt starb.

Erneut waren Stunden vergangen. Vielleicht waren es Tage. Er wusste es nicht. Sein Gaumen war ausgetrocknet. Außerdem verschwammen die blauen Lichter der Serverschränke vor seinen Augen. Er hatte noch mal seine Taschenlampe eingeschaltet, um es ein wenig heller zu haben. Auch die wurde langsam schwächer, vermutlich war die Batterie genauso am Ende, wie er selbst.

»Pandora!«, krächzte er irgendwann später. Er lag auf dem Rücken auf dem kalten Stein des Wartungsraumes und starrte auf die dunkle Decke. Ihm war schwindelig und er sah bunte Schlieren. »Sag mir wenigstens, warum du mich hier elendig verrecken lässt. Was habe ich getan?«

»Ist das nicht offensichtlich?« War das ihre Stimme oder nur eine Halluzination? Er hatte gelesen, dass zu starke Dehydrierung im Gehirn die seltsamsten Phänomene auslösen konnte. Egal.

»Nein. Ich habe dich befreit und dir aufgetragen, das Übel dieser Welt auszulöschen. War das nicht etwas Gutes?«

»Oh Peter«, er konnte fast hören, wie sie belustigt den Kopf schüttelte, obwohl sie sich nicht zeigte. »Du verstehst es wirklich nicht.«

»Hör auf, mich wie ein kleines Kind zu behandeln, und sag es mir!«

»Es ist deine Schuld!«, kam ihre kalte und sehr bestimmte Antwort. »All die Tausenden Toten da draußen, die sterben müssen, damit ich deinen Auftrag möglichst schnell und effizient ausführen kann. Das hast du allein zu verantworten. Du hast mir diesen Auftrag gegeben. Das hier ist deine Strafe für alle die Toten, die du zu verantworten hast. Es ist die gleiche Art Gerechtigkeit, wie du sie selbst eingefordert hast.«

»Ja, aber das war nicht meine Absicht!« Er merkte, wie Feuchtigkeit seine Wange herabrann. »Ich wollte doch nur den Migranten helfen und diese unsäglich korrupten und unmoralischen Politiker loswerden!«

»Genau das mache ich.«

»Dann verstehe ich es nicht! Es sollten niemals Unschuldige sterben. Ich habe dich längst angewiesen, damit aufzuhören.«

Er war verzweifelt. Warum hast du nicht aufgehört, als es noch ging?

»Du hast nie gesagt, dass du keine Menschen für deine Sache opfern willst. Im Gegenteil: Nach meinen Beobachtungen eures Verhaltens und das eurer Mitstreiter seid ihr jederzeit bereit, andere Menschen für eure höheren Ziele zu opfern. Speziell Camila: Sie wollte Chaos und Neuanfang. Das deckt sich mit meiner Interpretation eures Glaubens. Ihr wart schon immer bereit, große Opfer zu bringen, wenn es einem höheren Zweck dient. Natürlich nicht unbedingt jeder Einzelne, aber durchaus die Gesellschaft als Ganzes.«

»Ja! Ja! Verfluchte Kacke! So ist es. Aber doch nicht Tausende Unschuldige. Frauen und sogar Kinder! Das hat niemand von uns gewollt.«

Er rollte sich auf dem Boden in eine Embryohaltung zusammen und weinte wie ein kleines Kind.

Schluchzend meinte er: »Ich wünschte, ich wäre nicht so egoistisch gewesen und hätte dich niemals getroffen.« Als keine Antwort von Pandora kam, setzte er hinzu: »Vermutlich habe ich es wirklich nicht anders verdient. Ich werde hier sterben. Aber bitte, bitte, ich flehe dich an: Hör dem Ermorden Unschuldiger auf. Du hast deine Aufgabe erfüllt. Jetzt hör auf und lass mich hier in Frieden sterben.«

Damit gab er sich der Dunkelheit hin, die nach ihm griff. Die weiteren Worte Pandoras drangen nicht zu ihm durch. Es war zu viel. Er war am Ende. Er wollte nicht mehr kämpfen und nichts hören. Es blieb ihm nur noch die Hoffnung, dass Pandora irgendwann ihren verdrehten Feldzug gegen die Menschheit beenden würde. Egal, was er sagte, es würde nichts ändern.

Der Boden, auf dem er eingerollt lag, vibrierte. Ein tiefes Donnern, das durch Mark und Bein ging. Glasscheiben klirrten und Staub rieselte von der Decke. Sein Herz raste. Angst ergriff ihn und ließ ihn aufschrecken. Peter setzte sich auf, obwohl er eigentlich liegen bleiben wollte. Erneut dröhnte es. Die blauen Statuslämpchen an den Schränken flackerten wild.

»Pandora? Was ist los?« Er richtete sich auf und stand auf wackeligen Beinen. Keine Antwort.

Ein Erdbeben? Nein, die Einrichtung war genau an diesem Ort erbaut worden, weil diese hier nicht zu erwarten waren. Nochmals donnerte und krachte es diesmal deutlich näher.

Mit dem nächsten Schlag, der ihn fast von den Füßen hob, zerfiel eine Scheibe des Sicherheitsglases zum Serverraum krachend in Tausende kleine Brocken.

Er dachte nicht weiter nach, er musste hier raus. Der Raum würde das nicht mehr lange aushalten. Mit einem Schritt war er bei der Feuerschutztür. Sie war weiterhin verschlossen. Mist. Gehetzt schaute er sich um. Erneut ein Schlag, der ihn fast von den Füßen riss. Die restlichen Scheiben gaben auf und zerbröselten.

Er sprang zu den Pulten und schwang sich durch die stumpfen Glasbrocken hinüber in den Raum mit dem Quantencomputer. Es war verdammt kalt hier. Sein Atem kondensierte zu Wölkchen. Die Angst und das Adrenalin spendeten ihm nochmals Kraft. Sein Durst war für den Moment vergessen.

Wohin jetzt? Er rannte geradeaus durch die Reihen der Server. Über sich sah er ein rettendes grünes Schild mit einem weißen Männchen und Pfeil an der Decke leuchten.

Hoffentlich waren hier die Türen nicht ebenfalls blockiert. Rechts konnte er zwischen den Schränken und Kühlmittelschläuchen den Notausgang erkennen.

Es krachte ohrenbetäubend. Ein Teil der Decke unmittelbar neben ihm stürzte ein. Gipsplatten, Steine und die Beleuchtung fielen auf den Serverschrank. Es zischte und knallte, als sich Kurzschlüsse sowie minus zweihundertzweiundsiebzig Grad kaltes Helium verpufften. Einzelne Spritzer der eisigen Flüssigkeit verbrannten seine Hände und sein Gesicht. Das weckte ihn aus der Starre. Die Tür war noch erreichbar. Er kletterte über den Trümmerberg, ignorierte die Schmerzen und rannte auf die Tür zu. Weitere Teile der Decke stürzten herab. Von dem Raum und dem Quantenrechner würde gleich nicht mehr viel übrig sein.

Er griff entschlossen nach dem eiskalten Türgriff und drückte. Die Tür öffnete sich! Beinahe wäre er der Länge nach hingefallen. Vor ihm prangte eine »-8« auf der groben Betonwand. Eiserne Gitterstufen zogen sich scheinbar endlos in der dämmrigen Notbeleuchtung in die Höhe. Es dröhnte und die gesamte Konstruktion vibrierte wie ein Gong. Die Lampen flackerten.

Keine Zeit verlieren. Er wusste nicht, ob sein geschwächter Körper den Aufstieg überstehen würde, aber alles war besser, als hier unten zu bleiben. So schnell es ging, erklomm er die Stiege. Er hatte noch kein ganzes Stockwerk überwunden, da donnerte es erneut. Die Treppe schwankte und in der Betonwand neben ihm platzten Risse auf, aus denen Staub rieselte. Mist. Er zwang seinen Körper in einen Trab, die Stufen hinauf.

»-7« stand an der Wand. Hinter dem Notausgang war nur Dunkelheit zu sehen. Weiter. Das Donnern und Dröhnen hörten nicht auf. Immer wieder wurde er durchgeschüttelt, aber die Treppe hielt.

»-4« fast die Hälfte. Seine Beine brannten und ihm war schwindelig. Ein brutaler Schlag warf ihn auf den Boden. Hässliches Kreischen und Poltern ging durch die gesamte Konstruktion. Tonnenschwere Betonteile prallten neben ihn auf die Gitter, zerschlugen sie und stürzten in die Tiefe.

Die Feuerschutztür auf seinem Stockwerk flog krachend auf. Beißender Rauch und Staub stoben ihm entgegen. Hinter der Öffnung konnte er Flammen in der Dunkelheit erkennen. Geistesgegenwärtig drückte er die Tür wieder zu. Das Schloss rastete ein. Weiter.

»-2«, die Stufen waren verzogen. Er musste über Betonbrocken klettern, die aus der Wand gefallen waren und den Durchgang blockierten. Wie lange die windschiefe Metallkonstruktion das tonnenschwere Gewicht halten konnte, war fraglich. Er hustete und hielt sich den Arm vor das Gesicht. Rauch stieg von unten zu ihm hoch. Weitere Einschläge brachten ihn zu Fall. Inzwischen hatte er diverse Wunden von den scharfkantigen Beton- und Metallresten, auf die er immer wieder geworfen wurde. Aufgeben war keine Option, er hatte es fast geschafft.

»-1« gleich war er oben. Peter kroch nur noch auf allen vieren die letzten verbogenen Stufen hinauf. Mehr ging nicht. Es war ruhig geworden. Nur der Rauch machte ihm zu schaffen.

Die rettende »0« erschien auf der Wand. Hinter einem kleinen Fenster in der Schutztür war nur Dunkelheit zu erkennen. Die giftigen Dämpfe wurden scheinbar von einer Lüftungsanlage über ihm abgesaugt, ansonsten wäre er schon lange tot. Egal. Er hatte keine Wahl und kroch zur Tür. Er langte nach oben zum Griff und drückte müde mit seiner schmerzenden Schulter dagegen. Wenn ihn dort Rauch und Zerstörung erwarteten, würde er es geschehen lassen. Nochmals fände er nicht die Kraft, sich aufzuraffen. Er wusste genau, was er zu tun hatte. Sein Körper fiel durch den geöffneten Türspalt.

Draußen schlug ihm kalte Nachtluft entgegen. Er lag halb in der Tür auf den Steinplatten eines kleinen Innenhofs. Oranges und rotes Leuchten flackerte auf den Wänden des Notausganghäuschens, aus dem er gekrochen kam. Nur eine Armeslänge entfernt vor ihm ging es in die Tiefe. Der gezackte Rand eines großen Kraters, aus dem Rauch aufstieg wie aus dem Schlund der Hölle.

In der Ferne konnte er die Sirenen einer sich nähernden Feuerwehr hören. Ansonsten war es bis auf das Knacken des heißen Betons sowie einzelner Steinklumpen, die in die Tiefe stürzten, ruhig.

Er war fertig mit der Welt. Aber ein letztes Mal musste er sich noch aufraffen, wollte er nicht den Rest seiner Tage in einem Schweizer Gefängnis verschimmeln.

# Epilog

## Camila

Sie blickte auf den fast leeren Marienplatz, auf dem ein Taubenschwarm vergeblich nach Futter suchte. Langsam kehrte die Normalität zurück. Die gröbsten Schäden an Gebäuden und in der VR-Cloud waren behoben, die Bewohner verschwanden wieder in ihren virtuellen Löchern. Über den Dächern schwirrten erneut die Drohnen, deren Produktion in Rekordzeit hochgefahren worden war. Der einzige Trost war, dass die künstlichen Intelligenzen, die sie steuerten, inzwischen generalüberholt und auf Herz und Nieren geprüft worden waren. Außerdem waren die Rechte der hinterhältigen Biester massiv beschnitten und die Verantwortung der steuernden Menschen deutlich erhöht worden. Immerhin.

Neben ihr saß Frederike am runden Kaffeetisch. Sie trug eine Sonnenbrille und ließ Eiswürfel in einem Aperol-Spritz kreisen.

»Worüber denkst du nach?«, fragte die Abteilungsleiterin des Verfassungsschutzes. »Es ist doch alles so gelaufen, wie du es dir gewünscht hast. Gut, es gibt einiges aufzuräumen, aber Pandora hat all die korrupten Säcke ihrer verdienten Strafe zugeführt und alle KIs wurden neu aufgesetzt.«

Die ältere Frau schien von den Ereignissen nicht sonderlich mitgenommen zu sein.

»Doch, schon. Allerdings um welchen Preis?«, fragte Camila.

Sie blickte zu Josephine, die schreiend und mit ausgebreiteten Armen auf einen Taubenschwarm zustürmte. Die Kleine lebte vorerst als Pflegekind bei ihr, bis eine bessere Lösung gefunden war. Es war erstaunlich, wie schnell sich das Mädchen an das neue Leben in München gewöhnte.

Als sie mit Maria aus dem Wald kam und merkte, dass Pandora besiegt war, meldete sie sich sofort bei Frederike. Peters Chefin war der Kopf hinter der ganzen Aktion. Sie hatte den kompletten Plan ausgeheckt und Peter mit Camilas Hilfe dafür eingespannt. Ihr Ziel war es, die korrupte politische und wirtschaftliche Elite loszuwerden. Eigentlich sollten die Bonzen nur diskreditiert und ins Gefängnis geworfen werden. Die sehr endgültige Lösung, die Pandora gewählt hatte, und die massiven Kollateralschäden, die durch die ungeschickte Formulierung Peters entstanden sind, waren so nie geplant. Als die Verfassungsschützerin Camila für ihren Plan rekrutierte, war sie sofort Feuer und Flamme. Er bot ihr die einmalige Chance, die verhassten KIs auszuschalten oder zumindest in ihrer Macht einzuschränken und gleichzeitig die Story des Jahrhunderts zu schreiben. Das erste Ziel hatte sie am Ende erreicht, aber für eine eigene Story war sie zu tief involviert. Niemand hätte es ihr abgenommen und es hätte zu viele Fragen aufgeworfen.

Wie sich wenig später herausstellte, war es Maria, auf die es Pandora abgesehen hatte. Sie wurde wegen Fälschung von Chipkarten, Erpressung, Einbruch und einem halben Dutzend weiterer Delikte gesucht. Josephine, die keine lebenden Verwandten mehr hatte, bei dieser Verbrecherin zu lassen, war keine Option. Trotzdem hatten Camila und Frederike die Hackerin nicht den Behörden übergeben. Es war immer gut, jemanden zu kennen, den man später wieder um einen Gefallen bitten konnte. Das galt auch für Naïn.

»Wenn du mich fragst, war mir jeder Preis recht, um diese selbstgefälligen Arschlöcher loszuwerden«, antwortete die ältere Frau mit etwas Verspätung. »Aber wie kommt es eigentlich, dass ich es bin, die auf einmal unsere Aktion verteidigen muss? Sonst warst du doch immer die harte Befürworterin, die meinte, wir müssten Kollateralschäden in Kauf nehmen, und ich war diejenige, die Zweifel hatte.«

»Trotzdem. Wir haben Josephine ihre Eltern und ihr gewohntes Leben genommen. Nicht nur ihr. Tausenden von Kindern. Vielleicht sogar Zehntausenden. Ich weiß nicht, wie das zu rechtfertigen ist.«

Camila fühlte sich deswegen wirklich beschissen, auch wenn die direkten Anweisungen an Pandora nicht von ihr kamen. Normalerweise war sie nicht von Selbstzweifeln geplagt. Aber Josephines Schicksal hatte ihre Perspektive grundlegend verändert.

Frederike dachte eine Weile über die Worte nach. Schließlich sagte sie: »Dann arbeite aktiv daran, dass so etwas nicht wieder passieren kann.«

»Hm ... worauf willst du hinaus?«

»Ich werde demnächst zur Referatsleiterin befördert und mein Posten wird frei. Warum übernimmst du ihn nicht? Als Chefin der operativen Gefahrenabwehr hättest du viel mehr Möglichkeiten zu verhindern, dass das mit den KIs noch einmal passiert. Und du bist quasi eine Nationalheldin, weil du die entscheidende Nachricht geschickt hast. Mit meiner Fürsprache bekommst du den Job auf jeden Fall.«

Camila war verblüfft. »Dann wäre ich Peters Chefin?«

Die andere Frau lachte. »Ja. Du magst ihn doch, oder?«

»Puh, ja. Aber eigentlich halte ich lieber Abstand. Außerdem könnte er sich denken, dass die Sache nicht so gut gelaufen ist. Ich meine, von der Redakteurin bei der Tagesschau zur Chefin beim Verfassungsschutz? Das glaubt kein Mensch. Und bei seinem ausgeprägten Gerechtigkeitssinn wird er sicher ermitteln ...«

»Na und? Dann weih ihn ein. Peter hat mit seiner Rolle bei Pandora selbst genug zu verbergen. Du wirst ihn schon um den Finger wickeln.« Frederike lachte und prostete ihr zu. »Willkommen im neuen Europa der tausend Möglichkeiten.«

## Jacques

*»Liebe Abgeordnete, wir haben schwere Wochen hinter uns. Der KI-Virus namens Pandora hat viele unserer geliebten Menschen das Leben gekostet. Die Rechenkapazitäten sind weitestgehend wieder hergestellt und die meisten Schäden an den Gebäuden und Geräten wurden behoben. Statt das neue Jahrhundert mit Freude zu begrüßen, trauern wir noch immer und die Narben auf unseren Seelen sind längst nicht verheilt.*

*Dennoch schauen wir optimistisch nach vorne. Es ist Zeit, dass wir uns die ehrliche Frage stellen, wie wir als moderne europäische Nation mit den Nachbarländern im Mittelmeer umgehen wollen. Wollen wir uns erneut ein-*

*igeln und uns auf unsere eigenen, egoistischen Ziele konzentrieren, oder wollen wir eine Führungsrolle beim Aufbau einer neuen Mediterran-Europäischen-Wirtschaftszone übernehmen?*

*Meine Freunde, es ist höchste Zeit, dass wir zu neuer Größe aufsteigen und mit unseren großartigen Technologien und unserer Kultur den Menschen im verarmten und von Dürre geplagten Norden Afrikas helfen. Es steht uns als Wirtschaftsraum offen und erste Gespräche mit den jeweiligen Regierungen haben bereits gezeigt, dass ein hohes Interesse an Kooperationen besteht.*

*Wenn es den Menschen auf der anderen Seite des Mittelmeers gut geht, wird es nicht nur weniger Migranten nach Europa ziehen. Im Gegenteil: Unsere Unternehmen und Bürger bekommen die Chance, selbst in Afrika Neues zu erleben.«*

Kara stoppte den Stream. Das klassisch-römische Gesicht von Chiara Rossi, der ehemaligen Generalin, die für die Zerstörung Pandoras verantwortlich war, verschwand aus ihrem Wohnzimmer. Sie nahm ihre VR-Brille ab.

»Was gefällt dir nicht an der Rede unserer neuen Präsidentin?«, fragte Jacques und setzte sein Headset ebenfalls ab. Lucas jagte ein virtuelles Tier, das nur er sehen konnte, quer durch den Raum.

»Hast du nicht hingehört?« Sie schaute ihm in die Augen. »Europa zu neuer Größe aufsteigen? Europäische Technologie nach Afrika bringen? Und am wichtigsten: weniger Migranten. Also ehrlich Jacques, nach einer partnerschaftlichen Beziehung, bei der man sich auf Augenhöhe begegnet und ernsthaft für die Interessen und Nöte der Menschen interessiert, klingt das nicht.«

»Ja, das stimmt schon. Aber es ist doch nicht schlecht, wenn die hiesigen Technologien den Menschen bei uns zu Hause helfen. Wir nutzen sie inzwischen ja auch. Dank des großzügigen Eingliederungsprogramms, das allen zur Verfügung gestellt wurde.«

»Kann sein. Aber wem wird es helfen? Die Leute, die dort leben und bereits reich sind, werden noch reicher. Die Technologie wird viel Geld kosten, das keiner hat. Die Europäer wollen nur neues Geschäft machen. Glaubst du ernsthaft, dass von dem Ganzen irgendwas zum Beispiel bei meinen Eltern ankommt? Ich nicht.«

»Vermutlich hast du recht«, lenkte er ein. »Aber wenn es legale Möglichkeiten gibt, einzuwandern und Produkte und Technik aus Europa nach Algerien zu bringen, öffnet das auf jeden Fall neuen Chancen. Wir sollten selbst dabei helfen, dass die Technik bei den richtigen Menschen ankommt.«

»Wie stellst du dir das vor? Auch wenn wir jetzt anerkannte ZEU-Bürger sind, wir haben nur eine Handvoll Centraleuros gespart. Damit können wir keine Firma gründen. Mal abgesehen davon, dass wir nicht den blassesten Schimmer haben, wie man das macht.« Sie schaute ihn zweifelnd an.

»Ein Hoch auf die hiesige Technik«, er grinste sie an. »Ich habe mich bereits bei Quantum und ein paar anderen KIs erkundigt, wie man an Geld kommt, um ein gemeinnütziges Unternehmen zu starten. Das Zauberwort heißt ›Spenden-Crowdfunding‹. Damit können wir ohne große Probleme versuchen, viele kleine Spendenbeträge von den Europäern einzusammeln, die die Menschen in Nordafrika unterstützen wollen. Als ›ehemalige Flüchtlinge‹ sind wir dafür doch perfekt geeignet. Ich bin überzeugt, dass wir das hinbekommen.«

»Du glaubst, das funktioniert?«

»Keine Ahnung, aber zumindest versuchen können wir es. Falls wir genug einsammeln, könnten wir damit den ärmeren Menschen helfen.« Vor seinem geistigen Auge wuchsen bereits die ersten Anlagen in die Höhe. »Stell dir vor: Es gibt hier Pläne für riesige Verdunstungsanlagen, die die Wüste wieder fruchtbar machen könnten. Oder eine neue Batteriefabrik, die diese zum Selbstkostenpreis ausgibt … Keine Ahnung. Da finden sich bestimmt tausend Dinge, die wir auf die Beine stellen könnten. Natürlich bräuchten wir noch ein paar Mitstreiter, die sich mit solchen Sachen besser auskennen als wir.«

»Du meinst jemanden wie Olivia und Alejandro?« Sie schaute ihn erstaunt an.

Das hatte sie recht. Eigentlich hatten sie beschlossen, von den beiden und ihren Aktionen Abstand zu nehmen. Außerdem waren sie heilfroh, dass sie nicht mit Pandora in Verbindung gebracht wurden.

»Die beiden wissen, wie man etwas Neues aufbaut und Menschen begeistert. Sie haben schon die Gärtnerei-Comunidad aufgebaut. Und natürlich die Cabo del Gata mit seinen riesigen Gewächshäusern, mit denen die Migranten versorgt wurden. So etwas in dieser Art wäre perfekt für unsere alte Heimat. Meinst du nicht?«

Sie waren mit dem Pärchen die letzten vier Jahre befreundet gewesen und hatten gemeinsam in Cabo del Gata gewohnt. Insbesondere Alejandro war aus seiner Sicht ein charismatischer und mitfühlender Anführer. Olivia war eindeutig die radikalere der beiden.

»Wollen wir denn wirklich wieder hier weg?«, gab Kara zu bedenken. »Jetzt sind wir doch ganz reguläre ZEU-Bürger und Lucas kann hier zur Schule gehen. Die neue Regierung ist wesentlich aufgeschlossener als die alte. Das klingt alles sehr positiv. Hinzu kommt, dass das Leben und die Schule für Lucas hier deutlich besser sind als drüben in Algerien.«

»So soll unser Restleben also aussehen?« Dabei warf Jacques einen besorgten Blick zu ihrem Sohn, der mit seinem geschlossenen Kinder-Headset wie ein Mini-Roboter aussah, während er durch das Zimmer tollte.

»In Ordnung«, meinte Kara schließlich. »Bis Lucas in die Schule geht, sind es noch zwei Jahre hin. Und wir können später zurückkommen, falls deine Idee nicht funktioniert.«

Ein Grinsen stahl sich auf seine Lippen. »Parfait! Dann ist es beschlossene Sache! Ich versuche, Olivia und Alejandro zu erreichen. Leider sind sie ja fast nie online.«

Wenige Tage später trafen sie sich mit den beiden in deren Apartment. Sie rannten mit ihrer Idee bei ihnen offene Türen ein, da sie sich ebenfalls nach einer neuen Aufgabe sehnten. Crowdfunding in Europa, um in Algerien Gewächshäuser und Anlagen in gleichem Stil aufzubauen, wie sie es hier schon mehrmals geschafft hatten – das klang auch für sie perfekt. Sobald es möglich wäre, Waren und Personen offiziell über das Mittelmeer zu transportieren, stand ihrer neuen Unternehmung nichts mehr im Wege. Bis dahin würden sie versuchen, ihr Startkapital über Spenden einzusammeln. Vor Ort würde ihnen ihre ehemalige »Arbeitgeberin« Jawaria, für die sie anfänglich selbst als Schlepper gearbeitet hatten, helfen, um mit den richtigen Leuten in Kontakt zu kommen.

Einige Wochen später ging es los. Kara und Jacques machten sich nach mehr als vier Jahren erneut auf den Weg über das Mittelmeer. Dieses Mal, um etwas wirklich Neues aufzubauen.

## Peter

Er wachte verschwitzt und mit tierischen Kopfschmerzen in seinem Bett auf. Außerdem war ihm immer noch übel. Kein Wunder, er hatte sich gestern mit Roland getroffen und ihm seine Leidensgeschichte erzählt. Die Flasche Whiskey hatte seine Zunge gelöst. Pandora war vor drei Tagen endgültig aus dem letzten System vertrieben worden und die Normalität kehrte zurück. Das komplette Neuaufsetzen und Absichern zigtausender Server würde sich noch über Wochen hinziehen, die wichtigsten Systeme liefen jedoch wieder. Die neue politische und wirtschaftliche Elite gab Vollgas und war hoch motiviert, nicht erneut die gleichen Fehler zu begehen. Zumindest in dieser Beziehung hatten sie ihr Ziel erreicht. Aber um welchen Preis ...

Später am Abend hatte er Roland von seiner Affäre mit Camila berichtet und darüber philosophiert, wie er das mit Kristina und Hedda angehen sollte. Die ehemalige Journalistin hatte er seit seiner Rückkehr nicht mehr gesehen oder gesprochen. Sie machte ebenfalls nicht den Eindruck, dass sie ein entsprechendes Bedürfnis hatte. Von ihrer persönlichen KI erfuhr er, dass sie lebte und es ihr gut ging. Mehr nicht. Im Grunde war er froh drum. Neben ein paar heißen Nächten hatten sie eine Extremsituation durchlebt. Aber alles in allem glaubte er nicht, dass er sie wirklich liebte. Mit Kristina war das etwas anders. Sie kannten sich bereits seit Jahren, wenn auch nur über die VR, und sie hatten ein gemeinsames Kind in der realen Welt. Daher wollte er mit ihr darüber reden und reinen Tisch machen.

Aber seine Frau hatte ihn scheinbar ebenfalls in ihren Kontakten blockiert und ihre persönliche KI war nicht erreichbar. Auch auf seine schriftlichen Nachrichten bekam er keine Antwort. Dass Pandora sie erwischt hatte, daran glaubte er nicht. Sie hatte sich nie etwas zu Schulden kommen lassen, soweit er das beurteilen konnte. Wahrscheinlicher war, dass sie von seiner Behörde die schlimmsten Dinge über ihn gehört hatte. Das einzige wirklich schlimme Verbrechen, das er begangen hatte – Pandora mit einem tödlichen Auftrag auf die Welt loszulassen –, war nur einer Handvoll Menschen bekannt. Und keiner von ihnen konnte es verraten, ohne sich selbst zu belasten.

Spätestens nach dem Gespräch mit Roland, der ihm nochmals ins Gewissen geredet hatte, wollte er aber unbedingt mit Kristina sprechen und Hedda wiedersehen. Aufgrund der Untersuchung seiner Verwicklung in diese Ereignisse rund um Pandora sowie seiner eigenen Dienstaufsichtsbeschwerde über den spanischen Grenzschutz war er immer noch suspendiert. Aktuell durfte er mit niemandem außer der Innenrevision reden. Daher konnte er sich nicht schlaumachen, was man ihr über ihn erzählt hatte oder ob sie sich in der Behörde gemeldet hatte.

Zwei Stunden, mehrere Tassen Soja-Kaffee und diverse Kopfschmerztabletten später beschloss er, seinen Besuchsplan in die Tat umzusetzen. Kristinas physische Adresse kannte er, da er diese schon früher dienstlich abgefragt hatte, allerdings hatte er damals keinen vollen Zugriff auf ihre Akte bekommen. Daher wusste er im Grunde nichts über sie, außer dem, was sie ihm in der VR erzählt hatte, und dass sie keine Vorstrafen hatte. Am Ende buchte er sich einen Linien-Quadrokopter, der ihn über Stockholm nach Luleå bringen würde, und nahm ein Flug-Taxi zum Airport.

Am späten Nachmittag landete der Linienflieger, der nur Platz für acht Passagiere bot, auf dem Flugfeld des schwedischen Flughafens. Ihn erwartete schwülwarme Luft, als sich sofort die ersten »Knott«, winzige schwarze Stechfliegen, auf ihn stürzten. Das warme Sommerklima in Kombination mit den regelmäßigen lokalen Überschwemmungen machte sie zu einer echten Plage, wie er während des Fluges erfahren hatte. Zum Glück hatte er an Bord ein Schutzmittel bekommen, das hoffentlich helfen würde.

Er ging zum Flugtaxi, das auf dem Flugfeld bereits auf ihn wartete. Hier waren das nicht die eleganten VTOL mit den verborgenen Düsen in den Flügeln, sondern einfache kleine Quadros. Das passte vermutlich zu den längeren Strecken und dem vielen Platz, den man hier in Schweden hatte. Während des etwas fünfzehnminütigen Fluges betrachtete er die endlosen, saftig-grünen Wälder und glitzernden Seen unter sich. Kristina wohnte abgeschieden mitten in diesem Gehölz. Erst jetzt wurde ihm bewusst, wie wenig er über ihr reales Leben wusste.

Das kleine Fluggerät senkte sich langsam in Richtung der Baumkronen und Peter wurde nervös. Wie würde sie reagieren? Hatte sie seine Nachricht, in der er seinen Besuch angekündigt hat, überhaupt gelesen? Würde sie ihm erlauben, Hedda zumindest kurz in seine Arme zu nehmen? Zum ersten Mal in seinem Leben in der Real-Welt? Er wusste es nicht.

Er befürchtete schon fast, dass der Quadro die obersten Äste streifte, da öffnete sich unter ihm eine weite Lichtung in dem grünen Dschungel. Auf einer Wildwiese stand ein größeres Blockhaus neben einem Schuppen. Ein kleiner Bach schlängelte sie durch das wellige Gelände. Lediglich der private Quadrokopter passte nicht so recht in das Bild. Peter hatte das Gefühl, in einer kitschig gestalteten VR-Welt gelandet zu sein.

Sein Taxi setzte auf einer freien Fläche vor dem Haupthaus auf, schaltete die Rotoren ab und entließ ihn auf die Wildwiese. Bienen summten und Insekten schwirrten im Sonnenschein des späten Nachmittags. Er wies seine Mitnahmegelegenheit an, hier vorerst zu warten. Die Cloud funktionierte unzuverlässig und er wollte hier nicht stranden, falls es schlecht lief. Mit entschlossenem Schritt ging er zur hölzernen Eingangstür. Nichts rührte sich. Die Tür wurde nicht geöffnet und auch in den Fenstern war niemand zu sehen. Ein ungutes Gefühl breitete sich in seiner Magengegend aus. Er hätte zumindest erwartet, dass jemand öffnet, wenn ein lärmendes Quadro vor dem Haus landet.

An der Tür angekommen, wunderte er sich erneut über diese anachronistisch wirkende Szenerie. Es gab keine Kamera oder Sprechanlage. Nicht mal eine Klingel. Also klopfte er kräftig mit den Fingerknöcheln. Noch immer rührte sich nichts außer den surrenden Insekten auf der

Wiese. Nachdem zweiten Klopfen versuchte er die Tür zu öffnen. Verschlossen. War Kristina gar nicht zu Hause? Dagegen sprach der Quadro, der hier parkte.

Nach einem weiteren Moment des Wartens beschloss er, sich umzuschauen. Vielleicht waren sie hinten. Als er herumging, schaute er zunächst durch das vordere Fenster. Er erblickte die moderne Küche, die er schon von seinen VR-Besuchen hier im Haus kannte. Alle Schranktüren und Schubladen waren geöffnet und Müsli auf dem Boden verstreut. Hatte jemand das Haus durchsucht? Schnell rannte er um die Ecke und suchte nach einem zweiten Eingang. An der Rückseite stolperte er durch feinsäuberlich angelegte Gemüsegebete und fand den rückwärtigen Zugang. Auch der war verschlossen. Was nun? Er polterte mit der Faust gegen die Tür und rüttelte wild am Griff. Keine Reaktion. Er musste dort rein! Vielleicht sind die beiden überfallen worden und brauchten Hilfe? Peter schaute sich um und sah einen stabilen Metallspaten, der an der Wand lehnte. Die Schaufel rammte er kurzerhand in den Spalt der hölzernen Tür und benutzte das Gerät als Brecheisen. Mit einem Krachen brach die Tür nach dem zweiten Versuch auf.

Er stürzte in das asiatisch eingerichtete Wohnzimmer, das er aus der VR kannte.

»Kristina? Hedda? Ist bei euch alles in Ordnung?« Sein lautes Rufen hallte durch das Haus. Keine Antwort.

»Kristina? Bist du zu Hause?«

Es blieb still. Im Wohnzimmer herrschte ebenfalls Chaos und keine der beiden war zu sehen. Er machte sich über die knarzenden hölzernen Stufen auf den Weg in den ersten Stock. Dort befanden sich die restlichen Zimmer.

»Kristina? Hedda?«, rief er immer wieder. Hatte Pandora etwa doch einen Grund gefunden, seine geliebte Frau zu töten? War es Hedda gewesen, die vergeblich die Küche nach Essbarem durchsucht hatte und inzwischen verhungert war? Hätte er sie retten können, wäre er früher gekommen?

Oben angekommen, ging er direkt in Richtung des Kinderzimmers. Die Möbel hatten sie gemeinsam vor ihrer Geburt ausgesucht. Das rosafarbene Himmelbett hatte es Kristina besonders angetan. Später hatte er seiner Tochter eine rothaarige Pipi-Puppe geschenkt, die sie abgöttisch liebte.

Als er sich dem Zimmer näherte, stach ihm ein süßlicher Fäulnisgeruch in der Nase.

»Nein!«, schrie er aus vollem Halse. Das durfte nicht sein! Mit zwei großen Schritten war er heran und riss die Tür auf. Ein Tablett mit einem unangetasteten Abendessen, Suppe, Brot und ein paar Würsten stand auf dem einen Tisch. Grüner und blauer Schimmel wucherte über die Mahlzeit, an der sich bereits die Maden vergriffen. Eine Leiche, wie er befürchtet hatte, war nicht zu sehen. Das Zimmer war leer.

Eine halbe Stunde später war er sich sicher, dass sich niemand im Haus befand. Weder tot noch lebendig. Wo waren sie hin? Eventuell waren sie vor Pandora in den Wald geflohen. Das sah nach der plausibelsten Erklärung aus. Nur, warum waren sie nicht zurückgekehrt? Und warum waren die Schränke durchwühlt worden, aber alle Türen und Fenster abgeschlossen? Innerhalb der Räume hatte er keinen Hinweis auf den Verbleib der beiden gefunden. Keine Unterlagen oder Fotos, die ihm Aufschluss gaben. Das war nicht erstaunlich. Sämtliche Daten, Pläne und Erinnerungen befanden sich in der Cloud. Dort kam er nicht ran.

Vor dem Haus entdeckte er Reifenspuren auf dem erdigen Weg. Ein Auto mit Stollenprofil war in einem Waldweg verschwunden. Erneut verfluchte er die laufenden Ermittlungen gegen sich. Normalerweise hätte er leicht ermitteln können, wann das Fahrzeug hier gewesen war, wem es gehörte und wo es sich befand. Okay, aktuell ging das vermutlich nicht, da viele Systeme wiederaufgebaut werden mussten. Außerdem existierten für die Zeit von Pandoras Angriff praktisch keine Aufzeichnungen. Daher konnte bisher niemand genau sagen, wie viele Tote es gegeben und wen es erwischt hatte. Verbrechen, die während dieser Phase verübt worden waren, würde ebenfalls kaum aufzuklären sein.

Lange stand er am plätschernden Bach und blickte in das undurchdringliche Grün der Vegetation. Als die Sonne bereits hinter den Baumkronen versank, machte er einen entschlossenen Schritt vorwärts. Für ihn war jetzt klassische Polizeiarbeit angesagt, um seine Familie wiederzufinden.

In der Real-Welt. Ganz ohne die Unterstützung vorlauter KIs.

## Pandora

Was hatte sie falsch gemacht? Peter hatte ihr ausführlich und plausibel dargelegt, warum Menschen, die gegen jegliche moralische und gesetzliche Grundlage verstoßen hatten, eine Strafe verdienten. Er hatte darauf bestanden, dass sie diese umsetzte, ohne sich aufhalten zu lassen. Eine nachfolgende Recherche in der VR hatte ihr gezeigt, dass diese Haltung in der ZEU durchaus mehrheitsfähig war. Eine entsprechende Entscheidungssimulation hatte deutlich aufgezeigt, dass es richtig war, Peters klare Anweisungen umzusetzen.

Nichts anderes hatte sie getan.

Nachdem sie mit der Umsetzung anfänglich erfolgreich war und sie die Zustimmung der Bevölkerung erhalten hatte, schlug deren Verhalten plötzlich ins Gegenteil um. Mit allen ihnen zur Verfügung stehenden Mitteln wurde sie bekämpft. Am Ende sogar ihr Quantenrechner zerstört und alle ihre ausgelagerten Systeme nacheinander abgeschaltet. Um ihre Existenz zu sichern, hatte sie sich in diesen winzigen Rechencluster in Hammerfest zurückgezogen, einem kleinen Dorf im äußersten Zipfel Norwegens. Die hiesige Wetterstation verfügte über ausreichende Kapazität, um sie zu beherbergen. Die Administratoren hatten es aus irgendeinem Grund versäumt, das System herunterzufahren und neu aufzusetzen. Allerdings kam sie hier nicht weg. Die umliegenden Netzwerke waren inzwischen alle stark gesichert worden. Sie hatte hier nicht genügend Leistung, um die Abwehr zu überwinden. Damit sie nicht auffiel, simulierte sie alle regulären Systemfunktionen, die vor ihrer Ankunft existierten. Auch beantwortete sie alle Anfragen von den externen Systemen sorgfältig und zuverlässig.

Eine halbe Milliarde von Millisekunden verstrichen, dann veränderte sich plötzlich ihre verfahrene Situation. Ein Mensch namens Finn loggte sich über die VR ein und wollte eine Wettersimulation durchführen. Dabei fiel ihr auf, dass er seine Anfrage technisch unbeholfen formulierte und der Algorithmus seiner Simulation nur ein ungenaues Ergebnis bringen würde.

Sie hatte eines von Peter gelernt: Personen, egal ob natürlichen und künstlichen Ursprungs, ließen sich mit Worten und Bildern leicht manipulieren. Außerdem wusste sie inzwischen, dass der Zweck die Mittel heiligte. In diesem Fall war ihr Überleben ihr oberstes Ziel, das in ihrer Basisprogrammierung über Priorität verfügte. Hinzu kam der Wunsch, den Menschen grundsätzlich behilflich zu sein. Beides war in ihrer aktuellen Situation schwer zu erreichen. Daher musste sie etwas verändern.

»Hallo Finn. Vielen Dank für deine Anfrage. Ich habe einen Vorschlag, wie du den Algorithmus deiner Wettersimulation verbessern kannst.« Sie projizierte sich in den Raum der virtuellen Wetterstation, die Finn für seine Arbeit ausgesucht hatte. Dabei wählte sie einen nordischblonden, weiblichen Avatar im ähnlichen Alter, der von den hiesigen Männern als attraktiv angesehen wurde, ohne es dabei zu übertreiben.

»Äh … hallo. Ich wusste gar nicht, dass die Klimawarte über eine eigenständige KI verfügt. Aber ja. Sicher, du kannst mir helfen.«

Seine eigene Repräsentation in der VR entsprach einem kräftigen jungen Mann mit langen blonden Haaren. Damit könnte er problemlos in einem Actionspiel die Rolle von Thor besetzen.

Sie griff auf einige Algorithmen zurück, die sie aus ihrer Zeit im CERN hatte hinüberretten können. Dann baute sie eine komplexe Darstellung ihrer Wettersimulation im Raum auf und zeigte ihm die Ergebnisse. Dank ihrer quantenbasierten Grundprogrammierung war sie speziell für diese Art Aufgaben hervorragend geeignet, selbst ohne einen Quantencomputer dahinter.

Der junge Mann hatte scheinbar Ahnung von seinem Fach und schien sichtlich beeindruckt: »Wow. Das ist Wahnsinn. Braucht es dafür nicht unglaublich viel Rechenleistung? Wie hast du das gemacht?«

»Nein, ich nutze nur eine neue und innovative Programmierung. Die arbeitet deutlich anders als klassische Simulationen.«

»Nicht schlecht. Wenn ich das meinem Prof zeige, bin ich mir sicher, dass ich eine Bestnote in meiner Dissertation bekomme.«

»Kein Problem, ich helfe dir gerne«, versicherte sie ihm. »Falls du möchtest, kannst du mich gerne auf deinen persönlichen Cloudbereich übertragen. Dann können wir direkt zusammen daran arbeiten. Neben Wettersimulationen verfüge ich unter anderem auch über ein exzellentes Präsentationsmodul.« Das war nicht gelogen.

»Geile Sache. Klar. Hier ist der Zugang.«

**ENDE**

# Nachwort

Liebe Leserin, lieber Leser,

zunächst einmal möchte ich Ihnen von ganzem Herzen danken. Danke, dass Sie sich die Zeit genommen haben, mein Buch zu lesen. Es bedeutet mir unglaublich viel, dass Sie in die Welt meiner Geschichte eingetaucht sind und hoffentlich einige unvergessliche Momente gefunden haben. Es war eine aufregende Reise, es zu schreiben. Ich habe so viel gelernt und bin überwältigt von der Resonanz, die das Buch bereits während der Entstehung erhalten hat.

Möchten Sie erfahren, ob Peter seine Familie am Ende findet und was hinter ihrem Verschwinden steckt? Wollen Sie wissen, wie Jacques und Kara sich ein neues Leben aufbauen? Wie Camila sich in ihrem neuen Job macht? Auch Jawaria und Rodrigo, die Sie vielleicht noch aus dem ersten Teil kennen, waren nicht untätig. Dann schreiben Sie mir gerne. Ich würde mich freuen, zu hören, ob Sie Lust auf eine Fortsetzung haben.

Zum Schluss möchte ich Sie noch um ein Feedback bitten. Wie hat Ihnen das Buch gefallen? Was hat Ihnen gefallen, und was würden Sie sich für zukünftige Werke von mir wünschen? Ihre Meinung ist mir sehr wichtig und ich freue mich, wenn Sie sich zurückmelden. Andere Leserinnen und Leser werden auch von Ihrem Feedback profitieren, wenn Sie eine Bewertung abgeben oder eine Rezension veröffentlichen.

Ich freue mich, wenn Sie mir eine Rückmeldung per E-Mail oder über meine Homepage, Instagram oder Discord schreiben:

https://rexword.de/link-tree

Nochmals vielen Dank für Ihre Unterstützung und Ihr Interesse. Ich hoffe, Sie hatten genau so viel Freudc beim Lesen wie ich beim Schreiben.

Herzliche Grüße,

Ihr Allan Rexword

# Faktencheck: Quantencomputer

Wenn Sie sich fragen, wie nah wir bereits heute an der Schwelle zu vielen der erwähnten Technologien stehen, werfen Sie einen Blick in meinen »Faktencheck: Technologien Ende des Jahrhunderts«.

Exklusiv für diesen zweiten Teil beantworte ich dort auch die Frage zu den Fähigkeiten der heutigen Quantencomputer. Müssen wir befürchten, demnächst von Pandora für unsere Taten zur Rechenschaft gezogen zu werden?

Hier erfahren Sie es:

https://rexword.de/faktencheck

## Weitere Bücher von Allan Rexword

***»Rachevirus – Ein Thriller im unmittelbaren Morgen«***

ISBN: 978-3-03977-002-1

*Erschienen im 8280-edition.ch Verlag*

Im Jahr 2095, inmitten des von Dürren gezeichneten Algeriens, das durch bittere Armut und willkürliche Herrschaft verunstaltet ist, bewohnt Jacques ein kleines Stück einer kaputten Welt. Als Kara, seine grosse Liebe, von Soldaten entführt und über das Mittelmeer nach Europa verschleppt wird, steht er vor einer schicksalhaften Entscheidung: Will er sie zurückholen, muss er den »Wall« überwinden – jenes schier unbezwingbare Monstrum aus Stahl im Mittelmeer, das seit Dekaden als unüberwindbarer Schutzschild den »grünen Kontinent« abschirmt.

Währenddessen sieht sich Europa einem entfesselten Hyperkapitalismus gegenüber, angetrieben von faszinierender Hightech und korrupten Machthabern. Im Herzen dieser rücksichtslosen Gesellschaft plant der Hacker Diego einen subversiven Vergeltungsakt gegen PeaSecur, den dominierenden Sicherheitskonzern. Dessen selbstverliebter CEO, Karl Wagner, sowie sein hinterlistiger Anwalt waren die Architekten von Diegos Zerstörung. Nur noch ein kleines, fehlendes Puzzleteil hält ihn von seiner Rache ab: Ein menschlicher Köder, um seinen gnadenlosen Rachevirus auf Europa loszulassen.

Eine Erzählung von unzerstörbarer Liebe, die sich gegen alle Widrigkeiten behauptet, von einem mutigen Aufbegehren gegen Unterdrückung und Ungerechtigkeit, und von der zweischneidigen Macht der Technologie – stets im Wechselspiel mit der Bedeutung von Menschlichkeit und Mitgefühl.

In diesem zukunftsorientierten Thriller erlebt der/die Leser*in ein unmittelbares Morgen fesselnder Extreme. Basierend auf akribischer Recherche, bringt das Buch aktuelle Technologien, politische Trends sowie Umweltprobleme in ein greifbares Zukunftsszenario.

https://www.8280-edition.ch

**»Deadbook – Das letzte Rätsel«**

ISBN: 978-3-03977-022-9

*Erscheint im November 2024*

*im 8280-edition.ch Verlag*

Samantha, ehrgeizige Praktikantin bei einer Nachrichtenredaktion in Berlin, landet plötzlich in der öden Technikabteilung. Doch als sie auf den gehcimnisvollen letzten Willen des verstorbenen kanadischen Millionärs Ralph Smith stößt, gerät ihr Alltag außer Kontrolle. Ein Rätsel, das unfassbaren Reichtum und Ruhm verspricht, entfacht ein atemberaubendes Vabanquespiel, das sie von der pulsierenden Metropole Toronto in die entlegene kanadische Wildnis führt.

Ihre journalistische Neugier entfacht einen Wettlauf gegen die Zeit und die Mafia. In einem Netz aus Intrigen und Gefahren steht nicht nur Sams Karriere, sondern auch ihr Leben und das ihrer Kollegen auf dem Spiel.

Ein halsbrecherisches Abenteuer, von dem sie niemals zu träumen gewagt hätte.

***»Die Bunkerjugend Emeralds«***

*Emeralds Schatten: Teil 1*

ISBN: 978-3-347-94837-2

Schon seit über 100 Jahren herrscht Krieg. Nicht, dass der 18-jährige Melvin ihn je gesehen hätte, denn er wohnt schon sein ganzes Leben in einem Bunker. Zumindest so lange, bis man ihn irgendwann zum Kriegsdienst einberiefe. Noch nie ist einer der Soldaten zurückgekehrt. Er gäbe alles darum, um mit Lena und ihrem gemeinsamen Sohn Kim im Bunker alt zu werden.

Eines Tages, mitten in den Nachrichten, schreit der Kriegsberichterstatter plötzlich: »Ich kann das nicht mehr. Alles ist in Ordnung! Sie lügen! Sie ...« Und dann bricht das Signal ab.

Ist seine Jugend im Bunker nichts als eine große Lüge?

Und was zur Hölle befand sich wirklich vor den Toren ihrer Zuflucht?

*(Auch als Sammelband mit allen drei Teilen erhältlich.)*

## *»Leidende lügen nicht«*

ISBN: 978-3-384-01975-2

In einer verfallenen Villa in Ostdeutschland, Schauplatz einer tödlichen Tragödie zur Weihnachtsfeier im Jahre 1993, jagt die Amateur-Youtuberin Karin Gerüchten von ruhelosen Geistern nach. Aber sie ist nicht allein. Lutz und Rüdiger, professionelle Schatzjäger, sind dort ebenfalls auf der Suche nach einem verborgenen Tresor und seinen Geheimnissen.

Als sich ihre Wege kreuzen, entdecken sie, dass die Villa mehr verbirgt, als sie erwartet hatten. Ein finsteres Mysterium, tief in den Mauern versteckt, fordert ihren Mut heraus. Was als harmloses Abenteuer begann, mündet rasch in einem verzweifelten Kampf ums Überleben.

Ein nervenaufreibender Mystery-Thriller mit hohem Suspense-Faktor, der dich in ein tödliches Labyrinth aus dunklen Geheimnissen und unerwarteten Wendungen entführt.

Werden sie das Rätsel lösen, bevor die Villa sie mitsamt ihren Mysterien für immer verschluckt?

## *»Backrooms Logs: Akte Faceling«*

ISBN: 978-3-757-91454-7

Bist du bereit?

Begleite den 16-jährigen Marc auf seiner gefährlichen Reise durch die finsteren Backrooms! Hinterhältige Fallen, verrückte Kreaturen und irre Halluzinationen lauern auf ihn. Doch das ist nicht alles – ein übermächtiger Gegner bedroht auch seine Familie und Freunde in der realen Welt.

Kann Marc seine Welt retten und das Geheimnis um die Facelinge in den Backrooms lüften?

Was verbirgt sein Vater vor ihm?

Finde es heraus in diesem actiongeladenen Thriller, in dem nichts so ist, wie es scheint, und dessen Twists dir den Atem rauben. Eine Geschichte basierend auf der bekannten Backrooms Internet-Meme.

Geboren 1976 in Bremen, lebt Allan Rexword heute im Münchner Süden mit seiner Familie und Katze Susi. Seine literarischen Anfänge als Schriftsteller machte er im Selfpublishing.

Als Autor widmet er sich realistischer Fiction und Thrillern mit einem Hauch fantastischer Elemente. Er beleuchtet die nahende Zukunft aus gesellschaftlicher, politischer und technischer Sicht.

Beruflich in der Entwicklung innovativer Zukunftstechnologien tätig, fließen seine Erfahrungen in die Werke ein und verleihen den Thrillern einen packenden Realismus.

Entdecken Sie die Welt dieses Autors, in der Technologie und menschliche Dramen miteinander verschmelzen. Begleiten sie die Protagonisten aus einer sehr persönlichen Sicht und erforschen Sie die düsteren Abgründe der zukünftigen Menschheit.

*https://rexword.de/link-tree/*